Norbert C. Korte (Hrsg.)

Grenzgänger und Grenzgänge

Norbert C. Korte (Hrsg.)

Grenzgänger und Grenzgänge

Konrad Thomas:
Schriften aus vierzig Jahren

VS VERLAG

Bibliografische Information der Deutschen Nationalbibliothek
Die Deutsche Nationalbibliothek verzeichnet diese Publikation in der
Deutschen Nationalbibliografie; detaillierte bibliografische Daten sind im Internet über
<http://dnb.d-nb.de> abrufbar.

1. Auflage 2011

Lektorat: Dorothee Koch

VS Verlag für Sozialwissenschaften ist eine Marke von Springer Fachmedien.
Springer Fachmedien ist Teil der Fachverlagsgruppe Springer Science+Business Media.
www.vs-verlag.de

Umschlaggestaltung: KünkelLopka Medienentwicklung, Heidelberg
Gedruckt auf säurefreiem und chlorfrei gebleichtem Papier
Printed in Germany

ISBN 978-3-531-17128-9

Inhalt

I. Einführende Gedanken

Wie es zu diesem Buch kam

In dreierlei Hinsicht Grenzen:

- *Grenzen sind einfach da,* sie fragen nicht nach Erlaubnis. Entscheidend sind die Reaktionen darauf, als Einzelner, als Gruppierung unterschiedlicher Ausprägung. Und es hat für alle Beteiligten Folgen, ob diese Reaktion Anteil nehmend gestaltet oder kriegerisch aggressiv geführt wird.

- Wir alle machen *Grenz-Erfahrungen,* gewollte und ungewollte, tatsächliche und vorweggenommene, reale und phantasierte, solche, die in uns selbst liegen, solche, die wir am Gegenüber erfahren. Immer sind damit auch Gefühle verbunden. Die meisten Beiträge in dieser Auswahl können auch unter dem Aspekt gelesen werden: ‚Wo verläuft für mich darin die Grenze zwischen ...?‘, oder auch: ‚Wo würde ich die Grenze ziehen?‘

- Zuletzt die Erinnerung an eine für alle sichtbare Grenze: Konrad Thomas lebte lange Zeit unmittelbar an der *innerdeutschen Grenze.* Das war und hatte Alltäglich und alltägliche, spürbare Auswirkungen. Und in einem der Texte dieses Buches nimmt er darauf direkten Bezug.

All dies zusammengenommen hat vor vielen Jahren bei mir die Idee zu dieser Textsammlung angeregt. Konrad Thomas und ich haben seit 1980 über viele Jahre hinweg in verschiedenen Gremien (Vorstand, Redaktion der Fachzeitschrift und Wissenschaftskommission) des Ausbildungsinstitutes für die Themenzentrierte Interaktion (TZI) zusammen gearbeitet. Dabei habe ich ihn kennen gelernt als einen Menschen, dem aus der Erfahrung und *der Beschäftigung mit den sichtbaren und unsichtbaren Grenzen* in Theorie und Praxis daran gelegen war Erkenntnisse zu ermöglichen, die dem Frieden dienen und zu seiner Erhaltung beitragen. Es war ihm wichtig etwas für das friedliche Miteinander getan zu haben – und wenn es das war, immer wieder auf falschen Frieden und auf faule Kompromisse aufmerksam zu machen.

In einer Zeit, die die Unbeständigkeit und Veränderung von Grenzen deutlich erlebt, haben die hier ausgewählten Texte aus den vergangenen vierzig Jahren wenig von ihrer Aktualität verloren. Sie können auch heute noch – oder wieder – den Blick schärfen, der genaueren Wahrnehmung und damit einer friedlichen, integrativen Gestaltung von vorhandenen und bestehenden Grenzen und ihrer innewohnenden Konflikte dienen. – So betrachtet kann *das Bewusstwerden von und der Umgang mit Grenzen* neue – vor allem positive – Aspekte bekommen, denn sie sind im wahrsten Sinne des Wortes in vielen Fällen erst einmal ‚Not-wendig'.

Er selbst – äußerlich sichtbar und innerlich spürbar als Grenzgänger – lässt uns in den Texten an seinen Grenzgängen teilnehmen und ermuntert – direkt und indirekt – immer wieder dazu, sie auf eigene Weise nachzuvollziehen und selbst zu gehen.

Im Januar 2010 ist Konrad Thomas gestorben. Unmittelbar bis zu seinem überraschenden Tod hat er an der Auswahl und Zusammenstellung dieser Textsammlung aus der Zeit zwischen 1964 und 2004 mitgewirkt. Sie kann von daher auch als (s)ein Vermächtnis angesehen werden.

22 Texte unterschiedlicher Themenbereiche versammelt dieses Buch – sieben davon sind Erstveröffentlichungen. Insgesamt stellen sie etwa ein Drittel seiner Publikationen dar.

Am Zustandekommen dieses Buches haben mehrere Personen in ganz unterschiedlicher Weise maßgeblich mitgewirkt. In dankbarer Erinnerung erwähnen möchte ich Karl-Otto Hondrich (†), Wolfgang Eßbach und Ronald Hitzler.

Norbert C. Korte   Lambrecht, im Januar 2011

Zum Geleit

Wie andere Fächer auch hat das Fach Soziologie Konjunkturen öffentlicher Bedeutsamkeit erfahren. Nach der Hochphase des Interesses an Soziologie in den späten 60er und 70er Jahren des vergangenen Jahrhunderts geriet die Disziplin in Deutschland in den Windschatten öffentlicher Aufmerksamkeit. Es sind dann neue gesellschaftliche Erfahrungen gewesen, die der soziologischen Arbeit den Stoff für eine Überprüfung ihrer Grundannahmen lieferten. Hier sind zu nennen: das Erwachen des Nationalismus in der sich als fortschrittlich selbstdeutenden modernen Gesellschaft, die Entdeckung von anthropologischen Themen wie Körper, Geschlecht, Biographie sowie der naturalen Bedingungen menschlichen Lebens. Dies fand in einem Spannungsfeld statt, in dem einerseits die Auseinandersetzung mit der neueren französischen Philosophie- und Kulturtheorie die historische und gesellschaftliche Empirie in sich aufzugreifen und zu durchdenken verstand, und andererseits mit dem Unsicherwerden der alten Grenzziehung zwischen den lebenswissenschaftlichen Fächern, die nach der Naturgeschichte im Humanen und Sozialen fragen, und den Fächern, die die Verflechtung und Verstrickung des freien menschlichen Willens in der Sozialsphäre untersuchen.

Der Göttinger Soziologe Konrad Thomas, dessen *scripta minora* hier in Auswahl vorliegen, gehört zu denen, die für die neuen Problemlagen nüchtern und beherzt, mit wachem Sinn für exemplarische Theoreme, entwickelt und Interpretationen geliefert haben. Wenn es stimmt, dass für die Erforschung der sozialen und kulturellen Welt des Menschen Wissenschaftler einen musikalischen Sinn für den Ton von Einmütigkeit, Spannung oder Streit benötigen, dann brachte Konrad Thomas die besten Voraussetzungen mit. Sein erstes Studieninteresse galt der Kirchenmusik. Dem folgte die Wende zur Theologie, der Ursprungswissenschaft für Methoden des Verstehens. Der examinierte Theologe ging jedoch nicht ins Pfarramt, sondern in die Metallindustrie und arbeitete als Bohrer und Dreher. Dass ein Akademiker, soziale Klassen überspringend, die Arbeitswelt der Fabrikarbeiter aufsuchte, war in den fünfziger Jahren selten, aber nicht singulär. Die Mitbegründer der westdeutschen Soziologie, Hans Paul Bahrdt und Heinrich Popitz, stammten auch aus dem deutschen Bürgertum. Sie brachten als Kriegsteilnehmer die Erfahrung der Nivellierung sozialer Klassen im Militär mit und gingen nach '45 als Sozialforscher in die Betriebe, um das „Gesellschaftsbild des Arbeiters" (1957) und die Verbindung von „Technik und Industriearbeit" (1957) zu erforschen. Hans Paul Bahrdt gelang es, den Theologen in der Fabrik dafür zu gewinnen, Soziologe zu werden. 1962 wurde Konrad Thomas erster Assistent von Hans Paul Bahrdt in Göttingen. Es erschienen Studien zur Analyse industrialisierter Arbeitsvollzüge und auch zur Frage, was Arbeiter unter gerechtem Lohn verstehen. Während ein Großteil westdeutscher industriesoziologischer Forschungsinstitute den Weg der sozialpolitischen Verflechtung mit der SPD und den Gewerkschaften beschritten, richtete der liberale Konrad Thomas sein Interesse schon sehr früh auf die Fragen, die mit dem Prozess der Globalisierung der industriellen Welt verbunden sind. Er begleitete in sozialwissenschaftlicher Hinsicht den Aufbau des Stahlwerks Rourkela im indischen Urwald und befasste sich an der Universität in Hyderabad mit der Kulturspezifik industrieller Prozesse.

Die in diesem Band versammelten kleinen Texte von Konrad Thomas behandeln Fragestellungen und Themen, die seit Beginn der 80er Jahre mit dazu beigetragen haben, die Soziologie in Deutschland aus dem Abseits und der Enge fachidiotischer Verkrustungen herauszuführen. Dazu gehört die intensive Rezeption der französischen Philosophie, nicht nur Sartres und Batailles, sondern auch von Castoriadis und Foucault sowie vor allem die Auseinandersetzung mit René Girard. Und wenn heute Bruno Latour seine „Neue Soziologie für eine neue Gesellschaft" (2005) mit einem Rückgriff auf Gabriel de Tardes Mimesistheorien unterfüttert, so hatte Konrad Thomas den längst vergessenen de Tarde schon Anfang der 80er Jahre mit dem Komplex von Nachahmung, Rivalität und Gewalt im Blickfeld seiner Forschung.

Die Spannung zwischen theoretischer Soziologie, die die philosophischen Grundlagen des Faches reflektiert, und soziologischer Theorie, die für das disziplinäre Arbeiten Rahmen und Werkzeug liefert, ist in den Texten von Konrad Thomas bewusst aufrecht erhalten. Schon früh hat er sich für eine soziologische Anthropologie engagiert. Die Idee der Gründung einer Helmuth-Plessner-Gesellschaft geht auf ihn zurück, und etliche Beiträge des Bandes weisen in diese Richtung. Die Abhandlung „Zwischen Ruhe und Taumel", in der die systemtheoretisch orientierte Soziologie Luhmanns mit der anthropologischen Frage konfrontiert wird, zeigt dies in besonderer Weise.

Auf der Suche nach neuen Wegen in der Soziologie hat Konrad Thomas immer wieder Überraschendes und Bedenkenswertes in die Diskussion gebracht. Die Leserin und der Leser dieser Sammlung sind eingeladen, ein Stück weit die Wege eines nonkonformistischen Soziologen zu erkunden und sich anregen zu lassen.

Wolfgang Eßbach   Freiburg im Sommer 2008

II. Zum theoretischen Diskurs

Aspekte der Arbeitsteilung

I.

Über Arbeitsteilung wissen wir bereits genug. Warum soll man zu einem Zeitpunkt, da die „Grenzen der Arbeitsteilung" offensichtlich schon überschritten sind, diesen Prozess erneut studieren? Analyse und Synthese sind gegenseitig bedingt: Man kann nichts zusammensetzen, was nicht getrennt war. Mit anderen Worten: Es scheint mir nützlich – gerade um Formen der Kooperation zu studieren –, sich klarzumachen, was denn da auseinandergelegt worden ist und wie es zerlegt wurde. Dabei werden zwei Thesen zu erläutern sein.

Die erste lautet: Es ist sinnvoll, von vier Aspekten der Arbeitsteilung zu sprechen, dem horizontalen, dem vertikalen, dem qualitativen und dem zeitlichen Aspekt. Vereinfacht können wir auch von der horizontalen, vertikalen usw. Arbeitsteilung sprechen. Unter „horizontal" verstehe ich, wie es der Tradition entspricht, die Zerlegung von Arbeitsvorgängen in Teile relativ gleicher Qualität, „vertikal" betrifft das, was man Hierarchie oder skalares System nennt, als eine Form der Arbeitsteilung begriffen; „qualitativ" ist eine vorläufige Bezeichnung, um die Trennung von geistiger und körperlicher Tätigkeit, von Kopf und Hand zu charakterisieren, und „zeitlich" bezieht sich auf spezielle Formen der Zeitschichtung, die in der Arbeitsteilung entstehen.

Die zweite These lautet: Immer wenn über Arbeitsteilung reflektiert wird, wird auch über die Menschlichkeit der so geteilten Arbeit reflektiert.

Es soll versucht werden, die Bedeutung beider Thesen erst historisch und dann systematisch zu erläutern – historisch, d. h. im Hinblick auf die Sicht dieser Fragen bei unseren wissenschaftlichen Vätern und Vorvätern. Mir erscheinen am wichtigsten Karl *Marx*, Emile *Durkheim* und Frederic *W. Taylor*. Georges *Friedmann*[1] und einige französische Soziologen bilden dabei den Übergang zur Gegenwart. Im systematischen Teil soll gezeigt werden, warum es sinnvoll ist, Arbeitsteilung so weit wie es scheint – und dennoch relativ eng zu fassen und nicht bei der Arbeitsteilung nur die horizontale Form – wie das häufig geschieht – zu berücksichtigen.

---

[1] Georges *Friedmann:* Frankfurter Beiträge zur Soziologie. Frankfurt a. M. 1959.

II.

1. Arbeitsteilung bei Marx

Bei Karl Marx[2] finden wir, teils explizit, teils in nute, die drei bekannten Aspekte der Arbeitsteilung. Die Ursache, warum sie‾ nicht ganz gleichwertig dargestellt sind, ist einfach: Er schrieb – ja „Das Kapital" und nicht die „Arbeitsteilung" – also musste ihn einiges mehr interessieren, einiges weniger. Die wichtigste Trennlinie liegt zwischen der gesellschaftlichen und der manufakturellen Arbeitsteilung, für Marx deshalb, weil diese Unterscheidung ein Werkzeug zur Kapitalismus-Analyse darstellt, für uns, weil der prinzipielle Unterschied zwischen beiden Formen nicht zu übersehen ist. „Gesellschaftlich" heißt diejenige Arbeitsteilung, die sich – mit dem schönen Beiwort „naturwüchsig" – im Hinblick auf den Markt beziehungsweise den Produktentausch ergibt. Um des Marktes willen spezialisiert man sich auf die Produktion bestimmter Güter. Unter die Kategorie „gesellschaftliche" Arbeitsteilung fällt auch immer familiäre oder inner-stämmische Aufteilung von Aufgaben. „Manufakturell" ist dagegen diejenige Arbeitsteilung, die sich in der Manufaktur derart ergibt, wie sie schon Adam *Smith* darstellt, und die, nach dem speziellen Terminus von Marx, zum Teilarbeiter führt. Teilarbeiter ist derjenige, der, ermöglicht durch die große Zahl vereinigter Teilarbeiter, nur und auf Dauer einzelne Produktionsvorgänge übernimmt, die erst zusammen durch den Gesamtarbeiter das Produkt ergeben. Derartige Teilarbeit ergibt sich nach Marx auf zwei Wegen: einmal beim kombinierten Produkt[3] der berühmten Kutsche, durch Spezialisierung der verschiedenen Handwerker auf diejenigen Arbeiten ihres Fachs, die zum kombinierten Produkt gehören – bei Vernachlässigung aller übrigen Tätigkeiten. Zum anderen ergibt sich Teilarbeit, wenn sich beim einfachen Produkt (im Gegensatz zum kombinierten Produkt) Handwerker desselben Fachs – etwa Nadelmacher – auf jeweils einzelne Teilverrichtungen spezialisieren[4].

Die manufakturelle Arbeitsteilung zeigt noch zwei weitere Aspekte: Der eine fördert die hierarchische Untergliederung von Teilarbeiten[5].

„Die Manufaktur entwickelt also", so führt Marx aus, „eine Hierarchie der Arbeitskräfte, der eine Stufenleiter der Arbeitslöhne entspricht." Auf diese Weise entsteht, wie er sagt, „ein Klasse so genannter ungeschickter Arbeiter", diejenigen Gruppen, die wir Hilfs- und angelernte Arbeiter nennen. Der zweite Aspekt, den Marx auch berücksichtigt (unser dritter), ist in der Teilung von geistiger und körperlicher Arbeit zu suchen. Marx zitiert den französischen Übersetzer von Adam *Smith,*

---

[2] Karl *Marx:* Das Kapital. 1. Bd. Kap. 11-13. Berlin 1962.
[3] *Marx:* a.a.0. S.356.
[4] *Marx:* a.a.0. S.357.
[5] *Marx:* a.a.0. S.370, S.381.

Germain *Garnier*[6]: „Wie alle anderen Teilungen der Arbeit, wird die zwischen Hand-arbeit und Verstandesarbeit ausgesprochener und entschiedener im Maße wie die Gesellschaft reicher wird" und wendet diesen Aspekt auf die Systemanalyse an.

„Die Kenntnisse, die Einsicht und der Wille, die der selbständige Bauer oder Hand-werker, wenn auch auf kleinem Maßstab, entwickelt, wie der Wilde alle Kunst des Krie-ges als persönliche List ausübt, sind jetzt nur noch für das Ganze der Werkstatt er-heischt: Die geistigen Potenzen der Produktion erweitern ihren Maßstab auf der einen Seite, weil sie auf vielen Seiten verschwinden. Was die Teilarbeiter verlieren, konzen-triert sich ihnen gegenüber im Kapital. Es ist ein Produkt der manufakturmäßigen Tei-lung der Arbeit, ihnen die geistigen Potenzen des materiellen Produktionsprozesses als fremdes Eigentum und sie beherrschende Macht gegenüberzustellen. Dieser Schei-dungsprozess beginnt in der einfachen Kooperation, wo der Kapitalist den einzelnen Arbeitern gegenüber die Einheit und den Willen des gesellschaftlichen Arbeitskörpers vertritt. Er entwickelt sich in der Manufaktur, die den Arbeiter zum Teilarbeiter ver-stümmelt. Er vollendet sich in der großen Industrie, welche die Wissenschaft als selb-ständige Produktionspotenz von der Arbeit trennt und in den Dienst des Kapitals presst[7]."

Wir finden bei Marx also im Hinblick auf die Arbeitsteilung drei Aspekte, auf die es uns ankommt, entwickelt:

1. die Unterteilung handwerklicher Arbeit,
2. die hierarchische Gliederung der unterteilten Arbeit und
3. die Trennung von Verstandestätigkeit und körperlicher Tätigkeit.

Da nun ständig vom Ganzen und dessen Teilung die Rede ist, müssen wir fragen: Woran wird die Einheit, werden die Teile gemessen? Das ist angesichts des späten kulturkritischen Topos von der Zerstückelung der Arbeit, der ja schon im Hinblick auf Marx, vielmehr noch im Hinblick auf die Späteren als romantisch bezeichnet worden ist, dringend. Marx operiert, wenn auch nicht völlig geschlossen, wenn ich richtig sehe, auf zwei Ebenen. Einmal, vom Markt her, liegt die Einheit der ausge-übten Tätigkeit in der Einheit des Produktes. Die naturwüchsige gesellschaftliche Arbeitsteilung in die verschiedenen, vorwiegend handwerklichen Berufe vollzog sich ja, wie vorhin angedeutet. im Hinblick auf den Markt. Dieses Produkt kann nur dann – und darin bezieht sich Marx auf *Plato* und andere klassische Autoren[8] – von Qualität sein, wenn bestimmte Menschen bestimmte Fähigkeiten für bestimmte Produkte entwickeln. Die Einheit auf dieser Ebene ist also zweiseitig, durch das Produkt und durch die Produzierfähigkeit bestimmt. Für die manufakturelle Ar-

---

[6] *Marx:* a.a.O. S. 384.
[7] *Marx:* a.a.O. S. 382.
[8] *Marx:* a.a.O. S. 287 f.

beitsteilung schwinden beide Bedingungen: Teilarbeit ist einerseits diejenige Arbeit, deren Ergebnis kein Produkt ist, also keinen eigenen Marktwert hat, andererseits ist die Qualität, die noch von *Smith* gerühmt wird, weniger wichtig als die Menge.

Die andere Ebene, die Einheit bzw. Teilung kritisch zu bestimmen, ist anthropologischer Natur. Von *Smith* und anderen übernimmt und verschärft Marx die Argumente, denen zufolge die Teilarbeit, die Zerstückelung der Arbeit, Zersetzung der Arbeit[9] gegen die Natur des Menschen ist. Die Manufaktur revolutioniert die einfache Kooperation „von Grund auf und ergreift die individuelle Arbeitskraft an ihrer Wurzel. Sie verkrüppelt den Arbeiter in eine Abnormität, indem sie sein Detailgeschick treibhausmäßig fördert durch Unterdrückung einer Welt von produktiven Trieben und Anlagen, wie man in den La-Plata Staaten ein ganzes Tier abschlachtet, um sein Fell oder seinen Talg zu erbeuten"[9a]. Ich bin der Meinung, dass unzählige Zufriedenheitsstudien gegen diesen Satz noch nicht angekommen sind. Auf welcher Sachkenntnis diese These begründet ist, geht aus einer anderen Stelle[10] hervor: „Andererseits zerstört die Kontinuität gleichförmiger Arbeit die Spann- und Schwungkraft der Lebensgeister, die im Wechsel der Tätigkeit selbst ihre Erholung und ihren Reiz finden." Wie vieler Jahrzehnte arbeitsphysiologischer und arbeitspsychologischer Forschung hat es bedurft, um diesen Satz zu verifizieren!

Wir müssten an dieser Stelle etwas weiter fragen: Wie weit sind die Einheiten, die da unterteilt werden, nicht doch relative Größen? Oder, anders gesagt: Ob das Bild der naturwüchsigen gesellschaftlichen Arbeitsteilung als kritische Norm nicht allzu leicht mythologische Züge bekommt? Weiterhin, ob das Bild des vielseitigen Menschen nicht so radikal utopisch und damit schon nicht mehr dem besseren Verständnis nach utopisch ist, dass es als gesellschaftliches Kriterium untauglich ist? Im Allgemeinen halte ich es für sinnvoll, Marx eher „relativ" denn „ontologisch" aufzufassen. Marx weiß, dass der Antagonismus von gesellschaftlicher und manufakturmäßiger Arbeitsteilung unter den Bedingungen des Kapitalismus – hier Konkurrenz aller gegen alle, dort totale Partikularität der Kleinsteinheiten der Arbeit – nicht mehr erlaubt, das eine gegen das andere auszuspielen. Aber er setzt Grenzen, die auf der einen Seite Ausbeutung und auf der anderen Seite Verelendung bedeuten. Das sind zwei Worte, die wir nicht mehr gern hören, die aber immer noch als kritische Grenze unserer Erwägung gelten müssen. Kein Mensch hält heute noch einen liberalen Kampf aller gegen alle auf dem Markt für sinnvoll und möglich, wenn auch anscheinend die richtigen Spielregeln noch nicht gefunden sind, und jedermann weiß, auch wenn er es nicht laut ausspricht, dass ihm relativ umfassende Arbeit sinnvoller scheint als relative Teilarbeit – was besonders für diejenigen zutrifft, die wissen, dass bei der Teilung ihnen die besten Stücke gewiss nicht zufallen.

---

[9] *Marx:* a a.0. S. 358.
[9a] *Marx:* a.a.0. S. 381.
[10] *Marx:* a.a.0. S. 361.

14

2. Arbeitsteilung bei Durkheim

Während man bei dem Stichwort Arbeitsteilung mehr an Durkheim als an *Marx* denkt, stellt sich bei näherem Zusehen heraus, dass wir über die konkreten Phänomene der Arbeitsteilung, wie sie uns hier interessieren, bei *Marx* wesentlich mehr erfahren als bei Durkheim. Dessen 1893 erschienenes Werk „De la division du travail social"[11], das den Untertitel „Studie über die Organisation der höheren Gesellschaften" trägt, erscheint mir äußerst ergiebig als Soziologie der Moral und der Justiz, soweit sie – entsprechend dem Untertitel – die Organisationen der höheren im Vergleich mit den niederen – die entwickelten, fortgeschrittenen im Vergleich zu den primitiven früheren Gesellschaften bestimmt. Die Arbeitsteilung als Phänomen wird so selbstverständlich hingenommen, dass ihren gesellschaftlichen Voraussetzungen und Folgen mehr Interesse gewidmet ist als ihr selbst. Arbeit wird hier im allerweitesten Sinn als gesellschaftlich wichtige Tätigkeit und nicht in erster Linie, wie bei *Marx,* vom Produkt her verstanden. Der_ Akzent wird auf die Division bzw. die diverse gesetzt: Die zwei verschiedenen Arten der Solidarität werden durch Gleichheit (similitude) auf der einen und Arbeitsteilung auf der anderen Seite bestimmt. Gerade arbeitsteilige und organische Solidarität sind dasselbe. Das Problem der Arbeitsteilung scheint mir mehr von der Frage bestimmt zu sein: Wie ist eine liberale Gesellschaft möglich? als von der Frage: Welche speziellen gesellschaftlichen Zusammenhänge ergeben sich aus der Arbeitsteilung? Wir brauchen hier nicht die bekannten Thesen von der gesellschaftlichen Dichte und dem Kollektivbewusstsein auszuführen. Es genügt, festzuhalten, dass Arbeitsteilung gesellschaftliche Arbeitsteilung im Sinne von *Marx* ist, nur wesentlich erweitert und nicht vom Produzieren abhängig. Sie hält sich also in den Grenzen der Berufsgliederung und deren Variabilität[12].

Manufakturelle Arbeitsteilung, durch den Teilarbeiter und die Teilarbeit gekennzeichnet, tritt bei Durkheim erst in das Gesichtsfeld, wenn es die anomischen Formen der Arbeitsteilung zu analysieren gilt. Hier finden wir Argumente, die seither in der wohlmeinenden gutbürgerlichen Gesellschaft gang und gäbe sind und sich trotz möglicher Nähe sehr von denen, die *Marx* bringt, unterscheiden. Nachdem er die Einheit der Wissenschaft dadurch meint retten zu können: „Es genügt, dass alle, die sie betreiben, fühlen, dass sie am selben Werk zusammen arbeiten"[13], behauptet er, damit auch die schwersten Ein. wände gegen eine rigorose Arbeitstei-

---

[11] Zit. nach Emile *Durkheim:* The Division of Labour. Glencoe/I11. 1960. 4. Aufl. (engl. Übersetzung der Ausgabe: Paris 1893)

[12] Georges *Friedmann* hat vergeblich in seinem Aufsatz: „Emile Durkheim und die modernen Formen der Arbeitsteilung" (Kölner Zeitschrift für Soziologie und Sozialpsychologie. H. B. 1955/56. S. 12 ff.) versucht, eine Ehrenrettung von *Durkheim* vorzunehmen. Er hat ihn überfordert und dabei *Marx u. a.* vergessen.

[13] *Durkheim:* a.a 0. S. 371, 415.

lung behoben zu haben. Er schreibt: „Die Arbeitsteilung ist oft angeklagt worden, das Individuum zu verkürzen, indem sie es auf die Rolle der Maschine reduziert. Und wirklich, wenn es nicht weiß, in welcher Richtung die Arbeiten laufen, die man von ihm verlangt, sie nicht auf ein Ziel bezieht, kann es sich nur durch Routine anpassen. Alle Tage wiederholt es dieselben Bewegungen mit einer monotonen Regelmäßigkeit, ohne sich für sie zu interessieren oder sie zu verstehen. Das ist nicht mehr die lebende Zelle eines lebenden Organismus, die ständig vibriert im Kontakt mit den Nachbarzellen, die auf sie einwirkt und auf diese Weise das Einwirken erwidert, sich ausdehnt, sich zusammenzieht, nachgibt und sich verändert entsprechend den Bedürfnissen und Umständen, das ist nichts anderes mehr als ein passives Räderwerk, eine äußerliche Kraft, die in Gang gesetzt ist, die sich immer in dieselbe Richtung und auf die gleiche Art bewegt. Gewiss, wie immer man sich auch das moralische Ideal darstellt, man kann einer derartigen Entwertung der menschlichen Natur nicht indifferent gegenüberstehen." Das Individuum, sagt er weiter (und bezieht sich dabei auf *Comte*), steht hier vor dem Ruin. Nun aber fährt er fort; verwirft den von *Smith* und anderen empfohlenen Erziehungsausgleich, hält diese Form der Arbeitsteilung nur für eine Abnormität, eine Ausnahme, und empfiehlt eine Revision, bei der es möglich bleibt, dass die eine Funktion sich auf die andere bezieht, die eine Zelle an der anderen Zelle teilnimmt. Dann tritt ein: „Das Individuum weiß, dass es einer Sache dient." Die Arbeitsteilung wird hier zu einer Sache des Bewusstseins und des Gefühls – bis heute wird davon gesprochen, dass man sich verantwortlich fühlen muss, ohne zu fragen, ob man es ist -, in der Sprache des Idealismus und seiner Nachfolger: Das Sein wird durch das Bewusstsein ersetzt. Wie wir schon festgestellt haben, dass Durkheim an dem Phänomen Arbeit nur nebenbei interessiert ist, so haben wir hier eine Bestätigung: Das Verhältnis vom Menschen zur Arbeit, vom Menschen zum Produkt ist völlig uninteressant. Das Verhältnis der Menschen zueinander ist wichtig. Wenn wir auch fragen müssen, wieso das eine ohne das andere erklärt werden kann – ohne eine Antwort zu geben –, so sollten wir Durkheim nicht weiter überfordern[14].

3. Arbeitsteilung bei Taylor

Die nächste historische Etappe ist durch Frederic W. Taylor[15] markiert, der, *wie Friedmann* mit Recht sagt, eine industrielle Revolution eigener Art einleitet, die Revolution, in deren Verlauf die Betriebs-Organisation die ihr bis heute eigene Form

---

[14] *Durkheim* fragt nach Solidarität. Wenn er sie auch im Fahrwasser bürgerlich liberalen Denkens nicht grundsätzlich, sondern nur in den Fällen der Anomalität gefährdet sieht, so könnten wir doch von *Durkheim* zurückfragen an *Marx*: Wie steht es mit der Solidarität? Offensichtlich ist die Solidarität von *Marx* und seinen direkten Nachfolgern etwas zu leicht genommen. Gemeinsame Abhängigkeit von Kapitalisten erzeugt noch keine Solidarität. Dies möge als Hinweis verstanden werden.
[15] Frederic *W. Taylor*: Die Grundsätze wissenschaftlicher Betriebsführung. München-Berlin 1917.

erfährt. Wir können uns hier kurz fassen. Die Arbeit im Detail wird zur absoluten Selbstverständlichkeit, ja zur obersten Notwendigkeit rationaler Produktionsverfahren. Und diese Teilarbeit wird thematisch verschärft durch das Programm, Denken und Ausführen voneinander zu trennen. Die Marxsche Voraussage wird umgesetzt, aber nicht einfach in der simplen Verlagerung des Denkens, Planens, Vorbereitens nach eben in der Hierarchie, sondern dadurch, dass die Hierarchie aufgefächert wird. Die Taylorsche Idee, die Vorgesetzten-Hierarchie völlig aufzufächern, scheitert an den Herrschaftsverhältnissen – sie war auch mehr eine Gedankenkonstruktion, in der ein Prinzip durchgespielt wurde, von der wir nicht wissen, ob sie je entfernt so wirksam hätte werden können wie die andere Seite des Taylorschen Programms. Vielmehr wurden in die Hierarchie Seitenzweige eingebaut, die der Arbeitsplanung und Arbeitsvorbereitung, die seitdem auf der einen Seite zwar die Herrschaft im ganzen perfektionieren, auf der anderen Seite die hierarchische Gliederung der Herrschaft beeinträchtigen (was dann notwendig zur so genannten Meisterkrise führt). Wenn Taylor auch kein Theoretiker war, schon gar kein Soziologe, so bleibt ihm doch das besondere Verdienst, den Cartesianismus, die Trennung von res cogitans und res extensa bis zum bitteren Ende sozialisiert zu haben.

4. Friedmann und andere

Schon dreißig Jahre später – ich übergehe einige interessante Zwischenstadien – stellt sich die Arbeitsteilung den soziologischen Erwägungen anders dar. Jetzt geht es nicht mehr um Notwendigkeiten (im Marxschen Sinne) oder um Möglichkeiten im Sinne von *Durkheim* und den Liberalen, sondern zunächst um Fakten. Georges Friedmann hat sich auf eine einmalige Weise dieser Fakten angenommen[16]. Dass bei ihm eine System-Analyse, gleich ob im Marxschen oder Durkheimschen Sinne, fehlt, hat seine Wirkung ebenso beeinträchtigt wie die psychosoziologische Haltung, mit der er strenge Soziologie durchkreuzt. Als erstes konstatiert Friedmann Zerteilung der Arbeit bis in kleinste Einheiten, wo auch immer er hinkommt[17]. Das Maß der Teilung oder Zerstückelung wird bei Friedmann nur vordergründig an der Typologie des Handwerks gemessen, im Grunde gelten anthropologische Kategorien in psychosoziologischer Form. Dass Spezialisierung im konkreten Sinn inhuman ist – darin folgt er der von uns aufgezeigten Tradition. Aber dabei bleibt er nicht stehen; sondern er nennt auch Folgen, die ganz anders als bei *Durkheim* gesehen werden. In dieser Hinsicht kombiniert er *Marx* und *Durkheim*: Die Folgen sind nicht

---

[16] Georges *Friedmann:* Der Mensch in der mechanisierten Produktion. Köln 1952; ders.: Die Zukunft der Arbeit. Köln 1953.

[17] Derartige vielfältige Beobachtungen weisen schon darauf hin, dass das Stufenschema: erst Manufaktur – dann große Industrie (von *Marx*) zwar als Modell sehr nützlich, aber nicht auf den wirklichen Geschichtsablauf übertragen werden darf.

nur Unlust und Langeweile, sondern gesundheitsschädigend und neurotisierend. Die Folgen sind ferner: Entwertung der Arbeit im Sinne des Verlustes von handwerklichen und denkerischen Fähigkeiten. Diese obstinaten Töne all seiner Veröffentlichungen haben ihm eine gewisse Abseitsstellung vom Hauptstrom der Soziologie gebracht, in welcher man meinte, es sich nicht mehr leisten zu können, kulturkritisch zu sein. (Bis man dann an einer Stelle, wo es kaum zu vermuten war, die Entfremdung als soziologische Kategorie und nicht als philosophische – nämlich bei *Blauner* u. a. – wieder entdeckte[18].) Friedmann steht freilich an einer Wende. „Die Grenzen der Arbeitsteilung" scheinen an einigen Stellen der industriellen Revolution erreicht. Und so sehr er *Taylor* und die Arbeitszersplitterer gebrandmarkt hat, so sehr stürzt er sich auf alle möglichen Arbeitsformen, in denen die Teilung wieder aufgehoben wird. Denn hier findet die Humanisierung der Arbeit erneut Platz[19]. Wenn Friedmann große Abschnitte neuen Formen der Ausbildung und Bildung widmet, so knüpft er, wohlgemerkt, nicht bei Adam *Smith* und seinem humanitären Bildungsausgleich an, den *Marx* und *Durkheim.*, jeder von seiner Sicht aus, kritisieren, sondern an den Notwendigkeiten (die zugleich willkommene Möglichkeiten sind) zur polytechnischen Erziehung im Sinne *Marx'*, Notwendigkeiten, die sich aus der industriellen Produktion ergeben. Im Hinblick auf unsere Argumentation ist festzustellen, dass Friedmann als direkter Gegner *Taylors* wie dieser zwei von vier Aspekten der Arbeitsteilung berücksichtigt, nämlich den horizontalen und den qualitativen, der die Trennung von Denken und Arbeiten betrifft. So wenig er im Vergleich mit *Marx* die Notwendigkeit zur Arbeitsteilung – wie auch zu deren partiellen Aufhebung umfassend genug analysiert, so wenig bedenkt er den dritten Aspekt, nämlich den vertikalen oder hierarchischen. Sein Verdienst bleibt, mit einer Fülle von Details auf der Tatsache Arbeitsteilung und ihren psychosoziologischen Konsequenzen insistiert zu haben.

---

[18] Robert *Blauner:* Alienation and Freedom. Chicago 1964.

[19] Bleiben die verschiedenen Orts geübten Typen des Arbeitsplatzwechsels noch im Rahmen der Arbeitsunterteilung, so heben sie doch die Identität von Arbeiter und Arbeitsplatz auf und geben die Möglichkeit. der Einengung von Erfahrungs- und Aktionsfeld entgegenzuarbeiten. Den nächsten Schritt zur Humanisierung stellt nach Friedmann *das* „job enlargement" dar: Man hat entdeckt. dass die Zersplitterung gar nicht so rentabel ist bzw. dass häufige Fluktuation aus Desinteresse auch etwas kostet, und hat verschiedene Teilarbeiten wieder zusammengefügt. Das führende Beispiel gibt hier die IBM. Wichtig ist hierbei besonders, dass Tätigkeiten, die dem Herkommen nach verschiedenen Qualifikationsstufen zugehören, miteinander vereinigt werden, wie zum Beispiel Detailfertigung und Kontrolle. Am Ende der Kette, die Arbeitsteilung aufzuheben, stehen die von Peter *Drucker* in die Diskussion geworfenen Fälle. in denen arbeitsgeteilte Zweige der Planung und Produktion --- im Notfall bisher ‿ wieder ineinander verschränkt werden.

III.

Die Systematik der Arbeitsteilung

Der Überblick über einige wesentliche Etappen der Entfaltung und Wandlung des Arbeitsteilungsbegriffes hat ergeben, dass zwar der horizontale Aspekt der Arbeitsteilung im Vordergrund steht, dass aber – vor allem bei *Marx* – sowohl der hierarchische als auch der qualitative untrennbar mit dem horizontalen verbunden sind; der zeitliche wird kaum erwähnt. Wir haben ferner zur zweiten These feststellen können, dass die Frage nach der Menschlichkeit der geteilten Arbeit an allen wesentlichen Stellen auftritt – außer bei *Taylor,* der in dieser Hinsicht nichts als ein Techniker ist.

Eine Systematik der Arbeitsteilung hat zu zeigen, warum es sich bei den verschiedenen Formen der Arbeitsteilung gerade um Aspekte derselben Arbeitsteilung handelt. Ich gehe dabei von einem engeren Arbeitsbegriff aus, als ihn etwa *Durkheim* verwendet, für den implicit alle gesellschaftliche Tätigkeit als Arbeit gefasst ist. Ohne an dieser Stelle den Arbeitsbegriff selbst ausführlich darzulegen, beschränke ich mich aus methodischen Gründen auf den traditionellen Horizont dessen, was man unter Arbeit versteht: verändernder und produzierender Umgang mit Materie im weitesten Sinne, der auf der einen Seite immer an menschlichen Lebensunterhalt gebunden, auf der anderen Seite immer mit relativer Mühe verbunden ist; Arbeit, die außerdem geregelte Formen der Kooperation im weiteren Sinne verlangt.

Als *erstes Prinzip* hat zu gelten, dass dieselbe Arbeit an demselben Gegenstand raumzeitlich singulär ist. Dasselbe Stück Acker mit demselben Gerät kann nur jeweils ein Mensch bearbeiten, ebenso dasselbe Werkstück mit derselben Drehbank. Dies gilt im Gegensatz zu allen Tätigkeiten im ideellen Bereich: Über dasselbe Thema können 100 Schüler einen Aufsatz und 100 Gelehrte je ein Buch schreiben – zur gleichen Zeit und nicht unbedingt an den Raum gebunden. Arbeitsaufgaben, die in irgendeiner Weise die jeweiligen Grenzen des Individuums überschreiten, müssen im weitesten Sinne kooperativ erledigt werden. Von welchem Grenzwert an wir dabei von kooperierenden, relativ ungeteilten – sagen wir handwerklichen – Arbeiten sprechen bzw. von unterteilter oder zerlegter Arbeit, kann zunächst offen bleiben. Die horizontale Arbeitsteilung bedeutet dann: Verschiedene Arbeiten oder Arbeitsaufgaben werden an demselben Objekt vollzogen. Dabei herrscht die räumliche Komponente vor: Das Objekt, das Werkstück, wandert von Arbeiter zu Arbeiter, deren Tätigkeit prinzipiell als gleichwertig anzusehen ist. Prinzipiell ist in dem Sinne gemeint, dass bis zur Erstellung des Produkts alle geteilten Arbeitsaufgaben notwendig sind, ob sie nun von einem Hochqualifizierten oder von einem Hilfsarbeiter durchgeführt werden. Diese prinzipielle Gleichheit der Arbeitsaufgaben ist zeitweilig mit erheblichen politischen Hoffnungen verbunden worden[20]. Nun führt jede strengere und prinzipiellere Arbeitsteilung zur Organisation, und diese Organisation ist ohne Unter. und Überordnung nicht denkbar[21].

Eine gleichheitliche Kooperation unterteilter Arbeit in großer Organisation ist nicht nur praktisch schwer durchführbar, sondern widerspricht auch dem *zweiten Prinzip*, das nicht an die industrielle Arbeitsteilung gebunden ist. Dieses Prinzip ist die Tendenz, Arbeitsteilung immer als Über- und Unterordnung einzurichten. Es gilt nicht nur für den Bereich unserer Kultur, sondern mit Ausnahmen für die ganze Menschheit. Wir können nur annehmen, dass gleich zeitliche Kooperation quer durch die Menschheit ein kaum zu leistendes Prinzip ist. Unter- und Überordnung von Menschen haben sich selbst dort ergeben, wo man es anders wollte. Die Kriterien der Unter- und Überordnung können sich dabei wandeln. Wer ist der Obere: der körperlich Stärkere, oder der Klügere, oder der Besitzende[22]? Während nun für die horizontale Arbeitsteilung als oberster Grund die Zweckmäßigkeit zu gelten hat: Dem Zweck der maximalen Produktion entsprechend, hieße es schon ideologisch zu operieren, wenn man denselben obersten Grund für die vertikale Arbeitsteilung annimmt. Erst sekundär zweckmäßig geworden ist die Tatsache, dass höhergestellte Personen ihre Briefe diktieren, anstatt sie selbst zu schreiben. Primär, d. h. als oberster Grund für die horizontale Arbeitsteilung, hat die Wertordnung einer jeweiligen Gesellschaft zu gelten. Schon lange vor den Griechen – aber bei ihnen ist es literarisch hinreichend fixiert – galt immer eine relative Identität bzw. Konvergenz von Wertordnung und Menschenordnung. Wenn Geist höher ist als Materie, dann ist auch der geistige Mensch höher als der materielle Mensch. Wenn Macht höher steht als Ohnmacht, dann muss der Ohnmächtige es sich gefallen lassen, eingeordnet zu werden. Derartige Wertordnungen gelten zwar niemals ohne die jeweiligen gesellschaftlichen Verhältnisse; aber ich halte es für absurd, sie aus denselben abzuleiten. Dann bliebe nämlich der Mensch als Tier mit Ausfallerscheinungen übrig.

Die Wertordnung, restlos in das Gewand der Zweckmäßigkeit gekleidet, wird zum ökonomischen Prinzip auf höherer Stufe – und lässt dann auch die Hierarchie nicht ungeschoren: Das *dritte Prinzip* ist die qualitative Arbeitsteilung, d. h. die strikte Trennung von Denken und Ausführen, die sich, von Ausnahmen besonders in

---

[20] Vom anarcho-syndikalistischen Flügel der Arbeiterbewegung her wurden verschiedenste Versuche zu demokratischen im Sinne von gleichheitlichen Produktionsstätten unternommen. Die verschiedensten Communautes de Travail belegen dies. Sie belegen aber gleichzeitig, dass das hierarchisch differenzierende Prinzip nicht außer acht gelassen werden kann, während ein handwerkliches Berufskollektiv nicht nur denkbar, sondern auch praktizierbar ist

[21] Wie weit derartige Unter. und Überordnung relativ funktional oder persönlich-autoritativ sein kann oder muß, lasse ich hier offen.

[22] Dabei wäre es noch reizvoll, den Verbindungen zwischen dieser oberen Kategorie nachzugehen. Wenn *Mayo* z. B. meinte, die Industriellen seien mit Recht die in der Nation Führenden, weil sie die Klügeren sind, so braucht es für uns keinen besonderen Ideologieverdacht, um festzustellen, warum *Mayo so* dachte.

20

extremen Formen der Sklaverei abgesehen, ebenso wenig vor der Industrialisierung hat durchführen können wie Arbeitsteilung über die Berufsgrenzen hinweg bei den so genannten naturwüchsigen Gesellschaften. (Im Taylorismus laufen verschiedene Fäden der organisatorischen, der ökonomischen und der wertbedingten Notwendigkeit zusammen: Einer organisiert die Einheit vieler, einer ist hoch bezahlt, viele sind gering bezahlt, einer versteht mehr von der Sache als viele.) Nachdem alle körperlichen Tätigkeiten spezialisiert sind, wird nun auch der Verstand spezialisiert – und an dieser Stelle kommen wir offensichtlich an eine anthropologische Grenze. Der Mensch als Rädchen in der Maschine – (relativ unmaschinell ist der induzierte Leistungsanreizmechanismus) – widerspricht endgültig den simpelsten Erkenntnissen etwa der Arbeitspsychologie und der Arbeitspädagogik, und unter den Voraussetzungen des Systemdenkens der Kybernetik muss man einsehen, dass die kybernetische Organisation eines Betriebes, die auf gebrochenen Regelkreisen seiner einzelnen Elemente aufbaut, nicht adäquat funktionieren kann[23].

Bleibt schließlich die zeitliche Form der Arbeitsteilung. Wir sind gewohnt, die zeitliche Komponente nur als *vierte* Dimension des Raumes zu betrachten. Lenkt schon *Marx* unser Augenmerk auf die Zeitstruktur des Arbeitstages – die berühmten Poren des Arbeitstages -, womit er Zeitwerte in räumliche Vorstellung überträgt, so wird auch bei dem Schema, das *Naville* und *Touraine* entworfen haben[24], die Arbeitsregulierung von der räumlichen Zuordnung begriffen. Das Band kann erst dann laufen, wenn alle Arbeitsteile relativ gleiche Zeit beanspruchen. Die Sache sieht in dem Moment anders aus, in dem wir nicht das Werkstück wandern lassen, sondern die Menschen sich am gleichen Werkstück oder der gleichen Anlage bei gleichem Platz ablösen. Unser erstes Prinzip der Singularität der Arbeitsaufgabe wird in diesem Fall in der anderen „Richtung angewandt. In der Schichtarbeit tritt der zeitliche Aspekt der Arbeitsteilung am deutlichsten zutage – und da Schichtarbeit bisher wenig untersucht wurde, stehen andere dazugehörige Probleme noch weithin offen. Der völlige Mangel an Analysen der Zeitstruktur in der Soziologie wird hier unübersehbar – das ist auch der Grund, weshalb wir keinen klassischen Autor hierfür zitieren konnten. Darauf hingewiesen zu haben, dass Schichtarbeit eigenständige soziale Zusammenhänge hervorbringt, ist das besondere Verdienst Eugen *Rosenstock-Huessys*[25].

Ich fasse diesen Abschnitt zusammen: Die genannten vier Formen der Arbeitsteilung sind nicht als gesonderte zu behandeln. Sie erscheinen als vier Aspekte

---

[23] *Marx* hat schon festgestellt, dass die Trennung von Denken und Ausführen für bestimmte Stadien der Industrialisierung unumgänglich ist. Das berechtigt uns, die Trennung von Denken und Ausführen nicht als zusätzliche, sondern als inhärente Form der Arbeitsteilung zu betrachten.

[24] Pierre *Naville:* Division du travail et repartition du tâches. In: *Friedmann, Navielle* (Hrsg.): Traite de sociologie du travail. Paris 1961.

[25] Eugen *Rosenstock-Huessy:* Der unbezahlbare Mensch. Bern 1955. S. 56 ff.

eines Prozesses der Differenzierung, in denen sich die Tendenzen, die wir als Industrialisierung bezeichnen, ausdrücken.

Zur zweiten These bleibt noch zu sagen: Dass bei allen Autoren außer bei *Taylor* die Menschlichkeit der Arbeit im Spiel ist, wenn es um Arbeitsteilung geht, ist nicht zu übersehen. Die Frage ist nur, ob diese Note unter den heutigen Vorstellungen von Soziologie beibehalten werden kann. Nachdem die Anti-Kulturkritiker alles getan haben, jede Romantik aus der Bewertung der Arbeitsteilung und Arbeitszergliederung auszumerzen und sei es in der *Touraineschen* Form[26], die Arbeitsgliederung als vorübergehende Phase der Industrialisierung zu werten, und nachdem nur noch im Flüsterton von Entfremdung gesprochen werden durfte, bleiben meines Erachtens immer noch genügend Gründe, anzunehmen, dass die Frage nach der Menschlichkeit der Arbeit mit der Frage der Arbeitsteilung verbunden bleibt. Wenn wir auf rein wissenschaftliche Ergebnisse von Nachbardisziplinen auf dem Feld der Arbeit – Medizin und Psychologie – zurückgreifen, dann ist unbestreitbar, dass viele Arbeitsformen im Hinblick auf das System des menschlichen Organismus dysfunktional bzw. pathologisch sind, d. h. die Reproduktion der Kräfte bei allem möglichen Wandel verhindern. Eine solche Verallgemeinerung von Detailergebnissen könnte allerdings der Vorstellung Vorschub leisten, als sei ein unverbrauchter Mensch denkbar. Wir stoßen an die utopische Grenze der unverkürzten Reproduktion des menschlichen Organismus. Nun sind die medizinischen Ergebnisse noch keine soziologischen, und heim Rückblick auf unsere klassischen Autoren finden wir eine Reihe von Argumenten, die teils medizinischer, teils allgemein anthropologischer Natur sind. Ich hätte es für angebracht, derartige Argumente, wenn man sie auf ihre gesellschaftliche Relevanz geprüft hat, in die soziologische Argumentation zu übernehmen: Wenn ein Mediziner Nachtarbeit als pathologisch bezeichnet, dann brauchen wir nicht zu erschrecken; er bezeichnet noch vieles mehr als pathologisch. Unsere Sache ist es, dieses Kriterium gesellschaftlich abzuwägen.

Abgesehen von Kriterien anderer Wissenschaften verweisen uns die genannten Autoren darauf, dass Menschlichkeit auch Gesellschaftsfähigkeit bedeutet; das heißt: Arbeit von Arbeitskräften, die den gesellschaftlichen Austausch und die Reproduktion gesellschaftlicher Kräfte verhindert, hebt Gesellschaft auf. Und gerade derartige Prozesse zu studieren kann als ein wichtiges Thema soziologischer Forschung bezeichnet werden, auch dann, wenn nicht mehr die Arbeitsteilung, sondern die Kooperation im Vordergrund des Interesses steht.

---

[26] A. Touraine: L'Evolution du travail ouvrier aux usines Renault. Paris 1955.

Zwischen Ruhe und Taumel

Zum Verhältnis systemtheoretisch orientierter Soziologie und philosophischer Anthropologie

Vorbemerkung

Eine Studie, die nach der Rezeption von Niklas Luhmanns theoretischen Arbeiten angestellt wird, ohne eine Fortführung im einfachen Sinn zu sein, steht in einer ungünstigen Position: Sie kann nicht in der Intention geschrieben werden, von denen gewürdigt zu werden, die vor der Luhmann'schen Konzeption verständnislos stehen und sie ablehnen. Von den Anhängern Luhmanns wird sie in Verteidigungs-Haltung gelesen werden: Der erste Satz, der nicht in dessen Denk-Schema passt, wird ihren Widerstand provozieren. Nun denn: Es gibt zurzeit kein verbindliches Paradigma der Soziologie, dagegen die Behauptungen jeweils verschiedener Paradigmen. Also muss die Argumentation anders aufgebaut werden. Ohne zu Adam und Eva zurückzukehren, (um bei ihnen zu beginnen,) muss versucht werden, eine Anfangsposition zu skizzieren, in der wenigstens etwas umschrieben wird, das den verschiedenen Paradigmen gemeinsam vorausgehen könnte.

I Die systemtheoretische Grundlegung

1. Die Fragestellung

Alle Wissenschaften sind damit beschäftigt, Zusammenhängen dessen, was wir Realität nennen, auf die Spur zu kommen. Zu diesem Zweck treffen sie Unterscheidungen: Historische werden von physikalischen, biologische von mathematischen Zusammenhängen unterschieden. In diesem Sinn sprechen wir auch davon, dass es soziale Zusammenhänge gibt: hervorgehobene und zugleich ausgeschnittene Zusammenhänge, deren Spuren man verfolgen kann. Die Frage, wo die Grenzen dieser zu anderen Zusammenhängen zu ziehen sind, hat die Soziologie in gewissen Abständen beschäftigt. Aus diesem Sachverhalt kann man entnehmen, dass die Unterscheidung sozialer von nicht-sozialen Zusammenhängen nicht von einfacher Evidenz ist. Also muss sie definiert, d.h. entschieden werden, – und es bleibt dann abzuwarten, ob diese Entscheidung konsensfähig ist.

Geht man zunächst von der Grenz-Frage ab, so lässt sich im Zentrum der gesuchten Zusammenhänge eine gewisse Einmütigkeit finden, die aber von trügerischer Selbstverständlichkeit ist: Dass zwischen Menschen etwas stattfindet, das nicht von der Natur vorgegeben ist und das über sie, als beobachtbare Wesen hinaus, einen Realitätscharakter hat, darin sind sich Soziologen bei unterschiedlichsten Paradigmen einig. (Und es ist nicht nötig, die verschiedenen Definitionen von Soziologie anzuführen.) Das nennt man dann den Gegenstand der Soziologie und vergleicht sie darin mit den anderen Wissenschaften, die andere Gegenstände auf die Spuren ihrer Zusammenhänge hin untersuchen. Dies ist deswegen nicht unproblematisch, weil die Gegenständlichkeit dieses Gegenstandes eine Realität bezeichnet, die zuallererst Gegenständlichkeit unseres, d.h. des menschlichen Bewusstseins ist, dessen Empirie eine abgeleitete ist: Jugend-Soziologie oder Kunst-Soziologie kann zwar auf Gegenständliches verweisen, aber inwiefern dieses Gegenständliche zugleich etwas Soziologisches ist, ergibt sich nicht in einfacher Evidenz.

Übergehen wir die unendlichen methodologischen Fragen, die sich aus diesem Sachverhalt ergeben: Da diese Verbindlichkeit eines Zusammenhang-Bereiches nicht ausreicht, damit Soziologen untereinander sich verstehen können, brauchen wir einen zweiten Anfangs-Aspekt, aus dem sich ableitet, auf welche Weise man versucht, den Zusammenhängen auf die Spur zu kommen. Von diesem Schritt ist auch zu erwarten, dass mögliche Grenzziehungen, welche die soziologischen von nicht-soziologischen Zusammenhängen unterscheiden, deutlicher werden. Wonach fragen wir, wenn wir uns auf die Spurensuche begeben? Hier scheint es zwei einander nahe liegende und doch fundamental verschiedene Fragestellungen zu geben. Die erste fragt: Wie sind diese Zusammenhänge beschaffen und auf welche Weise verändern sie sich, falls sie sich verändern? (z.B. besteht ein Zusammenhang zwischen dem Stil des Familienlebens und der Arbeitssituation; verändert sich das eine, wenn sich das andere verändert?) Die zweite fragt: wie kommen die Zusammenhänge zustande? Die eine Fragestellung könnte man die Durkheimsche nennen – wir finden sie mit gewisser Selbstverständlichkeit auch bei denen, die sich nicht auf Durkheim berufen. Die andere wäre die Simmelsche (auch bei Nicht-Anhängern): Wie ist Gesellschaft möglich? – wobei 'Gesellschaft' für den Inbegriff sozialer Zusammenhänge steht. Zur Debatte steht nicht, welche der beiden Fragestellungen die richtige oder die angemessene ist, sondern dass sich daraus verschiedene Soziologien ergeben, die weder in einem hierarchischen noch systematisierbaren Zusammenhang stehen: Sie sind in nichts anderem als in einer jeweiligen Dezision begründet.

Die Grenzziehung sozialer Zusammenhänge ist relativ einfach, sofern der Durkheimschen Tradition gefolgt wird, sie ist hoch-problematisch, wenn man der Simmelschen Linie folgt. In dieser Tradition kann man kaum anders, als sich auf den (fiktiven) Gegenstand 'soziale Zusammenhänge' zu verständigen, um dann eine kritisch-abwartende Haltung einzunehmen und zu betrachten, wie weit unter spezifizierter Fragestellung sich bei der Rekonstruktion des Zustandekommens Evidenz einstellt.

2. Die Rekonstruktion von Zusammenhängen

(a) Das Verfahren der Rekonstruktion von Zusammenhängen ist einfach; darüber gibt es – im methodologischen Sinn – wohl keine Kontroverse

– Als gegeben werden bestimmte Zusammenhänge (einerseits) angenommen sowie Elemente (andererseits), zwischen welchen diese gebildet sind.

– Es werden die Elemente voneinander getrennt: Dies kann
a) durch empirischen Eingriff,
b) durch die Beobachtung von Prozessen, in denen sich aus den Elementen (ohne empirischen Eingriff) Zusammenhänge bilden, und
c) durch mentale Operationen
geschehen. Welches dieser Verfahren oder welche Kombination von Verfahren angewandt wird, lässt sich nur in den einzelnen Bereichs-Zusammenhängen entscheiden. Nicht zu übersehen ist, dass alles modernere, anspruchsvollere Wissenschaftsverständnis – welche Disziplin auch immer es betrifft – auf (c) nicht verzichten kann; m. a. W. es gibt, auf welchem Niveau auch immer, keine nichttheoretische Wissenschaft.

– aus der Beziehung der Elemente wird die jeweilige Qualität, d.h. Eigenheit, Besonderheit rekonstruiert.

(b) Zusammenhänge werden als Systeme bezeichnet: Dies geschieht einerseits ohne ausgearbeitete Theorie darüber, wie ein System zu denken ist – und ist uns in dieser Weise als selbstverständlich in den Sprachgebrauch übergegangen –, andererseits liegen in verschiedenen Wissenschaften verschieden ausgefeilte System-Theorien vor. Ein System-Konzept zu verwenden bedeutet daher nicht notwendig Überfremdung einer Wissenschaft durch eine andere – ebenso wie der Einsatz von Logik zwar in einigen Disziplinen mit besonders strenger Sorgfalt geschieht, die Anwendung dieses Denkprinzips in etwas 'vergröberter' Form aber Bestandteil jeder Wissenschaft ist. Von Überfremdung wäre erst dann zu sprechen, wenn die spezifische Ausarbeitung einer Disziplin für eine andere zwingend werden sollte: Würde man etwa sagen, dass die Freiheitsgrade der Elemente zur notwendigen Bestimmung eines Systems zu zählen sind, dann würde das für diejenigen Disziplinen gelten, in denen Freiheitsgrade bestimmbar wären und würde hinsichtlich derjenigen Disziplinen eine Überfremdung bedeuten, in denen Freiheitsgrade unbestimmbar blieben.

Der selbstverständliche Gebrauch des Terminus System übersieht leicht, dass sich dessen Sinn in der Geschichte gewandelt hat. Unter System kann man einerseits Ordnungssysteme, andererseits Real-Systeme verstehen. (Die Gleichsetzung von 'Zusammenhängen' und 'System' geschah im Blick auf Real-Systeme). Ordnungssysteme (SO) bringen abstrahierte Realitäten in einen systematischen Zusammenhang: z.B. stellt die Grammatik ein solches Ordnungssystem ebenso dar wie

Linne's System der Pflanzen, wie ebenfalls das System der chemischen Elemente. Abstrahierung bedeutet dabei das Herausnehmen aus zeitlich definierten prozessualen Zusammenhängen. Ordnungssysteme sagen nichts darüber aus, in welcher Folge welche realen Verbindungen sich einstellen. Real-Systeme dagegen stellen die Beschreibungsweise realer Zusammenhänge in der Zeit dar (SR). Selbstverständlich gibt es eine Verbindung zwischen So und SR: Sofern die Ordnung nachprüfbar gilt, können wir sie in der Realität in der Weise wiederfinden, dass der Stellenwert der Ordnung im Prozess zum Ausdruck kommt: Angenommen, in der Familien-Ordnung stünde der Vater an oberster Stelle, dann würde sich das im Prozess einer realen Familie ausdrücken. Aber die Ordnung selbst sagt nichts darüber aus, wann und auf welche Weise sich diese Position zur Geltung bringt.

Zwischen beiden System-Typen – und das macht die Unterscheidung nicht leichter – sind Prozess-Systeme (SR) anzusetzen, die darüber Auskunft geben, mit welcher zwingenden Notwendigkeit der Anschluss bestimmter Elemente an andere in zeitlicher Reihenfolge zu erwarten ist. Dies gilt ebenso für 'natürliche' Prozesse wie für 'künstlich' geschaffene soziale Prozess-Ordnungen.

Es wäre leichter, den (für uns wichtigen) Unterschied zwischen SO und SR nicht aus dem Bewusstsein zu verlieren, wenn ein weit verbreiteter Gebrauch zur Norm werden könnte: nämlich den Terminus Struktur unmissverständlich einzusetzen. Was bisher als Ordnungssystem verstanden wurde, ist wesentlich durch Strukturen bestimmbar; diese meinen Zusammenhänge, die in ihrer Überzeitlichkeit rekonstruierbar sind: So ist etwa die Sitz-Ordnung am Tisch eine Struktur. Sie sagt nichts darüber aus, in welcher Reihenfolge die einzelnen Mitglieder ihren Platz einnehmen, wohl aber, in welcher immer wiederkehrenden Struktur.

Demgegenüber sind alle Real-Systeme, soweit sie uns hier interessieren, derart, dass man sie auch als dynamische Systeme bezeichnet, d.h. es handelt sich um Zusammenhänge, die wir in der Realität erkennen, die sich ständig in der aktuellen Beziehung ihrer Elemente ändern, ohne damit über die Zeit hinweg etwas anderes zu sein als was sie sind: Das menschliche Individuum – als ausgrenzbarer Zusammenhang – kann als System konzipiert bzw. beschrieben werden, welches sich in seinen aktuellen Relationen nach innen und außen ständig ändert, ohne damit aufzuhören, eben dieses besondere menschliche Individuum zu sein.

3. Die Reduktion

Dass jede wissenschaftliche Erklärung, Beschreibung, Rekonstruktion eine Reduktion darstellt, erscheint als derart selbstverständlich, dass diesem Vorgang keine Aufmerksamkeit mehr geschenkt wird. Wissenschaft, das weiß jeder, kann Realität nicht abbilden. Es muss diesem Vorgang aber deswegen Aufmerksamkeit geschenkt werden, weil bei komplexerer Realität die Auswahl dessen, was in die Rekonstruktion aufgenommen wird – und was nicht – nicht immer eindeutig ist.

Als gemeinsames Gut aller, d.h. der verschiedensten Wissenschaften, kann gelten, dass sie minimalistisch operieren: Von der Übertülle aller möglicher Beobachtungen – die wir als natürliche Voraussetzung der Erkenntnis annehmen – wird dasjenige ausgegrenzt, das nicht als notwendig erscheint, um das Wieder-Erkennen desselben zu garantieren: Wenn ich an einem Gegenstand Eigenschaften nicht erwähne, die nur gelegentlich wahrnehmbar sind, habe ich der Reduktion zuviel getan. Andererseits brauche ich zur Kennzeichnung eines Weges nicht diejenigen beobachtbaren Erscheinungen zu erwähnen, ohne die der Weg auch gefunden werden kann. Wir haben es hier mit der ceteris-paribus-Strategie zu tun: in einem veränderlichen Prozess die als gleich bleibend angesehenen Zusammenhänge (vorläufig) auszuklammern. Voraussetzung für eine einwandfreie ceteris-paribus-Reduktion ist allerdings das gesicherte Wissen darüber, dass hier ein 'paribus' vorliegt. Und es ist bekannt, dass es in dieser Hinsicht oft nicht mit rechten Dingen zugeht. Oft handelt es sich um Annahmen von Konstanten experimentis causa, die immer wieder auf ihre Qualität hin zu überprüfen sind, bis dieses als gesichert gelten kann.

Es ist weithin üblich geworden, die in die Beschreibung und Analyse aufgenommenen 'Ausschnitte' von Realität von der Disziplin-gebundenen Fragestellung abhängig zu machen. Je komplexer, mehrschichtiger oder mehrdimensionaler die Zusammenhänge sind von deren Beobachtung wir ausgehen, umso mehr müssen wir – wegen unserer Begrenztheit, Zusammenhänge mental zu rekonstruieren, und nicht wegen der Wissenschaft selbst – unsere Ausschnitte wählen. Wer aber die Methodologie seiner eigenen Wissenschaft zum unabänderlichen Raster seiner Erkenntnisbemühungen macht, programmiert damit schon das Ende derselben ein: dann, wenn unbegriffene Realität auftaucht, deren mögliche Bedeutung nicht geleugnet werden kann. Die vielen wissenschaftstheoretischen Argumente, denen zufolge das zu Erkennende in der Fragestellung und Methodologie bereits vorgegeben sei, können letztlich nicht überzeugen, wenn nicht Wissenschaft zur Beamtenkrämerei degenerieren soll: Erkenntnis ist kein Programm, welches abläuft wie ein Fahrplan, sondern ist permanente Entscheidung. Das heißt: es taucht immer in dem Bewusstsein etwas auf, das per Entscheidung zur Erkenntnis gemacht wird. Das Ausschlussverfahren ist die methodologisch gesicherte Dezision. Wenn diese Behauptung zutrifft, dann kann das Reduktionsverfahren nicht mit der 'Naivität 2. Ordnung' gehandhabt werden, wie dies in zur Routine gewordenen Wissenschafts-Prozessen der Fall ist.

Erkenntnis kann m. E. nur gewonnen werden, wenn im Prozess des Erkennens Neues auftaucht und dessen Auftauchen nicht methodologisch verbannt wurde. Das heißt – in einer etwas moralisierenden Argumentation: jedes Phänomen heischt Anerkennung. Es kann nur dann beiseite gelassen werden, wenn seine Berücksichtigung die Zusammenhänge, die es zu erkennen gilt, auf keinen Fall verändern würde. Ob 'die Ausnahme die Regel bestätigt', weiß man erst, wenn man die Regel erforscht hat; und dies ist erst dann möglich, wenn nichts vorab zur Ausnahme erklärt wurde. Ob z.B. religiöse Attitüden etwas mit dem wirtschaftlichen Verhalten von Menschen zu tun hat, mag man per definitionem ausschließen. Wenn man dann einigermaßen gesicherte Wenn-Dann-Zusammenhänge ermittelt und rekonstruiert hat, ist es nicht zulässig zu behaupten, diese spielten keine Rolle. Wer nun weiter forscht und Beobachtungen macht, denen zufolge auch nur der Verdacht angemeldet werden muss, religiöse Attitüde wirke auf das Wirtschaftsverhalten ein, ist um der höheren Moral von Wissenschaftlichkeit verpflichtet, einem solchen Verdacht nachzugehen: Nur auf diese Weise könnte es zu Erkenntnisgewinnung einerseits und Erkenntnissicherung andererseits kommen. Es kann sein, dass der Wirtschaftswissenschaftler sich eingestehen muss, von Religion nichts zu verstehen; das aber ist nicht nötig; er könnte wie in der Mathematik dieses wie eine unbekannte Größe einbeziehen, 'in Rechnung stellen', und es weiterer Forschung von Spezialisten überlassen, neue Zusammenhänge weiter zu erkennen. Allein die Tatsache, dass von nun ab in seinen Rechnungen stets ein x auftaucht, hat die Beschreibung der Systeme grundlegend verändert. Dieser Zusammenhang von Reduktion und deren Aufhebung war nötig, um spätere spezielle Reduktionsprobleme ihrerseits in einen einsichtigen Zusammenhang zu stellen.

4. Die Zusammenhänge des Zusammenhangs

Sofern es sich um Real-Systeme handelt, geht die Erforschung vermutlich überall denselben Weg: Es wird ohne kritisches Bewusstsein zuerst die Einheit eines Zusammenhanges angenommen. Dann wird geprüft, wie und ob der angenommene Zusammenhang zusammenhängt, um schließlich in der Lage zu sein, den Zusammenhang als System zu rekonstruieren. Je kritischer die Wissenschaft prüft, umso größer ist die Verunsicherung darüber, worin der Zusammenhang des Zusammenhangs besteht. Genau an dieser Stelle der Argumentation ist in den Sozialwissenschaften die Position von Niklas Luhmann zu würdigen. Man kann, wie er es selbst darstellt, davon ausgehen, dass – ohne Voreingenommenheit irgendeiner wissenschaftstheoretischen oder ideologischen Art – die heutigen sozialen Zusammenhänge so beschaffen sind, dass sie eine neue Art der Sicht verlangen, eine neue Methodologie des Zugriffs. Man müsste dann auch gleichzeitig hinzufügen, dass herkömmliche Zugriffe allzu viel Beobachtbares ausschließen. Die offensichtliche Labilität politischer und anderer Zusammenhänge, all die früher für unmöglich gehaltenen Verwirrungen, denen zum Trotz diese Systeme dennoch erhalten bleiben, verlangen nach einer Sicht, durch welche die traditionelle Sicht 'Ordnung oder Chaos' sich als unzureichende Beschreibung selbst von Ordnung erweist. M. a. W. soziale Zusammenhänge müssen – ob man nun Anleihen bei den Naturwissenschaften macht oder nicht, d.h. völlig unabhängig davon – in irgendeiner Weise als dynamische Systeme beschrieben werden. Das aber heißt, dass die Betonung des Kontingenten als in der beobachtbaren Realität unleugbaren Faktums Bestandteil der wissenschaftlichen Beschreibung werden muss. Wenn also Real-Systeme nicht die modifizierte Anwendung von irgendwo vorher vorhandenen Typen ist, sondern sich als Ordnung aus der Umwelt heraus bildet, von der man vorab nicht weiß, wie weit sie Chaos ist und wie weit nicht, dann würde derjenige auf Erkenntnisfortschritt verzichten, der nicht mit veränderten Erkenntnisbemühungen beginnen würde.

Das aber heißt in unserem Fall, dass die Bemühungen, den Zusammenhang des Zusammenhangs zu bedenken, ernst zu nehmen sind. Dabei sind all diejenigen Argumente, wie und auf welche Weise sich ein System bildet, indem es sich von der jeweiligen Umwelt unterscheidet, weniger anfechtbar, weil leicht sinnfällig, als diejenigen, welche sich auf die Elemente des Systems beziehen.

Wenn man genau hinsieht, dann ist der Gebrauch der Bezeichnung 'Elemente' nicht eindeutig genug: Wer gewissermaßen naiv-empiristisch vorgeht, wird in der Familie einzelne Individuen sehen, die auf bestimmte – eben familiäre – Weise in einen Zusammenhang verknüpft bzw. in ihm verbunden sind. (Das ist schon ersichtlich aus der Benennung, die sie einander geben: Vater, Mutter, Schwester, Bruder etc.) Das ist im Denkmodell nichts anderes als wenn wir an Atome denken, die wir uns als 'einarmig', 'zweiarmig' oder 'dreiarmig' vorstellen. Das heißt: wir unterscheiden zwischen (gewissermaßen materialen) Elementen und Verknüpfungen. Wenn wir aber fragen: was macht das jeweilige System zum System, dann sind das nicht die Elemente, sondern die Verknüpfungen (Verbindungen). Mit anderen Worten ist ein System als solches in der Kommunikation begründet. Dieselben Elemente bilden die Voraussetzung für jeweils verschiedene Systeme: Wasserstoff kommt ebenso in den verschiedensten 'Verbindungen' vor, wie etwa drei menschliche Individuen einmal im 'System Familie', das andere Mal im 'System Sportverein', das dritte Mal im 'System Kirchengemeinde' sich in verschiedenen System-Zusammenhängen darstellen. Daraus leitet Luhmann mit immer wiederkehrendem Nachdruck ab, dass die eigentlichen Elemente des Systems in den Verknüpfungen, d.h. den je spezifischen Verknüpfungs-Vorgängen zu suchen sind. Das erfordert vom naiv-empirischen Denker die Aufgabe seiner gesicherten Position.

Wir haben es bei dieser Luhmannschen Kehrtwende mit einer klaren Reduktion zu tun, die sich auch nach dem ceteris-paribus-Modell beschreiben und begreifen lässt: Da die Elemente immer die gleichen sind (mit deren Hilfe verschiedene Systeme gebildet werden) können sie aus der Beschreibung der Systeme ausgeklammert werden und wären dann in der empirischen Rekonstruktion nur immer wieder einzusetzen. Dieser formale Vorgang wird bei Luhmann in gewissem Sinn 'materialisiert'. Er verwendet nicht das ceteris-paribus-Modell, sondern definiert die Voraussetzungen zur Bildung eines Systems als Umwelt des Systems, ein Vorgang, der jeder naiv-empiristischen Einstellung in die Quere kommen muss.

Dieses Verfahren ist, wenn man sich auf die Frage einlässt, was das System zum System macht, ungemein einleuchtend – gerade in der plausiblen Widerlegung bisheriger Verfahren. Die fundamentale Frage lautete ja: Wie ist Gesellschaft möglich? Diese Frage wurde spezifiziert als: Wie sind je besondere Systeme möglich? Möglich sind sie nur, wenn sich Verknüpfungen bilden. Also muss – auch in reduktionistischer Absicht – ermittelt werden, welche Verknüpfungen notwendig sind, um den Zusammenhang, der sich als System darstellt, den sein zu lassen, der er ist. In der Kommunikationstheorie – dem zentralen Stück der Luhmann'schen Theorie – wird besonders evident gemacht, welche Verknüpfungselemente gedacht werden müssen, damit das 'System Kommunikation' zuallererst sein kann.

Diese verdienstvolle theoretische Leistung Luhmanns wird aber dadurch geschmälert, dass sich eine subtile Form von Essentialismus unter der Hand einschleicht. Luhmann überzieht seine Argumentation, indem er die Akzent-Verschiebung zu einer Sach-Verschiebung erweitert: So unbestreitbar – das muss gegen alle denkbaren Widersacher betont werden – es ist, dass Systeme durch ihre Weise der Verknüpfung definiert werden, so werden sie doch durch diese nicht konstituiert. Es sind die Elemente und die Verknüpfungen – eines nicht ohne das andere – durch welche es 'System gibt': Dieser Satz gilt für Moleküle wie für reale Sprache wie für menschliche Assoziationen.

Gegen dieses Gegenargument sehe ich nur einen Einwand: Solange die Verknüpfungen als einzig wesentlicher Bestandteil des Systems angesehen werden, ist aus und in ihrem Zusammenspiel die Unterscheidung zwischen System und Umwelt einfach zu vollziehen: Sportverein ist nicht gleich dem Dorf, in dem er organisiert wird. Und Wasserstoffmolekül hebt sich durch seine Verbindung vom Umfeld ab. Wenn aber die Mitglieder des Sportvereins als Menschen Bestandteil des Systems sind, und die Atome des Sauerstoff-Moleküls ebenso: Wird dann nicht die Begrenzbarkeit aufgehoben? Die naturwissenschaftliche Seite ausgeklammert: Verwischen nicht die sozialen Systeme, wenn deren 'materielle Elemente', die ja auch anderen Systemen angehören, einbezogen werden? Diese für den Sinn einer Systemtheorie im Bereich des Sozialen ziemlich ausschlaggebende Frage kann einerseits leicht, andererseits nur schwer beantwortet werden. Es sind dazu andere theoretische Komponenten einzubeziehen.

5. Die Zeitlichkeit jedes Systems

Insofern ein Real-System sich bildet und umbildet, hat es eine zeitliche Dimension einfachster Art: die des Vorher und Nachher, d.h. eine Zeitlichkeit, die vor jeder Instrumentalisierung durch Messgeräte etc. als evident gelten muss. Dieses kategoriale Vorher-Nachher-Schema wird realerweise nur durch bzw. in den Besonderheiten des Systems selber erfahrbar und beobachtbar. In diesem Sinn 'hat' jedes System seine eigene Zeit, während der Beobachter in der Lage ist, mittels der Zeit-Instrumente die jeweiligen Vergleichbarkeiten herzustellen. Es erscheint als die besondere Leistung Luhmanns – zumindest in der Tendenz – dafür gesorgt zu haben, dass Systeme niemals als nicht-prozessuale verstanden werden können. Systeme sind, indem sie sich bilden. Das heißt, dass wir nicht nur diejenigen Systeme als dynamisch bezeichnen, deren permanente Veränderung offenkundig ist, sondern auch diejenigen, die uns als statisch erscheinen. Denn indem sie nicht einfach 'sind', sondern sich permanent bilden – gerade auch in der ständigen Wiederholung unabänderlicher Strukturen – sind sie dynamisch.

Das aber hat zur Folge, dass wir einerseits – in der theoretischen Erklärung – die Verknüpfungen, in denen sich Systeme bilden bzw. reproduzieren, aufzählen, erörtern etc., indem wir von der realen Zeitlichkeit abstrahieren. (Die 'Gesetze' der theoretischen Darstellung sind andere als die der Realität.) Andererseits in der Beschreibung zwar immer ganze Systeme am Werk sehen, diese aber nur begreifen, wenn wir dem Nacheinander der Verknüpfungen zu folgen imstande sind. M. a. W. wir wissen, dass in einem Ablauf nicht zwei Verknüpfungen desselben Zusammenhangs gleichzeitig erfolgen können. Z.B. muss ich erst etwas wahrnehmen, bevor ich mir darüber Gedanken mache; ich muss erst dem anderen etwas mitteilen, bevor er darauf reagieren kann. Das aber heißt, dass die Systeme in ihrer jeweiligen Zeitlichkeit voneinander unterschieden sind: Sie bilden immer die ihnen je eigenen Verknüpfungen und grenzen sich auf ihre je eigene Weise von dem realen Umfeld ab.

Im Blick auf die oben gestellte Frage, die dadurch ausgelöst wurde, dass die mehrfache Zugehörigkeit eines Individuums zu verschiedenen Systemen zum Problem gemacht wurde, ist ein erster Hinweis gegeben: Die Gleichzeitigkeit der Systeme täuscht über die Realität, sofern diese ein Ausdruck von Aktionen ist (agiert wird). 'Familie', 'Sportverein', 'Kirchengemeinde' können nur insofern gleichzeitige soziale Realitäten sein, wenn es verschiedene Individuen gibt, welche sie 'repräsentieren': Wenn alle zum Fußball gehen, steht der Pfarrer allein in der Kirche und die Familie ist vorübergehend beurlaubt. Noch deutlicher: Würde auf längere Zeit niemand mehr zum Fußball gehen, wäre der Sportverein aus der sozialen Realität gestrichen! Von der anderen Seite gesehen: Das Individuum agiert immer real in einem einzigen System und ist nur potentiell Mitglied anderer Systeme. Im Bewusstsein seiner selbst und der anderen wird es verschiedenen Systemen 'zugezählt' – aber wenn wir das Bewusstsein mit der agierten Realität gleichsetzen würden, könnte sich nie eine Veränderung ergeben. Erst in der Möglichkeit der Bewegung von 'Ort' zu 'Ort' entsteht soziale Bewegung im radikaleren Sinn.

6. Die Autopoiesis

Man kann es nicht ändern: Das, was den Sozialwissenschaftlern hätte einfallen können, wenn sie den ethnologisch-theoretischen Fragen nach dem Ursprung von
Gesellschaft gründlicher nachgegangen wären, wurde von diesen vernachlässigt
oder nicht scharf genug gesehen. Und so wurde Luhmanns früheres Insistieren auf
die Autonomie von Systemzusammenhängen erst hinreichend deutlich, als er dieses
Versäumnis übersprang, indem er wahrnahm, was in einem völlig anderen Bereich
von Wissenschaften entdeckt worden war: die Autopoiesis. Es waren Biologen,
welche unter der Voraussetzung thermodynamischer Gesetzmäßigkeiten herausfan-
den, dass Systeme in ihrer jeweiligen Eigen-Qualität nicht ableitbar sind. Das heißt
auch: So, wie sie sind, sind sie nicht 'von außen' determiniert. Deshalb wörtlich: Sie
machen sich selbst. Diese These genügt. Gehen wir dieser 'Archaik' nach, dann gibt
es einerseits Voraussetzungen, andererseits Folgen: Was ist die Voraussetzung im
einfachen, naturwissenschaftlichen Modell? Es gibt Elemente – sagen wir Moleküle
– die durch nichts determiniert werden, bestimmte und keine anderen Makromole-
küle zu bilden, bis zu Organismen. Sie bilden – autopoietisch – ein System, das sich
durch eine je eigene Weise der Verknüpfung auszeichnet.

7. Was sind Zusammenhänge?

Wenn man schon analysierend vorgeht, dann genügen beschreibende Termini erst
dann, wenn sie nicht mehr hintergehbar sind. Die Termini 'Zusammenhang' und
'Verknüpfung' sind aber noch hintergehbar. Was in der einfachen analogisierenden
Evidenz genügt, kann in dem Augenblick nicht genügen, wenn von der Bildung
weitgehende theoretische Schlüsse gezogen werden sollen bzw. müssen.

Ein Zusammenhang ist noch nicht gegeben, wenn zwei Elemente gleichzeitig
beobachtbar sind. Wir meinen mit Zusammenhang, dass eine Einwirkung des einen
auf das andere oder beider aufeinander stattfindet. Das gilt bereits in Zahlensyste-
men: Das + zwischen 2 und zwei kann im Sinne einer Einwirkung interpretiert
werden: es wird durch das + etwas bewirkt. Wenn wir an Mikro-Systeme im naturwissenschaftlichen Bereich denken, dann existieren sie insofern, als Elemente derart
aufeinander einwirken, dass eben ein 'Zusammenhalt' entsteht. Da reale Elemente
immer Energie enthalten oder aber die Voraussetzung für Energiebildung mitbringen, ist System die sich (immer wieder) einstellende Energie-Konstellation. Aber es
gibt noch eine zweite Energie-Bedingung: Gehen wir a) von vorhandenen, d.h. sich
immer wieder bildenden Systemen aus, und müssen wir b) einen inneren Energie-
Zusammenhang annehmen – sonst könnte das System nicht existieren –, dann ist
davon diejenige Energie zu unterscheiden, die vom System als außerhalb desselben
genutzt wird: Ist die Pflanze ein energetischer Zusammenhang, so ist sie doch undenkbar ohne den 'Energiespender Licht'. Unabhängig davon, dass wir auch ein

System rekonstruieren können, zu dem sowohl das Licht als auch die Pflanze zu zählen ist, wird mit Berechtigung die zweite Form der Energie als 'Umwelt'-Energie bezeichnet. Auffällig erscheint, dass dieser zweiten Weise der Energie eher Rechnung getragen wird als der ersten. Man wird also autopoietische Systeme nicht konzipieren können, ohne sie als Energie-Zusammenhänge zu verstehen. Denn anders wären sie nicht dynamisch, sondern statisch.

8. Die Grenze des Systems, oder noch einmal: der Unterschied zwischen System und Struktur

Wenn die Zwischen-Erörterungen zutreffen, dann dürfte es keine Schwierigkeiten bereiten, den Zusammenhalt eines Systems als seine Grenze zu definieren. Er wäre dann durch die relative Autonomie eines Energie-Verhältnisses gegeben. D.h. durch die Weise, in welcher sich Energie im Zusammenhang bildet. Und diese Weise müsste deutlich von derjenigen zu unterscheiden sein, in welcher Energie durch das System selbst genutzt wird. Das hat aber zur Folge, dass materiale Elemente nicht von den Verknüpfungen 'weggedacht' werden können, sofern wir Real-Systeme beschreiben. So vielfältig die Modi der Energie-Beziehungen sein mögen, oder: so wenig sie immer nur auf positiven oder negativen Feedback reduziert werden können, sie wären nicht ohne die (materialen) Elemente. Beziehen wir dies jetzt auf soziale Systeme: Es kann sie nicht geben, ohne dass Menschen auf verschiedene Weise aufeinander einwirken; derart, dass diese Systeme deutlich von der ihnen eigenen Umwelt zu unterscheiden sind, handele es sich um das 'System Familie', das 'System Sportverein' oder das 'System Kirchengemeinde'. Die Weisen der Einwirkung sind einerseits gleich, sofern sich Menschen gleichen, sie sind andererseits verschieden, d.h. durch verschiedene Themen bestimmt. Würden aber – das ist der Punkt, auf dem Luhmann mit anscheinend zwingenden Argumenten insistiert – die Menschen 'herausdividiert', was bliebe dann? Es wäre die rekonstruierte Denkbarkeit von spezifischen Zusammenhängen (z.B. in den Köpfen oder Gemütern der Beteiligten). Auf diese Weise werden alle Zusammenhangs-Elemente als Strukturen konzipiert. Die außerordentlich subtilen Unterscheidungen dessen, was zur Bildung von System zu denken ist, wie sie Luhmann ausgearbeitet hat – und an denen im Ganzen kein Zweifel anzumelden ist, – ist erst ‚in actu' System, als autopoietisch sich bildendes. Sieht man davon ab, dann handelt es sich um System-Strukturen. Umgekehrt argumentiert: Die theoretische Rekonstruktion muss immer wiederkehrende Weisen notwendiger Zusammenhänge ausarbeiten. Aber sie hat damit noch nicht Systeme beschrieben, weder allgemeine, wie die der Kommunikation, noch besondere, wie die der Jurisprudenz oder der Kunst. Würde Luhmann, der sich mit allem Nachdruck auf naturwissenschaftliche Argumentation der Autopoiesis beruft, die Modi der Bildung und Erhaltung solcher Autopoiesis gleichzeitig bedacht haben, wäre ihm die Möglichkeit, die Energie-bildenden Elemente eines Systems auszuschließen, versperrt worden.

9. Die abstrakten sozialen Systeme

Es war zu Beginn darauf verwiesen worden, dass die Luhmannsche Fragestellung angesichts moderner sozialer Zusammenhänge überhaupt erst zu denken ist. Es hat den Anschein, als würden die zum Beispiel erkorenen Systeme (Familie, Sportverein, Kirchengemeinde) unter solcher Fragestellung fehl am Platz sein. Um deren traditionalistische Strukturen zu beschreiben, bedürfte es der Systemtheorie nicht. Das aber wäre kurzschlüssig argumentiert: Moderne soziale Systeme, gerade die 'großräumigen', zeichnen sich gewiss dadurch aus, dass ihnen eine 'Eigendynamik' im folgenden Sinne zugeschrieben wird: Das Rechtssystem eines modernen Staates braucht keine Bindungen an seine Agenten. Es ist beschreibbar 'ohne Rücksicht auf Personen'. Nicht nur dies, sondern die Personen treten auch ohne Rücksicht auf sich selbst (ihre eigene Meinung etc.) als 'Funktionäre' des Systems auf. Kann man daraus nicht folgern: erst kommt das System und dann, gewissermaßen als benutzte Umwelt- Elemente, die Personen? Dies ist eine als landläufig völlig evidente Argumentation. Aber ist sie soziologisch? Sie wäre es, wenn man in der Soziologie (1. Paradigma) nur beschreiben würde, wie sie sich verstehen. Sie kann es kaum sein, wenn man (2. Paradigma) danach fragt, wie sich Gesellschaft bildet. Die so genannte Abstraktheit moderner Sozialer Systeme ist weit davon entfernt, durchschaut zu werden, wenn man landläufige Meinung nur in soziologisch-theoretische Terminologie übersetzt!

Meine Interpretation dieser misslichen Lage ist folgende: Die Definition realer Zusammenhänge ist selbstverständlich keine rein 'objektive', sondern Sache des 'Beschreibenden': Was als System jeweils beschrieben wird, ist von der Perspektive abhängig. M. a. W. unabhängig von der Frage, wie weit unsere gesamte Realität sinnvollerweise als System beschrieben werden kann, ist die System-Bestimmung davon abhängig, wie der 'Zirkel angesetzt wird'. Das heißt aber nicht, dass sie beliebig ist. Es gibt methodologische Festlegungen von System.

Nun ist es völlig legitim, dass unter ceteris-paribus-Bedingungen gewisse Elemente des Systems theoretisch vernachlässigt werden. Es gäbe zum Beispiel keine moderne Wirtschaftstheorie, wenn diese Vernachlässigung völlig unsinnig wäre. Die (relative) Austauschbarkeit sämtlicher agierender Personen lädt ja geradezu ein, so zu verfahren. Indem also der analysierende Wissenschaftler sich auf die Besonderheit der Verknüpfungen konzentriert, kann er sich, um diese herauszuheben, von der Realität der Vorgänge weitgehend loslösen. Was er aber dabei herausfindet, ist nicht ein Wirtschaftssystem im Sinne eines zeitlich gebundenen Real-Systems, sondern ein Ordnungs- bzw. ein Prozesssystem, d.h. aber einen strukturellen Zusammenhang. Man kann auch sagen: Je mehr es ihm möglich ist, alles als 'unwesentlich' zu definierende, auszulassen, um so besser kann er sich den Verästelungen der Zusammenhänge bis ins Detail widmen; denn eine 'theoretische' Abbildung realer Systeme ist, je mehr diese komplex sind, unmöglich.

Eine abstrahierende Umwandlung von SR in SO bzw. SP geschieht aber analog zu Zusammenhängen des menschlichen Handelns: Das Individuum konzipiert soziale Realität in seinem Bewusstsein in der Weise von Strukturen und verwandelt diese durch sein Handeln in reale Systeme. D.h. zwischen dem Bewusstsein und SR steht das so genannte Thomas-Theorem: die Definition der Situation. Und es ist völlig plausibel, dass diese Definition umso abstrakter ist, je komplexer die Zusammenhänge sind, mit denen es das Individuum zu tun hat: Wenn ich zu Familie Meyer gehe, kann ich in meinem Bewusstsein die Familienstruktur vernachlässigen. Ich habe dann Paul, Else, Sophie und Max in meinem Bewusstsein. Wenn ich mich aber auf den Weg in die unübersehbare Universitätsklinik begebe, kann ich nicht anders, als an Strukturen des Krankenhauses zu denken. Die Reduktion-im-Bewusstsein (als SO) ist Orientierungsleistung des handelnden Individuums, das aber nun, indem es nicht beim Beschreiben seines Bewusstseins bleibt, sondern sich auf den Weg macht, sich in die Klinik (SR) begibt und sich an dem System beteiligt. Das heißt aber, dass die als real erscheinende Abstraktheit sozialer Wirklichkeit eine Verkürzung derselben im Bewusstsein ist. Dagegen könnte man schnell einwenden: die soziale Wirklichkeit sei eben die so definierte, oder – mit Luhmann – die derartig 'beschriebene'. Das aber trifft den Sachverhalt nicht; denn was für das Bewusstsein gilt, trifft nicht gleichermaßen für die Handlungen zu. Denn im Handeln geschieht die Begegnung mit der vorher definierten Realität: und man kann nicht von vornherein ausmachen, wie weit sich die Realität der Definition beugt und wie weit nicht. Man könnte auch sagen: Handeln ist der Versuch, eine jeweilige Realität unter die Kontrolle der Definition zu bringen.

Im menschlich-sozialen Zusammenhang stellen also SO und SR keinen Gegensatz dar, sondern SO geht in den Handlungen in SR über. Die so genannte Abstraktheit moderner sozialer Systeme setzt voraus, dass zu deren 'Funktionieren', d.h. aber zu deren Realisieren (auch im autopoietischen Sinn) die agierenden Individuen immer größere Distanzen zwischen Abstraktheit (des Bewusstseins) und Konkretion (im Handeln) zu überwinden in der Lage sind. Kinder werden eher an Onkel Ernst denken als an die Funktion des Oberstaatsanwalts im Rechtssystem. Wenn die heutige Welt als 'verwissenschaftlicht' gilt, dann ist dies Ausdruck der eben genannten Differenz. Und wenn man in der Politik sich diesen Zustand zu eigen macht, indem die abstrakte Organisation der Zusammenhänge genutzt wird, um Bewegungen innerhalb des Systems in Schach zu halten – indem man von Sachzwängen spricht –, dann hat dies einige Plausibilität für sich, verdeckt aber andere wesentliche Zusammenhänge, durch welche das System funktioniert.

Der Soziologe, der ohne hinreichenden Abstand von der gesellschaftlichen Realität ein (kritisches) Bewusstsein der Zusammenhänge ausbildet, gerät aber in die

Falle der verkürzten Beschreibung. Sicherlich ist es geradezu töricht – wie einst Homans versuchte –, die Gesellschaft als große Gruppe zu definieren; aber auch der Kontrapunkt, wie ihn Luhmann wählt, ist irreführend. Der Dynamik der Zusammenhänge angemessen wäre es, den Bogen nun eben weiter zu spannen und ihn von den 'traditionellen' einfachen Systemen, die sichtlich ihre Dynamik in den beteiligten Personen hat, bis zu den 'modernen' autonom erscheinenden Systemzusammenhängen zu spannen.

Mit diesem Argument, das sich auf die empirische Geltung von Systemtheorie bezieht, ist allerdings ein zweiter, davon getrennt zu haltender Aspekt nicht ausgeschlossen: Wie oben schon erwähnt, lässt sich die nachweisbare und vermutete Realität von Zusammenhängen, sowie diese einen gewissen Grad von Komplexität erreichen, nicht mehr theoretisch rekonstruieren. Deswegen ist es völlig plausibel, begrenzten System-Zusammenhängen nachzugehen: Unter der Voraussetzung, dass man die Begrenztheit der Beschreibung nicht 'reifiziert', das heißt als Aussage über die Realität selbst missversteht. Wenn man also sagen würde: Individuen sind Elemente des sozialen Systems, aber ich vernachlässige ihre Funktion, um das überindividuelle herauszuarbeiten, dann wäre dagegen nichts einzuwenden. Im Blick auf Luhmanns Theorie bedeutet dies: sehr viele Aussagen gelten, und der Wert seiner Theorie ist ungeschmälert – aber mutatis mutandis, d.h. mit der eben getroffenen Einschränkung, durch die einige als zu einfach erscheinende Rekonstruktionen problematisiert werden müssten.

II Die anthropologische Seite

1. Einführende Bemerkungen

Wenn das menschliche Individuum – oder der Mensch als Individuum – als unabwendbares Element sozialer Systeme gilt, dann müssen empirische und theoretische Kenntnisse genutzt werden. Deutlicher: Wenn Systemtheorie den Anspruch erhebt, wissenschaftliche Theorie zu sein, wird sie – bei veränderten Vorzeichen – wissenschaftliche Kenntnisse vom Menschen nutzen müssen, was weithin die Soziologie heute nicht für sich in Anspruch nehmen kann. Das bedeutet aber, dass eine solche theoretisch notwendige Veränderung in die Geschichte der Soziologie eingreift.

Die Weichen für diesen Zustand wurden vor fast 100 Jahren gestellt: Als Gabriel Tarde mit der theoretischen Grundannahme auftrat, Gesellschaft bilde sich über inter-individuelle Handlungen – und zwar die der Imitation –, kam es zum heftigsten Widerstand Emile Durkheims. Der Versuch der philosophischen Gesellschaft, eine Vermittlung zwischen beiden zustande zu bringen, traf zwar die 'theoretische Bereitschaft' Tardes, nicht aber die Durkheims. Für ihn galt Tarde als aus der Soziologie ausgestoßen. Und Tarde äußert sich an anderer Stelle fast prophetisch, dass, wenn Durkheim Recht bekommt, die Psychologie für immer aus der Soziologie ausgeschlossen sein werde. Er hat insofern Recht behalten, als die Soziologie gründlichere Beschäftigung mit dem Menschen als Individuum als nicht ihre Sache erklärt hat. Diese Ansicht hat sich nur scheinbar mit Parsons geändert, der sich in seiner Handlungstheorie auf S. Freud beruft. Später finden wir die verschiedensten Aufnahmen sowohl psychoanalytischer wie allgemein-psychologischer Informationen in soziologischer Argumentation, auch bei Luhmann, aber entweder mit einer bemerkenswerten Selbstverständlichkeit oder aber gar mit dem Anspruch, es handele sich um soziologische Aussagen. Die methodologische Eigenheit aller Art psychologischer Aussagen (unabhängig davon, ob sie 'empirisch' oder 'hermeneutisch' verfahren), scheint nicht berücksichtigt zu sein. Dass daneben, so gut wie unvermeidlich, der forschende Soziologe von der Annahme ausgeht, selbst ein Mensch zu sein und damit wesentliches über den Menschen zu wissen, bringt eine gute Portion von Naivität, manchmal sehr produktiv – wenigstens vorübergehend –, manchmal aber auch ausgesprochen ärgerlich, in die soziologische Argumentation.

Wie aber soll das menschliche Individuum adäquat theoretisch eingeführt werden, wenn abgelehnt wird, es soziologisch zu vereinnahmen? Man müsste eine Herangehensweise wählen, die nicht soziologisch vordeterminiert ist, um damit von Anfang an deutlich zu machen, dass bei der Verbindung von Individuum und sozialem System keine Gleichschaltung beabsichtigt ist, sondern vielmehr, dass die Gegensätzlichkeit in der Verbindung nie aufgehoben werden soll. Keine Psychologie herkömmlicher Art – welcher Schule auch immer – ist dazu in der Lage. Denn das menschliche Individuum selbst ist keine psychologische Angelegenheit, so wenig es eine physiologisch-medizinische Angelegenheit ist. Die verschiedenen Wissenschaften, in denen der Mensch 'auftaucht', liefern uns Bruchstücke, die nicht automatisch zusammenwachsen. Ich sehe als einzige Möglichkeit, der hier aufgestellten Forderung zu entsprechen, darin, sich dem Gebiet, das man philosophische Anthropologie nennt, zuzuwenden. Wenn ich im Folgenden Erkenntnisse dieser Disziplin referiere und einbeziehe, dann verlasse ich bewusst das soziologische Terrain.

2. Die Einheit des Individuums

Ist es nicht eine Banalität, das Individuum als eine empirische Einheit anzusehen? Als vorgegebene ist dies sicher, aber nicht als erklärte. Wir gehen davon aus; aber wir kennen die Zusammenhänge nicht. Daher gibt es schon immer in der Philosophie ein 'Menschenbild', welches mehr oder weniger spekulativ sich diese Einheit zu erklären versucht. Für die neuere philosophische Anthropologie ist diese Frage insofern erschwert, als sie in Konkurrenz mit immer weiter vordringenden Naturwissenschaften auf die Ergebnisse empirischer Forschungen nicht verzichten kann. Und diese weisen gerade darauf hin, dass dort, wo mit der Einheit des Individuums argumentiert wird, immer wieder der Boden der gesicherten Tatsachen verlassen wird: Die empirisch gesicherte Medizin weiß viel über den Körper – bis in die feinsten Nervenbahnen und Gene und erschließt von daher auch emotionale Zusammenhänge, welche unmittelbar einleuchtend sind; aber die Einheit des Ganzen kennt sie nicht. Und der bemerkenswerte Erkenntniszugang des – vorläufig noch gesonderten – Bereichs, den man Psychosomatik nennt, weiß aus der 'Empirie des Alltags', der ärztlichen Praxis, dass auf beobachtendem und spekulativem Wege gewonnene Einsichten zutreffen müssen, soll die Behandlung nicht als Zauberei eingestuft werden.

Die Psychologie – aus historischen Gründen gespalten in die mehr oder weniger behavioristisch bestimmte und in die 'Tiefenpsychologie', in deren Focus die nicht unmittelbar wahrnehmbaren 'inneren' Zusammenhänge des Menschen stehen – weiß ebenso wenig vom ganzen Menschen, sofern es sich um die im jeweiligen methodologischen Kontext gewonnenen Einsichten handelt. Auch das Mischwerk der sich als 'holistisch' verstehenden humanistischen Psychologie kann zwar viele Anregungen in Richtung auf eine solche Einheit vermitteln: aber einerseits bleibt sie Psychologie, d.h. nimmt dem Körper seine relative Eigenständigkeit, andererseits vermischt sie Sein und Sollen, verbindet also Weltanschauung mit Wissenschaft auf eine das heute vertretbare Maß überschreitende Weise.

Was ist in einer solchen Situation zu tun? Es stehen sich gegenüber: die 'naive' Evidenz der Einheit des menschlichen Individuums und die Unerklärbarkeit des Zusammenhangs dieser Einheit. In Anlehnung an die Tradition der verschiedenen Wissenschaften löst Luhmann das Problem, indem er einerseits auf das Individuum für die Theorie sozialer Systeme keinen Wert legt, andererseits die verschiedenen 'Bereiche', mit denen man zu operieren gewohnt ist, zu getrennten Systemen erklärt: dem 'psychischen System' und dem Körper als System. Niemand kann leugnen, dass es sinnvoll ist, begrenzte Zusammenhänge (mit einem einheitlichen wissenschaftstheoretischen Zugang) zu isolieren und ihren systemischen Charakter zu ermitteln; aber die Trennung ist, wenn man die übrigen zugänglichen Wissensbestände berücksichtigt, überholt. Es muss system-artige Zusammenhänge zwischen diesen Systemen geben; selbst wenn ihr durchgehender Charakter noch weit davon ist, durchschaut zu werden. Das heißt aber: Die naive Wahrnehmung des Individuums als einer Einheit führt nicht zur unmittelbaren Einsicht, dass diese Einheit als System zu verstehen ist, müsste aber zur Hypothese führen, dass diese Einheit als System zu betrachten ist, wenn anders jedwede Systemtheorie einen Sinn haben soll.

3. Die Bereiche der Einheit

Aus einer alten philosophischen Tradition heraus sind wir gewohnt, uns den Menschen als Einheit, unterteilt in verschiedene Bereiche vorzustellen: Seine Einheit ist primär mit seinem Körper gegeben; hinzu kommt entweder die Psyche allein, oder in weiterer Unterscheidung Psyche und Geist. Da mit der Dreiteilung größere Erkenntnismöglichkeiten erschlossen werden, gilt diese im Folgenden; wir unterscheiden also den körperlichen (somatischen), den psychischen als affektiven und den kognitiven (noetischen) Bereich. Es muss besonders betont werden, dass es sich dabei um Modell-Vorstellungen handelt, nicht um real zu trennende Bereiche. Es wird weder nach einem 'Sitz der Seele' gesucht – wie überhaupt die ontologisierende Rede von 'Seele' und 'Geist' aufgegeben wird –, noch werden alle nicht rein körperlichen Erscheinungsweisen auf diesen zurückgeführt. Die Modell-Vorstellung ist einerseits methodologisch begründet: Die Möglichkeiten, Physisches zu begreifen, d.h. theoretisch-empirisch zu rekonstruieren, sind andere, als die, Affektives oder Kognitives zu ordnen und zu ermitteln. Andererseits bezieht sich das Individuum auf sich selbst und auf sein Außen, die Umwelt, die Mitmenschen nicht immer total – körperlich und seelisch und geistig –, sondern unter Dominanz des einen oder des anderen: Wenn ich eine geistige Beziehung zur Umwelt aufnehme, höre ich damit nicht auf, körperliches Wesen zu sein, aber die Körperlichkeit kann zurücktreten, wie auch meine Affekte. Die Aspekt-Bereiche sind keine abgeschlossenen Systeme, sondern durch verschiedenartige Äußerungsweisen des einen ganzen voneinander unterscheidbar. Und sie wirken, sofern wir sie als getrennte denken, aufeinander ein und bilden in der Weise, in der sie aufeinander einwirken, ein Ganzes, das keinesfalls im Sinne von Unterbau oder Überbau zu denken ist (– wobei es keinen Unterschied macht, ob die Basis als geistige oder körperliche konzipiert wird).

4. Die Dynamik der Einheit

Dass diese Einheit des Individuums – oder: das Individuum als Einheit – nur als dynamisch verstanden werden kann, ist eine Banalität, solange man nicht vor der Aufgabe steht, diese Dynamik genauer zu beschreiben. Der Prozess der Einwirkung und Wechselwirkung der genannten Bereiche, in welchem sich das Individuum unaufhörlich – bis zu seinem Ende – konstituiert, wäre nämlich zu einfach bedacht, wenn man es bei diesen 'Elementen' belassen würde. Denn die Dynamik des Individuums wird gewissermaßen durch das 'zusammengehalten', was man das Verhältnis des Menschen zu sich selbst nennt. Die entsprechende Einsicht ist ein wesentliches Element aller philosophischen Aussagen über den Menschen, im Blick auf den Zusammenhang, in dem sie hier zu diskutieren ist, am deutlichsten formuliert durch Helmut Plessner:

Es (das Zentrum der Positionalität) hat sich selbst, es weiß um sich, es ist sich selbst bemerkbar und darin ist es I c h, der hinter sich liegende Fluchtpunkt der eigenen Innerlichkeit, der jedem möglichen Vollzug des Lebens aus der eigenen Mitte entzogen den Zuschauer gegenüber dem Szenarium dieses Innenfeldes bildet, der nicht mehr objektivierbare, nicht mehr in Gegenstandsstellung zu rückende Subjektpool.

Der Mensch als das lebendige Ding, das in die Mitte seiner Existenz gestellt ist, weiß diese Mitte, erlebt sie und ist darum über sie hinaus. Er erlebt diese Bindung im absoluten 'Hier-Jetzt', die Totalkonvergenz des Umfeldes und des eigenen Leibes gegen das Zentrum seiner Position und ist darum nicht mehr von ihr gebunden. Er erlebt das unmittelbare Anheben seiner Aktionen, die Impulsivität seiner Regungen und Bewegungen, das radikale Urhebertum seines lebendigen Daseins, das Stehen zwischen Aktion und Aktion, die Wahl ebenso wie die Hingerissenheit in Affekt und Trieb, er weiß sich frei und trotz dieser Freiheit in eine Existenz gebannt, die ihn hemmt und mit der er kämpfen muss. Ist das Leben des Tieres zentrisch, so ist das Leben des Menschen, ohne die Zentrierung durchbrechen zu können, zugleich aus ihr heraus, exzentrisch. E x z e n t r i z i t ä t ist die für den Menschen charakteristische Form seiner frontalen Gestelltheit gegen das Umfeld.

Es kann an dieser Stelle nicht darum gehen, alle wesentlichen Aussagen, die in dieser lapidaren Formulierung – gegen Ende einer 300seitigen Argumentation – auszuloten, besonders nicht darum, den in neuerer Zeit problematisierten Subjekt-Begriff zu verteidigen. Die Behauptung, auf die es hier – erstens und vor allem – ankommt, lautet: Etwas Realitätsbezogenes über den Menschen (als Individuum) auszusagen, ist angemessen nur denkbar, wenn die Besonderheit des Menschen als Exzentrizität berücksichtigt wird. Als zweites ist in unserem Zusammenhang besonders auf die letzten Sätze hinzuweisen: Die charakteristische Form seiner Gestelltheit gegen das Umfeld weist darauf hin, dass keine Beziehung eines Individuums auf irgendetwas außerhalb seiner selbst sachgemäß konzipiert werden kann, ohne dass die Exzentrizität im Spiel bleibt: Wenn wir feststellen, der Mensch 'reagiere' – und folglich mit Analogien operieren, die einem mechanischen oder chemischen Prozess entlehnt sind –, dann kann es sich immer nur um eine Partialaussage handeln. Mit anderen Worten das Substantiv 'der Mensch' wird im eingeschränkten Sinn gebraucht. Wenn man die Plessnerschen Ausführungen – drittens – näher auf die gewohnteren soziologischen Theoreme bezieht, dann muss auffallen, dass sie wesentlich reicher und umfassender sind als die üblichen Unterscheidungen von Verhalten und Handeln, die sich darauf beziehen, dass der Mensch unter Gebrauch seiner Vernunft zu 'sinnhaftem' Handeln fähig ist. Mit Plessner ist die kognitive Beschränkung, die in der Gegenüberstellung von Verhalten und Handeln üblicherweise gegeben ist, aufgehoben: Nach ihm ist nicht von dem Gegensatz zwischen der Vernunft (Nous, noetisch) und dem 'reagierenden' Rest, Psychischem und Somatischem auszugehen, sondern alles, was den Menschen betrifft, betrifft ihn in der Weise, sich zu sich selbst zu verhalten – wie immer die inneren Kanäle beschaffen sind, auf denen dieses 'Sich Verhalten' verläuft.

Der Mensch ist in einer Spannungs-Polarität zu konzipieren. Sofern er biologisch aus dem Tier hervorgeht, ist er zentrisch, sofern er über das Tier hinausgeht, exzentrisch. Begreifen wir ihn – nach Plessner – biologisch, dann begreifen wir ihn als Tier. (Würden wir ihn als geistiges Wesen begreifen, dann könnte es ihn nicht geben, da er ohne Körper nicht existiert.) Da er immer als Ganzer, als Einheit vorkommt, kann niemand vorab wissen, ob in seinem Verhalten gegenüber dem Umfeld die zentrische oder die exzentrische Position ausschlaggebend ist. Es sind statistische Erfahrungswerte, welche die in dieser Hinsicht prinzipielle Unsicherheit reduzieren: Wenn wir etwa davon ausgehen, dass ein Mensch im Schlaf dem zentrischen Pol wesentlich näher ist als dem exzentrischen, wissen wir doch auch, dass blitzartig seine exzentrische Seite ausschlaggebend sein kann.

Es ist das, was in dieser prinzipiellen – und eben nicht statischen – Unsicherheit der Voraussage zum Ausdruck kommt, was wir, unter anderen Gesichtspunkten, als Dynamik begreifen. Folgt man Plessner, dann ist die Dynamik zwischen den Polen des Exzentrischen und des Zentrischen derjenigen übergeordnet, die sich im Verhältnis der genannten Bereiche des Somatischen, des Affektiven und des Noetischen abspielt. Deutlicher formuliert: durch diese Überordnung wird die ohnehin schwer zu begreifende Dynamik der 'Bereiche' potenziert.

III Die Bedingungen von Dynamik

Bisher wurde der Terminus Dynamik mit der gegebenen Selbstverständlichkeit gebraucht. Wenn es aber darum geht, dynamische Zusammenhänge angemessen zu beschreiben, kann dies nur unter der Voraussetzung geschehen, dass größere Genauigkeit über die Bedingungen von Dynamik eingeführt wird.

Dynamik ist die Bedingung von Veränderung. Aber die Bedingung, unter der sich Dynamik entwickeln kann, ist Instabilität bzw. Labilität. Von jedem Element also, das in dynamische Zusammenhänge einbezogen wird, muss definiert werden, inwiefern es instabil ist oder aber unter welchen Bedingungen es instabil gemacht werden kann: Wer bringt den Stein ins Rollen? lautet die Frage allen stabilen Gegenständen gegenüber. Wenn man die Frage etwas gründlicher ansetzt, indem man als Einheiten, die in Bewegung geraten können, Systeme verwendet – die ja selbst Einheiten von Elementen sind –, muss eine andere Argumentation verwendet werden:

Stabile Systeme werden dann als 'Systeme im Gleichgewicht' verstanden. Damit ist gemeint: die energetischen Zusammenhänge des Systems heben sich gegenseitig derart auf, dass ein Null-Zustand von Dynamik herbeigeführt wird. Aus diesen grundsätzlichen Annahmen entwickelte Ilja Prigogine die relativierende These, dass alles, was in dynamischen Zusammenhängen dennoch eine gewisse Stabilität aufweist, als 'Gleichgewicht außerhalb des Gleichgewichts' zu begreifen ist. Insbesondere die hier nahe liegenden dynamischen Zusammenhänge im Menschen (und dann später zwischen Menschen) sind entsprechend zu begreifen: Dynamisches Gleichgewicht ist der Zustand, der traditionellen Vorstellungen von Gleichgewicht widerspricht: Ein Mensch im (absoluten Gleichgewicht) ist unvorstellbar. Was von außen als Gleichgewicht erscheint, entspricht einem vorübergehenden Zustand innerer Ausgeglichenheit, die in der Realität jederzeit 'dysbalanciert' werden kann. Begibt sich der Mensch in Bewegung, so muss er den Gleichgewichtszustand verlassen, dessen Aufhebung er aber kontrolliert oder zu kontrollieren lernt (vom Ruhen zum Laufen, vom Laufen zum Fahrrad-Fahren etc.) Unkontrollierter Gleichgewichtsverlust bedeutet Taumel. Also ist der – gedachte – Dauerzustand des lebendigen Menschen der zwischen Ruhe und Taumel. Angemessene Aussagen über die Dynamik des Menschen können also nur dann gemacht werden, wenn etwas über die Bedingungen seines jeweiligen relativen (dynamischen) Gleichgewichts festgestellt wird. Andernfalls wären sie Figuren im Schachspiel höherer Mächte. (Wenn schon in der Biologie mit dem Konzept der Autopoiesis die Vorherrschaft höherer Mächte widerlegt wurde, um wie viel mehr müssten diejenigen sozialwissenschaftlichen Theorien von vornherein als widerlegt gelten, die derartiges suggerieren.)

Dasselbe gilt für all das, was soziale Systeme genannt wird: Wenn sie – mit Luhmann – als ständig sich selbst produzierende begriffen werden können bzw. sollen, dann müssten sie als im 'Gleichgewicht jenseits des Gleichgewichtes' begriffen werden; und dieses wäre genauer zu 'lokalisieren'. Dann wäre die Vorstellung von statischen Gesellschaften, wie sie als 'traditionale' gelten, insofern zu relativieren, als es sich nur um Zusammenhänge ausbalancierter Regelkreise handeln kann, deren Dynamik im Endresultat aufgehoben, nicht aber getilgt ist.

Wenn aber die statische Balanciertheit das Resultat energetischer Beziehung ist, wird erneut die Bestimmung von Energie-Relationen erforderlich.

IV Das Individuum und das Soziale: Balance und Dysbalance

Die Frage, wodurch ein Individuum aus der Balance gerät, kann nicht die erste Frage sein: denn das ist sein natürlicher Zustand. Sie müsste zuerst lauten: Wie kommt es, dass es, einmal vorhanden, nicht im Taumel zerfällt? Denn es ist, wie alles Natürliche, entropisch bestimmt, wogegen es sich allerdings auf die ungewöhnlichste Weise behauptet.

Der Mensch als Individuum ist nicht ohne andere Menschen; so viel auch immer man über ihn als Individuum aussagt: er steht nicht einfach in der Welt, ist auch nicht nur in die Welt geworfen, lebt nicht in einer Umwelt oder einem Umfeld, sondern lebt vis-à-vis des und der Anderen. Wenn man angesichts des Übergewichts der Beschäftigung mit 'dem Individuum' als Gegengewicht 'die Gesellschaft' einführt, dann hat man eine Wahrheit jenseits der Erfahrung gefunden. Denn wenn auch 'das Individuum' eine Abstraktion darstellt, so bleibt diese doch erlebnisnah; der gedankliche Sprung vom einen zum anderen ist einfach, selbstverständlich. Nicht so 'die Gesellschaft': dass es so etwas gibt, ist nur dann festzustellen, wenn ein solches Individuum sich von all seinen Erlebnissen mit Anderen distanziert. (Individuum und Gesellschaft verhalten sich wie die Stadt Göttingen, in der ich lebe, zur Landkarte der Bundesrepublik, die ich interessiert zur Kenntnis nehme.) Das Pendant zum Individuum ist der Andere – in Einzahl und Mehrzahl. Das Kind wird geboren und lebt zunächst durch Andere, die es nähren und pflegen. Damit ist eine erste Antwort auf unsere Frage gegeben: Das Individuum zerfällt nicht, weil Andere es daran hindern. Die Balancierung ist – unter diesem Aspekt – mit den Anderen gegeben, wobei hinzugefügt werden soll: Was für das Kind der Große Andere ist, wird später der generelle Andere, d. h. der Gleiche, der Größere und der Kleinere.

Hinzukommen muss eine zweite, für unsere Argumentation wichtigere Antwort. Das Individuum wird durch andere nicht in der Weise stabilisiert, wie ein unbalancierter Gegenstand gehalten wird oder wie ein lebloser Zerfalls-Prozess durch Außeneinwirkung stabilisiert wird.

Es ist nicht passiv zu definieren, sondern medial. Das soll heißen: Man kann nicht sagen, es 'wird' stabilisiert, sondern es 'lässt sich' stabilisieren. Die Aktivität des Ich macht die ihm zugewandte Aktivität des Anderen zu seiner Sache: es 'stabilisiert sich' (reflexiv).

Konzentriert man sich unter dieser unabwendbaren Voraussetzung wieder auf das Individuum, dann bleibt nichts anderes übrig, als dass die Notwendigkeit und die Fähigkeit, sich in Beziehung auf Andere zu balancieren, in ihm angelegt sein müssen. M. a. W.: Wenn wir das Modell:

Exzentrischer Pol

noetischer,
affektiver,
somatischer Bereich

Zentrischer Pol

als 'Bauplan' des Individuums ansehen, dann ist dieses Modell im Wesentlichen unvollständig. Denn das Modell-Individuum steht nicht isoliert im Umfeld, sondern es ist auf Beziehung ausgerichtet; es entwickelt und veranlasst selbst diese Beziehung. Man kann auch sagen: es ist in Beziehung, die nicht ist, wenn es selbst nicht ist. Als genereller Terminus für diesen Modus soll 'das Soziale' stehen. Das Soziale kann nicht derart als Vorgegebenes angesehen werden wie etwa die Luft aus der Umwelt, dank derer ich atme, denn es ist so beschaffen, dass es als Vorgegebenes zugleich produziert wird. Wird es nicht produziert, kann es nicht mehr vorgegeben werden.

Dies ist ein von der Soziologie schwer durchschaubarer Zusammenhang. Einerseits muss man sich entscheiden: Durkheims Theorie objektiver Zusammenhänge, der faits sociaux, ist als empirische Theorie schlicht falsch. Sie ist eine Fiktion, der man zugestehen muss, eine sehr nützliche Fiktion zu sein. Sie wäre als ceteris-paribus-Theorie durchaus akzeptabel. Sie müsste dann formuliert werden: Angenommen (1) alle sozialen Bedingtheiten (3 = faits sociaux) individuellen Handelns sind zwischen Individuen geschaffen worden, und (2) die Menschen würden nie aufhören, diese Bedingungen zu reaktivieren, dann lässt sich von (1) und (2) vorübergehend absehen, um die Struktur von (3) zu untersuchen.

Andererseits ist dieses nur durch die Menschen zu Stande kommende Soziale durchaus in dem Sinne 'überindividuell', dass es Eigengesetzmäßigkeiten aufweist, d.h. den Individuen gegenüber heteronom ist. Die sozialen Formationen, in denen der Mensch lebt (und die sich nicht ohne Ich-Anderer-Beziehungen bilden können) bilden sich auf dem Weg des Bewusstseins der Menschen, d.h. sie sind als durch das Bewusstsein tätiger Menschen gebildete 'Objekte'. Man könnte auch mit C. Castoriadis formulieren: Soziale Gebilde gehören zum Bereich des Imaginären.

Die Weise, in welcher Soziales 'produziert' wird, geschieht derart, dass der Eindruck entstehen kann, es gäbe dies (auch) unabhängig von den betroffenen Individuen. Zum einen (1) handeln Individuen im Bewusstsein eines gewissermaßen vorgegebenen Zusammenhangs. Anders ausgedrückt: Ist ein solcher Zusammenhang erst einmal gegeben oder geschaffen, dann gilt er als 'außerhalb' der Individuen.

Z.B. ein Verein. Niemand kann leugnen, dass zuerst Menschen zusammenkommen, um eine Handlungs-Gemeinsamkeit zu schaffen – in dem Sinn, dass eine Zufälligkeit in vorhersehbare Dauer verwandelt wird. Das sie verbindende Soziale ist eine Struktur, die von ihnen festgelegt wird. Aus der instabilen Balance des Zufalls wird die stabilere der Konvention. Die so auf Dauer gestellte Möglichkeit der Beziehung erhält einen Code: Verein, für dessen Regelung im Erstzustand etwas erfunden, in allen späteren Formen etwas – die Regelungen anderer 'Vereine' – übernommen wird. Der auf diese Weise geschaffene Verein hat seine eigenen Gesetze, die unter den Bedingungen gelten, dass die Individuen sie gelten lassen.

Die Heteronomie des Sozialen als Verbindendem kommt am deutlichsten in der von der Soziologie immer noch nicht zur Kenntnis genommenen Sicht zum Ausdruck, wie sie J.P. Sartre in der 'Kritik der dialektischen Vernunft' erarbeitet und dargestellt hat: Individuen vereinigen sich zu einer Gemeinsamkeit der Gruppe unter der Voraussetzung einer jeden Einzelnen betreffenden Gefahr. So bildet sich die labile, d.h. starke Dysbalancierung, d.h. dem Zufall ausgesetzte 'fusionierende Gruppe' aus Ich und Anderem. Eine solche Gruppe auf Dauer zu stellen, ist nur möglich, wenn jedes Ich zum 'Dritten' wird, d.h. sich so verhält, dass die verbindende Gefahr seine Handlungen leitet. Das ist die 'Gruppe unter dem Eid'. Schwindet der 'Dritte', dann zerfällt die Gruppe. Das Individuum ist also bei Sartre so konzipiert, dass es sowohl 'Ich' als auch 'Dritter' sein kann. Dieser Zusammenhang auf das obige Beispiel angewandt: Die Sozialität des Vereins existiert in der Weise der Individuen als Dritten; und die Dritten handeln, indem sie von sich als Ich absehen. Zum anderen (2) – und dies schließt sich unmittelbar an die eben vorgelegte Sichtweise an – wird eine solche institutionalisierte Sozialität mit der Größe der beteiligten, d.h. zugehörigen Individuen relativ unabhängig vom jeweiligen konkreten Individuum. Dies ist aber bereits in der 'Gruppe unter dem Eid' angelegt: Der jeweilige Funktionär der Gruppe vertritt die möglichen anderen Dritten, die, während er 'im Amt' ist, von dieser Funktion entlastet sind, das heißt ihrem Ich nachgehen können. Je kleiner die Gruppe, umso näher sind die Einzelnen der Funktion des Dritten, je größer die Gruppe oder Vereinigung, umso mehr können sie von dieser Funktion Abstand nehmen. Die qualitative Veränderung tritt in dem Moment ein, in dem sich Funktionäre-auf-Dauer herausbilden, d.h. zugelassen oder ernannt werden, die einen Teil der Vereinigung auf Dauer entlasten: In einem Staat braucht nicht jeder damit zu rechnen, Bundeskanzler werden zu müssen. Eine größere Vereinigung kann es sich auch leisten, dass eine Minderheit nicht 'gruppengemäß' handelt, sofern nur durch die Mehrheit das Dritte genügend Stabilität garantiert. Was aber nicht wegzudenken ist, ist das Prinzip der Delegation: jeder, der in einem sozialen Zusammenhang lebt und handelt, bewirkt diesen, indem er ihn 'zulässt' bzw. gelten lässt.

Wer z.B. ein Gesetz nicht wegräumt und in der Sozialität weiterlebt, in der dieses Gesetz gilt, der 'toleriert' es. Das besagt nichts anderes, als dass er – so verdünnt auch immer – zur Existenz dieses Gesetzes beiträgt. Denn folgender Zusammenhang ist fließend: Wer ein Gesetz toleriert, könnte es auch anerkennen; wer es anerkennt, könnte sich auch für es einsetzen; wer sich für ein Gesetz einsetzt, wird es auch verteidigen.

Was hinsichtlich des 'Gesetzes' gilt, trifft für die Ökonomie ebenso zu wie für die Religion oder die Kunst. Auch hier ist die Mengenfunktion anzuwenden: Je größer die Menge der Beteiligten und Betroffenen, umso irrelevanter erscheint der Beitrag des Einzelnen; dieser ist aber nur relativ, und nicht absolut irrelevant. Sein möglicher Beitrag zur Existenz des sozialen Gebildes ist von dem Grad der Balanciertheit des Systems abhängig. So genannte 'friedliche Zeiten' unterscheiden hier die Funktionen und Positionen deutlich von Zeiten der Gefährdung und der Unruhe: In friedlichen Zeiten erscheint der Dritte als nicht-vorhanden; es besteht keine Gefahr, also kann er sich zur Ruhe begeben. Alles läuft gewissermaßen automatisch ab; was aber nur heißt, dass viele Ichs unauffällig Dritte spielen, indem sie in kritischen Alltagsfällen dafür sorgen, dass die Normen eingehalten werden, was nicht ins Bewusstsein der Öffentlichkeit tritt. Was gleichzeitig bedeutet, dass man von den Individuen als das Soziale konstituierenden Elementen absehen kann. Den Gegensatz dazu würde der Zustand extremer Gefährdung bedeuten: das Ganze droht, die Balance völlig zu verlieren, (zu 'kippen', wie man sagt). In diesem Zustand ist jeder gefragt – der Zustand der totalen Mobilisierung. Zwischen diesen beiden Extremen lassen sich viele Formen des Übergangs denken.

Was im übergeordneten Begriff 'Soziales' genannt wird, soll hier nicht ausführlich spezifiziert werden. Alle durch Individuen agierten Beziehungen bilden – unter Beteiligung des Bewusstseins – unterschiedliche Formen und bilden so eine differenzierte Vorstellungswelt dessen, was unter den Beteiligten geschehen kann; m. a. W. das Erlebte wird kodiert: ob von Beziehung, Gruppe, Familie, Verein, Schule, Betrieb, Volk, Staat gesprochen wird, oder schließlich von Gesellschaft. Dieses in der Kodierung differenzierte Soziale geht dann als Tatbestand (so gibt es Beziehungen, Gruppen, Familien etc.) in die Untersuchungen des Soziologen ein.

Man kann das Verhalten des Individuums zum (übergeordneten) Sozialen auch über die Struktur dessen beschreiben, was Luhmann die 'Selbstbeschreibung' nennt: Ein System definiert sich über die Selbstbeschreibung als das, was es ist. Diese hochgradig abstrakte Definition bereitet, obwohl eine Vorstellung dessen möglich ist, was gemeint ist, logische Schwierigkeiten. Nach heute als gültig anzunehmender Auffassung ist eine Sicht des Systems nur dann möglich, wenn man aus dem System heraustritt. Wenn wir Luhmanns Systemlogik annehmen, muss jetzt gefragt werden: Wie tritt das System aus sich selbst heraus? Ist dies überhaupt anders denkbar, als dass Individuen sich aus dem Aktionszusammenhang des Systems herauslösen, sich von ihm distanzieren? Dies wiederum wäre ohne die anthropologische Definition, wie sie etwa Plessner gegeben hat, undenkbar. Wir könnten seine Exzentrizitätsformel erweitern: Zu einer 'primären' Exzentrizität tritt eine 'sekundäre': Weil das Individuum sich zu sich selbst verhalten kann, kann es sich auch in der Weise zu dem Sozialen verhalten, in dem es sich jeweils befindet, dass es sich von ihm distanziert, – als Voraussetzung unter der es dieses beschreiben kann. Anders gesagt: Ebenso, wie das Individuum sich 'definiert' – ohne dass damit gesagt ist, dass es das ist, als was es sich definiert –, definiert es das Soziale, 'in' dem es sich befindet. Dies ist gewissermaßen nur eine sanftere Form des Ichs als Dritten. Überflüssig, darauf zu verweisen, dass es dies niemals könnte, wenn es im realen Sinn als Umwelt des Systems verstanden würde.

V Die Wechselwirkung Individuum – Soziales und der Beitrag der Wissenschaften

Das Individuum balanciert sich in sich und über Interaktionen, d.h. das Soziale, sei dies in zufälligen oder dauerhaften Beziehungen. Indem es sich im Rahmen eines jeweiligen Sozialen verhält, stabilisiert es dieses als mehrere Individuen Verbindendes. Da es gleichzeitig Individuum bleibt, vermag es selbstverständlich auch das Soziale um seiner eigenen Balancierung willen zu destabilisieren. Von einer ontischen Überordnung kann nicht die Rede sein, ebenso wenig von einer fundamentalen Unabhängigkeit, die nur dadurch zur Abhängigkeit würde, dass – wie es Luhmann ausdrückt – in der 'Interpenetration' sich ein System dem anderen zur Verfügung stellt. Es gibt sie nur gleichzeitig als gegenseitig bedingend; anders erscheint keine Aussage über soziale Zusammenhänge plausibel. Was die Trennung von Wissenschaften daraus gemacht hat, ist – wie eingangs analysiert – der Tendenz nach eine 'Reifizierung' dessen, was aus methodologischen Gründen sinnvoll und plausibel ist. Es ist unmöglich, dann, wenn man sich den Bedingungen des Individuellen zuwendet, alles Soziale mit zu berücksichtigen. Und es ist völlig evident, dann, wenn das Soziale die Thematik bestimmt, vorübergehend das Individuelle 'außen vor' zu lassen! Soll das in den jeweiligen Wissenschaften Ermittelte empirische Geltung erhalten, dann entstehen immer in dem Moment falsche Aussagen, in dem Zusammenhänge derart behandelt wurden, als wären sie irrelevant: Wenn in der Theorie das Individuum überflüssig geworden ist, wie soll es dann in der empirischen Geltung wieder eingeführt werden? Dann wird es, wie schon bei Marx, und folglich bei vielen Soziologen zur Marionette des Umfassenden. Würde das Umfassende aber derart definiert werden, dass es in seinem Bestand auf das Individuelle verweist, dann würde dieses in der empirischen Geltung immer wieder seinen Platz an der richtigen Stelle einnehmen können.

Wenn also die Strukturen des Sozialen ermittelt und erörtert werden, müsste dieses zu allererst hinsichtlich seiner möglichen Balance bzw. Dysbalance untersucht werden. Erst dann können Strukturen und Dynamik in einer angemessenen Relation dargestellt werden. Und es wäre der letzte Schritt zu ermitteln, d.h. zu rekonstruieren, auf welche Weise sich Systeme bilden, produziert werden und sich reproduzieren.

Literatur

Altner, Günter, (Hrsg.), Die Welt als offenes System, Frankfurt, Fischer, 1986
Bahrdt, Hans Paul, Schlüsselbegriffe der Soziologie, München, Beck, 1984
Berger,P., Luckmann,Th., Die gesellschaftliche Konstruktion der Wirklichkeit, Frankfurt, Fischer, 1969
Bergmann, Werner, Die Zeitstruktur sozialer Systeme, Berlin, Dunker u.Humblot, 1981
Böhme, Anthropologie in pragmatischer Absicht, Frankfurt, Suhrkamp, 1985
Castoriadis, Cornelis, Gesellschaft als imaginäre Institution, Frankfurt, Suhrkamp, 1984
Dahrendorf, Ralf, Homo Sociologicus, Köln/Opladen, Westdeutscher Verlag, 1959
Dreitzel, H.P., Die gesellschaftlichen Leiden und das Leiden an der Gesellschaft, Stuttgart, Enke, 1968
Eigen, Manfred, Selforganization of Matter and the Evolution of Biological Macromolecules, in: Die Naturwissenschaften 58, 1971, S.465-532
Farau,A., Cohn, Ruth C., Gelebte Geschichte der Psychotherapie. Stuttgart, Klett-Cotta, 1984
Graumann, Hans, Die Scheu des Psychologen vor der Interaktion. Ein Schisma und seine Geschichte, in:. Zschr.f. Sozialpsychologie, 1979/10, S. 284-304

Hofstadter, Douglas R., Gödel – Escher – Bach, Stuttgart, Klett-Cotta, 1985

Lepenies, Wolf, Die Drei Kulturen, Hanser, München, 1985

Levi-Strauss Claude, Die elementaren Strukturen der Verwandtschaft, Frankfurt, Suhrkamp, 1981

Luhmann, Niklas, Soziale Systeme, Frankfurt, Suhrkamp, 1984

Maturana, Humberto R., Erkennen: Die Organisation und Verkörperung von Wirklichkeit, Braunschweig, 1982

Ossowski, Stanislaw, Klassenstruktur im sozialen Bewusstsein, Neuwied, Luchterhand, 1962

Parsons, Talcot, The social system, Glencoe III.,Free Press, 1951

– – (Hrsg. D. Rüschemeyer), Beiträge zur soziologischen Theorie, Neuwied, Luchterhand, 1961.

Plessner, Helmut, Gesammelte Schriften, Suhrkamp, Frankfurt, 1980-85

Prigogine, Ilja., Stengers, 1., Dialog mit der Natur, München, 1983

Sartre, Jean Paul, Ist der Existentialismus ein Humanismus?, Zürich, Europa-Verlag, 1947

– – Kritik der Dialektischen Vernunft, Reinbek, Rowohlt, 1967

– – Die Linke neu denken. über Hoffnung und Moral. Ein Gespräch mit Benny Levy, in: Freibeuter, 1980, H.4, S.37-50, H.5, S.1-22

Simmel, Georg, Soziologie (1908), Duncker & Humblot, Berlin 1958

Tarde, Gabriel, Les Lois d'Imitation, Paris, 1895

Le Logique Sociale, Paris, 1895

– – On communication and social influence, Selected Papers, ed. and with an introduction by Terry N.Clark, Chicago, U.o.Ch.Press, 1969

Thomas, Konrad, Analyse der Arbeit, Stuttgart, Enke, 1969

Thomas, William Isaac, (Hrsg. H.Volkart), Person und Sozialverhalten, Neuwied, Luchterhand, 1965

Thomas, W.I u. Znaniecki, Fl., The Polish peasant in Europe and Amerika, 2. Aufl., New York, Dover Publications, 1958

VandenBergh, J.H., Het menselijk Lichaam, Nijkerk, Callenbach, 1965

Weber, Max, Wirtschaft und Gesellschaft, Köln, Kiepenheuer u. Witsch, 1964

Weizsäcker, Victor v., Der Gestaltkreis, Stuttgart, Enke, 1950

Zur Soziologie des Katastrophalen

Die Zielrichtung

Wenn wir nach einer Wissenschaft suchen, die eine gemeinsame Erklärung für all die vielen erschreckenden, beunruhigenden Vorgänge in der Menschheit finden soll, für Kriege, Massaker, Unfälle mit tödlichen Folgen, Verwahrlosung, weit gestreute chronische Krankheiten..., die Liste kann gar nicht vollständig ausfallen, dann müsste es eine Wissenschaft sein, die sich kraft ihrer eigenen Definition mit kollektiven Zusammenhängen unter Menschen beschäftigt. Das wäre die Soziologie. Aber wir, die Soziologen, schweigen oder teilen Unbedeutendes mit. Wir haben unsere Methoden und wir haben unsere Auftraggeber: beide führen uns wenigstens direkt nicht zur Erklärung solcher erschreckenden Phänomene. Wir erklären eher, wie Zusammenhänge funktionieren als wann sie nicht funktionieren. Zwar hat es in den Rivalitätskämpfen zwischen Psychologie und Soziologie Tendenzen gegeben, für alle möglichen individuellen Fälle nach gesellschaftlichen Ursachen zu suchen; unter dem Stichwort Kapitalismuskritik meinte man den gemeinsamen Nenner für Alkoholismus, Kriege, Verbrechen gefunden zu haben. (Viele Bände des „Kursbuch" und der „Argumente" sind gefüllt mit solchen Erklärungsversuchen.) Aus anderen Lagern hat es immer wieder kritische Ankläger gegeben, die entweder im Verlust von Religion oder im Vorherrschen technischen Denkens die Ursache für so viel Elend gesehen haben. Für einige Formen des Elends und der Katastrophe könnte beides zutreffen; andere sind auch durch Religionen nie beseitigt worden.

Derartige Erklärungsversuche sind insofern unzureichend und irreführend, als sie eine Summe von Symptomen auf eine Reihe von Ursachen zurückführen, ohne das System der Zusammenhänge hinreichend zu kennen. Ein Vergleich mag dies verdeutlichen: In der Medizin kann die Suche nach Ursachen für Symptome nur auf dem Wege über hinreichende Kenntnisse des Systems „Organismus" einigermaßen adäquat geleistet werden; (und wir haben in der Verwendung von Arzneimitteln inzwischen genügend Allgemeinkenntnisse darüber, was geschieht, wenn der Organismus nicht hinreichend einbezogen wird: Contergan etc.).

Zunächst also brauchen wir Kenntnisse über gesellschaftliche „Systeme", die so beschaffen sein müssten, dass der Zugang zu katastrophalen Zuständen und Vorkommnissen zugelassen wird. Es ist zu zeigen, dass es einerseits Ansätze gibt, andererseits unzureichende Systemerklärungen, drittens Barrieren, um zu besseren Erklärungszusammenhängen zu gelangen. Vorher aber zwei Details:

1. In einer Elternversammlung einer Schule wurde über Zerstörung an Gegenständen gesprochen, und was zu tun sei. Ein in der Kommunalpolitik sehr erfahrener Vater brachte solche kleinere Zerstörungen in Zusammenhang mit den ihm bekannten Vorfällen an Zerstörungen im öffentlichen Bereich. Er sagte, das Ausmaß dieser Zerstörungen sei erschreckend – allein von den Kosten, die immer wieder aufzubringen sind, um die zerstörten Anlagen, Brunnen (etc.) zu reparieren oder zu ersetzen. Offensichtlich sei dies ein allgemeines Übel, für das er aber keine Erklärung wisse... Wir Soziologen müssten eine solche Erklärung finden; und wir dürften nicht eher ruhen, als bis diese systematisch so eindeutig wäre, dass auch derartige Zerstörungen als etwas Folgerichtiges, etwas Regelhaftes gelten, genauso folgerichtig und regelhaft wie ein Haus zusammenbricht, wenn die Statik nicht stimmt, oder wenn ein Erdrutsch das Fundament zerstört.

2. *Pierre Bertaux* findet einen solchen Ansatz der Erklärung, zwar auf eine unbefriedigende Weise, aber auf jeden Fall ohne jede moralische Beschönigung oder Verketzerung: Er tut nichts anderes, als *Kriege* zur normalen Begleiterscheinung unserer Entwicklungsstufe zu erklären. Etwa in dem Sinne: „Was wollt ihr? Wollt Ihr Geschichte, geschichtliche Beschleunigung, dann nehmt bitte Kriege in Kauf. Wollt Ihr Frieden, dann sucht bitte den Ausweg eines geschichtslosen Zustands der Menschen". Dasselbe Erklärungsrezept wendet er auch im Hinblick auf Unfälle an: mit einer gewissen Verkehrsdichte sind offensichtlich Verkehrsunfälle notwendig verbunden. „Ihr könnt machen so viel Ihr wollt, solange Ihr die Verkehrsdichte nicht drastisch reduziert, müsst Ihr mit den Verkehrstoten leben". Das klingt brutal und ist brutal; aber man kann *Bertaux* nicht vorwerfen, dass er beschönige. Nur kann er es sich in seiner evolutions-gebundenen Denkweise leisten, die über Jahrtausende hinweggeht, die inneren, systematischen Details auszulassen.

Der berichtete Vorfall und die zitierte Erklärung sollten nur verstärken, was ich bereits angedeutet habe: ehe wir einen systematischen Zusammenhang nicht finden, in welchem Zerstörungswut auf öffentlichen Anlagen, Kriege, Unfälle als „notwendige" Konsequenzen oder als systemimmanente Erscheinungen erklärt werden könne, hätten wir die an die Soziologen zu stellende Frage auch nicht im mindesten beantwortet. Wir machten es dann sowohl den Fatalisten als auch den Fortschritts-Euphorikern zu leicht in der Entwicklung ihrer ideologischen Argumente: der Mensch sei eben von Grund aus verderbt und nicht besser als ein schlecht gezähmtes Tier, – oder es müssten nur die oder jene Herrschaftsformen abgeschafft, die oder jene Wirtschaftssysteme eingeführt, mehr in Erziehung investiert werden.

Vorher ist aber die Frage nach unseren Wünschen zu stellen (*Kamper*). Wenn jemand vor Vandalismus erschrickt, dann bedeutet dies zumindest, dass er ihn nicht unerschüttert-stoisch zur Kenntnis nimmt, sondern dass die in seinem Leben implizierten Wunschvorstellungen betroffen sind. Wenn andererseits jemand Krieg-führen zu seinem Beruf erklärt, kann man sich schwer vorstellen, dass Krieg für ihn nicht etwas völlig Normales wäre. Alle Phänomene, um deren gemeinsame Erklärung wir uns bemühen, sind Tatsachen – mit – Bedeutung. Als katastrophal kann eine Summe von Erscheinungen nur bezeichnet werden, wenn sie unsere Grundvorstellungen vom Wünschenswerten gleichermaßen erheblich berühren. Es muss gewährleistet sein, dass man zunächst nicht ein Übel eventuell um eines anderen Übels willen in Kauf nimmt, sondern dass das Maß, solche Übel zu tolerieren, bewusst außer Acht gelassen wird.

Der Rekurs auf die Wünsche ist gleichzeitig dahingehend zu präzisieren, dass es sich nicht um ausformulierte oder fragmentarische Utopien handelt, sondern um Wünsche, die auf das für unser Eigenleben Vorstellbare bezogen sind. Diese Wünsche sind einerseits je individuell, andererseits gleichzeitig als zwischen Menschen geltend definiert.

Ich wünsche mir z.B. kein Leben ohne Arbeit, und ich bin nicht so töricht, mir ein Leben ohne jede Art von Krankheit zu wünschen. Aber, auf einen etwas abstrakten Nenner gebracht: Ich wünsche mir Lebendigkeit, die sich ohne einen fundamentalen Anteil von Frieden nicht entfalten kann. Und ich wünsche mir so wenig Zerstörung menschlichen Lebens als irgend möglich erscheint. Die Vorstellungen, nach denen ich meine Katastrophenliste aufstelle, kann ich gut unter diesen Nenner bringen. Dass Kriege, Terrorismus, Verkehrsunfälle, Seuchen und Krankheitswellen beide Bedingungen erfüllen, ist einsichtig: Kriege rufen zwar ein hohes Potential an Lebendigkeit, an Leistungsfähigkeit und an begeisterndem Heroismus hervor – davon kann ich nicht absehen; aber der Preis ist nicht angemessen: die Zerstörung menschlichen Lebens. Ähnliches gilt für Terrorismus und für Verkehrsunfälle. Seuchen und Krankheitswellen mindern alle Formen der Lebendigkeit und stellen unser vitales Leben in Frage. Liegt es aber bei Erscheinungen von Vandalismus oder von Verwahrlosung anders? Inwiefern ist die Zerstörung von öffentlichen Anlagen erschreckend, sind arbeitsunfähige Mitglieder der Gesellschaft „untragbar"? Beide Phänomene weisen darauf hin, dass der aufgestellte Generalnenner etwas ausgeklammert hat: Es handelt sich ja um *Menschen,* die in der Lage sein müssen, Lebendigkeit zu entfalten, die einen Ausweg in Zerstörung und sei es auch *nur* die von Sachen nicht nötig haben, auch, was Alkoholismus, (alle Suchtkrankheiten) betrifft, so lebendig sind, dass sie nicht Zuflucht zu Drogen o. ä. nehmen müssen. *Als katastrophal haben also all diejenigen Zustände zu gelten, die darauf hinweisen, dass Menschen es nicht fertig bringen, ein Optimum an Lebendigkeit zu entfalten bei einem Minimum von Destruktion.* Rein aus historischen Gründen (s. u.) müssten wir auch Selbstmord hinzurechnen, unabhängig von der Frage nach dem Recht auf das, was dann Selbsttötung genannt wird, als ein Anzeichen für – sich häufende? – Unmöglichkeit, ohne Selbstzerstörung weiter lebendig zu bleiben.

1.1 Theoretische Entwürfe

Den ersten, in der heutigen Wissenschaft noch anerkannten, wenn auch wenig weiter verfolgten Ansatz, diese These zu erläutern und „empirisch" zu bestätigen, hat *Emile Durkheim* in seiner berühmten Studie über den Selbstmord gemacht. Selbstmord wird nicht als individuelle Tat moralisch gewertet, sondern zu einem gesellschaftlichen Phänomen erklärt. Durkheim stellt statistisch fest, dass es „Länder" – wir würden heute sagen: Gesellschaften gibt, in denen es mehr, andere, in denen es weniger davon gibt. (Dafür findet er dann auch Faktoren, bzw. Variablen.) Im Zusammenhang damit prägt er den Begriff der gesellschaftlichen *Anomie,* der immer wieder Theoretiker beschäftigt hat (z.b. *Merton, Dreitzel),* ohne dass wir bis heute zu einer unseren Erfordernissen angemessenen Theorie des Anomischen gekommen wären. Anomisch sind, kurz gesagt – und auf unsere heutige Fragestellung bezogen -, diejenigen gesellschaftlichen Zusammenhänge, in denen Menschen vor destruktiven Handlungen, die es nicht geben soll, nicht geschützt oder bewahrt bleiben. Ein kriegerischer Stamm, oder ein Stamm, in dem Blutrache zum System gehört, ist nicht anomisch. Anomisch ist ein System, in dem einerseits Werte des Nicht-zerstörerischen als Steuerungsimpulse gelten, andererseits aber nicht gewährleistet ist, dass solche Akte nicht vorkommen. Anders gesagt: das Ausmaß, in dem solche „nicht-gesollten" Handlungen vorkommen, zeigen das Ausmaß von Anomie an. Es wird nicht gerechnet mit einer Gesellschaft, in der keine Missetaten vorkommen, – sondern mit einem mehr oder weniger.

Mit dem *Durkheimschen* Ansatz stecken wir in einem grundsätzlichen theoretischen Dilemma: wir können die Grenze zwischen tolerablem Ausmaß und intolerablem Maß der Handlungen, die wir als destruktiv bezeichnen, nicht bestimmen. Der Zyniker könnte sagen: Solange immer noch einige überleben, ist alles tolerabel. Der moralisch Übergewissenhafte hält auch das kleinste Ausmaß noch für intolerabel. Bis heute kann niemand mit theoretischer Begründung angeben, wann etwa die Delinquenzzahl „zu hoch" ist. Wir können dieses unlösbare Dilemma nur durch ein anderes Argument ersetzen: indem wir nach Handlungsmustern, nach kollektiven Strukturen fragen, durch welche destruktive Handlungen gefördert oder verhindert werden, – oder deren Abwesenheit etwas aufbrechen lässt, vor dem Menschen sonst geschützt wären. Beim Selbstmörder haben wir das Problem der Isolation: Gibt es ein mitmenschliches Leben, welches irgendwelche Tendenzen zur Verzweiflung aufhebt oder diese eher fördert? Das Maß an Vereinsamung *(Pohlmeier)* ist bekannt und unbezweifelbar. Also ist die Zunahme von Selbstmord plausibel. Und die ärztlich-therapeutische Behandlung eines Selbstmordkandidaten ohne Zugang zu einer schützenden Mitmenschlichkeit wäre vergebliche Mühe. Damit ist systematisch verständlich gemacht, dass Anomie und Selbstmord in dem Maße identisch sind wie individuelles und gesellschaftliches Leben identisch sind.

Die Durkheimsche Theorie könnte missverstanden werden und wird es im Ansatz bei vielen politischen oder „unpolitischen" Ideologien, wenn man auf dem

Umweg über sie nicht-anomische Gesellschaften meint herbeirufen zu können, eine Gesellschaft ohne Leid und Elend. Sie wird dann nicht missverstanden, wenn wir uns nicht scheuen, im Hinblick auf vieles, was wir als katastrophal bezeichnen, unsere Gesellschaft als eine hochgradig anomische zu bezeichnen.

Aber mehr leistet *Durkheims* Studie nicht. Was eine Gesellschaft dazu treibt, anomisch zu werden, so dass daraus eine Strategie gegen stärkere Ausmaße von Anomie entwickelt wird, bleibt offen. Wie dann manche gute „empirische" Studien, vielleicht auch Bescheidung, vielleicht aber auch Ängstlichkeit nicht weitergehen. (Wenn *Durkheim* feststellt, dass es in katholischen „Ländern" weniger Selbstmord gibt als in protestantischen, so ließe sich daraus kaum eine Strategie für den Katholizismus entwickeln.)

Bleibt also, nach diesen frühen Einleitungen in das Problem der Anomie, (die nicht in dem Sinne vertieft wurden, wie wir es heute brauchen könnten) die Frage nach theoretischen Konstruktionen, die uns weiterhelfen könnten. Im wissenschaftlichen Bereich kaum mehr gefragt, aber als Ideologie im Untergrund, und gelegentlich offen zutage tretend, stehen zunächst der Darwinismus und der Sozialdarwinismus: wenn das Prinzip dessen, was man Evolution nennt, das Überleben des Stärksten oder Fähigsten für unser gesellschaftliches Leben bestimmt sein sollte – in der Biologie nicht mehr einwandfrei anerkannt -, dann sind wir von allen Ängsten und Schrecken dispensiert. Dann wären alle anomischen Erscheinungen Arten des Übergangs, in denen sich, auf lange Sicht die Fähigsten zeigen würden, – auf welche Weise, mit welchen Mitteln, Krieg oder Vorkommen, – auch immer. (So auch *Bertaux.*) Für diese Theorie oder selbst Fragmente dieser Theorie wird das eingangs aufgestellte Postulat die gegenwartsbezogenen Wünsche gelten zu lassen, überflüssig. Entscheidung für oder gegen irgendwelche Handlungen produktiver oder destruktiver Art sind dispensiert. Was auch immer wir tun und treiben bleibt den angeblichen Gesetzen der Evolution unterstellt. Ich kann mir vorstellen, dass angesichts der Undurchschaubarkeit der Geschichte sich Menschen für diese Survival-Ideologie entscheiden, und damit eine probabilistische Moral entwerfen, sich in den Kampf aller gegen alle einfügen oder ähnliches mehr. Aber allein die Tatsache, dass diese sich nicht automatisch vollzieht, sondern selbst Sache einer Entscheidung ist – anders kann ich menschliches Handeln nicht begreifen -, macht mich einem solchen Entwurf gegenüber misstrauisch. Ich kann mich von meiner Einstellung, dass sich Tiere nicht entscheiden, Menschen dagegen, wohl nicht trennen.

Als nächster theoretischer Entwurf, der im höchsten Ausmaß politische Aktivität hervorgerufen hat oder wenigstens politisch aktive Kräfte verstärkt, muss *Karl Marx* gelten. Leistet sein Werk etwas zur Theorie des Anomischen in dem hier gefragten Sinne? Für viele Menschen wäre diese Frage zu bejahen: der Kapitalismus muss nicht nur ausbeuten, sondern in dieser Ausbeutung sind anomische Konsequenzen enthalten. *(Engels* hat dies stärker dokumentiert als *Marx* selbst.) Die Misserfolge angewandten Marxismus, die Tatsache, dass die Gesellschaften, die sich dem

Marxismus in irgendeiner Variante verschrieben haben, zwar einiges Elend abgeschafft haben, anderes dagegen nicht – vielleicht sogar verstärkt, kann uns nicht das Alibi verschaffen, nicht genauer hinzusehen. Man mag über manche theoretische Elemente des Marxismus lächeln oder sie abstrus bis pervers finden, die inhärenten Utopien des Marxismus kranken sicherlich an manchen Kleinkariertheiten *(van der Bergh)*.

Dessen unbeachtet bleibt es unerlässlich, der Frage nachzugehen, was da passiert, wenn nicht Geld, sondern Kapital die Welt regiert. Sofern es vielleicht nicht „Gesetze", sondern Tendenzen mächtiger Art gibt, die man „Verwertung des Kapitals" nennt, derart, dass jeder, der sich auf die entsprechenden Spielregeln einlässt, zur Maske (Marionette) des Kapitals wird, dann braucht es keiner besonderen Erklärung, um einzusehen, dass die Frage nach Lebendigkeit einerseits und nach Zerstörung andererseits nicht nur gestellt wird, sondern negativ beantwortet werden muss. Nur wer in der asketischen Haltung gegenüber den Genüssen des Lebens, die der frühe Calvinismus zum Idol erklärte *(Weber*, s. a. *Bataille)*, einen höheren Grad an Lebendigkeit zuschreibt, kann einen „Kapitalisten" unter die einreihen, die mehr Leben haben. Ich könnte das nicht nachvollziehen. Ich glaube nicht, dass alle Kriege, die seit dem Kapitalismus geführt wurden, im engeren Sinne kapitalistische waren – es fehlt mir an Evidenz –, aber niemand kann bezweifeln, dass im Sinne der Stärkung des Kapitals Diktatoren und kriegerische Verbrecher unterstützt worden sind. Ich halte dies für kein dem Kapitalismus inhärentes Gesetz, aber für eine starke Tendenz. Und es braucht für mich keine besondere politische Einstellung, um den alten Satz, dass Geld die Moral verdirbt, auch kritisch gelten zu lassen. Dies bedeutet: wenn Kapitalverwertung die oberste Norm gesellschaftlichen Handelns wird, dann müssen sich notwendig alle anderen Handlungen dem unterordnen. Dann opfern sich Menschen dem Moloch Kapital ebenso wie sie sich dem Moloch Lebensstandard o. ä. opfern müssen. Ob die „Gesetze der Kapitalverwertung" nicht nur in einem strukturellen Sinn anomisch wirken, muss später erörtert werden (s. u.). Dass in ihnen ein eindeutiger Nemos vertreten wird, liegt im Begriff selbst enthalten. Wenn das Prinzip des Kapitalismus amoralisch ist, dann können wir nur erleichtert feststellen, dass dieses nirgends vollständig zur Durchführung kommt. Die menschliche Natur und die geschichtlichen Umstände setzt ihm Grenzen. Sicherlich ist jede „kapitalistische Gesellschaft" voll von Normen und Handlung, die nicht im Sinne der Kapitalverwertung sind. Anders ausgedrückt: Keine politische wirtschaftliche Macht kann eine Gesellschaft derart beherrschen, dass dem Kapitalverwertungsgesetz absolut Genüge getan wird.

Es kann kein Zweifel daran bestehen, dass soweit Kapitalismus eine Gesellschaft bestimmt, ihre Leistungsfähigkeit im höchsten Maß erweitert wird. Diese Leistungsfähigkeit fordert aber einen Preis an Mobilität, an ständiger Aufgabe schützender Gewohnheiten und Ordnungen, eine Preisgabe der nur schwer stabil zu haltenden Verhältnisse von Anstrengung und Rekreation, um deren Willen gesellschaftliche Normen aufgestellt werden.

Kapitalismus als Prinzip, soweit er wirksam ist, fördert Anomie. Und dies einfach aufgrund der Tatsache, dass in der Befolgung der Verwertungstendenzen (Gesetze) der soziale Schutz des Individuum nicht enthalten ist.

Einen ähnlich großen Wurf wie den des im Übrigen ja asketisch arbeitsamen *Marx* gibt es nicht. Es gibt nur mehr oder weniger Entwürfe theoretischer Art, die versuchen, das nicht zu leugnende Elend moderner Gesellschaften – das vorrangig nicht das des Verhungerns ist – zu erklären.

Marcuses „Eindimensionaler Mensch" erscheint mir im Ganzen weniger zwingend zu sein, als es das Werk *Marx* auf seine Weise ist, aber er wirft zumindest ein Schlaglicht, das unsere Anomiefrage verstärkt! Wenn, bzw. sofern ein Gesetz, und zwar das der heutigen Produktionsweise, herrscht, zwingt es den Menschen eine groteske Eindimensionalität auf, die besagt, dass auch all das, was unserem Geschmack entsprechend, nach mehr Freiheit aussieht, nichts anderes ist als die in kluger Absicht losgelassene Leine eines diktatorischen Systems! Mit anderen Worten, es funktioniert so gut, – nach *Marx* – dass es sich leisten kann, der Widerspenstigkeit des Menschen gezielt nachzugeben. Andererseits funktioniert es nicht gut genug, um den Menschen nicht alles an möglicher Freiheit zu gestatten, um von seiner Aufopferung zu profitieren: ein klassisches Herrschaftsprinzip. Freiheit wird so zum anomischen Beigeschmack eines in sich funktionalen Systems, positiv in der Erreichbarkeit privater Wünsche, destruktiv im Zulassen zumindest katastrophaler Begleiterscheinungen. Der Traum vom humaneren Ausgang dieser Epoche der Menschlichkeit bleibt für die wenigen reserviert, die sich in der Verweigerung lossagen. Die positive Dialektik steht nach *Marcuse* nicht auf der Seite des klassischen Proletariats, sondern auf der Seite der Alternativkulturen.

Parsons, der eine Zeitlang die Szene sozialwissenschaftlicher Theorie zu beherrschen schien, können wir hier außer acht lassen *(Mills, Gouldner):* zwar geht er von der zutreffenden Aussage aus, dass Gesellschaft nur dann dem Einzelnen Schutz gewähren kann, wenn sie als Wert-System funktioniert (Nomos der Gesellschaft), aber als Apologet beschwört er eher den funktionalen Zusammenhang, als dass er den Dysfunktionalitäten nachgeht. Das Anomische bleibt außer Betracht. *Adornos* Spätwerk wartete noch auf Interpreten, die seine in sich gekehrte Eigenwilligkeit der Argumentation einigen mehr verständlich macht als denen, die ohnehin auf ihn eingeschworen sind. Unsere Gesellschaft, das sagt meinem Verständnis nach *Adorno* in der „negativen Dialektik", ist durch und durch Negativität. Im *Durkheim'schen* Sinn: durch und durch Anomie. Der *Adorno'schen* Denkfigur muss man zustimmen, sofern sie einerseits als plausible Verzweiflung verstanden wird, – sie wird fragwürdig, insofern das höchste Kriterium, das *Adorno* eben nicht positiv erwähnt, unvermittelbar ist (s. a. *Horkheimer).* Ich frage mich (und ich meine, aus seinen sehr deutlichen musiksoziologischen Studien sei das zu belegen), ob die Ansprüche an

Positivität des Menschlichen nicht derart hoch sind, derart geprägt vom Sinn, Verstehen der Höchstformen bürgerlicher Kultur, ohne Sinn für handfesten Alltag, für etwas einfachere Formen von Menschlichkeit, – eine besondere Art von Klassizismus, dass sein Urteil essentialistisch ausfällt und damit für unsere Belange eben zu transzendental ist: Die hohe Warte, die sonst religiöse Denker über die Verderbtheit menschlicher Natur eingenommen haben, bleibt der jenseitigen Wahrheit verhaftet und ermutigt uns nicht, die Ärmel aufzukrempeln. So dialektisch auch die Argumentation: sie ist nicht die Dialektik, in der wir uns als jedermann bestimmen können.

Auch *Luhmanns* Beitrag ist noch nicht ausgeschöpft. Sein System – Umwelt Modell – ist hochgradig evident. Die Tatsache, dass wir (in Nachfolge der biologischen Anthropologie der zwanziger Jahre) nicht automatisch mit Mechanismen ausgestattet sind, die die Vielfalt der Umgebung für uns auf ein erträgliches und produktives Maß reduziert, kann niemand widersprechen. Er bestärkt insofern im Nachhinein *Durkheims* Ansatz zur Theorie des Anomischen, als er verständlich macht, auf welche Weise eine Gesellschaft, eine Kultur, die Menschen zu sichern, zu schützen vermag: Reduktion von Komplexität, – *Luhmanns* großes Stichwort – wird geleistet, insofern jedes gesellschaftliche System das Ausmaß möglicher Probleme reduziert, für die Menschen erträglich macht. Selbstmord ist ein Symptom der mangelnden Reduktionsleistung eines Systems. Der Einzelne gerät in eine Sackgasse (von Problemen), aus denen er seine reduktionistische Lösung als einzigen Ausweg findet: die Selbstzerstörung.

Wenn wir uns erlauben, die ungelöste Sinnfrage bei *Luhmann* inhaltlich zu füllen: jedes System erhält den Vertrauensvorschuss der Beteiligten, für mehr Lebendigkeit zu sorgen, diese zumindest zu schützen und Destruktivität zu minimieren, – dann wäre *Luhmanns* Theorie ein massiver Beleg für die Anomie unserer Gesellschaft: der Alltag jedes Bürgers ist voll von Dingen, die nicht funktionieren, die unerträglich erscheinen, wie viele Fälle von „Katastrophalem" belegen. Die Reduktion von Komplexität gelingt nicht. Aber man kann auch andere Konsequenzen ziehen, – die bedenklich nahe dem evolutionistischen Denken sind. Wenn man auf subjektive Sinngebung verzichtet, und das undefinierte Vertrauen ins System als System annimmt, dann werden Systeme eben auf lange Sicht es schon schaffen, die nötigen Reduktionsleistungen zu erbringen. Und inzwischen müssten wir dann das, was wir als miserabel empfinden, einer nicht-integrierten psychologischen Dimension überlassen. Auch hier hat de facto *Luhmann* recht: Wir ertragen unendlich viel und schauen bei manchem, was niemand anders als Elend bezeichnen könnte nicht hin, nur damit die Maschine funktioniert. So können Teilsysteme ruhig entarten: das medizinische System kann mehr Kranke produzieren als heilen, das juristische System mehr Menschen zu Verbrechern stempeln als sie in die Gesellschaft zurückführen, die Wissenschaft mehr unbrauchbares Wissen produzieren als Scheinwissen entlarven: Hauptsache, das System überlebt. Diese Zähigkeiten sind uns zur Genüge bekannt. Hilfreich für unsere Fragestellung kann *Luhmanns* plausible Theorie nur dann werden, wenn es gelingt, die Produktion von Anomischen mit zu bedenken. (Das würde bedeuten, nicht von einem Nomos, sondern von etwas Anomischen in der Konstruktion von Gesellschaft selbst auszugehen, weiteres s. u.)

Nach all dem Vorangegangenen ist auch *Habermas'* Beitrag zum Anomieproblem eher eine Ergänzung, die noch nicht weiterführt. Eine Krisentheorie setzt dort einen Akzent, wo *Luhmann* seine Theorie offen hält: Sinngebung und Legitimationsdefizit ergänzen einander. Mangelnde Legitimation ist nach meinem Verständnis mangelnder Vertrauensvorschuss. Mit Gewissheit ist anomischem Verhalten Tor und Tür geöffnet, wenn die stabilisierende Wirkung eines Vertrauensverhältnisses zu öffentlichen Institutionen ausbleibt: ob daraus aber sich verstärkende anomische Tendenzen ergeben, bleibt offen. *Habermas* selbst hat die Richtung einer solchen Fragestellung in jüngster Zeit verlassen und sich Evolutionsfragen zugewandt, von denen man nicht absehen kann, in welchen Bannkreis sie geraten. Aus seinen früheren Arbeiten lässt sich, so meine ich, mit Sicherheit schließen, dass er das anomiekritische Potential von *Marx* ebenso wie das von *Freud* (aus der Sicht der betroffenen Individuen) eher verflacht als vertieft hat.

Völlig anderer Wind weht aus dem Werk *J. P. Sartres,* dessen sozialphilosophische Bedeutung von den sozialwissenschaftlichen Theoretikern unserer Tage so gut wie unberücksichtigt blieb. In weitaus radikalerer Sichtweise als alle bisher genannten Theoretiker geht er davon aus, dass *Mangel* und die mit diesem Mangel einhergehende *Bedrohung* das fundamentale Schicksal aller Menschen ist. Gemessen an den eingangs aufgestellten Postulaten ist der gesellschaftliche Urzustand der Menschen ein anomischer, nicht in der harmlosen Variante von *Luhmann* (als wenn es nur um undurchschaubare Komplexität ginge), sondern derart, dass aggressive Destruktion unser Schicksal ist, solange uns der Mangel beherrscht. Solidarität ist der in sich nicht gefahrlose Versuch, die Bedrohung von außen zu überwinden, – die im Mangel an Möglichkeiten zu leben gegeben ist, – selbst wiederum davon bedroht, zusammenzufallen, sobald der akute Gegner verschwunden ist. Denn die Serialität, die Tatsache, dass wir äußerlich ohne persönliche Betroffenheit überall mitmachen, wo es gerade gefragt ist, kann dem Kriterium Lebendigkeit kaum genügen: und sie bleibt als einzig reguläres Bindeglied von Menschen in nicht-bedrohten Umständen. Lebendigkeit und die Minimierung von menschlicher Destruktion können nach Sartre durch keine Institution oder Gesellschaftsstruktur – wonach der Soziologe üblicherweise fragt – gesichert oder geschützt werden. Sartres unvollendete Theorie (abgebrochen wie manche Arbeiten) steht und fällt m. E. mit dem Theorem der Herrschaft des Mangels. (Der einzig plausible Widerspruch liegt nach meiner Kenntnis in dem noch wenig bekannten Werk von *Georges Bataille*). Gehen wir aber davon aus, dass es noch keinem Gesellschaftstheoretiker gelungen ist, eine umfassende Formulierung aller komplexen Probleme zu finden, so können wir Sartre relativieren, ohne ihn zu verharmlosen. Wir brauchen nur eine Bedingungsklausel einzuführen: unter der Bedingung, dass Mängel gegeben sind – welcher Art auch immer -, setzten diejenigen Bedrohungsmechanismen ein, die Sartre mit äußerster Präzision erfasst hat. Wir können dann die zwei Aspekte des Mangels, die sich aus der Geschichte anbieten, vereinen: Sei es, dass wir als Mängelwesen geboren werden, sei es, dass wir gesellschaftliche Mängel produzieren. Sofern sich Menschen nicht in aktiven Gruppen gegenseitig betätigen, bleibt auch Anomie vorherrschend.

1.2 Theoretische Grundannahmen

Damit soll der Überblick über die Ansätze und Hinweise auf Versuche gesellschaftliche Theoriebildung im Umkreis der Anomiefrage, die selbstverständlich nicht umfassend ist, abgeschlossen werden, – wobei einige Linien im Folgenden noch auszuziehen sind. Das soziologisch-anthropologische Resultat, um der Frage nach Verminderung von Lebendigkeit und nach Vermehrung von Destruktion näher zu kommen, scheint mir folgendes zu sein:

1. Als erste Bedingung für eine produktive menschliche individuelle Existenz kann und muss ein Zusammenleben gelten, welches genügend Potential enthält, jenes zu fördern. Man mag dieses Bezugsfeld oder dieses soziale Eingebundensein auch mit dem missverständlichen Terminus Gemeinschaft bezeichnen. Die traditionelle Bevorzugung der Familie als Zelle hatte offensichtlich diesen Sinn. Ein solcher Verbund (um den neutralsten Ausdruck zu verwenden) verfehlt seinen Sinn, wenn er selbst zur anhaltenden Bedrohung des einzelnen wird: Integriert er den einzelnen nicht, dann entsteht als Anomie im formalen Sinn die Vereinzelung, was *Moruno* als soziometrisches Proletariat bezeichnet (und empirisch erfassen kann). Größere Gesellschaften, in denen Tendenzen wirksam sind, nicht – integrierte Individuen zu fördern, müssen als strukturell anomisch bezeichnet werden.

Der mögliche Verdacht, dass es sich hier um ein verkappt moralisches Urteil handelt, ist kurz zu klären:

Ein moralisches Urteil kann erst aufgrund der Wertbezogenheit der jeweiligen Gesellschaft gefällt werden. In diesem Zusammenhang handelt es sich um ein strukturelles Problem, das über die Inhalte, d.h. die Bedingungen der Integration oder Nichtintegration noch nicht viel ausgesagt ist.

2. Als Ergänzung zum ersten: Wenn es, besonders in dynamischen Gesellschaften – *Bertaux* würde sagen „geschichtliche" Gesellschaften – immer wieder als Unmöglichkeit erscheint, förderliche Integration (im weitesten und nicht im kleinbürgerlichen Sinn) zu gewährleisten, dann müsste für unser Verstehen offen gelegt werden, worin all diese Fehlschläge begründet sind. Als einzige grundsätzliche Erklärung erscheint mit verständlich, was in neuerer Zeit *Wyss* in der Nachfolge von *Viktor von Weizsäcker* formuliert hat, indem er von der *Antilogik* des Menschlichen spricht. Damit meint er: für unser Begreifen sind Individualität und Sozialität prinzipiell

nicht auf einen Nenner zu bringen. Zwar müssen wir davon ausgehen, dass uns keine anderen Denkformen zur Verfügung stehen als Sozialität durch die Existenz von Individuellem zu definieren – und umgekehrt, Individualität durch Sozialität konstituiert anzusehen. Aber jede Denkfigur, die das eine auf das andere friedlich und ohne krisenhafte Konfliktsituationen aufeinander zu beziehen versucht, etwa von der Dialektik der Wechselwirkung *(Gurvitch)* spricht, verschweigt die Unvereinbarkeit der beiden Elemente, die unaufhebbare Konfliktträchtigkeit, sowie dem daraus folgenden Mangel *(Sartre)*. Die von *Wyss* vertretene Position, auf der Basis umfangreicher Forschung zwingend nahe gelegt, erlaubt es uns, der Anomiefrage weiter nachzugehen, ohne optimistische oder pessimistische Verzerrung einschleichen zu lassen. Anomische Zustände sind, ähnlich wie bei *Sartre*, jedoch ausgewogen durch die stärkere Betonung des Biologisch-Anthropologischen, die implizite Voraussetzung unserer menschlichen Existenz. Menschlich-gesellschaftliche Leistung ist es, nicht eine wilde tierähnliche Spezies zu zähmen, sondern vermittelnd derart einzugreifen, dass produktivkreatives Leben möglich wird. Die katastrophischen Zustände bedürfen also keiner externen Erklärung mehr, keines Teufels, keines politisch-weltanschaulichen Gegners, der etwas gutwillige Menschen negativ beeinflusst. Das Tragische wird konstitutionell, aber darum kein Wegweiser zum Fatalismus. Gesellschaft kann Anomisches eindämmen, eingrenzen, strukturelle Tendenzen der Integration fördern: das wäre das gesellschaftlich Mögliche, aber nicht das Paradiesische, dessen Idee genügend Terror unter Menschen verbreitet hat.

3. Stabile Integration, ein Terminus, der durch das Wyss'sche Theorem vom Verdacht alles Verharmlosenden, Antitragischen befreit ist, muss nun in mehreren Aspekten berücksichtigt werden. Es steht eine umfangreiche detaillierte Forschung bereit, deren Ergebnisse in kollektive Zusammenhänge eingebettet werden können. Die theoretisch einfachste Form wäre die der räumlich-körperlichen Integration: Die Chance des einzelnen, unter Menschen mit seinen im engeren Sinne körperlichen Bedürfnissen Platz in einem Verbund zu finden *(Mitscherlich, s. a. Bahrdt)*. In diesen Bereich fallen einige anomische Erscheinungen, wenn auch deren Isolation schwierig ist. Z.B. müsste gefragt werden, ob die Anzahl der Verkehrsunfalltoten ein Problem der räumlichen Dichte ist. Sicher ist es auch von der Geschwindigkeit der Bewegung der Fahrzeuge abhängig. Nehmen wir beide Faktoren zusammen, dann ist damit zu rechnen, dass eine gesellschaftliche ohne einschneidende Maßnahmen der im Kollektiven bedingten Destruktion nicht Herr werden kann. Die Wohndichte oder auch die Häufung der Menschen am Arbeitsplatz fördert ebenso anomische Erscheinungen wie die Isolation beim Wohnen und bei der Arbeit; destruktives Verhalten anderen und sich selbst gegenüber kann im Zusammenhang mit diesen Tatbeständen gesehen werden.

Schwieriger zu bestimmen, aber m. E. von gravierender Bedeutung sind diejenigen Phänomene, die wir üblicherweise dem *psychischen* Bereich zuordnen. Psychische Integration bedeutet emotionale Korrespondenz: seine Gefühle mit anderen derart zu teilen, dass individuelle Selbstbehauptung nicht zur Einschüchterung einerseits oder Vereinsamung andererseits führt. Es ist bekannt, dass diese Integration im Allgemeinen von der Familie als schützende Institution erwartet wird, wie streng man auch den Terminus Familie nimmt. Es erscheint gesichert, dass jeder Mensch einen solch emotional gesicherten „Raum" braucht, wie die Forschungsergebnisse, demzufolge Verwahrlosung und Kriminalität in Beziehung gebracht werden zu „zerrütteten" Familien, zu denen ein produktiver Ersatz fehlt, zeigen.

Als *geistige* Integration (wiederum nicht abgetrennt von den anderen Aspekten) möchte ich die kognitive und normative Orientierung bezeichnen, ohne die kein Mensch sein Leben entfalten kann. Menschen brauchen ein gewisses Maß der Übereinstimmung von individueller und interindividueller Orientierung, die man üblicherweise *Wertsystem* nennt. Eine Gesellschaft kann nur insofern ihrer Funktion entsprechen, als ein gemeinsames Maß dessen, was für gut oder schlecht erachtet wird, vorhanden ist. Und in Verbindung mit psychischer und physischer Stabilität könnte gewährleistet sein, dass ein „kategorischer Imperativ" der vorhandenen Realität entspricht. Wer vorgibt, zu wissen, was zu tun ist, dies aber nicht zu tun in der Lage ist, dem „fehlt etwas" wie wir sagen. Ihm fehlt genau das, was ihn vor dem Anomischen schützen soll.

Der gesellschaftlich-gleichzeitigen Struktur ist die geschichtlich-diachrone hinzuzufügen. Stabilisierung muss sich auf Dauer erstrecken, um Menschen aktionsfähig zu erhalten. Menschen müssten, d.h. unter solchen Lebensbedingungen aufwachsen können, dass die Verhaltensmuster und Ausdrucksmuster als verlässlich angesehen werden können. *Margaret Mead* hat bereits beobachtet, dass die nicht-traditionellen Gesellschaften hinsichtlich der Erziehung in die Krise geraten müssen: In den traditionalen Gesellschaften wird Stabilität dadurch erreicht, dass die Jungen präzis dasjenige lernen, was sie als Erwachsene zur Aufrechterhaltung der Kultur, der Wirtschaft, des Gemeinwesens brauchen. Im Vergleich hierzu wird man von einer Beschleunigung *(Bertaux)* oder geradezu von einer Überschleunigung *(Sartre)* sprechen müssen, bei der das Einüben, das Erlernen stabilisierender Faktoren von der Geschwindigkeit der Veränderung überholt wird. Sowohl Eltern als auch Erzieher sind überfordert, wenn ihre Erziehung solche stabilisierende Wirkung haben soll; gleichermaßen sind die Individuen überfordert, die sich ständig verändernden Verhältnissen gegenüber anpassen *können* sollen[27]. Die permanenten Schulreformen der letzten 20 Jahre sind für mich unverfälschter Ausdruck institutionalisierter Anomie. Dass dabei eine Erziehung, durch welche wiederum eine stabile

---

[27] Das Postulat des lebenslangen Lernens kann ein vernünftiges Rezept gegen eine Art von Trotz bedeuten, der sich produktiven Veränderungen gegenüber querstellt, es kann aber auch zur Ideologie werden, welche Unerträgliches und Unverträgliches verschleiert.

Gesellschaft gefördert werden kann, nicht zustande kommt, ist für mich absolut logisch. Die Flut von Gesetzes- und Verordnungsänderungen trägt mit gleicher Gewissheit dazu hei, dass die Bürger anomisch handeln. Und die Gesetzgeber, welche die Durch- und Einführbarkeit von verhaltensändernden Impulsen nicht berücksichtigen, handeln strukturell anomisch: sie fördern die Verwirrung.

Fragt man nach den Faktoren, die eine solche beschleunigende Veränderung bewirken, so gehört sicher (und damit wird ein früheres Argument noch einmal aufgegriffen) der Kapitalismus zu diesen systematischen Unruhestiftern. Eine Kapitalismuskritik, die an dieser Stelle angesetzt hätte, wäre der Krisenproduktion näher gewesen als derjenige, der nur von Bereicherung und Ausbeutung sprach. Man kann auch, wie *Bertaux,* über dies spezielle System hinwegsehen und von einer Beschleunigung über Jahrtausende sprechen. Der Kapitalismus wäre dann nur eine Unterabteilung dieses grandiosen Prozesses. Der gegenwärtige Tatbestand bleibt der gleiche:

Bei einer solchen Beschleunigung ist die Desintegration unvermeidlich, soweit es keine radikale Gegensteuerung gibt. Ich meine, die diachrone Anomie muss als das übergreifende Problem begriffen werden, welches permanent Versuche der gegenwärtigen Integration unterhöhlt und zunichte macht. Die viel gepriesene mobile Gesellschaft wird zur integrierenden Kraft, solange sie Menschen verhilft, „einen besseren Platz" zu finden; sie wird zur anomischen Kraft in dem Maß, indem sie Menschen und ihre Verhältnisse durcheinander wirft und damit anomisches Verhalten zutage bringt. Die alternativen Bewegungen, zarte Pflanzen im Wildwuchs unserer Gesellschaft, werden zu Recht als „unzeitgemäß" apostrophiert: sie zielen auf das, was *Bertaux* „Geschichtslosigkeit" nennt. In ihnen drückt sich Widerwillen gegen die destruktive Seite der rücksichtslosen Neuerungen aus.

An dieser Stelle der Argumentation lässt sich ein bekannter Aspekt der Anomie bereits eindeutig belegen. Statt „survival of the fittest" müsste es lauten: wir sind alle mehr oder weniger „unfit", inkompetent für die Aufgaben, die die Gegenwart uns stellt. Man kann ruhig sagen, dass unter den Auspizien des Anomietheorems einerseits und der Forderung, Gesellschaft möge das sein, wozu sie einzig begriffen werden kann: sowohl Regierungen als auch Parteien, Institutionen, Wirtschaft versagen. Stress ist ebenso ein Anomiesymptom, sofern er pathologische Folgen hat, ebenso wie die weit verbreiteten Ängste. (FAZ vom 29.4.80, S.25: Ängste ist das Stichwort, die vervielfachte Angst, die in unser Leben hinein wuchert und uns zu ersticken droht... Ängste sind bedrohlich, wir laufen Gefahr, in diesem lähmenden Zittern zu verharren. Ängste sind lebensfeindlich, denn sie zehren unser Vertrauen und Selbstvertrauen auf.") Ein System, das mit Stress und Angst operiert, ohne sie nicht aufrecht zu erhalten ist, muss, unserem heutigen Verhältnis von Menschlichkeit entsprechend, als anomisch gelten.

Hinter diesen Ängsten steckt ja sicherlich zum Teil, dass wir von Aufgaben, Problemen umgeben sind, denen gegenüber wir uns als ohnmächtig, hilflos erfahren. Es werden ständig Systeme, Techniken geschaffen, für deren Gebrauch wir unzureichend ausgestattet, unzureichend ausgebildet sind, – vor allem Systeme, denen gegenüber „menschliches Versagen" lebens- und überlebensbedrohend ist. Abgesehen von *Anders* ist mir keine „Philosophie des menschlichen Versagens" bekannt, die nötig wäre, um Phänomene dieser Art nicht als Randphänomene, als prozentuale Entgleisungen einer sonst ungewöhnlich befähigten Natur zu kennzeichnen. Die Möglichkeit des Menschen zu versagen ist zentrale Konstitution, – und sicherlich im Zusammenhang mit dem zu begreifen, was *Plessner* Exzentrizität genannt hat. *Mensch* ist gleichbedeutend mit dem Prototyp eines nicht geschlossenen Systems. Menschliches Versagen ist an jedem Ort und an jeder Stelle in die Planung unseres Zusammenlebens einzubeziehen[28]: andererseits entsteht eine unterdrückende und Angst erzeugende Diktatur der Vollkommenheit (und insofern ist Brave New World bereits unter uns). Überforderung als erzwungene Integration in Systeme, die bestenfalls destruktive Stabilität erzeugen – und Unterforderung als Unmöglichkeit, produktive Fähigkeiten der Menschen in ein System einzubeziehen – sind mit Sicherheit deutliche Kennzeichen des Anomischen.

4. Die Anomie wechselseitiger Ausbeutung. Mit dem zuletzt genannten ist bereits ein Übergang zu einer anderen Form des Anomischen gegeben.[29] In vorhandenen, funktionierenden Systemen, in denen auf erste Sicht keine deutliche Desintegration festzustellen ist, gibt es ein anomisches Missverhältnis sublimerer Lebenseinschränkung und sublimerer Gewalt, – ein Missverhältnis, das vielleicht als Herd für die Ausbreitung der erstgenannten Anomie gelten kann, und sicherlich im Innern der anomischen Strukturen, die *Durkheim* ermittelt, vorliegt: Ich möchte sie als *Anomie der Ausbeutung* kurz skizzieren. Gehen wir von dem v. *Weizsäcker/Wyss'schen* Theorem der Antilogik des Individuellen und des Sozialen aus (wie sie oben dargestellt: die Bedingungen der Existenz beider sind nicht in Deckung zu bringen), dann kann es entgegen aller im Liberalismus beheimateten politischen Philosophie keine „natürliche" Übereinstimmung des Wohles des Einzelnen mit dem Wohl der Gemeinschaft/Gesellschaft geben. Die westliche wie die östliche Version des Vorranges der einen oder der anderen Seite müssen als ideologische Verzerrung dieses Tatbestandes gelten (was insofern kein Tadel ist, als man sich im Bewusstsein der Antilogik dennoch für die eine oder andere Seite entscheiden könnte, – wenn man es nicht verbrämt und eine Philosophie erfindet, demzufolge man im Recht sei).

---

[28] Der regelmäßige Verweis bei aller Art von Unfallmeldungen *(Plagemann* in *Thomas)* auf menschliches Versagen ist an den falschen Adressaten gerichtet, solange die Möglichkeit dieses Versagens nicht konstitutionell in die Konstruktion technischer Systeme einbezogen ist.

[29] Wenn ich es schon für tunlich halte, den Terminus der Pathologie des Sozialen *(Jakob)* möglichst zu vermeiden, aus dem Grund, um nicht durch die Analogie zu dem, was aus der Medizin bekannt ist, zu leicht die theoretische Analyse zu verfälschen, so könnte es doch notwendig sein, für die nun zu kennzeichnende Form der Anomie auch den Terminus Pathologie zu verwenden. Ich möchte hiermit nur erwähnen, dass mir die latenten medizinischen Analogien gegenwärtig sind: auch wenn ich sie vermeide.

Als Folge dieses Grundsatzes kann m. E. dann nur ein „do ut des" zwischen Einzelnem und Kollektiv gelten. Unabhängig davon, dass jedes Individuum *in* einem Kollektiv, einer Gruppe, einer Institution lebt, muss es als diesem Kollektiv gegenüber gedacht werden, um dann an der Tatsache festzuhalten, dass das „In" und das „Gegenüber" einander bedingen. ich kann nicht als Gegenüber meiner Familie gedacht werden, sofern ich nicht in ihr lebe... Meine Familie hat mich nicht als Mitglied, ohne dass ich ihr auch gegenüberstehe etc. Ich werde durch meine Familie konstituiert und die Familie wird durch mich konstituiert *(G. H. Mead)*. In diesem Verhältnis gilt Gegenseitigkeit insofern, als alles, was die Familie für mich tut, eine Korrespondenz findet in dem, was ich für die Familie tue: es findet ein Austausch statt, der, da er nicht ein natürlicher ist, auch in der Form des Vertrages gedacht werden kann. Wenn wir von der eben definierten Funktion des Gesellschaftlichen gegenüber dem Einzelnen ausgehen: ihm Schutz der Entfaltung seines Lebens zu bieten, dann ist dieser Schutz nicht der einer natürlichen Höhle, die bereits vorhanden ist und die ich bestenfalls sauber halten und ausschmücken kann, sondern geht dieser Schutz von einer Institution aus, die selbst des Schutzes bedarf. Die Familie wird nur dann mich schützen können, wenn ich sie selbst schütze. Sofern das Verhältnis Ich-Anderer ein antilogisches ist, wird man keiner harmonistischen Vorstellung Platz geben können: die Erstellung und ständige Wiederherstellung eines solchen Schutzverhältnisses – um nur einen Aspekt zu nennen – muss als mühsame Aufgabe angesehen werden. Die allgemeinen Umstände können die Möglichkeit eines friedlichen Verhältnisses zwischen Ich und Gruppe erleichtern oder erschweren; sie tragen mithin zu Anomie bei oder wehren ihr.

Dieses typologisch konstruierte Gegenseitigkeitsverhältnis ist nun eben nicht der Regelfall: Dynamik von Gruppe und Einzelner beinhalten von der Konstitution des Verhältnisses an die Möglichkeiten der *Ausbeutung*, – die zuerst als zwischenmenschliche Möglichkeit begriffen werden muss, bevor sie zum polit-ökonomischen Terminus technicus wird. Als Ausbeutung soll jedes Verhältnis gelten, in dem der ungleiche Tausch vorherrscht: in dem der eine wertmäßig mehr enthält als der andere. Zwar ist der Wert des Austausches von Beziehungen nicht so einfach zu messen wie in einer Arbeitswertlehre, noch kann sie zynisch mit dem Verhältnis von Angebot und Nachfrage abgetan werden. Die gefühlsmäßigen Bestimmungen und die deutlichen körperlichen Anzeichen, die Ausdruck eines ausbeuterischen Verhältnisses sind (z.B. Hörigkeit), sind auch nicht unkritisch auf dem Weg über subjektive Äußerungen zu ermitteln; denn derjenige, der sich darüber beklagt, ausgebeutet zu werden, nimmt u. U. seine eigene Ausbeutungsfunktion gar nicht wahr. Psychologische wie tiefenpsychologische Untersuchungen können sehr deutlich derartige Verhältnisse offen legen.[30] Ausbeutung im Verhältnis Individuum-Gruppe

---

[30] siehe *z.B. Richter:* Gotteskomplex: Das Verhältnis Mann Frau und die ausführlichen Erläuterungen zum Kollusionsbegriff bei *Willi*.

(Institution etc.) bedeutet, dass das Kollektiv die Leistungen des Individuums zur Sicherung der Existenz des Kollektives zwar annimmt, dass diese Leistungen aber auf Kosten des Individuums gehen, – das sich u. U. dabei verschließt, – und zwar ohne einen Gegenwert. Die Bestimmung dieses Gegenwertes müsste im Einzelnen genauer erforscht werden. Sie ist sicher von Kultur zu Kultur verschieden. Die Tatsache, dass Ausbeutung relativ nüchtern in Analogie zum Tausch-Verhalten bestimmt wird, soll keinesfalls ein kleinbürgerliches Aufrechnen zur Norm erheben. Härtester Einsatz der Person bis zur Vorstellung des Opfers sind in der Bestimmung des Gegenwertes einzubeziehen.

Ausbeutung liegt dann vor, wenn die Alltagssprache artikuliert: „Er reibt sich auf, ohne etwas davon zu haben". Es kann als ausgemacht gelten, dass jeder, der so viel von seinem Kollektiv erhält wie er einsetzt, sich in dieser Lebensbeziehung wohl fühlt, eine Stabilität erhält, die ihn vor anomischem Verhalten bewahrt.

In Korrelation hierzu ist die Möglichkeit zu sehen, dass Einzelne mit dem Kollektiv, in dem sie engagiert sind, Missbrauch treiben und damit das Kollektiv aushöhlen oder ruinieren.

In diesem Fall trägt der Einzelne nicht dazu bei, in seinem Verhalten die ihn tragende Institution selbst wiederum zu schützen. Manager können aus persönlichem Ehrgeiz ein Unternehmen ruinieren wie Ehepartner aus Eigenwillen ihre Familie aufs Spiel setzen. (Diese Argumentation könnte in zweierlei Hinsicht gefährlich erscheinen: einmal könnte es so aussehen, als würde ich eine Ontologie sozialer Einheiten postulieren, derart, dass es das Ganze vor seinen Teilen, die dem Einzelnen untergeordnet wären, gäbe. Diese Frage ist äußerst umstritten, vielleicht kaum beantwortbar.) Natürlich gibt es nicht erst eine Familie und dann Einzelne, die sich in sie einfügen, sondern Familie wird gegründet durch Einzelne, die allerdings nach einer Art Vor-Entwurf handeln. Die Mitmenschen stellen ein Modell des Verhaltens bereit, aus dem sich eine reale Einheit bildet. Aber es gilt auch der umstrittene Satz: das Ganze ist mehr als die Summe seiner Teile. Wem die ganze Familie zerbrochen oder wessen berufliche Institution in Konkurs gegangen ist, der weiß dies genau: ihm fehlen nicht nur die anderen Menschen oder der Verdienst, sondern ihm fehlt auch etwas Ganzes: der soziale Verbund.

Dieses Argument ist aus einem zweiten, praktischen Grund gefährlich: Wer heute die Stimme erhebt und die Übermacht der Institutionen, der Strukturen beschwört, denen sich das Heer der Individuen ausgeliefert sieht, findet leicht Anklang in einer Gesellschaft, die sich keiner Zeit erinnern kann, in der das Postulat der Liberalität, zu dem man sich bekennt, auch nur einigermaßen hinreichend der realen Situation entsprochen hätte. Die gesellschaftlichen Tiefenschichten, durchkonstruiert von Paternalismus, Autoritarismus, Diktatur, Systemzwängen sind allerorts präsent. Auch der politisch Konservative wird das Stöhnen über Systemzwänge nicht ganz unterdrücken können – nur, dass er sie sich in „früheren" Verhältnissen vielleicht weniger erdrückend denkt. Wie kann man aber im gleichen Atemzug die

Institutionen vor der Destruktion der Aushöhlung durch selbstbewusste Individuen in Schutz nehmen wollen? Gerate ich damit nicht in beängstigende Nähe derer, die jede individualistische Regung an der Elle der „Staatserhaltung" messen wollen, in die Nähe derer, denen tyrannische Eheverhältnisse immer noch erhaltbar erscheinen gegenüber den „modernen" Auflösungstendenzen?

Nun ergeben sich beide Seiten der Ausbeutung notwendig aus einer für mich evidenten Proposition. Wenn ich A sage, muss ich auch B sagen. Alles Reden von Dialektik wird zum Alibi, wenn wir dies nicht leisten können: derart Widersprüchliches als Eins zu sehen. Dem Vorwurf des Wunschdenkens kann ich nur entgehen, indem ich diese Gegensätze in ihrer unvermittelten Grund-Position gelten lasse. Dabei gibt es selbstverständlich eine Vermittlung, deren Fehlen uns unmittelbar auf die Spuren von Antinomien führt:

Jedermann weiß, dass „angepasste" Individuen entscheidungsunfähig sind *(Riesmann)*. Individuen also, die einen wichtigen Anteil ihrer radikalen Subjektivität preisgegeben haben, sind somit unfähig, Entscheidungs-Verantwortung zu übernehmen. Sie können brauchbare Verwalter unbedrohter Institutionen sein, sofern ihnen die Bürokratisierung *(Weber)* jede wesentliche Entscheidung bereits abgenommen hat. Sie sind aber als Träger institutioneller Funktionen in keiner kritischen Situation fähig, Entscheidungen zu treffen. Würden wir von einer konstitutionellen Harmonie des Natürlichen und Gesellschaftlichen ausgehen, welches nur durch Bösewichter und Missverhältnisse – als Ausnahme – gestört wird, dann könnten wir auch mit dem Überleben unserer Institutionen rechnen, die sich „von selbst" so erholen, wie die Natur nach einem Hagelschlag oder einem strengen Winter. Gehen wir aber, – und dafür besteht immerhin mehr Wahrscheinlichkeit – von der Permanenz zu bestehender Konflikte (Wyss) und zu treffender Entscheidungen aus, die keinem Automatismus unterliegen, dann braucht jede Institution entscheidungsfähige Träger *(Jonas)*, jede Institution, die aus der Unterdrückung des Individuellen meint Profit ziehen zu können, toleriert ihren eigenen Untergang (die permanente Gefahr „patriarchalischer" Institutionen). Auf der anderen Seite ist es derart eindeutig, dass jedes Individuum eine soziale Einbettung braucht, dass die Destruktion des Sozialen, die Freiheit zu versprechen scheint, unmittelbar in die Destruktion des individuellen Lebens umschlägt.[31] Anomie als Ausbeutung ist also gleichzusetzen mit der Gefahr der gegenseitigen Destruktion des Sozialen und des Individuellen.

Diese Anomie ist nun, im zweiten Durchgang, in ihrer historisch-diachronen Dimension zu betrachten. Alle latenten Analogien zur Pathologie des menschlichen Körpers enden an der historischen Dimension. Menschen sind erstens über lange Dauer einer geradezu pathologischen Ausdauer fähig; sie sterben auch bei massivster Ausbeutung nicht schnell dahin; und wenn sie dahinsterben, oder dahinsiechen

---

[31] s. *Lowen's* Beobachtungen über Hippies; Selbstzerstörung terroristischer Gruppen. großer Distanz, der sich von den konkreten Verhältnissen entfernt, übersieht dabei, dass Institutionen, die zur Erhaltung unseres individuellen Lebens beitragen, zerstört werden können, ohne dass wir ein Äquivalent finden'

als Frührentner, oder als arbeitsunfähige Kranke nicht mehr in der Lage sind, Konstruktives zum Erhalt der Gesellschaft beizutragen: sie werden doch durch nachfolgende Generationen ersetzt. Und die jahrhundertealte Klage darüber, dass es mit der Menschheit bergab gehen müsse, dass die Jugend sich nicht mehr an die Sitten halte etc., wird durch deren Überleben Lügen gestraft. So scheint es. Die Systeme überleben, die Funktionsträger werden ausgewechselt: ein recht verständlicher Hintergrund für all diejenigen, die Sozialität in Analogie zu Systemen beschreiben wollen, in denen immer Teile ersetzbar sind. Ein solch „weiter Blick", aus großer Distanz, der sich von den konkreten Verhältnissen entfernt, übersieht dabei, dass Institutionen, die zur Erhaltung unseres individuellen Lebens beitragen, zerstört werden können, ohne dass wir ein Äquivalent finden.[32] Menschen, die bestimmte Aufgaben einmalig wahrnehmen, sind nie einfach ersetzbar *(Sartre)*. Was wird aus einem Staat, der auf Dauer regierungsunfähige Regierungschefs hervorbringt? Was aus einer Gesellschaft, die verwöhnte Kinder aufzieht, welche nur noch in Versorgungsansprüchen denken? – Ebenso wenig sind inhaltlich bestimmte und mit einem sinnvollen Auftrag versehene Institutionen derart regenerationsfähig, wie es das *Luhmannsche* Reduktionstheorem glaubt machen zu können. Wie verfahren die Situation, das heißt wie penetrant anomisch sie ist, darauf weisen nicht nur die Beschwörungen des Clubs of Rome hin *(Peccei)*, welcher händeringend nach lernfähigen Menschen sucht, die mehr können als das bisher auswendig Gelernte zu reproduzieren.

5. Konsequenz: weder individualistisch noch kollektivistisch. Wer der Analyse des Anomischen bisher zugestimmt hat, könnte jetzt die skeptische Frage stellen: was nun? Eine Analyse mehr, die verständlich macht, warum die Verhältnisse so unerträglich sind wie sie sind, ohne aus der Analyse eine produktive Folgerung zu ziehen? Sicher, es muss eine Folgerung gezogen werden: aber es gibt keine Folgerung, die wie zu Zeiten des aufziehenden Sozialismus politische Wege zu einer besseren Gesellschaft zeigen könnte. Die heutige Zukunftsöde liegt darin begründet, dass der im fundamentalen Sinn ad absurdum geführte Sozialismus ein Vakuum hinterlassen hat. Die allgemeine Entpolitisierung ist in meinen Augen nichts anderes als die recht vernünftige Einsicht, dass heute konzipierte Formen politischer Strategie kaum noch jemanden ernsthaft mobilisieren. Und der Trend zum Konservativen besagt: wenigstens das erhalten, was wir jetzt haben. Woraus niemals auf produktive Zufriedenheit geschlossen werden dürfte.

Konstruktive Schlüsse aus einer theoretischen Analyse können nur Konsequenz für sich in Anspruch nehmen, wenn sie sich der analytischen Instrumentarien und Einsichten bedient.

---

[32] Nur ein Beispiel: eine angeblich zeitgemäße Verwaltungsreform zerstört bescheidene Reste kleindörflicher Demokratie, als sei es notwendig, das, was in den Städten schon längst vorbei ist, auf die ländlichen Bezirke auszudehnen. Von den zentralistischen Schulvermassungen erst gar nicht zu reden.

Dass die herrschenden Strukturen nur schwach gegen Anomie gerüstet sind, scheint mir evident, gleichzeitig produzieren sie gerade da, wo sie Fortschritt und Verbesserung versprechen, permanente Unsicherheit, Undurchsichtigkeit: also gleichermaßen Anomisches. Die Anomie der Ausbeutung, die negative dialektische Beziehung zwischen Individuellem und Sozialem sollte darauf hinweisen, dass es keine Verbesserung geben kann, die an dieser Dialektik vorbei sieht.

In der auszehrenden Verklammerung des Einzelnen mit dem sozialen Verbund, in dem er lebt, bleibt doch der Einzelne, – daran erinnert uns gerade der Tod *Sartres* -, Zeuge von Freiheit und Veränderung. Dies ist kein mythologischer Satz, zu dem sich manche gern bekennen. So wie der Einzelne durch seine alltäglichen Handlungen Institutionen bestätigt, kann er (das Legitimationsproblem von *Habermas)* der Institution ihre Bestätigung entziehen. Dies ist eine radikale, keine liberale Freiheit: auch wenn er mit der Arbeit an einem mörderischen Unternehmen sich alltäglich identifiziert, ist es doch sein eigener Akt, dies zu tun. Die gesamte Vorstellung einer Lebensführung, die nicht blinder Vollzug ist (was sie nach der Konstitution des Menschen gar nicht sein kann, nur in dessen Verzerrung), lässt keine andere Konsequenz zu, als dass auch das Mitmachen noch Wahl ist. Diese Freiheit ist radikal – schon immer in der Geschichte gewesen, wie es auch Wahl sein kann, sich dem Terror durch Tod zu entziehen. Die Soziologie findet hier traditionellerweise ihr Ende: denn sie ist als Profession dazu bestimmt, zu entdecken, unter welchen *äußeren* Bedingungen ein Mensch handelt. „Die Rolle schreibt" vor. Nun, es war sicherlich gut, festzustellen, dass nicht alle Handlungen entweder biologisch determiniert oder aber willkürlich frei sind. Es war gut, darauf aufmerksam zu machen, welche Tendenzen und „Schwerkräfte" *(S. Weil)* Menschen zum Handeln treiben. Aber es gibt keine Legitimation, Massen- oder Kollektivtatsachen auf kleinere Strukturen zu übertragen. Es ist zwar verständlich, aus soziologischer Sicht zu behaupten, „die Gesellschaft hat ihn zum Trinker oder Verbrecher gemacht!" – also müssen die Dinge ihren Lauf nehmen. Aber um der radikalen Freiheit der Menschen willen wagen wir es, den Trinker zu ermutigen, aufzuhören. In gesellschaftlichen Verhältnissen ist *er selbst* zum Trinker geworden, in anderen gesellschaftlichen Zusammenhängen könnte *er selbst* das Trinken aufgeben. Würden wir diesen Zusammenhang nicht sehen, dann müsste die Soziologie zur Pathologie oder Medizin erklärt werden.[33]

In der Dialektik von Individuellem und Sozialem ist der stärkere Hebel beim Individuum. Auch der Soziologe weiß, was jede abweichende Stimme in einem sozialen Konzert bedeuten kann. Dass er sich dann doch nur für das Mehrheitliche interessiert, mag zugestanden werden, verschluckt aber die vorher gemachte Ein-

---

[33] Die Frage nach der Freiheit des Menschen wurde in einer Arbeitsgruppe auf dem Soziologischen Weltkongress in Evian 1966 behandelt, - mit Mühen, wie man aus den Bedingungen der Soziologie leicht ablesen kann. Es waren Vertreter sämtlicher politischen Blöcke anwesend. Aber zu einer Veröffentlichung ihrer Lösungen und Aporien ist es bezeichnenderweise nie gekommen.

sicht nicht. Das Soziale als kontradiktorischer Schutz des Lebens von Einzelnen bleibt in der Wahl des Einzelnen. Jeder Erwachsene wählt einen Partner oder wählt ihn nicht, oder erklärt sich mit einer Wahl einverstanden. Er versucht, sich ein Leben zu gestalten, in dem er selbst sein Leben entfalten kann. Dass dieses oft nicht gelingt (s. o.), kann niemand von dieser Grundtatsache abhalten. Er versucht, zu wählen, was seinen Vorstellungen von einem produktiven Leben entspricht. Er errichtet in Familie, Beruf, Institutionen einen Schutz gegen die fundamentale Anomie des Lebens, sei sie aus der Natur, sei sie aus der vorlaufenden Gesellschaft. Er behauptet sich selbst mit anderen. Er kann auch, wenn ihm seine utopischen Wünsche nicht den Blick für Reales verstellen, Strukturen erbauen, für sie kämpfen, von denen er besseren Schutz vor den Unbillen des Lebens erwartet. Die Ausbeutung, als Destruktion der Lebendigkeit von Menschen kann so weit gehen, dass nichts mehr zu hoffen ist. Aber hier ist die weit verbreitete Resignation nicht ganz verständlich: Angesichts schlimmster Krankheiten werden Heere von Medizinern angesetzt, um das letzte an Gesundheit herauszuholen, wiederzugewinnen. Kein Patient darf zu früh aufgegeben werden. Und Schwerstkranke haben sich erholt, – weil niemand die Regenerationskräfte von vornherein abschätzen kann. Heere von Medizinern einsetzen: das heißt gerade nicht, zu glauben, dass der Mensch „sich auch wieder erholt", dass auch die Gesellschaft „sich wieder erholt" (s. *Jacob*). Das heißt nicht, blindlings an selbstheilende Kräfte des gesellschaftlichen Lebens zu glauben. Sondern das heißt, wie in der Medizin, die sich hauptsächlich auf den Einzelnen konzentriert, – ohne neuerdings das soziale Feld auszuklammern – den noch vorhandenen, verdeckten und verstellten produktiven Möglichkeiten von Menschen im Blick auf das Soziale zum Durchbruch zu verhelfen. Anomie einzudämmen, das heißt sich um soziale Verbundsysteme zu kümmern, sie zu denken und zu schaffen, in denen eine produktive Dialektik zwischen dem Einzelnen und dem Sozialen möglich wird. Die gesamte Emanzipationstheorie und die entsprechenden Bestrebungen waren insoweit verständlich, als es darum ging, von entmachtenden Verhältnissen sich erst einmal frei zu machen. Es war eine „ohne-mich-Bewegung" im weitesten Sinn. Aber sie hat sich als heillos unfähig erwiesen, das Wechselverhältnis von Individuen, die auf Emanzipation aus sind, neu zu bestimmen: jede alternative Gruppe, jede Wohngemeinschaft zeigt, in welch Abenteuer man sich gestürzt hat. Und Scheidungswelle und Scheidungserleichterung können bislang nicht als ermutigend angesehen werden, die unvermeidliche Dialektik zwischen zwei Menschen und der dazugehörigen Familie produktiv zu gestalten. *Habermas'* Diskursmodell schwebt in derart verdünnter Luft, frei von menschlichen Leiden und menschlichen Leidenschaften *(Weinrich),* dass es geradezu unvernünftig erscheinen müsste, sich diesem Ziel unbesehen „in praktischer Absicht" nähern zu wollen. Kein Mensch emanzipiert sich allein. Wenn schon, dann im vorgegebenen Zusammenhang mit anderen: als Abhängigkeit von einem großen Vorbild oder in harter Auseinandersetzung mit anderen: und dein Gewinn von sozialem Neuland. Die Konstruktion solchen sozialen Neulandes inmitten des uns bestimmenden und umgebenden Terrains muss als die einzige Bedingung angesehen werden, dem Trend zum Anomischen zu widerstehen. Damit müsste sich gleichzeitig unser Politikverständnis verändern, politische Aktion kann dann nicht mehr vorrangig die Mobilisierung von Massen zur Beeinflussung herrschender Mächte sein. Sie kann es deswegen nicht sein, weil aufgrund der sozial-psychologischen Struktur von Massen die Dialektik von Einzelnem und Anderem vernachlässigt werden muss. Politische Aktion müsste daher die Bildung von sozialen Zusammenhängen sein, die dem wechselseitigen Aussage-, Entkräftungs-Ausbeutungsverhältnis gerade widerspricht, und die selbst in der Bildung von Gruppen nicht nur einen intern befriedigenden Bezirk errichtet, sondern diesen auch im Verhältnis nach außen produktiv konstruiert: die anderen nicht als die Bösen, sondern eben als die Anderen. Ohne die Bedingungen des Mangels zu übersehen, gilt es dem Überfluss, der unter den bestehenden Verhältnissen ständig verschlissen wird, zu entdecken, wiederzugewinnen. (Ich sehe in der Arbeit von *Ruth Cohn* den gründlichsten Entwurf zu einer solchen individualpolitischen Aktion.) An das Gute im Menschen zu glauben, hilft nur, wenn man sich der Tatsache nicht verschließt, dass es ständig gefährdet ist – nicht nur von außen – und dass es harte Arbeit bedeutet, ihm zum Ausdruck zu verhelfen.

Ich möchte diese Gedanken nicht ohne einen Ausblick auf die weite Welt zu machen, auf die Entwicklungsländer, mit deren Fragen ich mich einige Zeit beschäftigt habe. Wir wissen alle, dass das Fazit von ca. 20 Jahren nach der politischen Befreiung der Menschen von kolonialer Herrschaft nicht ermutigend ist. Sehr viele Hoffnungen sind bitter enttäuscht. Wir selbst, als fortschrittliche Länder, haben nicht nur Erwartungen gehabt, sondern sie auch bei anderen genährt: die Erwartungen von friedlicher Entwicklung und von Beseitigung des Elends und der Armut. An Anomie hatte keiner gedacht; vielleicht wäre dies auch zu bedrohlich gewesen. Als Resultat stehen neben Industrialisierungsinseln soziale Unruhen, Bürger- und Nachbarkriege, weiteres Elend. Indem politische Autonomie und wirtschaftliches Wachstum zu formalen Kriterien gemacht wurden, muss die Bedeutung sozialer Mikrosysteme vernachlässigt werden. Was ich kritisiere, ist nicht die Summe von Bemühungen auf allen Seiten, Entwicklung zustande zu bringen. Was mir andererseits nicht gelingt, ist, Stagnationen, Unruhen und Kriege einzig dem Konto der imperialen Mächte anzulasten *(Galtung, Senghaas)*. Was ich kritisiere, ist die Unempfindlichkeit sowohl auf unserer Seite als auch auf Seiten der Eliten in Entwicklungsländern für das Problem der Anomie. Wie viel Tote bei einem gesellschaftlichen Kampf zu riskieren sind: das ist die Sache der politischen Moral der entsprechenden Gruppen. Aber keine Ahnung davon zu haben, wie viel Tote es wird geben können, das widerspricht meiner Vorstellung von universaler Moral. Es geht nicht darum, in romantisierenden Anflügen ein krisenfreies Wachstum zu proklamieren oder zu prognostizieren. Es geht weder darum, herrschende Religionen zu konservieren oder zu zerschlagen, sondern es geht darum, in jedem einzelnen Fall zu überlegen, was möglich ist, – und nicht Menschen mit unmöglichen Zielen blind für die Realität zu machen. In dem berühmten Roman „Der hässliche Amerikaner" sind es nicht die Regierungsstellen, die eine Ahnung von dem haben, was möglich ist, sondern ein paar seltsame Außenseiter. Und ein sehr eigenwilliger Vertreter eines Entwicklungslandes, sicherlich kein Regierungsbeamter, deutete kürzlich in einem Vortrag darauf hin, dass alle Strategien, die von den Bedürfnissen ausgingen, fehl am Platz wären: hier würden wir die anderen zu Abhängigen erklären. „Warum", so sagte er, „fragen wir nicht nach dem, was diese Menschen bereits haben, – z.B. – an Fähigkeiten?" Dieser Redner weist ganz praktisch hin auf etwas, was die Theoretiker noch kaum in Angriff genommen haben: auf das Verhältnis von Mangel und Überfluss. Ich bin der festen Überzeugung, dass keine Entwicklungsstrategie etwas Human-Produktives in Gang setzt, das nicht, gerade auch im Feld menschlicher Fähigkeiten und sozialer Beziehungen, das Vorhandene aktiviert. Aber mir ist nicht eine Studie bekannt, die sich diesem Verhältnis gründlich widmet: für die Politik sind die Regierungen zuständig, für das Technische die Experten, und das menschlich Soziale scheint sich so von selbst zu verstehen, dass man es als quantite negligeable meint behandeln zu dürfen. Die Erfahrung sollte uns endlich etwas anderes lehren: Nicht das euphorische oder resignative „wir sind alle Menschen" – oder „es kommt auf den Menschen" an, sondern die anstrengende Arbeit um gesellschaftlich-menschlichen Frieden.

Zu Beginn der vorgelegten Gedanken wurde die Forderung aufgestellt, die Soziologie müsse es leisten, eine gemeinsame Erklärung für katastrophale Zustände in unserer Gesellschaft zuwege zu bringen. Eine Skizze wurde angefertigt, die Linien sind längst noch nicht ausgezogen. Aber die Vervollständigung dürfte der Sache nach nicht schwierig sein. Man sehe sich die äußeren und inneren Umstände des Lebens von Alkoholikern, von Verwahrlosten an; man rekonstruiere die Umstände, die zu schweren Verkehrsunfällen führen; man gehe zurück in die Familien Schizophrener; man verfolge die Vorgänge im Iran oder im Baskenland: die anomischen Verhältnisse sind überall leicht aufzufinden. Angesichts dieser universalen Verhältnisse hilft weder Appell an Politiker noch an Institutionen, noch an Individuen. Es kann sein, dass *Bertaux* mit seiner Theorie von der Mutation Recht hat – und es wäre sicherlich unsinnig, unsere Bemühungen nicht im realen Feld der Menschheit zu bestimmen. Wir sind, so meine ich, nun einmal so gebaut, konstruiert, dass wir uns selbst bestimmen müssen, solange wir nicht bereit sind, unterzugehen. Ohne zu wissen, ob uns dies gelingt (d.h. auch hierdurch möglichen Mutation), können wir keinen großen Trends folgen, sondern haben einzig die Möglichkeit, gegen alles Anomische von *innen* und *außen* unser Leben gemeinsam zu bestimmen. Und ich kann es nicht als Verpflichtung der Wissenschaftlichkeit ansehen, dazu mich nicht zu äußern.

1.3 *Zusammenfassung*

Es wird diskutiert, ob Soziologie und Psychologie bei der Erklärung des Katastrophalen (Kriege, Massaker etc.) versagen. Thesen über Selbstmord von *Durkheim* und *Pohlmeier* werden beschrieben. Probleme des Darwinismus werden angeschnitten *(Bertaux)*. Auch durch Kapitalismuskritik *(Marx)* werden die Phänomene des Katastrophalen zu erklären versucht. Zur Analyse des Anomischen wird *Adorno* erwähnt. *Durkheims* Arbeiten-Konzept werden durch *Luhmann* bestätigt. Eine Ergänzung zum Anomie gibt *Habermas.* Aus radikaler Sichtweise wird *Sartres* „Mangel"-Theorie erörtert.

Der Autor gibt zu bedenken, dass Soziologie, Psychologie etc. eine Erklärung für das Phänomen des Katastrophalen geben können, jedoch für dessen Beseitigung geben sie kein Patentrezept. Es bleibt die Feststellung, dass durch Selbstbestimmung, durch die gemeinsame anstrengende Arbeit um den gesellschaftlich-menschlichen Frieden, d.h. durch den Versuch, das Leben auf alles Anomische von innen und außen auszurichten, ein Weg in Richtung Beseitigung des Katastrophalen gegeben sein kann.

Literatur

Adorno, Th.:Negative Dialektik, Frankfurt 1966.
Anders, G.: Die Antiquiertheit des Menschen, München 1956.
Bahrdt, H.: Humaner Städtebau, Hamburg 1968.
Bataille, G.: Das theoretische Werk, München 1956.
Bertaux, P.: Mutation der Menschheit, Frankfurt 1979.
Cohn, R. C.: Von der Psychoanalyse zur themenzentrierten Interaktion, Stuttgart. 1975
Dreitzel, HP: Die gesellschaftlichen Leiden und das Leiden an der Gesellschaft, Stuttgart, 1968.
Durkheim, E.: Der Selbstmord (1897), Neuwied 1973.
Galtung: The European Community, Oslo 1973. – Strukturelle Gewalt, Reinbek 1975.
Gouldner, A.M.: Die westliche Soziologie in der Krise, Reinbek 1974.
Gurvitch, G.: Dialektik und Soziologie, Neuwied /Berlin 1965.
Habermas, J.: Legitimationsprobleme im Spätkapitalismus, Ffm. 1973. – Zur Rekonstruktion des historischen Materialismus, Ffm. 1976.
Habermas, J., und Luhmann, N.: Theorie der Gesellschaft oder Sozialtechnologie, Ffm, 1971.
Horkheimer, M.: Traditionelle und kritische Theorie, in: Zeitschrift für Sozialforschung 1936 5245
Jakob, W.: Kranksein und Krankheit, Heidelberg 1978.
Jonas H.: Das Prinzip Verantwortung, Frankfurt/M. 1979.
Kamper, D.: Über die Wünsche, München 1977.
Lowen, A.: Lust, München 1970.

Luhmann, H.: Soziologische Aufklärung Köln, Opladen 1970.

– Funktionen und Folgen formaler Organisation, Berlin 1976.

Luporini, C.: Die „Wurzeln" des moralischen Lebens in: Moral und Gesellschaft Frankfurt/M. 1968.

Marcuse, H.: Der Eindimensionale Mensch, Neuwied, Berlin 1967.

Mead, G.: Geist, Identität und Gesellschaft, Frankfurt/M. 1968.

Mead, M.: Der Konflikt der Generationen, Olten-Freiburg 1971.

Merton: Social Theory and Social Structure, Glencoe 1958.

Mills, C. W.: The Sociological Imagination. NY 1959 u. 1963.

Mitscherlich, A.: Die Unwirtlichkeit unserer Städte, Frankfurt/M- 1965.

Moreno, J. L.: Die Grundlagen der Soziometrie, 1974³.

Parsons, T: The Social System, Glencoe, 111. 1951.

Peccei, B.: Das menschliche Dilemma, Wien 1979.

Plessner, H.: Die Frage nach der Conditio Humana (1961),Ges. Schriften Bd.VII, Frankfurt/Main, 1983

Pohlmeier, H.: Depression und Selbstmord, Bonn 1980.

Richter, H.E.: Der Gotteskomplex, Reinbek 1979.

Riesman, D.: Die einsame Masse, Berlin 1956.

Sartre, J.P.: Das Sein und das Nichts, Hamburg 1962. – Kritik der Dialektischen Vernunft, Hamburg 1967.

Senghaas, D.: Strukturelle Abhängigkeit und Unterentwicklung am Beispiel Mosambiques, Bonn 1980.

Thomas, K.: Analyse der Arbeit, Stuttgart 1979.

Van den Bergh: Leven in Meervoud, Nijkerk 1963.

Weber, M.: Die Protestantische Ethik und der Geist des Kapitalismus, Tübingen 1934. – Schriften zur Theoretischen Soziologie, der Politik und Verfassung, Frankfurt/M. 1947.

Weil, S.: La Pesanteur et la Grace, Paris 1950.

Heinrich, H.: System Diskurs, Didaktik und die Diktatur des Sitzfleisches, in: Theorie der Gesellschaft oder Sozialtechnologie, Beiträge zur Habermas, Luhmann Diskussion, Suppl. 1, Frankfurt/M. 1973.

Weizsäcker, V. v.: Pathosophie, Göttingen 1956.

- Das Antilogische, Physiolog. Forschung 3 (1929), S. 295ff.

Willi, J.: Die Zweierbeziehung, Reinbek 1975.

Wyss, D.: Strukturen der Moral, Göttingen 1970.

Jenseits der Aufklärung?

I.

Das Licht hatte sich verkehrt. Nicht, dass es allmählich dunkel geworden wäre oder dass das Helle sich in die Farben des Regenbogens verwandelt hätte, – was zum Staunen hätte Anlass geben können. Nein: es war zugleich licht-und-dunkel geworden. Auch stand nicht das Licht gegen das Dunkel. Nein: als wenn Lichtes und Dunkles unentwirrbar durcheinander strahlten. Die beiden Wanderer, die – vielleicht schon hie und da misstrauisch, ob das Lichte in Wahrheit Licht sei – , jedem Lichten nachgestiegen waren, ihr ganzes Leben dieser mühsamen Wanderung gewidmet hatten, waren bestürzt, enttäuscht, empört. Was war ihnen und Tausenden mit ihnen über Jahrhunderte hin angezeigt worden? Sie hatten es gesucht, um nun an einen Platz geführt zu werden, von dem aus sie den Abgrund nicht einmal wissen, nur fürchten konnten.

Die beiden Weggefährten, Max Horkheimer und Theodor W. Adorno schrieben die »Dialektik der Aufklärung« gewiss nicht in der Studierstube des Frühaufstehers Immanuel Kant, nicht im Schutz der Kloster- und Kirchenmauern eines Thomas von Aquin, nicht im Milieu des mediterranen Marktplatzes eines Aristoteles. Nein, sie schrieben, 1944, zwischen dem lichten Kalifornien und dem Endstadium des Weltkrieges in Europa, in dem blitzenden und verdüsternden Helldunkel, das ihnen klare und verzerrte Streifen der Geschichte des Geistes (und der Menschen) seit 2000 Jahren freizugeben schien: undeutliche Deutlichkeit oder deutliche Undeutlichkeit? Jeder Text fordert zu bestimmter Weise des Lesens auf: Ein Liebesbrief anders als ein diplomatisches Statement, ein Gedicht anders als ein Drama oder eine Erzählung. Das ist bekannt und anerkannt. Aber ein Text, der als philosophischer soll gelten können: Gibt es dafür nur eine einzige Weise des Lesens, – eben die philosophische? Wenn es diese im eindeutigen Sinn gäbe. Heute wenigstens ist der verbindliche, geschlossene Diskurs längst aufgehoben; folglich ein Text von Heidegger anders zu lesen als der eines Frege. Die Anleitung dazu kann nur im jeweiligen Text liegen. Also auch in der »Dialektik der Aufklärung«. Verwirrung, Entsetzen und Empörung? Der Text drückt dies nicht ungeschützt aus. Hier schreibt kein Nietzsche, sondern ein sich versteckender Geist. Doch die Affekte sind unverkennbar; man muss nur einmal die Attribute der Aufklärung, die der fundamentale Text auf knapp fünfzig Seiten enthält, aus der verschlungenen Argumentation herausheben. Aufklärung ist »destruktiv«(DA 48), rücksichtslos (10). sie »rottet aus« (11), sie ist »totalitär« (12,31), für sie gilt »repressive Egalität« (19), sie

»gibt« den »Anspruch auf Erkenntnis« »preis« (33), Aufklärung ist »Herrschaft« (38f.), sie bedeutet »Verarmung des Denkens und der Erfahrung« (42). Kein einziges Wort derart, wie bis dahin (Nietzsche ausgenommen) Aufklärung apostrophiert wurde, nichts, was sie mit Freiheit und Menschenwürde verbindet. Einzig am Ende des Textes ein fast verstohlener Hinweis, dass Aufklärung doch noch anderes bewirken könnte. Kein Zweifel: Die viel gepriesene Aufklärung, der Stolz der Neuzeit steht am Pranger. Dies ist eine Anklageschrift.

Aber wer steht am Pranger? Das alte Leitbild von Aufklärung gerät in die Verwirrung hinein. Aufklärung: Ist das nicht eine Epoche der Geistesgeschichte, gut abzugrenzen von früherer Philosophie und Geisteshaltung wie von späterer philosophieferner Wissenschaftlichkeit? Nein: Die Aufklärung, die hier gemeint ist, ist die Geistesgeschichte – und mehr als das – , von den frühen Tagen der Menschheit an. Was wir bisher Aufklärung nannten, lässt sich nicht mehr von alten Zeiten oder vom finsteren Mittelalter euphorisch abheben; es ist nur ein anderer Zug, eine Variation dessen, was die Menschheit seit frühen Tagen beschäftigt. Also ist dieser Text eine Kritik der Menschheitsgeschichte. Eine Verzerrung? Vielleicht für den, der vom Wirbel zwischen Hoffnung und Enttäuschung nicht ergriffen wurde. Vielleicht aber erschließt das erschreckende Heildunkel mit der entsprechenden Mischung von Einsicht und Affekt mehr, als wir bisher wussten oder wissen wollten.

Was die bisher so genannte Aufklärung mit der Menschheitsgeschichte verbindet, ist mit wenigen Sätzen gesagt. Sie betreibt nichts anders als was bereits in frühen Mythen vor sich geht: »Seit je hat Aufklärung im umfassendsten Sinn fortschreitenden Denkens das Ziel verfolgt, von den Menschen die Furcht zu nehmen und sie als Herren einzusetzen«(9). Aufklärung ist kein Spiel des menschlichen Geistes, sondern eine Tätigkeit mit einem Zweck. Und dieser Zweck ist mit dem Urzustand des Menschen gesetzt, – und zwar angesichts der »Furcht vor der unerfassten, drohenden Natur«. Am Ende dieser bisher in verschiedenen Metamorphosen tätigen Aufklärung steht die unauflösliche Verbindung von Herrschaft und Sklaverei, das heißt nichts als ein anderer Zustand der Furcht. Gewonnen ist nichts! Von Fortschritt im emphatischen Sinn kann keine Rede sein, eher von fortschreitenden Etappen einer Degradierung des Denkens bis zur Perfektion der totalitären Aufklärung.

Musste es denn so kommen? Wenn das »Unerfasste« (38) erfasst werden musste, um Herrschaft zu gewinnen, dann verweist das Verbum allein auf die NS-Sprache. Das Ende wird im Anfang angekündigt. Hatte Magie sich noch mit der Verschiedenheit des Unerfassten arrangiert, so bedeutet bereits der Mythos Ausgrenzung des Unerfassten. Dann aber trennt sich (längst vor Descartes) der Geist vom Objekt, indem Vielfalt geleugnet und Gleichmacherei notwendig wird. Furcht wird durch Herrschaft aufgehoben? Nichts wird aufgehoben, müsste man sagen. Wer sich der Aufklärung bedient, gewinnt Herrschaft durch Leugnung der Realität. Schließlich sogar das Denken, das sich in der Aufklärung der Herrschaft unterwirft und damit selbst leugnet. Horkheimer und Adorno hätten, wären sie nicht in die eigene, besondere Situation geraten, die Kritik an der Aufklärung auch in anderer Weise abfassen können, einem herkömmlichen Muster folgend. Warum haben sie nicht den Wunsch nach Erkenntnis, der wohl etwas mit Abwendung von Furcht zu tun haben könnte, vom Handeln der Menschen abgegrenzt? Wäre es nicht menschenfreundlich gewesen, einzusehen, dass wir oft wider bessere Erkenntnis handeln; und hätte man daraus nicht folgern können, dass die bessere Einsicht nicht durch die schlechtere Tat widerlegt werden muss? Wie kann man das bislang als löblich angesehene Bemühen um Erkenntnis mit brutaler Gewalt gleichsetzen? Der Schlüssel zur Antwort liegt zunächst darin, dass es nicht um Menschenfreundlichkeit oder Menschenverachtung geht, dass es folglich auch nicht darum geht, Erkenntnisbemühung und Erkenntnisgewinn zu denunzieren – als habe es ein Paradies archaischmimetischer Existenz gegeben, dessen Furchtzustand allemal einem späteren vorzuziehen gewesen sei. Es ist die Erkenntnis selbst, die es verbieten müsste, Erkennen und Handeln – zur Rettung einer Unschuld – voneinander zu trennen. Denn was sich im Akt des Erkennens vollzieht, ist Handlung, – Handlung einer »unerfassten« Natur gegenüber. Allemal etwas anderes als sich mit oder ohne Furcht träumend und erschreckend zugleich in der Realität treiben zu lassen. Erkennen ist Aneignen, ist sich zur Verfügung Machen. Wenn daraus gesellschaftliche Herrschaft wird, dann ist da kein fremder Machtwillen am Werk, sondern dann ist dies nur die Folge des Sich-Bemächtigens, das im Erkennen stattfindet. Zwischen dem Schreibtischtäter der Wissenschaft, auch der Philosophie, dem Konstrukteur einer Maschine und dem Schergen des Machthabers besteht keine große Differenz mehr.

So erschreckend ernst ist es den Verfassern der Dialektik der Aufklärung, – und die dem Grundsatzartikel folgenden Exkurse (über Homer, de Sade, die Kulturindustrie und anderes mehr) dienen nur der Erläuterung für den, der das bisherige noch genauer wissen möchte. Aber diese erschrockene Sicht: lässt sie sich *sine ira et studio* aneignen?

II.

Es ist nicht mehr das erschreckende Hell-Dunkel, in dem Horkheimer und Adorno ihren Text verfassten, eher die gut gefilterte Halogenleuchte, in deren Schein Jürgen Habermas diesen Text liest: »Diese Stimmung, die nicht mehr die unsere ist «(DM130) Es scheint, als mache dieses Licht zunächst alle Texte gleich, die sie einer – nicht näher bezeichneten – Vernunftkritik unterwirft. Das soll nicht heißen, dass nicht die Unterschiede der Aussagen deutlich gemacht werden können; aber die unterschiedliche Qualität der Texte geht verloren. Ihm entgeht gewiss nicht die »ohnmächtige Wut« (136), aber dass ein Text, der solche Wut enthält, vielleicht anders gelesen werden müsste: ein solcher Gedanke taucht nicht auf. Vielmehr hätte er den Text gern in einer Komposition, die nicht »merkwürdig« (130) wäre, und deren »unübersichtliche Form« »die klare Struktur der Gedankenführung nicht auf den ersten Blick erkennen« lässt. (130f.) Woran auch immer es liegen mag: Die klare Struktur der Gedankenführung, wie sie dann Habermas nachzeichnet, lässt sich nicht unbedingt aus dem Text lesen.

Auffällig – Habermas beginnt ja nicht am Anfang des Textes der dialektischen Aufklärung, sondern springt als erstes zu Homer (132ff.) – , dass einige zentrale Worte der Autoren nicht aufgenommen werden: Dass Aufklärung angesichts der Furcht geschieht (DA 9, s. o), dass Schrecken und Angst (DA 5.22) die Ursache dafür sind, dass es zur Aufklärung kam. »Herrschaft statt Furcht« ist nicht nur deutlicher als die Wendung, es sei darauf angekommen, »den Schicksalsmächten zu entspringen« (139), sondern verschiebt den Akzent um ein Wesentliches: Die Herrschaft wehrt sich, keinesfalls entspringt sie. So folgen denn auch blassere Wendungen, als ginge es um »Emanzipation« (z.B.133) und um »Selbsterhaltung« (135). Habermas vermutet als Urzustand etwas, das Horkheimer und Adorno nicht gemeint haben können: ein »Glück des archaischen Einsseins mit der Natur«(133). Auf diese Weise entgeht ihm die positive Qualität des vor-mythischen Daseins. Was aus der Sicht modern aufgeklärten Denkens als ein Negativum erscheint »Magisches Denken erlaubt keine grundbegriffliche Unterscheidung zwischen Dingen und Personen, Unbeseeltem und Beseeltem .... (139), wurde von den Verfassern der »Dialektik« anders gesehen: »Der Mythos geht in die Aufklärung über und die Natur in bloße Objektivität ....« (DA 15) Es handelt sich in der magischen Welt um eine »Fülle von Qualitäten«, um »qualifizierte Natur«. Solchen Qualitäten, wie sie am Opferritus demonstriert werden, »bereitet die Wissenschaft ein Ende«. Was also Habermas als Gewinn erscheint, ist für die Dialektik der Aufklärung ein Verlust. Indem Habermas die deutliche Trennung des magischen Zustands vom Mythischen nicht nachvollzieht, gelingt es ihm auch nicht die – sehr wohl erschreckende – Gleichsetzung von Mythos und Aufklärung (DA 6) zu akzeptieren. Auch wenn er diese Gleichsetzung als »heimliche Komplizenschaft« apostrophiert (131), erweckt er den Anschein, eine Differenz beibehalten zu wollen, die für die Verfasser der »Dialektik« eben gerade nicht durchzuhalten ist. Und so lässt sich die Vermutung sicherlich nicht von der Hand weisen, dass er die Aufklärung doch nicht in die Dialektik hineingezogen wissen will, die das Entsetzen hervorruft: Er hält an dem vordialektischen Verständnis der Aufklärung im Wesentlichen fest.

Gerade der Vergleich mit Friedrich Nietzsche enthüllt, worauf es Habermas ankommt. Nietzsches Weg ist der konsequente (153), denn er zeigt einen Ausweg, den »unversöhnlichen Kampf der Mächte« (153). Für diesen Ausweg hat er diejenige Bezeichnung bereit, die ohne sein traditionelles Aufklärungsverständnis nicht möglich wäre: Hier handelt es sich um »Gegenaufklärung« (145,154). Horkheimer und Adorno – so Habermas – dagegen »treffen eine andere Option, indem sie den performativen Widerspruch einer sich selbst überbietenden Ideologiekritik schüren und offen halten, nicht mehr theoretisch überwinden wollen.« (154) Es müßte wohl auffallen, dass das, was eher Ausdruck eines Entsetzens ist, in ein Wollen umgedeutet wird. Als wäre hier eine friedlich abwägende Vernunft am Werk. Lässt dieser erschreckende Endzustand – zu Lebenszeit der Verfasser – »einen Ausweg« zu? Habermas zeichnet die entsprechenden Argumente nicht zureichend nach. Es ist nicht nur der »Widerspruchsgeist«, den er (155) zitiert, sondern es gäbe eine Haltung des Geistes, die der verzweifelten Situation entkommen könnte: »Der Geist solcher unnachgiebigen Theorie vermöchte den des erbarmungslosen Fortschritts selber an seinem Ziele umzuwenden« (DA 48) Das heißt nichts anderes, als dass kein Ausweg da ist, man ihn derzeit bestenfalls denken kann. Die Lösung bei Habermas ist anders. Er distanziert sich zunächst deutlich von Horkheimer und Adorno; und zwar mit einem recht einfachen Schritt. Er setzt eine neue historische Größe, die der »kulturellen Moderne« (137f.), ein Gebilde mit »eigener Würde«, mit einem »vernünftigen Gehalt«. Von dem Bild dieser kulturellen Moderne, meint er, es würde von Horkheimer und Adorno »auf erstaunliche Weise eingeebnet«; sie würden ihr »nicht gerecht«. »Wesentliche Züge der kulturellen Moderne werden nicht berücksichtigt«. Diese Kritik wird später (155f.) wieder aufgenommen. Habermas behauptet, die »instrumentelle Vernunft« habe diese Herrschaftsposition in der Gesellschaft nicht, derer sie von den Verfassern der »Dialektik« gezichtigt wird. Das ist tatsächlich (s.o.) eine »andere Stimmung«. Die Bedrohung ist aufgehoben. Aber mit welcher Begründung? Gerade weil die Stimmung eine andere ist, wäre Kritik überflüssig; es bliebe bei einer Ansichtssache. Er könnte feststellen, er sei anderer Meinung. Aber Habermas will darüber hinaus.

Er verweist – mit Max Weber – auf eine »Ausdifferenzierung der Wertsphären« (137). Statt der in der »Dialektik« behaupteten Totalität der Aufklärung konstatiert er nur eine sich verstärkende »Tendenz« der kapitalistischen Wirtschaft und des modernen Staates, »alle Geltungsfragen in den beschränkten Horizont der Zweckrationalität sich selbst erhaltender Subjekte oder bestanderhaltender Systeme einzuziehen«. Gleichzeitig aber »konkurriert« damit der »Zwang zur fortschreitenden Differenzierung der Vernunft,..« (137). Diesen Zwang versteht er keinesfalls als Zeichen von Unfreiheit. Vielmehr sieht es so aus, als eröffne sich quasi von selbst eine Domäne, in der die Dialektik der Aufklärung nicht mehr gilt: Das ist dann die von ihm selbst postulierte Vernunft des kommunikativen Handelns. Mehr noch als dies: Für ihn hat sich bereits ein Bezirk eröffnet, in dem eine »dezentrierte, von allen Beschränkungen der Kognition und Zwecktätigkeit, allen Imperativen der Arbeit und der Nützlichkeit befreite Subjektivität« (148) sich selbst »enthüllt«. Er stellt dies zwar im Blick auf Nietzsche fest, dessen Ausweg er nicht teilt; er gibt aber damit deutlich zu verstehen, dass die erfahrbare Wirklichkeit doch denjenigen Zwängen nicht unterliegt, die Horkheimer und Adorno behaupten.

Habermas will die Skepsis nicht teilen; und er gibt Gründe dafür an, die er den Prozessen der Moderne abliest. Aber seine Argumente sind nicht überzeugend.

Selbstverständlich kann man die Prozesse der seit über 2000 Jahren ablaufenden Menschheitsgeschichte anders lesen als Horkheimer und Adorno dies tun. Wenn man sie aber zunächst einmal in ihrem eigenen Duktus liest und die Schrecken teilt, dann hat die Bedrohung auch ihre Evidenz. Mehr als vierzig Jahre nach der Niederschrift der »Dialektik« gibt es Gründe genug, davor zu erschrecken, wie die Zweckrationalität in allen Bereichen sich austobt, die Verdummung von Wissenschaft, die sich der Reflexion nicht stellt, anhält, von Gen- bis zu Rüstungsforschung. Mehr als vierzig Jahre danach reden sich Politik und Wissenschaft gegenseitig ein, mit der Technik sei man dem Wohlstand und dem Frieden näher – und zählt die Myriaden von Toten nicht, die nicht nur in permanent aufbrechenden Kriegen, sondern in unser aller Alltag produziert werden. Aufklärung und Mythos sind vor wie nach in den uns beherrschenden öffentlichen Prozessen ein und dasselbe. Und es ist durchaus berechtigt, denjenigen Prozessen, die daneben noch ablaufen und dem Symbol von Herr und Knecht nicht unterliegen, angesichts der Bedrohung weniger Beachtung zu schenken. Denn es geht nicht darum, was man sehen möchte, sondern was man sehen kann und was man besser auch sehen sollte.

III.

Es bedarf nicht nur eines mediterranen Klimas und der entsprechenden Lichtverhältnisse, sondern auch einer archaischen Verbundenheit mit der Welt Homers, um einerseits eine Kritik an der Gesellschaft zu bieten, die an Schärfe derer von Adorno und Horkheimer nichts nachsteht, um andererseits weder am Ende der Aufklärung zu erstarren noch sich einen zu klugen Weg aus drohender Verzweiflung zu suchen. Bei Cornelius Castoriadis, dessen neueste Aufsatzsammlung den Titel »Le monde morcel8« trägt, ließen sich genügend Stellen zitieren, aufgrund derer man ihn mit dem altgewordenen Stempel der Kulturkritik versehen könnte, – Äußerungen, die an der modernen Welt nichts Gutes lassen. Tyranneien aller Art des ungeistigen Geistes sind ihm bekannt. Wie kommt es, dass er nicht am düsteren Ende der Verfasser der Dialektik der Aufklärung ankommt?

Castoriadis greift das, was Horkheimer und Adorno die Einheit von Mythos und Aufklärung nennen, in seiner deutlichsten Auswirkung der letzten 100 Jahre, dem Marxismus, an, dem er nicht »entspringt«, wie es die Vertreter der Frankfurter Schule taten. Mit kämpferischer Gelassenheit fragt er – nach seiner frühen Distanzierung vom Stalinismus und seinem Weg durch den Trotzkismus – in gründlichsten Bemühungen über Jahre hinweg: Wo liegt der Irrtum, aufgrund dessen eine (aufgeklärte) Erwartung auf Zukunft des Menschen in eine Wiederkehr der immer selben Tyrannei, diesmal einer bürokratischer Despotie umschlagen musste? In dieser Gelassenheit kann er gründlicher analysieren, als es Horkheimer und Adorno tun. Er findet den Irrtum nicht in der Distanz von Subjekt und Objekt, nicht in der »Gleichmacherei« positivistischen Denkens und allen weiteren Herr/Knecht-

Symptomen. Er findet ihn erstens in der Verbindung von Geschichte und Theorie. Eine Geschichte, die nach einem Plan verlaufen könnte, gibt es für ihn nicht; ebenso wenig kann es eine Theorie geben, die diesen Plan kennt. »Wenn man also zu einer Theorie der Geschichte nur um den Preis kommen kann, dass man aus ihr ausschließt, was sich nicht während einiger Jahrhunderte auf einem schmalen Gebietsstreifen rings um den Nordatlantik abgespielt hat, so hätte man dafür wahrhaftig zu viel gezahlt; dann sollte man doch lieber die Geschichte bewahren und die Theorie aufgeben.« (GII,51) Das aber bedeutet zweitens, dass der Gedanke des Fortschritts als eines geschichtlichen Prozesses – was die Linke seit je fundamental verbindet – bei ihm aufgelöst ist. »Wenn die Geschichte jemals irgendwo ein unerreichbares (oder aber auch nur unüberschreitbares) Muster hervorgebracht hat, wird jede Diskussion sinnlos, die mit dem Begriff »Fortschritt« hantiert.« (GII,68) Das ist, wohl gemerkt, keine emotionale Verabschiedung, sondern ein logisches Argument. Damit aber ist er von dem Bann gelöst, unter dem Horkheimer und Adorno noch stehen: Ihre Sicht, von den frühen Tagen des Mythos bis zu den späten der Aufklärung, ist ja die eines Fortschreitens, einer Kontinuität, immer noch folgerichtig, aber mit einem anderen Vorzeichen: dem negativen. Und dass sich Wichtiges in der Geschichte, besonders in den Sphären des Geistes, auseinander entwickelt haben sollte, ist für Castoriadis geradezu absurd. (Man kann vermuten, dass für den, der eine solche untergründig direkte Verbindung zu den vor mehr als 2000 Jahren lebenden Griechen hat, kleinere Folgerichtigkeit der Geschichte nicht besonders zählen.)

Marx – so Castoriadis – der etwas höchst Erstrebenswertes zum Ziel hatte: eine freie Zukunft des Menschen, operierte in einem Denkmodus, der diese nicht zulässt, weil er das Freie als ein Neues nicht zu denken vermag. Castoriadis trennt sich nicht von Marx' Ziel, aber gründlichst von dessen denkerischem Weg, indem er fragt, wie denn gedacht werden müsste, damit in der menschlichen Realität etwas, das noch nicht verwirklicht ist, auftauchen könnte. Damit ist er nah an Horkheimer und Adorno, die feststellen, dass der aufklärende Mythos und alle andere mythisierende Aufklärung immer nur dasselbe produziert: Herrschaft und Knechtschaft. Und in Verfolgung dieser Frage findet Castoriadis ebenfalls einen Schlüssel, der dem der beiden Autoren der Dialektik der Aufklärung nicht fremd ist, – nur ist er nicht von Verschwörung gebannt. Zukunft als Zeit, Zeit als Zukunft, ist für Castoriadis nur denkbar, wenn – von vornherein – die Wirklichkeit oder Wirklichkeiten, mit der oder denen wir es zu tun haben, nicht nur in der Weise der Mengen/Identitätslogik zu begreifen sind. »Wenn sich das Gesellschaftlich-Geschichtliche in Kategorien denken lässt, die für die übrigen Dinge Geltung haben, muss es von wesentlich gleicher Art sein wie diese ... Auf diese Weise kommt man bestenfalls zu einer hegelianischmarxistischen Auffassung von Geschichte .... Was in der wirklichen Geschichte nicht auf dieses Schema zurückzuführen ist, ... wird dann zu Schlacke, Täuschung, Willkür, Zufall, kurz: zu Nichtintelligiblem.« (II,288)

Ist aber auch andere Wirklichkeit als gültige anzusehen als diejenige, die sich seit den Zeiten der griechischen Philosophie ausgebreitet hat, dann wird damit die mengen-identitätslogische Denkweise nicht verdächtigt oder außer Kraft gesetzt. Ihn interessiert also primär nicht, ob sie zur versklavenden Herrschaft eingesetzt wird, sondern wie weit sie als gültig anerkannt werden kann. Gleichzeitig interessiert ihn sehr wohl, was geschieht, wenn sie unangemessen verwendet wird: Die stalinistische Bürokratie ist für ihn deshalb keine »normale« Bürokratie (etwa im Weberschen Sinn), sondern ist die mengen-identitätslogische Bürokratie im Besitz der Wahrheit über die Geschichte, – und deswegen sicherlich die inhumanste Bürokratie, die man sich vorstellen kann. »Wenn es nun also eine wahre Theorie der Geschichte gibt und in den Dingen eine Vernunft am Werk ist, dann muss die Lenkung dieser Entwicklung natürlich Spezialisten anvertraut werden, den Technikern dieser Vernunft.« (GII,101). Die Mengenlogik wird gebraucht, wo immer es Gesellschaft gibt; aber Castoriadis denkt nicht daran, dem Gebrauch dieser Logik den Ehrentitel der Aufklärung zuzuerkennen. Denn er setzt auch Aufklärung anders an: Nicht bei der je gegebenen Orientierung, mag sie nun magisch, mythisch oder modern gestaltet sein, sondern bei und mit der Philosophie selbst: »Wir können aufklären, was wir denken und was wir sind. Nachdem wir es geschaffen haben, vermessen wir, Stück für Stück, unser Labyrinth.« (Labyrinth 1, 23) Und er begreift seine Aufsätze als »Beispiele einer solchen Aufklärung«. Aufklärung gibt es für Castoriadis – das wird an vielen Stellen eindringlich demonstriert – seit der griechischen Philosophie: jenes Denken, das bedeutet, »die jeweils instituierte Wahrnehmungsorganisation zu erschüttern, ... soweit die gegebene Einrichtung der Welt und der Gesellschaft und die imaginären gesellschaftlichen Bedeutungen ins Wanken zu bringen, die jene Einrichtungen tragen« (20) Das bedeutet nichts anderes als dass Philosophie, wie sehr sie sich auch immer im jeweiligen Zeitgeist bewegt hat, insofern als Philosophie Geltung beanspruchen kann, als sie, – wie im Verständnis der Frankfurter Schule – »kritisch« ist. Er sieht diese kritische Funktion immer wieder in der Geschichte stattfinden, kann sie deshalb aus der Domäne des identitätslogischen und damit herrschaftlichen Denkens herauslösen. Und er liefert ja mit seiner kritischen Analyse des Marxismus ein zutreffendes Beispiel dessen, was eine solche Philosophie vermag. Mit anderen Worten: so verheerend die Weltsituation sein mag, so verkommen das, was immer noch unter dem falschen Titel von Aufklärung sich breit macht: er akzeptiert dies von Menschen geschaffene Labyrinth als ein zu durchmessendes. Er hat sich von dem für endgültig angesehenen Marxismus-Stalinismus weder verführen noch schrecken lassen; damit ist er auch anderen Verführungen gegenüber gerüstet.

Indem er das identitätslogische Denken in seine Schranken verweist, gewinnt er jenen Freiraum, den Horkheimer und Adorno nicht finden konnten. Und indem er die Vision der Autonomie des Menschen, wie es für ihn mit den Antiken Denkern zum ersten Mal aufgetaucht ist, durch nichts und wieder nichts widerlegt sieht,

– nicht durch alle Gräuel der Geschichte seitdem – , gibt es für ihn auch keinen Grund, davon abzulassen. Allerdings unter einer Voraussetzung: dass diese Autonomie niemals das Ergebnis irgend eines besonderen historischen Prozesses sein kann, wie es die moderne Aufklärung für sich in Anspruch nahm und wie es Habermas immer noch zu vertreten scheint.

Weil Castoriadis die Position des beharrlichen, unbeirrbaren Labyrinthgängers beibehält, der ja weiß, dass es irgendwo einen Ausweg gibt, selbst wenn er ihn nicht findet, ist er nicht – wie Habermas – genötigt, der Ausweglosigkeit der »Dialektik der Aufklärung« Irrtümer anzulasten und somit einen offenen Weg zu postulieren. Die Idee dieses doch offenen Weges, die Vorstellung von der Moderne, die Habermas gegen Horkheimer und Adorno ins Feld führt, ist für Castoriadis ebenso wenig annehmbar wie die – vorher erwähnte – Idee des planmäßigen Fortschritts der Menschheit. Was ist schon die »Moderne«? Er nennt erstens diesen Terminus den Ausdruck einer »auto- (oder ego-) zentrischen Attitüde« (Labyrinth 3, 12), der zufolge nur derjenige von Modernität reden kann, der sich selbst für modern hält. Das reicht allemal nicht aus, um eine Epoche gründlich zu benennen. Zweitens aber – und damit ergänzt er Habermas' Ortsbestimmung (9ff.) – kommt eine Bestimmung der Moderne nicht an Hegel vorbei. Nur dass, im Gegensatz zu Habermas, es sich bei dieser Bestimmung um eine *»illusion hegelienne«* handelt. Wenn nun aber Geschichte nicht mehr als Fortschritt zu begreifen ist und wenn der Gedanke einer uniformen Vernunft aufgegeben werden muss, dann ist die Vorstellung sowohl einer besonderen Moderne als auch die (für ihn überflüssige) einer Postmoderne nicht mehr angebracht. Castoriadis sieht keine Chance, sich eben derjenigen »Moderne« nicht zu stellen, die es seit mehr als Hundert oder Hundertfünfzig Jahren als neue Weise des Weltverhältnisses gibt, die sich als Kapitalismus und Individualismus ausgebreitet hat, und bis heute als solche ihre Wirkungen zeigt (Lab. 3, S.23).

IV.

Furcht ist – nach Horkheimer und Adorno – derjenige frühe Zustand des Menschen, dem mit Herrschaft begegnet wurde (DA 9,s.o.) – ohne ihn je aufheben zu können. Er ist der archaische Anfangspunkt ihrer Argumentation. Habermas interessiert sich für einen solchen Anfangszustand nicht. Castoriadis setzt diesen Anfang anders. Und dass die »Dialektik der Aufklärung« mit wenig Hoffnung endet, während Castoriadis bei aller radikaler Kritik noch Zukunft eröffnet sieht, könnte auf diesen differenten Anfang zurückgeführt werden: »L'humanit6 6m6rge du Chaos, de l'Abime, du Sans-Fond. Elle en 6merge comme psych6 ... Radicalement inapte à la vie, l'6spi;ce humaine survit en cr6ant la soci6t6, et l'institution. L' institution permet ä la psyche de survivre ... «[34] (Lab.2, 364). Mit Castoriadis' Ansatz ist die Furcht eine Selbstverständlichkeit (vgl. 366), aber die Erwiderung auf die Furcht ist nicht Herrschaft, sondern die Existenz von Gesellschaft. Und in diesem Verbund ist das Chaos stets gegenwärtig (369). Daraus muss man folgern, dass, wenn je, in wie auch immer gearteter Aufklärung die Vorstellung enthalten war, ohne Furcht und Ängste zu leben, es sich um einen schlichten Irrtum gehandelt hat. Was für Horkheimer und Adorno ein bannend gebannter unausweichlicher Prozess erscheint, ist für Castoriadis – da er sich nicht einem Fortschrittsprozess ausgesetzt sieht – die permanente Tatsache, welche die menschliche geschichtlichsoziale Existenz begleitet. Diese geschichtlich-soziale Existenz mag zwar in sich selbst bedroht sein, aber gegen die Bedrohung trägt sie selbst eine Mitgift: die der Autonomie, die ergriffen werden kann, ergriffen wurde und ergriffen werden wird, – ohne dass sich voraussagen lässt, wann und wo dies realisiert wird. (s. z.B. Lab 3, 113ff.) Unter Autonomie versteht Castoriadis auch das, was die Aufklärung mit der Befreiung von der selbstverschuldeten Unmündigkeit genannt hat. Aber es ist mehr. Es ist insofern mehr, als das, was als griechische Polis (u.a. Lab. 2, 261-306) vielen denn doch noch zu sehr in Mythischem verstrickt erscheint, für ihn das erste Projekt der Autonomie darstellt. Und Autonomie ist gleichzeitig das, was jede (vernünftige) Psychoanalyse (Lab. 3, 148ff.) erstrebt: Deswegen handelt es sich bei der Autonomie niemals nur um die Herrschaft der oder das Eingeständnis in die Vernunft. Autonomie ist ein Zustand, der sich nicht über das Unbewusste erhebt, sondern es gelten lässt, ohne ihm zu verfallen. Es ist die Möglichkeit, den Widerspruch zwischen Psyche und Geschichtlich-Gesellschaftlichem denn doch im tätigen Leben zu überwinden. Das käme, sollte es eintreten, gewiss einer Revolution gleich, aber Castoriadis versteht seine philosophische Arbeit nicht – wie etwa Marx – als Vorkämpfer einer solchen Revolution, sondern als einer, der daran erinnert, dass Autonomie als Würde des Menschen notwendig und möglich ist. Also bleibt Aufklärung jenseits der Aufklärung, ohne jede progressistische Zutat, bestehen.

Literatur

Castoriadis, Cornelius, Durchs Labyrinth, Seele, Vernunft, Gesellschaft (Lab 1), Frankfurt 1983
- Gesellschaft als imaginäre Institution (GII), Frankfurt 1984
- Domaines de l'homme, Les carrefours du layrinthe II (Lab 2), Paris 1977
- Le monde morcel6, Les carrefours du labyrinthe III, (Lab 3), Paris 1990
Habermas, Jürgen, Der philosophische Diskurs der Moderne (DM), Frankfurt 1988
Horkheimer, Max, Adorno, Theodor W., Dialektik der Aufklärung (DA), Frankfurt 1988

---

[34] »Die Menschheit taucht aus dem Chaos, dem Abgrund, dem Ohne-Grund auf. Sie taucht daraus als Psache auf ... Radikal lebensunfähig, überlebt die menschliche Gattung, in dem sie die Gesellschaft und die Institutionen schöpft. Die Institution erlaubt es der Psyche, zu überleben.« (Übers. v. A. P.)

Fortschritt wohin? Modernisierung wofür?

Anmerkungen zur Fortschrittsgläubigkeit moderner Gesellschaften

Sind sich nicht alle in unserer Gesellschaft darin einig, dass es Fortschritt gibt und geben soll? Einerseits diejenigen im politischen Spektrum, für die Geschichte ohne Fortschritt nicht denkbar ist, die „Progressiven", die „Linken" und auch die „Liberalen", andererseits gehören auch diejenigen dazu, die man als „Konservativ" oder „Rechts" einstuft. Denn wer sich aus deren Reihen nicht zum Fortschritt bekennen würde, hätte bald an Ansehen oder Einfluss verloren. Gewiss, man hat durchaus unterschiedliche Vorstellung, worin denn der Fortschritt besteht: mehr Wohlstand, mehr persönliche Freiheiten, mehr Gerechtigkeit, mehr Gesundheit, mehr Ordnung, mehr Technik, mehr Wissen. Und all diese „Mehr" lassen sich ja schlecht auf einen Nenner bringen, sie widersprechen sich, schließen sich zum Teil gegenseitig aus. Also setzt sich dann jede Gruppe oder Fraktion für den Fortschritt ein, der ihren Ideen entspricht. Dabei könnte man es belassen. Am Ende gilt dann das Muster von Lessings Ringparabel: Abwarten, wem der Erfolg beschieden ist. Und die Zuschauer bzw. die Nachwelt könnten Wetten abschließen, wem dieser Erfolg beschieden ist. Wenn wir uns aber nicht als Zuschauer verstehen, sondern selbst in der Arena stehen, ist es notwendig, etwas genauer zu fragen, was es mit dem Fortschritt auf sich hat.

Trotz aller Unterschiede gibt es eine fundamentalen Gemeinsamkeit: dass es Fortschritt gibt, und zwar *„den" Fortschritt.* Nicht nur viele begrenzte Fortschritte, sondern eben den einen. Wir sind doch in die Geschichte eingebettet! Und ist es nicht selbstverständlich, diese Geschichte als Fortschritt zu begreifen, – auch wenn zeitweiliger Rückschritt und Perioden des Stillstands eingeräumt werden müssen? Daran sind Zweifel anzumelden. Nicht die Zweifel der Resignierten oder gar der Pessimisten, die sich immer wieder zu Wort gemeldet haben und immer wieder aufgrund neuer Fortschritte in die Schranken verwiesen worden sind. Sondern Zweifel aufgrund kritischer Bestandsaufnahme, nicht nur der Tatsachen, sondern auch der Begriffe, mit denen sie in das Bewusstsein aufgenommen worden sind.

Fangen wir also bei der *Geschichte* an. Niemand wird bezweifeln, dass sie eine Abfolge von *Veränderungen* unerhörten Ausmaßes ist, von den Tagen an, aus denen wir Urkunden haben, vielleicht vor Fünftausend Jahren, bis heute – und gewiss auch weiterhin. Die Geschichte ist voll von Wiederholungen u n d von Veränderungen. Wie kann man behaupten, diese Veränderungen bedeuten Fortschritt? Der Begriff hat ja nur Sinn, wenn es ein Ziel gibt, auf das hin man fortschreitet, sich ihm allmählich annähernd. Gibt es dieses Ziel der Geschichte? Der Gymnasiast der

Nachkriegsjahre wurde – mit seinen Lehrern – von einem in Schweden gedruckten Geschichtsbuch überrascht, das die Geschichte als Entwicklung zur Demokratie zu begreifen lehrte. Man kann sich aber sehr wohl der Demokratie erfreuen, ohne das stolze Selbstbewusstsein des Fortschritts damit zu verbinden. Doch dieser letzte Satz ist bereits gefährlich. Brauchen wir nicht das Fortschritts-Selbstbewusstsein, um uns in der Demokratie zu engagieren? Natürlich brauchen wir die Überzeugung, Demokratie sei unerlässlich. Aber es ist nicht notwendig, sich selbst gleichzeitig als Vorhut der Geschichte zu begreifen. Warum genügt es nicht, wenn Menschen Demokratie für sich postulieren und diese Staatsform auch für andere Menschen als wünschenswert erachten? Wer legitimiert die Demokraten als Vorkämpfer der ganzen Menschheit?

,Fortschritt' bezieht sich ja nicht nur auf politische Verfassungen. Es gibt Fortschritt in der Wissenschaft, Fortschritt in der Technik, Fortschritt in der Medizin. Hier handelt es sich aber nicht um d e n Fortschritt, sondern um viele einzelne Fortschritte, immer auf bestimmte Ziele hin. Die Entwicklung zu diesen Zielen kann sich über lange Zeiten, Jahrhunderte erstrecken, wie etwa die Geschichte von Mathematik und Naturwissenschaften oder über kürzere Zeiträume, die technischen Entwicklungen vom Ottomotor bis zum Hochleistungs-Dieselmotor, oder aber die Weiterentwicklung chirurgischer Eingriffe in der Medizin. Es gibt nicht nur diesen echten Zuwachs, sondern auch Erkenntniskorrekturen wie z.B. in der Geologie. Diese und die vielen anderen Arten des Fortschritts lassen sich nicht ohne Bedenken dem großen Fortschritt einordnen. Denn sie fügen sich keineswegs zu einem Ganzen. Gewiss, eines haben sie gemeinsam. Immer handelt es sich um das Besseren, die Optimierung. Es gibt eine Wahrheitsoptimierung, durch Ausschluss von Irrtümern einerseits – in all den genannten Bereichen –, und eine Leistungsoptimierung, die nach den Kriterien „besser" und „schneller" beurteilt wird.

Wenn man aber auf die Spuren des Fortschritts fixiert ist, wird eines leicht übersehen. Die Geschichte zeigt auch Verluste: Völker sind vom Erdboden verschwunden, Sprachen sind ausgestorben, auch Pflanzen und Tiere (die man jetzt erst vor weiterem Untergang bewahren möchte). Wie verhalten sich Fortschritt und Verlust zueinander? Vor allen Teil-Fortschritten und – Verlusten wäre aber zu bedenken, dass die Geschichte eine Geschichte von *Menschen* ist. So lange die Überzeugung gilt – und es handelt sich eben um Überzeugung, die nicht bewiesen werden kann –, dass es die eine Wahrheit gibt, die auffindbar ist, kann und muss es Fortschreiten auf diesem Wege geben. Wenn aber diese eine Wahrheit nicht gesichert ist, wo bleibt dann der Fortschritt? So lange ein Mehr an Leistung selbstverständliches Ziel von Erkenntnis und Handeln ist, muss es entsprechenden Fortschritt geben. Aber wieso ist ein Mehr an Leistung selbstverständliches Ziel? Menschen und menschliche Gemeinschaften können sehr wohl mit dem, was sie gerade zu leisten vermögen, ihr Leben gestalten. Brauchen sie Fortschritt? Man könnte sagen: sie wünschen sich „kleine Erleichterungen" (wie der Wasserträger in Brechts

Gutem Menschen von Sezuan). Man muss sie damit aber keinesfalls an den nicht zu bremsenden Zug des menschlichen Fortschritts ankoppeln. So manche technische Erfindungen, derer wir uns erfreuen, bedeuten Erleichterung. (Ein guter Computer macht das Schreiben weniger mühsam als wenn es mit der Hand oder auf der ausgedienten Schreibmaschine zu geschehen hätte.) Und wie faszinierend ist es, wenn man morgens eine Email nach Florida schicken kann und am Nachmittag darauf hin schon einen telephonischen Anruf bekommt. Gewiss, es geht bedeutend schneller als noch vor 60 Jahren, als man auf den maschinengeschriebenen Brief bestenfalls nach 3 Wochen Antwort bekam. Aber: wieso ist das ‚Schneller' auch ein ‚Besser'?

All diese Verbesserungen, Verschnellerungen, Vervielfältigungen bestehen ja nicht an sich, sondern sie *fordern die Menschen heraus.* Zwar stehen die Instrumente bereit und werden von entsprechenden Erfindern weiter, optimiert', aber wer sich nicht selbst verbessert, optimiert, wird vom Zug abgehängt. Nun könnte man die Neigung von Menschen, sich zu optimieren, als gegeben annehmen. Das aufwachsende Kind lernt von selbst dazu, einmal, weil es sein Wachstum dazu nötigt, zum anderen, weil es in eine Welt von vielen Erwachsenen hineingeboren ist, der es entsprechen muss. Nicht nur wird es ‚sozialisiert', sondern es sozialisiert sich selbst. Dieser Prozess könnte in dem Alter, das man Erwachsensein nennt, ein gewisses Ende finden. So war es gewiss in vielen Kulturen; die besondere Stellung der „Alten" spricht nicht dagegen. Mindestens in der Neuzeit aber gilt das Dazu-Lernen, die Optimierung, ja gar die Perfektionierung als gesellschaftlicher Imperativ: das ‚lebenslange Lernen'. Dieses Dazu-Lernen ergänzt sich zu den Optimierungen der Lebensbedingungen, der Erkenntnisse und der Techniken. Das eine geht nicht ohne das andere. Mit den vielen kleineren Zielen, die einerseits der Phantasie der Menschen entspringen, andererseits sich aus den erreichten Zielen unvorhersehbar ergeben, kann man ohne Bedenken einverstanden sein. Wie aber bildet sich aus der fortschreitenden Ziel-Erreichungen „der Fortschritt"?

Hier sollte man folgendes bedenken: Man kann das *Lernen* des Menschen – als Individuum und in der Gesellschaft – nicht nur als eine Erweiterung von Können und Wissen begreifen, wie das weithin üblich ist. Lernen geschieht nicht allein im Sinne von Stufen, bei denen eine auf die andere folgt, ohne frühere Stufen wegzuräumen. Es ist oft genug eben kein „gradus ad parnassum", keine Vervollkommnung des Vorhandenen; um zu *lernen,* müssen Menschen gelegentlich auch *verlernen.* Indem sie sich neue Lebensmöglichkeiten aneignen, kann es sein, dass sie über die vorherigen Lebensmöglichkeiten nicht mehr verfügen. Kinder können spielen. Von Erwachsenen muss man allzu oft sagen: Sie haben das Spielen verlernt. Viel wichtiger sind aber die spezifischen Fähigkeiten, die in einer bestimmten Kultur ausgebildet werden und wurden, und durch den Fortschritt verloren gehen. Welcher zivilisierte Bürger von heute kann schon, es sei denn er unterzieht sich einem besonderen Training, diejenigen Fußmärsche von 8 km zum Einkauf in die nächste Stadt, zurücklegen, – wie es vor hundert Jahren noch üblich war? Und wer bringt es über sich, stundenlang zu hungern, bis es etwas zu essen gibt, ohne dabei aufgrund eines Schwächeanfalls die Hilfe anderer zu benötigen? Die Fähigkeiten, eine stabile Hütte zu bauen, das Wissen, das notwendig ist, um ohne Radio oder Fernseher das Wetter des nächsten Tages vorherzusehen, lange Gedichte aufzusagen, werden ver-lernt. Bibliotheken gibt es längst, Zugang zum Internet, falls man denn die Fähigkeit gelernt hat, die Geräte zu bedienen, abgesehen von Verkehrsmöglichkeiten etc. haben solche „primitiven" Fähigkeiten längst ersetzt. Die Ethnologen haben viele hier nicht einzeln aufzuzählende Fähigkeiten bei Ethnien vor unserer Zivilisation entdeckt, – wobei man nicht auf exzeptionell entwickelte wie die von Fakiren oder Hellsehern denken muss. Es scheint aber nur so, als seien die „primitiven" Fähigkeiten verlustlos ersetzbar. Denn in der Konfrontation hochtechnisierter Gesellschaften mit den „primitiven" könnten auch letztere gewinnen. (Dafür gibt es immer wieder Beispiele.)

Im Blick auf die Perfektionierung des Menschen als Menschen geht die Zu-Addierung nicht auf. Er gewinnt und verliert. Deswegen sind dem Fortschritt, wenn man ihn denn als etwas, was die Menschen als Menschen in ihren Lebensmöglichkeiten betrifft, Grenzen gesetzt.

Den deutlichsten Hinweis darauf, dass einerseits Geschichte immer Veränderung beinhaltet, dass diese Veränderungen aber nicht ohne weiteres mit Verbesserungen oder Optimierungen gleichzusetzen sind, hat der Philosoph Cornelius Castoriadis geliefert, indem er sich vom Marxschen Fortschrittsdenken befreite. Immer gibt es und geschieht unter Menschen Neues. Er bekennt sich zwar dazu, dass es Neues gibt, aber er behauptet: *Das Neue geschieht ex nihilo,* – aus dem Nichts. Nun können wir uns kaum etwas vorstellen, das aus dem Nichts kommt. Damit ist aber Castoriadis nicht widerlegt. Er sagt: Das Neue gibt es *nicht c u m nihilo.* Es ist immer etwas da, die Umstände, die Vorgegebenheiten. Aber das Neue hat sich nicht im Sinne eines folgerichtigen Prozesses aus dem Alten entwickelt. *Das Neue,* wenn es denn die Bezeichnung verdient, *ist nicht vorhersagbar.*

Dem gegenüber erscheint es geradezu als ein Trick, aus der Retrospektive eine Entwicklung zu unterstellen. Die deutlichsten Beispiele bringt er aus der Geschichte der Philosophie und der Künste. Weder ist Plato der Vorläufer Hegels, noch ist Hegel der konsequente Nachfolger Platos. Und niemand wird sagen können, der historische Spätere entspreche dem Ziel philosophischer Erkenntnis optimaler als der Frühere. Ergo: was sich dort „entwickelt" hat, ist keine Entwicklung. Von einem Fortschritt im wörtlichen wie im emphatischen Sinn kann nicht die Rede sein. Die kunstvolle Musik aus dem 15. Jahrhundert als embryonales Stadium einer Wagner-Oper zu bezeichnen ist wohl noch niemandem eingefallen, obwohl auch in der Musik von Fortschritt geredet wird. Und selbst diese frühe mehrstimmige Musik hat zwar die einstimmige Gregorianik als Vorläufer, ist ihr gegenüber aber wahrlich ein Novum. Von den bildenden Künsten wird niemand sagen, dass etwa die Plastik eines Rodin gegenüber der eines unbekannten Künstlers aus dem frühen Athen einen Fortschritt darstelle. Wir könnten alle Künste absuchen. Hier versagt der Begriff des Fortschritts allemal. Was ja nicht zu dem Schluss führen sollte, es habe nichts Neues gegeben. Gerade im „Vergleich" stellt sich heraus, wie viel ungeahnt Neues es immer wieder gegeben hat und vermutlich auch weiterhin geben wird, gerade weil es nicht vorhersagbar ist. Und wenn denn Neues in Kunst und Philosophie auftaucht: wer kann denn wissen, ob es vorübergehend und eher modisch zu nennen ist, oder ob es bleibt? (Auch hier bietet die uns bekannte Geschichte reichlich Beispiele.)

Das Verhältnis zu Künsten und Philosophie zeigt gleichzeitig ein anderes. Wenn es auf diesen Feldern Fortschritt im emphatischen Sinn gäbe, wieso entdeckt man immer wieder „alte Quellen", und zwar nicht im Sinn des historischen Interesses, sondern für die Ausstellungs- und Aufführungspraxis? Wie kommt es, dass Alte Dramen und Alte Musik sich derart großer Zuwendung erfreuen? Fortschrittsgläubige haben immer den Einwand gebracht, die Masse der „Konsumenten" sei eben träge. Das Neue habe immer seine Zeit gebraucht, um akzeptiert zu werden. Darin liegt gewiss ein Körnchen Wahrheit. Dieses Argument reicht aber im Blick auf die historischen Güter nicht aus. Besonders im Bereich der Musik wäre es unangemessen, die Musiker selbst durchweg der trägen Masse zuzuzählen. Sind es nicht gerade die berühmten Interpreten, die klassische Werke auch dann mit persönlichem Gewinn spielen würden, wenn damit nicht garantiert wäre, dass sich die Konzertsäle füllen und die Aufnahmestudios sich um sie reißen würden? Gäbe es hier Fortschritt, dann würde das Alte durch das Neue abgelöst. Aber davon kann nicht die Rede sein.

Die Veränderungen, die immer weiter Veränderung nach sich ziehen, ob kurzfristig oder langfristig, in denen sich dann auch Konstellationen ergeben, die man nicht ahnen konnte und damit im Blick auf die Lebensbewältigung immer neue Aufgaben und auch neues Lernen notwendig machen, lassen sich ohne Voreingenommenheiten, ohne Ideologien als Grundbestand geschichtlich sozialer Existenz der Menschen verstehen. Der Große Fortschritt kann verabschiedet werden.

Die Frage aber, warum das Argument des Fortschrittlichen, besonders in unseren Tagen, nicht verschwindet, obwohl viele bedeutende Ereignisse der letzten hundert Jahre nicht dazu angetan sind, dieses Argument unentwegt zu verwenden, bleibt unbeantwortet, so lange man sich nicht auf das Feld des öffentlichen Diskurses, die Rhetorik eingeschlossen, begibt. Über *„Fortschritt heute* nachzudenken kann nicht nur Angelegenheiten eines geschichtsphilosophischen Diskurses sein. Es geht um den Fortschritt als Argument. Wenn Fortschritt das Credo der den *öffentlichen Diskurs* bestimmenden Mehrheit ist, dann schafft sich derjenige Geltung, der diesen Fortschritt für sich in Anspruch nehmen kann. Dem Diskurs entsprechend „dient" dasjenige „dem Fortschritt", was er gerade will und zu tun vorhat. Dem Credo entsprechend kann er Unterstützung und Förderung erwarten, ob es sich nun um einen neuen Forschungsansatz oder die Ausführung einer neuen künstlerischen Idee handelt. Man könnte ja auch anders argumentieren. Derjenige, der etwas Neues, Interessantes ans Licht gebracht hat, verdient Unterstützung, um darin fortzufahren, was auch immer er vorhat. Es wäre Vertrauen an die Qualität eines Wissenschaftlers oder Künstlers. Das aber scheint nicht zu genügen. Er steht unter Voraussage-Pflicht, Fortschrittliches oder Fortschrittsförderndes hervorbringen zu wollen. Selbstverständlich müssen frühere Leistungen dafür eine Basis liefern. Aber sie genügen nicht. Angenommen der übliche Fall, dass nicht für alle, die sich gern gefördert sähen, Mittel vorhanden sind, dass sich also Konkurrenz um Mittelvergabe zwangsläufig ergibt, bedeutet „fortschrittlich" ein As. Aber das As ist ein Joker, man muss ihn nur erfinden können. Kurz: Fortschritt in den Diskurs zu bringen ist kein eigentliches Sachargument, sondern ein *Machtargument*. Und Macht gewinnt bekanntermaßen derjenige, der das vertritt, woran alle glauben.

Da nun das Attribut des Fortschrittlichen nicht immer angemessen erscheint, hat man dafür Substitute gefunden, die leichter eingängig sind, die aber ohne den genannten Hintergrund keine Wirkung erzielen könnten. Das gängigste Substitut sei hier erwähnt. Es lautet ‚*Modernisierung'*. Es lautet eben nicht nur ‚Verbesserung', was durchaus sinnvoll sein könnte. Nein, indem die Verbesserung als Modernisierung ausgegeben wird, kann der Druck, den das Fortschritts-Credo bewirkt, verstärkt werden. Ob nun eine Modernisierung tatsächlich Verbesserung ergibt, gerade das kann oft genug nicht vorausgesagt werden. Es handelt sich um Versuche, die man auch nicht unbedingt, Modellversuche' nennen sollte. Denn ob ein Versuch die Qualität eines Modells erreicht, steht in keiner Agenda.

Wir können – und sollten – ohne das Fortschritts-Pathos auskommen. Das bedeutet gerade nicht, sich gegen das Neue zu wehren. Auch das ist – nicht ohne Sinn – in der Geschichte geschehen, konnte aber immer nur aufschiebenden Erfolg haben. Es bedeutet Neues, sofern ihm überhaupt ein Sinn beigemessen werden kann, zu fördern. *Geschichte bringt Gewinne u n d Verluste.* Wenn dem so ist, dann brauchen wir keine Pessimisten, müssen aber auch die Optimisten auf die Verlustliste hinweisen. Es genügt doch, sich darauf einzustellen und dafür einzusetzen, dass die Gesellschaft fähig ist, angesichts der *immer neu anstehenden,* in ihrer Bedeutung und ihren Folgen *oft nicht vorhersagbaren Veränderungen,* ihr Leben sinnvoll zu gestalten.

III. Anthropologisches zur Soziologie

Wenn die Ordnung nicht mehr greift

I.

Wie alltäglich muss eine gesellschaftliche Erscheinung sein, um dem Alltägtäglichen zugerechnet zu werden? Oder bedeutet „alltäglich" eigentlich eher „banal", das Unbedeutende, immer Wiederkehrende, Unauffällige, dem nur zu Hintersinn neigende eine tiefere Bedeutung beimessen wollen – das jenseits von Gut und Böse? Oder gehören zum Alltäglichen auch Übel, an die wir uns gewöhnt haben, obwohl wir uns hie und da erinnern, dass es diese Übel eigentlich nicht geben sollte: Verkehrsunfälle mit den unvermeidlichen Toten, Diebstähle oder die immer wieder beschworene Korruption? Es könnte ja sein, dass es außer dem „neutralen" Alltäglichen auch das „tabuierte" Alltägliche zu kennzeichnen gäbe: all die Phänomene, denen gegenüber wir uns verhalten als wären sie nicht alltäglich – weil sie es nicht sein sollen –, obwohl jederzeit mit ihnen zu rechnen ist. Wenn wir uns entschließen, neben das „Banale-Alltägliche" auch das „Entsetzliche-Alltägliche" zu stellen, dann ist es angemessen, jene Vorgänge einzubeziehen, von denen immer wieder berichtet wird. Der Leser der „Economic and Political Weekly", jenes indischen Wochenblattes, welches politische Berichterstattung und wissenschaftliche Analysen auf einmalige Weise miteinander verbindet, muss jede Woche damit rechnen, Berichte und Analysen von blutigen Unruhen zu lesen, die als „communal violence" bezeichnet werden und deren Hintergründe bisher immer nur recht vordergründig analysiert worden sind:

März 1981[35], Protestdemonstration in einer kleineren nordwestindischen Stadt: Eine Untergruppierung der Muslim-Bevölkerung zieht durch die Straßen, weil sie nicht damit einverstanden ist, dass ihren Konkurrenten auf dem Straßen-Markt Bauerlaubnis für Läden erteilt worden ist und das Stadtparlament diese Entscheidung bekräftigt hat. (Ihre Konkurrenten gehören einer Hindu-Untergruppe an). Es fliegen Steine, die Polizei greift ein. Die Angelegenheit ist so tumultuarisch, dass Ausgangssperre verhängt wird. Nach einiger Zeit wird die Ausgangssperre aufgehoben. Die Unruhen flackern wieder auf, es wird wieder Ausgangssperre verhängt und wieder aufgehoben. Ende Juli kommt das Gerücht auf, die Hindus planten Morde

---

[35] Das folgende nach Ashar Ali, Communal Riots in Godhra: A Report, in: Economic and Political Weekly (EPW) XVI/1981, No 41, S. 1638-1640 2 EPW XVII/1982, S. 717 f.

an Moslems. Dieses Gerücht bringt erneut blutige Unruhen mit Verletzten, Toten und Eingreifen der Polizei. Die Muslim-Untergruppe leistet heftigen Widerstand. Das Gerücht geht um, die Polizei sei während des Gottesdienstes in die Moschee eingebrochen und habe den Koran entheiligt. Das bringt erneut die Gemüter in Wallung. Dies hat zur Folge, dass die Polizei tatsächlich in eine Moschee eindringt und Moslems während des Gottesdienstes festnimmt. Damit ist zunächst einmal Ruhe eingetreten.

Fünf Monate Unruhe mit Gewalttätigkeiten und Toten: Aber wer sind die Agenten auf der Szene und hinter der Szene? Die Polizei ist für den Fernstehenden eindeutig identifizierbar, die Kontrahenten sind oberflächlich als Hindus und Moslems zu kennzeichnen. Also handelt es sich um „religiöse" Unruhen? So einfach ist das nicht (ebenso wenig wie es sich in Nordirland „einfach" um Protestanten und Katholiken handelt). Es sind nicht alle Hindus und alle Moslems am Ort, die als Betroffene primär agieren bzw. reagieren, sondern Untergruppierungen. Also, fragt der Fernerstehende, handelt es sich um Kasten? Theoretisch ist das schlecht möglich, da nur die Hindus einer Kastengesellschaft zugeordnet werden können. Zwar werden der Einfachheit halber alle Moslems auch in die Kastenhierarchie, selbstverständlich zu unterst, 'hineingepackt', aber es sind ja auch nicht alle Moslems betroffen, sondern wieder nur eine Untergruppe. Die Kontrahenten sind weder einfach Hindus noch einfach Moslems, sondern auf-dem-Bazar-tätige Hindus und Moslems. Die Streitigkeiten bestehen jedoch nicht nur zwischen Händlern, sondern zwischen Händlern und deren Familien, deren Sippschaft würde man sagen. Es handelt sich um eine Gruppenkonstellation, die die Engländer irreführenderweise als Unter-Kaste bezeichnet haben, für die es aber keine andere Bezeichnung als die originäre gibt: jati. Es ist gar nicht speziell indisch, dass es Berufs-Gruppen-Familien oder vergleichbare Sippen gibt, die jeweils eine kleine Eigenkultur für sich bilden. Dieses Phänomen war früher weit verbreitet, so auch im Mittelalter in unseren Breiten, wenn auch vielleicht etwas gelockert, über die engeren Familienbande hinausgreifend. Was die beschriebenen Unruhen betrifft, so ist deutlich geworden, dass sie etwas mit Hindus und Moslems zu tun haben. Sie haben speziell aber etwas mit Ghanchi-Moslems und Sindhi-Hindus zu tun. Und der Berichterstatter erfährt sofort, dass es sich nicht um eine einmalige Unruhe handelt, wie es etwa die mehrfach aufgeflackerten Auseinandersetzungen um das Stahlwerk Rourkela waren, die sich nie wiederholten. Diese Geschichte hat ihren Vorlauf. Wir blättern zurück:

Ende Oktober 1980: Zwei Männer haben sich darum gestritten, wer sein Verkaufsbrett auf der Straße aufstellen kann – der Platz ist knapp –, Umstehende haben sich eingemischt. In Windeseile breitet sich eine Schlägerei aus, die sich in Form von Bandenkämpfen schnell über die ganze Stadt verbreitet. Einer der Männer war ein Sindhi, der andere ein Ghanchi. Banden von Ghanchis und Banden von Sindhis schlagen sich gegenseitig zusammen und setzen ihre Häuser in Brand. Die Polizei wird eingesetzt und schießt. Ein Ghanchi-Junge wird tödlich getroffen. Eine Muslim-Moschee wird verwüstet. 230 Besitztümer werden verbrannt: 160 gehören Ghanchi-Familien, 114 Sindhi-Familien. Gerüchte sind im Umlauf, die Moslems hätten es auf einen Hindu-Tempel abgesehen gehabt, und der Polizist, der den Ghanchi-Jungen erschoss, habe eine hohe Kopfprämie erhalten.

Die Struktur scheint im Großen und Ganzen dieselbe zu sein: Ghanchis und Sindhis und die Polizei. Die Ausgangssperre wird nicht schnell genug verhängt; daher kommt es zu Ausschreitungen bis zu Bränden und Moscheeverwüstungen. Während die Vorgänge einer Eskalation nach einer Demonstration uns eher verständlich erscheinen, tritt hier der minimale Anlass als Kennzeichen in den Vordergrund. Wieso kann es in solcher Windeseile zu derartigen Ausschreitungen kommen? Wir müssen uns dem Latenten zuwenden, der Geschichte, d. h. dem kollektiven Gedächtnis, das nicht so schnell zu erlöschen scheint, wie man es uns oft glauben machen möchte. Wenn es Streit um einen Platz gibt, könnte es sein, dass es Anrechte gibt, die nicht nur die des Stärkeren sind. Gewiss, der Stärkere mag vorübergehend siegen. Aber solange die Anrechte, falls es sie gibt, nicht erloschen sind, wird der nächste Anlass den Streit wieder hervorbringen, wie es sich ein halbes Jahr später herausstellte. Wie also steht es mit den Anrechten? Wir blättern wieder zurück, überschlagen ähnliche – sich wiederholende – Vorgänge in den letzten Jahrzehnten bis zur Teilung des indischen Subkontinents in Indien und Pakistan:

Die Sindhis aus der Gegend von Karachi (Pakistan) wandern geschlossen aus und suchen neuen Lebensraum. Sie finden ihn in einer Stadt, in der auf brutale Weise Platz geschaffen wird.

In der durch die Teilung übermäßig angespannten Atmosphäre, die sich, wie bekannt, überall, besonders in den Grenzgebieten auf beiden Seiten auf grausamste Weise entlädt, berichten sie von dem, was sie im jetzigen Pakistan erlitten haben. Die fanatisierte Hindu-Mehrheit nimmt ihnen die Arbeit ab, Platz zu schaffen. Moslems werden umgebracht, und 3500 Muslim-Häuser werden abgebrannt, vermutlich vorwiegend von Ghanchis. Viele von den verängstigten Moslems fliehen. Die Sindhis können einziehen.

Der Berichterstatter vermerkt kurz: „This riot is still fresh in the memory of the people of G." – frisch, auch vierzig Jahre danach, weil immer wieder erneuert. Dies ist die „Urszene" der jüngsten und vielleicht später noch folgenden Ereignisse, aber nicht die Ursache. Die Geschichte des Verhältnisses von Hindus und Moslems ist lang. Um diese Geschichte geht es aber nicht. Man könnte vom Schicksal der Religions-Bürgerkriege sprechen, wenn sich nicht, alltäglich in der indischen Gegenwart, ähnliche Vorfälle ereignen würden. Die Namensträger sind austauschbar: Einmal sind es christliche Fischer und Hindus,[36] ein andermal sind es Berufs-Unterkasten gegen Oberkasten,[37] ein drittes Mal sind es „tribals" – nicht assimilierte

---

[36] EPW XVII/1982, S. 717 f.
[37] EPW XVI/1981, s. 1951-1956

Stämme früherer Kulturen.[38] Immer sind es brutale Akte, von Mitgliedern des einen Kollektivs an Mitgliedern des anderen Kollektivs begangen. Und immer ist die Polizei irgendwie dazwischen, der man fast in keinem Fall Neutralität zuerkennen kann.

Um die Struktur dieser grausamen Alltäglichkeiten zu begreifen, fehlen noch einige historische Informationen:

1. Beide „communities", wie man diese jati-ähnlichen Kollektive bezeichnet, gehören zum niederen Volk. Ghanchis gehen dem Ackerbau nach, zeichnen sich in der Stadt als „LKW-Unternehmer" aus und stellen auch Händler. Die Sindhis sind vorwiegend Kleinhändler, die bisher ansässigen Hindus gestatten ihnen, am Getreidehandel teilzunehmen. Einige von ihnen werden Geldverleiher.

2. Ghanchis und Sindhis lernen zu kooperieren: der Muslim braucht Getreide, der Sindhi braucht Lastwagen, und der Muslim braucht Geld, das er sich beim Geldverleihenden Sindhi holt. Es entstehen gemeinsame Kooperativen.

3. Es gibt selbstverständlich am Ort auch höhergestellte Moslems und höhergestellte Hindus. Für die Moslems ist das nur eine Frage des gesellschaftlichen Abstandes, für die Hindus treten echte Kasten-Schranken in Kraft. Im Stadtparlament halten die „niederen" Abgeordneten quer durch die Religionen zusammen, normalerweise. Einzig in diesem Vorfall von 1981 kommt es zu einer Spaltung der Meinungsbildung zwischen Hindus und Moslems, d. h. die „höheren", die sich sonst gern distanzieren, solidarisieren sich mit den niederen Gruppierungen. Ähnlich wie zum Beispiel bei den Unruhen der Teilung und oftmals später werden die „Niederen" um der „höheren Sache willen" aufgewiegelt, wenn nicht bestochen.

Wenn wir fragen, warum diese grausamen alltäglich zu erwartenden Ereignisse sich nicht ändern lassen – sie bestehen seit Jahrzehnten, und es ist keine Besserung in Sicht -, dann müssen wir die tiefer liegenden sozialen Muster und Beziehungen zu ermitteln versuchen.

II.

Wenn die Ordnung nicht mehr greift, dann sollte zuerst der Beobachter sich fragen, ob seine geistige Ordnung denn greift, ob die Strukturen, mit denen er zu begreifen gewohnt ist, zutreffen. ‚Hier könnten sich schnell die Geister scheiden: Die einen arbeiten mit Begriffen, von denen sie wissen, dass sie sehr abgehoben sind von der historischen Realität und lassen diese dann folglich auch weit hinter sich, wenn sie

---

[38] Ebenda, S. 796 f., S. 1047 f., S. 1596 f.

sich in der Analyse der Realität nähern, falls sie nicht die Realität solange zurechtstutzen, bis sie „ins Konzept passt". Andere fragen, wie sie ihre geistigen Strukturen so neu konzipieren, dass sie „der Realität" wenigstens gerechter werden. In beiden Fällen pflegt man aber zu sagen, im Alltäglichen sei ohnehin alles miteinander vermischt, ja es sei gerade das Kennzeichen des Alltäglichen, sich nicht in theoretische Strukturen einordnen zu lassen, womit die Vertreter der erstgenannten Richtung sich gewissermaßen freistellen.

Da nun gerade die Vertreter der ersten Richtung sehr viel Skepsis an der Nützlichkeit soziologischen Denkens angemeldet haben, könnte es schon sinnvoll sein, die Kategorien so nahe an den Alltag heranzubringen, dass das Beschreiben und das Analysieren nicht allzu weit auseinanderklaffen.

Als erstes wäre der Begriff des „communal" zu klären: man spricht ja von „communal riots", „communal disturbances". Eine Community könnte als Subkultur bezeichnet werden, wenn nicht damit allzu leicht die Assoziation verbunden wäre, als gäbe es eine verbindliche gemeinsame Kultur, von der sich wenige Subkulturen absetzen (wie etwa in der Diskussion um die „jugendliche Subkultur"). Wie aber wäre es zu begreifen, wenn die gesamte Kultur etwa als ein relativ Abgehobenes, Abstraktes, im Verhältnis zum Alltagsleben Oberflächliches, gar Aufgesetztes begriffen werden müsste, dem gegenüber die jeweilige „Sub"-Kultur das einzig Verbindliche, im Alltag Reale darstellt – eine Gesellschaft eher als staatlich schwach überdeckte Ansammlung von Subkulturen, deren einzige Verbindung in der Arbeitsteilung zu suchen wäre? Im ernsthaften Sinne kann es sich bei Subkulturen ja nur um eine jeweils besonders gekennzeichnete menschliche Gesellschaft handeln, die der Reproduktion fähig ist: Es muss sich also um Familien bzw. Familienverbände handeln. Die Ghanchis wie die Sindhis bilden in sich solche kleinen kulturellen Verbände; und sie leben auch als solche Verbände zusammen. Entsprechend den Strukturen des „klassischen" indischen Dorfes bilden die jeweiligen jatis, dem System der großen Kasten mehr theoretisch als praktisch zugeordnet, eine Wohn-Einheit. In den indischen Städten betritt man schon fremdes Territorium, wenn man als Mitglied einer „Community" das Gebiet der anderen „Community" betritt. So ist es denn das einfachste Mittel der Provokation, eine Demonstration durch ein „fremdes" Territorium zu führen. Aber zugleich ist das fremde Territorium ja ein offenes und öffentliches. Es gibt keine abgeschlossenen Ghettos. Durch welche Analogien kann ein Bewohner des zivilisierten Mitteleuropas sich dies verdeutlichen? Vielleicht ist es möglich, wenn er etwa eine Homosexuellen-Kneipe betritt, die ja jedem „offiziell" zugänglich ist und die dennoch fremdes, wenn nicht gar „feindliches" Territorium darstellt. Der Markt, der ja die „öffentlichste" Form des Gesellschaftlichen darstellt, ist von solchen territorialen Bestimmungen auch nicht frei: Die Verkaufsstände sind nach Spezialisierung geordnet und diese Spezialisierungen bedeuten fast immer auch Zugehörigkeit zu einer Community.

„Communal": Das bedeutet also immer, dass Communities am Werk sind, (sub)kulturell einheitliche Klein-Gesellschaften, die nebeneinander leben, getrennt, aber doch nicht abgeschlossen. Communal bedeutet gleichzeitig, dass es sich nicht um Wahl-Kollektive handelt. Jeder Rest von Zufälligkeit, der sich bei sozialen Bewegungen in unseren Tagen noch finden könnte, jede Wahlfreiheit, wie begrenzt auch immer, aktiv zu werden, muss aus dem Konzept gestrichen werden. Wer ein Ghanchi ist, nimmt an der „natürlichen" Solidarität der Ghanchis teil, ebenso wie ein Sindhi – ebenso wie jeder andere. Ein Individuum, das angegriffen werden könnte von einem anderen und dann umgeben wäre von Zuschauern, wie wir das in der modernen Gesellschaft kennen, ist – und das gehört zur Struktur des Alltäglichen – undenkbar. Welche Folgen dies für Konfliktlösungsversuche bedeutet, wird weiter unten zu zeigen sein.

Die Aussage, dass man „zur Kaste gehöre", ist zu oberflächlich, um immer und alltäglich zuzutreffen. Man gehört unlösbar zur Klein-Gesellschaft, zur Subkultur, man ist eben Ghanchi oder Sindhi. Das bedeutet nicht einfach gesellschaftliche Immobilität, wie das oft behauptet wird. Eine Community kann auswandern, sie kann neue Berufe übernehmen, aber nicht in der freien Verwirklichung des einzelnen.

Erst auf einer zweiten Ebene werden größere „Kollektive" als Communities bedeutend, die dann auch nicht in gleicher Weise zwingend in Erscheinung treten wie im engeren Bereich. Man ist Madrassi (aus der Gegend von Madras) so wie man Bayer sein kann und deswegen dann vielleicht auch auffällt oder seine Landsleute in die Nähe holt, ebenso wie man Kashmiri oder Bengale ist. Unter diesem Gesichtspunkt spielt die Religionszugehörigkeit eine ähnliche Rolle: Hindu, Moslem, Christ, Budhist zu sein, bei den Parsis, einer kleinen Religionsgemeinschaft, dies ist mit der jeweiligen (Sub)kultur identisch. Es kann durchaus anerkannt werden, dass Vertreter zweier Religionsgemeinschaften sich „friedlich" gegenüberstehen, wie dies bei uns inzwischen der Fall ist, nachdem sich früher Vertreter der Konfessionen derselben Religion nicht gerade freundlich gegeneinander verhielten: Die vielen Hindu-Moslem Kontroversen und Unruhen sind im Alltäglichen keine Religionskriege, sondern Kämpfe von Cliquen oder Communities, die mehr oder weniger zufällig verschiedenen Religionen angehören.

Dennoch ist die Frage nach der Bedeutung der Religionszugehörigkeit im Zusammenhang mit den häufigen Unruhen zu stellen, die hauptsächlich zwischen Hindus und Moslems, gelegentlich auch zwischen Christen und Hindus auftreten. Was bedeutet hier die Religion im Alltag? Sie bedeutet außer den subkulturellen Einbindungen, die den ganzen Alltag bestimmen, nicht nur die Ausübung besonderer, auch sichtbarer religiöser Praktiken, die sich am Tempel bzw. der Moschee darstellen, sondern sie bedeutet – darüber wird nichts geschrieben – ein verborgenes, aber dennoch sich immer wieder als Verstärker von Konflikten auswirkendes Misstrauen. Es ist nicht das Misstrauen, ob es im einzelnen eine falsche Lehre gäbe (wie etwa zwischen Katholiken und Protestanten), – abgesehen davon, dass beide Religionen ohne ein Lehrgebäude existieren, wie wir es verstehen würden -, sondern es bedeutet das Misstrauen zwischen zwei fundamental verschiedenen Religionen. Aber dieses Misstrauen äußert sich auf zwei völlig verschiedene, sich nicht entsprechenden Weisen.

Der Hindu kann nicht anders denken, als dass alle Religionen eine Religion darstellen. Er findet in seinem kosmischen Begreifen ohne viel Mühe einen Platz sowohl für Jesus als auch für Mohammed. Aber er ist misstrauisch, ob der Moslem sich nicht doch absondert, ob er, zumal er historisch ja noch Fremdherrschaft symbolisiert, „mitmacht". Er kann ihn aber ebenso tolerieren, wie ein Brahmane einen „Unreinen" toleriert, – vielleicht sogar leichter, sofern der soziale Status im Alltag selbstverständlich auch eine Rolle spielt. Anders der Moslem: Sofern er die geringste Kenntnis der Inhalte seiner Religion hat, muss ihm alle hinduistische Religionsausübung „ein Gräuel sein" (Dies sind Worte des Alten Testaments, mit welchen sich die Juden von den Heiden absondern.). Er kann eigentlich nicht tolerant sein, sieht sich nur, durch seine Situation in der Diaspora genötigt, sich wenigstens tolerant zu verhalten. Er profitiert dabei von der spezifischen Weise der Toleranz des Hindus.

An der „Funktion" des Religiösen in der Auseinandersetzung wird deutlich, wie sehr der Rückgriff auf das den Alltag transzendierende nötig ist, um den Alltag selbst zu begreifen. Sofern Religionsgemeinschaften in Kampf treten, bedeutet dies im eigentlichen, dass sie den vorhandenen Streitanlässen eine verschiedene Tiefendimension verleihen. Die muss umso mehr hervorgehoben werden, als Indien als staatliches Gebilde sich ja als „säkular" versteht, dass es nicht besonders toleriert wird, die kommunalen Aspekte in die Politik hereinzuziehen. Es gibt keine religiös ausgezeichneten politischen Parteien (wie z. B. in der fortschrittlichen Bundesrepublik), aber es gibt auf der mittleren Ebene alle möglichen semi-politischen Vereinigungen, in denen Religionszugehörigkeit eine Rolle spielt. Es gibt besonders militante Hinduistische Vereinigungen (wie die RSS), die, radikaler als der übliche Hinduismus, immer noch darauf aus ist, die Moslems „auszuräumen", wie es auch militante Moslemvereinigungen gibt (allerdings in unbedeutender Zahl). Diese semi-politischen Gruppen treten immer dann auf, wenn kommunale Unruhen, aus welchem Anlass auch immer, geeignet erscheinen, größere Rechnungen zu begleichen.

Der indische Alltag ist der Alltag einer oberflächlich säkularisierten Gesellschaft, in der jeder Konflikt einen religiösen Akzent bekommen kann.

Die Ordnung dieses Alltags der Verbindung kommunaler Einheiten greift nur – das lehrt die lange indische Geschichte – solange jeder an seinem Platz bleibt. Das kasten- und jati-geordnete Dorf ist „friedlich", solange jeder sich an seinen Brunnen hält.

Unsicherheit über das Territorium, den Platz, und dieses ist für den Außenstehenden nur schwer begreiflich, ruft unmittelbar Gewalttat hervor. Es scheint, als wäre niemand zuständig, als könne es nur brutalen Machtkampf geben. Kommunale

Unruhen gibt es, seit die indische Geschichte so in Bewegung geraten ist, dass die „territorialen" Begrenzungen nicht mehr einzuhalten sind. Die Sindhis haben damals nur Platz bekommen, weil vorher die Ghanchis „ausgeräumt" waren. Es gab Platz zum Wohnen, es gab Platz auf dem Markt.

Die Entwicklung scheint nur dann günstig zu verlaufen, solange mit der geschichtlichen Dynamisierung neue Plätze geschaffen werden. Wenn es neue Berufe, neue Märkte gibt, kann man sich dort ansiedeln; aber schon dann, wenn für den Marktstand kein anerkannter Platz vorhanden ist, kommt es nicht nur zum Streit, sondern unmittelbar zur großen Unruhe.

Nach all dem vorher Gesagten wäre es unzutreffend, zu sagen, es handele sich um Konflikte, die „ökonomische Ursachen" hätten, weil es diese losgelöste Ökonomie eben nicht gibt. Es handelt sich um Territorial-Kämpfe – im direkten oder übertragenen Sinn – zwischen Kollektiven, die verschiedene, auch ökonomische Anlässe haben können.

III.

Es soll oder muss, wie immer in solchen Auseinandersetzungen, nun doch eine (andere) Ordnung greifen:

Die Ordnung der Polizei: Jeder Bericht über communal-riots ist gleichzeitig ein Bericht über das Eingreifen der Polizei – welch hoffnungsloses Unterfangen. Von der Polizei wird ja nach moderner Staats- und Gesellschaftslehre erwartet, dass sie die „neutrale" Regierung vertrete. Aber, nach all dem bisher Ausgeführten wird deutlich sein, dass schon Wunder geschehen müssten, damit sich ein Polizeipräfekt und seine Untergebenen von ihrer Community-Bindung wirklich lösen können. Ist es nicht das plausibelste auf der Welt, dass bei starker Hindu-Dominanz und permanenten latenten Spannungen zu bestimmten Moslem-Gruppen die Polizei auf der Seite der Hindus steht, oder dass sie gegen eine rebellierende Unter-Kaste zusammen mit den Oberkasten agiert? Plausibel ja, aber in schmerzlichem Widerspruch zu offiziellen Staatsdoktrinen. Selbstverständlich kennt die Verfassung keine Unterschiede von Communities. Und es kann auch nicht der geringste Zweifel daran bestehen, dass unendlich viele „säkularisierte" Inder viel dafür tun, das Kasten-System aufzulösen und somit der Community-Diskriminierung die Basis zu entziehen. Aber der Alltag lehrt anderes. Da die beschriebenen Vorkommnisse sich nicht in den offiziell-feierlichen Arealen abspielen, sondern außerhalb der „Institutionen", verfügt die indische Gesellschaft über kein „neutrales" Sanktionsinstrument, von dem man offiziell-staatliche Gerechtigkeit erwarten könnte.

Die Abwesenheit wirklicher Säkularität zeigt sich darüber hinaus noch in einem anderen Phänomen. Während die Parteilichkeit der Polizeikräfte immer wieder bedauert wird, denkt offensichtlich niemand daran, dass auch das zweite Mittel, die Ordnung greifen zu lassen, versagt: die Wege der Justiz. Jeder, der etwas genauer die entsprechenden Berichte verfolgt und darüber hinaus sich Kenntnisse vom indischen Rechtswesen verschafft, weiß, dass Gerichte mit äußerster Sorgfalt arbeiten. In jedem Fall wird Anklage erhoben, in jedem Fall untersucht das Gericht sorgfältig die Tatbestände und spricht auch Verurteilungen aus. Aber dieses – dem englischen Recht nachgebildete – Verfahren kennt nur „natürliche" und „juristische" Personen. Wenn fünf Hindus und sechs Moslems oder zehn RSS-Mitglieder oder zwanzig Lederarbeiter „aufgegriffen" werden, dann werden diese „natürlichen" Personen belangt. Etwas anderes gibt es dem Verfahren nach nicht. Man kann eine Jati oder eine offiziell nicht anerkannte Partei nicht verurteilen. Und so verfährt das Gericht, völlig alltagsblind so, als könne es eine individuelle Zurechnung geben. Nun, man mag eine individuelle Zurechnung praktizieren; aber jedermann müsste doch sehen, dass dies völlig an den alltäglichen Prozessen vorbeigeht. Bezüglich der politischen Gruppierungen mag man noch nachweisen können, dass sich ein Individuum entscheiden kann, dazuzugehören oder nicht, um damit dann auch die Behandlung als Individuum vor dem Gericht zu rechtfertigen. Aber ein Ghanchi oder ein Sindhi: handelt er als Individuum? Wird er außerhalb des privatesten Kreises überhaupt als Herr X und nicht immer als Herr Gh (X) oder S (X) angesehen? Es gibt doch keine soziale Freiheit gegenüber der eigenen Community! In jeder öffentlichen Aktion wird in und aus Solidarität gehandelt, was jedoch im juristischen Verfahren keine Berücksichtigung finden kann. Wo aber nicht im realistischen Sinn Individuen verantwortlich sind, da nützt die Überführung der Missetäter und ihre Bestrafung sehr wenig.

IV.

Von einem friedlichen Alltag erwarten wir, dass, wenn nicht außerordentliche Störungen eintreten, alles ohne größere Brüche und Verstrickungen abläuft. Der Alltag ist eingebettet in etwas, das nicht selbstverständlicher Alltag ist. Der verunsicherte Alltag ist bei weitem nicht nur ein indisches Problem. Doch den aufmerksam gewordenen Europäer interessiert dieser Alltag mit einer merkwürdigen Anziehungskraft. Vielleicht handelt es sich nur um eine radikalisierte Beobachtung dessen, was die Krise der eigenen Gesellschaft ausmacht:

- Die Kollektive leben gesellschaftlich nicht an einem anerkannt gesicherten Platz, die Gesellschaft ist in Bewegung geraten und ihre Bewegung wird ständig stimuliert,
- latente Platzkämpfe dringen, gerade weil sie nicht öffentlich ausgetragen werden, in zugespitzten Situationen unkontrolliert an die Oberfläche,
- das öffentliche Leben wird von einer ideologischen und verfassungsmäßigen Suprastruktur aus regiert, die gleichzeitig die wesentlichen Alltagsstrukturen überdeckt.

Wenn Kämpfe weder bis zu einer stabilen Herrschaft des Siegers ausgetragen werden noch Verhandlungs-, Vermittlungs- und Rechtsprechungsprozesse stattfinden, die auf einer anerkannten gemeinsamen Basis beruhen, dann greift weder die angestammte Ordnung noch greifen die Vermittlungsordnungen. Das stabilisierende Dritte ist außer Kraft. Unsere Unruhen sind vielfach subtiler. Machtanerkennungskämpfe haben sich in sichtbarer Weise lokalisiert: auf Nordirland, im Norden Spaniens (Basken), unübersehbar im Vorderen Orient. Das eine mag als Krieg, dass andere als Bürgerkrieg angesehen werden. Das Muster ist überall das gleiche. Überall zeigt sich, dass der Wunsch nach Ordnung zwar verständlich ist, die praktizierte „Law and Order Policy" aber ohnmächtig ist und bleiben muss. Deswegen ist mit einem friedlichen Alltag nicht zu rechnen, auch in Indien nicht.

Anmerkungen

1 Das folgende nach Ashar Ali, Communal Riots in Godhra: A Report, in: Economic and Political Weekly (EPW) XVI/1981, No 41, S. 1638-1640
2 EPW XVII/1982, S. 717 f.
3 EPW XVI/1981, s. 1951-1956
4 Ebenda, S. 796 f., S. 1047 f., S. 1596 f.

Zur Verteidigung des Handwerks
oder: Das Verhältnis von allgemeiner Erkenntnis und konkretem Wissen

Die frühere Wertschätzung des Handwerklichen als (erlernbares) Können scheint heute einer abwertenden Einschätzung gewichen zu sein: die Qualitätsbezeichnung „wissenschaftlich"rangiert höher als die vom „guten Handwerk". Auch in der Ausbildung zum TZI-Gruppenleiter (Diplom) scheint die" solide Handwerklichkeit" eine eher untergeordnete Bedeutung zu haben. Wissen des Wissenschaftlers – allgemeine, vom Handeln abgekoppelte Erkenntnis (Theorie) – hat eine andere Qualität als das Wissen des Handwerkers – auf konkrete Situationen bezogenes Handeln. An Beispielen – Atomphysik, Jurisprudenz, Medizin und Pädagogik – wird das Problem von abstrakter Erkenntnis und konkreter, auf Bewährung angelegter Handlungsrealität (Praxis) deutlich: Wie kann die notwendige wissenschaftliche Erkenntnis auf „gute Praxis" bezogen werden? Wie wird Handlungskompetenz vermittelt/erworben? Eine „Umwertung" der Einschätzung des Handwerklichen scheint eine notwendige Voraussetzung.

Vorbemerkung: Als ich mich 1977, im Alter von 47 Jahren in die Ausbildung zum TZI-Gruppenleiter begab, hatte ich das deutliche Gefühl, ein solides *Handwerk zu* lernen. (Unter Fähigkeiten des TZI-Handwerks verstehe ich z.B. „Themen-Stellen", Strukturen-Handhaben, „Prozess-Beobachten'). In diesem Sinn habe ich auch meine Arbeit mit Gruppen verstanden. Aber wenn ich dies meinen WILL-Freunden und Mitstreitern sagte, erntete ich Unverständnis, wenn nicht gar entschiedene Ablehnung; als sei das Handwerkliche an TZI etwas Negatives. Das hat mich immer wieder ans Nachdenken gebracht. Hier das bisherige Resultat.

I. Die Rede vom „guten Handwerk"

Besser wäre es, im altmodischen Sinn von „Kunst" zu sprechen; nicht als Begriff aller ästhetischen Gestaltung, wie heute üblich, sondern als ars, wie einst die artes liberales die Grundstufe der höheren Bildung darstellten. Kunst hieße dann „Können", Fertigkeit, die Praxis der Ausbildung einbegriffen, mit denen man solches erlangt. Dieses Verständnis war einst im Handwerk auf besondere Weise zum Symbol geworden. Selbstverständlich musste der Ackersmann auch die Fähigkeit besitzen, sein Feld zu bestellen und für das Vieh zu sorgen. Aber als besonders galten die Fertigkeiten des Machens, des Herstellens von vorher nicht vorhandenen Gütern und nicht nur die Mithilfe an der Natur. Handwerker wurden in dem Sinne als „Könner" angesehen, als sie ihre handwerklichen Fähigkeiten beherrschten. Unsere moderne Kultur, die über dieses Können, Geräte, Kleidungs- und Schmuckstücke, Gebäude herzustellen, hinaus wollte, nahm dem Handwerk gegenüber eine zweifelnde Stellung ein. Wenn man sagte: „Das ist Handwerk", konnte man einerseits damit etwas Geringschätziges meinen und auf Höheres, Einfallsreiches, Geniales verweisen – was das Können nicht unbedingt zu bieten hatte. Andererseits konnte man, indem man sagte „Gutes Handwerk", eine Anerkennung für ein ‚fachmännisch' gearbeitetes Stück ausdrücken. Heute sehen so manche wehleidig auf alte Zeiten zurück, in denen noch ‚gutes Handwerk' geleistet wurde. Das aber gilt bestenfalls für Gegenstände; der feinere Sinn des Handwerklichen als eines Könnens scheint verlorengegangen zu sein.

Wertschätzung wird dem Handwerklichen nur noch begrenzt zuerkannt. Handwerk wurde in manchen Bereichen schlicht durch „Geniualität" ersetzt und an die Stelle des erlernbaren Könnens trat die „Begabung". In anderen Bereichen trat an die Stelle der Qualitätsbezeichnung „Handwerk" das der Wissenschaft. ‚Gut' ist dann das, was ‚wissenschaftlich' ist. Die Wissenschaft steht ‚höher' als das Handwerk; und der Wissenschaftler selbstverständlich im Prestige über dem Handwerker. Der Sache nach ist aber dieser Wandel in der Sprache und die damit bezeichnete Sache alles andere als gerechtfertigt. Viele Tätigkeiten, die sich als wissenschaftlich geben (um das entsprechende Ansehen einzustreichen), verdienen diesen Titel nicht, wenn man sich erst einmal deutlich macht, worin der Unterschied zwischen beidem zu begründen ist. Ich vermute, dass man sich – auch in TZI-Kreisen – scheut, das Handwerkliche handwerklich zu nennen, weil Handwerk niederen Ranges ist. Und ich bin der Meinung, dass die heutige Werteinschätzung des Verhältnisses von Handwerk und Wissenschaft weder dem Handwerklichen noch dem Wissenschaftlichen so recht bekommt. Anders herum ausgedrückt: Wir führen besser, das Wissenschaft zu nennen, was Wissenschaft ist, und Handwerk, was Handwerk ist – auch wenn ein solches Ansinnen utopisch klingen mag.

II. Der Spannungsbogen zwischen „Erkenntnis" und „Handeln"

Wissenschaft hat es primär mit Erkenntnis, Handwerk primär mit Handeln zu tun. Selbstverständlich, dass, um Erkenntnis zu gewinnen, ein gewisses Können Voraussetzung ist, ob es sich darum handelt, ein Mikroskop zu bedienen, eine Hieroglyphenschrift zu lesen, eine Rechenoperation durchzuführen ... Und die Fertigung von Gütern setzt selbstverständlich Kenntnis (Wissen) voraus, – von Materialien und deren Beschaffenheit, von Werkzeugen und deren Einsatzbedingungen ... Also würden sich Erkenntnis und Handeln ohne weiteres ergänzen? Das wäre eine schiefe Argumentation: denn hinter dem Titel Wissenschaft verbirgt sich etwas anderes als Wissen und dessen Nutzen. Und das Wissen des Handwerkers hat eine andere Qualität als das Wissen des Wissenschaftlers.

Das wird gerade an den Stellen deutlich, an denen eine Vermittlung zwischen Wissen und Handeln gegeben zu sein scheint. Das Wissen (die Erkenntnis) der Wissenschaften ist sehr verschiedener Art. Viele Wissenschaften, von denen keinerlei Anwendung erwartet wird, gewinnen vorwiegend konkretes Wissen: so etwa alle historisch orientierten Disziplinen. Wenn man weiß, welcher Dialekt in einer bestimmten geographischen Region vor 300 Jahren gesprochen wurde, unter welchen Umständen eine Bevölkerungsgruppe revoltierte oder ein Herrscher ein Gesetz erließ, dann sind dies Erkenntnisse, die niemandem zum Handeln verleiten könnten oder sollten, – es gilt einzig als selbstverständlich, dass solche Erkenntnisse Verbreitung finden.

Andere Wissenschaften – und um diese geht es – gewinnen eine besondere Art von Erkenntnis: nicht konkrete, sondern allgemeine. Im heute dominanten Feld der Wissenschaften, den so genannten Naturwissenschaften, versucht man Erkenntnis darüber zu gewinnen, wie bestimmte Aspekte von Natur ,im allgemeinen' beschaffen sind, nach welchen Regelmäßigkeiten oder gar Gesetzen sie ,funktionieren'. Wenn immer es sich um solche Regelmäßigkeiten handelt, wird Konkretes überschritten, – was vielen Naturwissenschaftlern derart selbstverständlich ist, dass davon kaum geredet wird: Den Pendel, dessen Gesetzmäßigkeit man ebenso zu formulieren versucht wie die des freien Falls, gibt es im Konkreten nicht. Sondern es sind viele konkrete Erscheinungen, die auf diese abstrahierende Weise auf einen Nenner gebracht werden können. Kennt man die begleitenden Umstände, die ein konkret-Pendelähnliches oder konkret-Fallendes bestimmen, dann lassen sich auch relativ treffende Aussagen über die konkrete Erscheinung eines Uhrenpendels oder eines fallenden Backsteins machen. Die moderne Wissenschaft, soweit sie an allgemeiner Erkenntnis interessiert ist, darf und muss das Konkrete überschreiten, hinter sich lassen. Ihr Verhältnis zum Handeln ist daher nicht so einfach, wie vielfach angenommen wird. Und das Handwerk, das sich mehr und mehr auf allgemeine, ,wissenschaftliche' Erkenntnis bezieht, kann, dennoch diese nicht unvermittelt übernehmen.

III. Das Interesse an Wissen: im Sinne der Erkenntnis oder des Handelns?

Handeln ist immer konkret: wer Holz bearbeitet, muss nicht nur wissen, welche Art von Holz er vor sich hat, sondern dessen ganz konkrete Beschaffenheit. Und wer einen Gegenstand fallen lässt, tut gut, zu wissen, welche spezifischen Eigenschaften dieser hat; in beiden Fällen braucht es keiner wissenschaftlich/theoretischen Analyse. Mit anderen Worten: der (handelnde) Handwerker hat ein anderes Interesse am Wissen als der Wissenschaftler. Und zwar ist die Tendenz gegenläufig, denn die abstrahierenden Wissenschaften sind umso interessanter, als sie Allgemeines in der Erkenntnis zusammenfassen, während der Handelnde (ob Handwerker oder nicht) gar nicht anders kann, als zu sagen „Grau ist alle Theorie". Mit allgemeiner Erkenntnis kann er nichts anfangen, – nur mit derjenigen, die als Wissen auf sein Handeln bezogen, drastisch gesagt: zugespitzt ist.

Aber es gibt noch einen anderen Unterschied zwischen der wissenschaftlichen Weise zu wissen und der handwerklichen: Wissenschaft gewinnt immer spezielles Wissen, so allgemein es auch erscheint. Mit anderen Worten: die Spezialität wissenschaftlichen Wissens und dessen allgemeiner Charakter widersprechen sich nicht, ergänzen sich viel mehr. Spezialität meint hier: es gibt keine rein physischen oder chemischen Gegenstände, sondern es gibt Gegenstände mit physischen oder chemischen Qualitäten. Ob diese Gegenstände sich in irgendjemandes Besitz befinden oder ästhetische Qualitäten haben, geht sie meistens nichts an – jedenfalls nicht, soweit es sich um ihr Fach handelt. Wissenschaftler sind – im Verhältnis zu der Realität in der es zu handeln gilt – nicht nur Vertreter des Allgemeinen, sondern immer auch Spezialisten.

Ganz anders der in der konkreten Situation Handelnde, als Prototyp der Handwerker: nicht nur muss er seine Gegenstände konkret kennen, sondern er muss sie auch unter vielerlei Hinsicht kennen. Selbstverständlich ist er auch insofern Spezialist, als von keinem Autoschlosser zu erwarten ist, dass er mit gleicher Qualität Anzüge schneidern kann. Aber innerhalb dieser Einschränkung kann er seine Arbeit nur machen, wenn er – was nicht zu seiner ‚technischen‘ Spezialität gehört – etwa über die Kosten des Materials Bescheid weiß, über Liefermöglichkeiten und manches andere mehr. Während – um es zu verdeutlichen – der Wissenschaftler ‚ceteris paribus‘, die Umstände ausschaltend, seinen Wissensgewinn konzentriert, muss der Handwerker, alles, was unter ‚ceteris‘ (die Umstände) zu rechnen ist, in seinen Handlungen zusammenlaufen lassen, damit das ‚Werk‘ zustande kommt. Während der Wissenschaftler alles auslassen muss, was seinen spezifischen Erkenntnisgewinn stört, darf der Handwerker nichts auslassen, was das Gelingen einer – immer komplexen – Tätigkeit beeinträchtigen würde.

Das Wissen, das dem Handwerker zur Verfügung steht, um seine Arbeit auszuführen, unterscheidet wenig nach dem Kriterium ‚wissenschaftlich‘ oder ‚unwissenschaftlich‘. Er nimmt sein Wissen aus verschiedensten Quellen. Einerseits kann er in einer Gebrauchsanweisung oder einer Fachzeitschrift von Möglichkeiten der Bearbeitung lesen, die von Wissenschaftlern analysiert, berechnet und erprobt wurden. Ebenso aber kann er sich in seinem Wissen auf ‚Erfahrung‘ berufen, also auf Handlungsweisen, deren wissenschaftliche Qualität fragwürdig sein mag, deren Erfolg aber aus der Erfahrung der Vergangenheit gewährleistet ist. In dieser Hinsicht ist das Wissen des Handwerkers auf Bewährung, das heißt auf Dauer gegründet. Dem aber steht – gerade in der Moderne – das wissenschaftliche Wissen gegenüber, das sich ja im Prinzip immer auf die jeweils letzte Erkenntnis bezieht. Selbstverständlich hortet jede Wissenschaft eine große Summe ebenfalls bewährter Erkenntnis; diese aber kann – prinzipiell – immer auch umgestoßen werden: durch neue Erkenntnis. Es scheint so, als würde diese Chance der Erkenntnis-Neuerung mit der Spezialisierung steigen. Der allgemeine Rahmen einer jeweiligen Disziplin mag gefestigt sein; aber spezielle Zusammenhänge werden immer wieder durchforscht und bringen neue Erkenntnisse zustande. Um nur ein Beispiel zu nennen: wieviel ‚Theorien' über die Wirkungsweise des menschlichen Gehirns sind in den letzten fünfzig Jahren als neueste Erkenntnis vorgebracht und dann überholt worden! So hoch auch das Interesse der Wissenschaft an Erkenntnis-Wahrheit, das heißt an dauerhafter, unumstößlicher Erkenntnis ist, weiß doch jeder ernsthafte Wissenschaftler, wie vieles vorläufig, hypothetisch ist und vielleicht auch bleibt.

Im Bereich des Handelns scheint es nun sowohl Wissenschaftsgläubigkeit wie Wissenschaftsskepsis zu geben – ein eigenartiges Phänomen, denn einerseits hat wissenschaftliches Wissen nichts mit Gläubigkeit noch mit Skepsis zu tun, sondern mit geprüfter Erkenntnis, andererseits aber würde die menschliche Haltung der Skepsis der modernen wissenschaftlichen Erkenntnisgewinnung eher entsprechen. Der Handelnde mag ein gewisses Maß an Skepsis neuen Erkenntnissen entgegenbringen: damit reicht es aber nicht weit. Denn würde er dieselbe Skepsis anwenden, mit der ein Wissenschaftler arbeiten muss, dann stünde es um sein Tun schlecht: handeln muss er ja. Er kann den großen ‚Mann ohne Eigenschaften' (Musil), der angesichts der Aufgabe sorgfältiger Erkenntnis sich mehr und mehr jede Möglichkeit zu Handeln versperrt, schlecht nachahmen. Die Konsequenz aus dieser Situation scheint zu sein, dass so manche ‚handwerkliche' Menschen sich auch vor Erkenntnissen verschließen, die ihnen nützen könnten: das Bewährte steht immer zur Verfügung, eben als Bewährtes.

IV. Beispiele für das Verhältnis exakter Wissenschaften und Handwerk

Unsere Neuzeit erlebt auf dramatische Weise nicht nur, wie sehr das Wissen vom Handeln abgekoppelt ist, sondern welche Folgen es hat, wenn die handwerkliche – man könnte auch sagen: technische – Seite geringgeschätzt wird. Die Atomphysiker z. B. fanden heraus, dass Kernverschmelzung möglich ist: mit Papier und Bleistift. Und sie nahmen an, dass dies auf ungefährliche Weise in die konkrete Wirklichkeit umgesetzt werden könne. Sie waren, – das wird auch nicht von ihnen erwartet – keine Handwerker. Welche Gefahren unvermeidbar waren: davon haben wir drastische Proben bekommen. Als harmloses Gegenbeispiel: wenn ein Architekt eine neue Konstruktion einer Treppe als geniale Leistung erfindet, tut er gut daran, handwerklich zu prüfen, ob diese Treppe das leistet, was eine Treppe zu tun hat: dass sie von Menschen benutzt wird, ohne zusammenzubrechen. Es gibt also einerseits Erkenntnisse und andererseits deren Umsetzung oder Anwendung im Handeln. Das Problem der Vermittlung stellt sich deutlich.

Wie ‚wissenschaftlich' sind denn nun die Wissenschaften? Wenn das Wissenschaftliche einen solchen hohen Rang zuerkannt bekommt, könnte es sein, dass – allzumenschlich – manches als ‚wissenschaftlich' ausgegeben wird, was diesen Titel doch nicht verdient. Es lohnt sich, daraufhin die Wissenschaften genauer anzusehen. Dass man einiges – handwerkliche – Können benötigt, um die Erkenntnisaufgabe zu bewältigen, versteht sich (fast) von selbst. Insofern ist Wissenschaft nie frei vom Handwerklichen. Aber Wissenschaften beschäftigen sich ja nicht nur mit Erkenntnisgewinn! Ist nicht etwa die *Jurisprudenz* weit eher eine Kunstlehre, will sagen: ein Handwerk, als eine Institution der Erkenntnisgewinnung? Die alles andere als gering zu schätzende Fertigkeit der Auslegung und der Anwendung von Gesetzen entspricht völlig dem, was im allgemeinen dem Handwerklichen zuzuschreiben ist: nicht nur handelt es sich um die Kenntnis der entsprechenden Gesetze, die ein Jurist kennen muss wie der Handwerker seine Materialien, sondern vielmehr um die Fähigkeit, alle Umstände angemessen zu berücksichtigen. Der Erkenntnisgewinn spielt den Kenntnissen und deren Anwendung gegenüber eine untergeordnete Funktion.

Wesentlich problematischer erscheint das Verhältnis von (wissenschaftlicher) Erkenntnis und (handwerklicher) Anwendung in der *Medizin*. Das in seinen Dimensionen kaum zu fassende Forschungspotential bringt Tag für Tag neue Erkenntnisse auf allen spezialisierten Gebieten der Medizin hervor. Der Arzt, der sich diese Erkenntnisse für sein Handeln völlig zu eigen machen wollte, könnte – etwas grob ausgedrückt – seine Praxis halbieren und den Rest der Zeit (von der übrigen Informationsschwemme abgesehen) einem permanenten Studium widmen. Aber er ist ja nicht nur Anwender spezieller Erkenntnisse der Medizin. Er hat es mit konkreten Menschen und deren Organismus zu tun. Für ihn sind die allgemeinen Erkenntnisse der Medizin immer zu allgemein: *die Realität ist um einiges variabler* als es die *Schemata* sind, die er gelernt hat. Außerdem muss er, wie es dem Handwerklichen entspricht, biographische und soziale Details des Patienten kennen, dazu einige Krankenversicherungs-Details. Hinzu kommt, dass die neuesten Erkenntnisse der Medizin keinesfalls endgültige Erkenntnisse sind; es kann Jahre brauchen, bis kleinste Forschungsergebnisse (die vielleicht auch viel zu früh publiziert werden) sich nun wiederum bewährt haben. Die Skepsis auch des Mediziners-als-Handwerkers ist angebracht; und in vielen Fällen wird er sich immer noch auf das bewährte Wissen verlassen, selbst wenn dies ,überholt' sein könnte. Als praktizierender Arzt imponiert er sicher eher, wenn er all die guten Eigenschaften eines Handwerkers in sich vereinigt, als wenn er bedenkenlos der Forschung folgen würde. Das Verhältnis von Wissenschaft und (ärztlicher) Handlung scheint sich aber bei denjenigen zuzuspitzen, die zugleich Forscher und praktizierende Ärzte sind: ihr Prestige erhalten sie als Wissenschaftler, aber manchmal sind ihre handwerklichen Fähigkeiten den ,theoretischen' weit überlegen (oder umgekehrt).

V. Das Missverhältnis von allgemeiner Erkenntnis (Theorie) und Handlungsrealität am Beispiel der Pädagogik

Am problematischsten ist das Verhältnis von Wissenschaft und Handwerk in den weniger exakter Wissenschaften, deren Erkenntnisse sich allzu leicht in Theorien bündeln und als solche auf die Praxis einwirken. Es ist kein Einwand gegen diese Wissenschaften zu erheben, soweit sie zum Zweck und infolge der Erkenntnisgewinnung Zusammenhänge – als Theorien – zu rekonstruieren versuchen. Diese sind aber weitab von jeder Anwendung. Während immerhin die Erforschung der Wirkung eines chemischen Stoffes auf bestimmte Zellen zwar weit von der konkreten Realität abstrahiert, dennoch aber sich auf etwas konkret Auffindbares bezieht – die dem zugrunde liegende Theorie hat sich längst bewährt -, ist die Beeinflussung psychischer Konstellationen von jeder konkreten Realität unfassbare Distanzen entfernt. Die Pädagogik ist dasjenige Feld, auf dem jedem (kritischen) Beobachter ein *Missverhältnis von Theorie und Handlungsrealität* am deutlichsten auffallen muss: *Der Lehrer ist Handwerker* im wahrsten Sinne unseres Modells. In jedem Moment seines Unterrichts hat er es mit einer fast unüberschaubaren Realität zu tun. Eine größere Anzahl von Schülern soll etwas lernen – als jeweilige Individuen. Er selbst hat, soweit er heute an Universitäten ausgebildeter Lehrer ist, einige Schemata studiert, die den Rahmen seiner Tätigkeit abgeben. Dabei ist für ihn nicht besonders wichtig, ob diese Schemata auf wissenschaftliche Weise gewonnen oder Übernahme bewährter Praxis bedeuten. Ähnlich dem Juristen gibt es einiges, das er können muss, um seinen Beruf auszuüben. Nun hat die Entwicklung von Psychologie (im weitesten Sinne, Tiefenpsychologien eingeschlossen) einige Erkenntnisse zutage gebracht, die sich zu neuen pädagogischen Theorien bündeln lassen. Gleichzeitig gibt es neue politische oder philosophische Weltanschauungen, die als Theorien gelten, denen er unter Umständen gerecht zu werden versucht. Indem er nun solche (nur als vermischt einzuschätzende) Wissenschaftlichkeit studiert und eventuell weiter verfolgt: wird er dadurch zum besseren Lehrer? Oder gerät er nicht eher in die Situation dessen, der sich im Allgemeinen wohl auskennt, im Konkreten aber umso weniger?

Ich könnte andere Wissenschaften heranziehen – sofern die Gegenstände ihrer Erkenntnis etwas mit gesellschaftlicher Praxis zu tun haben. Sei es nun Politikwissenschaft oder Ökonomie. Immer bleibt die Kluft zwischen allgemeiner Erkenntnis und konkreter Realität, gleich, ob es sich um exakte oder mehr spekulative Wissenschaften handelt. Das weite Feld der wissenschaftlichen Beratung könnte hinreichend lehren, welch Missverhältnis besteht, wenn mit offenen Karten gespielt würde. Das aber unterbleibt, so lange sich ein Politiker mit wissenschaftlichen Gutachten schmücken kann – unabhängig davon, was er denkt. Er könnte diese Inszenierung nicht vornehmen, wenn nicht das Ansehen der Wissenschaft höher wäre als das des Handwerks: denn dass der Politiker dann am besten ist, nicht wenn er promoviert hat, sondern wenn er ‚sein Handwerk versteht‘ wird immer noch übersehen.

VI. Wenn das Konkrete vergessen wird

Eigentlich ist die Unterscheidung von Allgemeinem und Konkreten noch etwas zu schwach, um die Gefahren der Vermischung von Wissen und Können, besonders die der ‚Verwissenschaftlichung' völlig deutlich zu machen. Aber nur diese abstraktere Unterscheidung liefert die Möglichkeit, genau zu beschreiben, um was es geht. ‚Konkret' meint, sofern Menschen im Spiel sind, die *Nicht-Hintergehbarkeit des Einzelnen* als Individuums, wie es zu den zentralen Werten (mindestens) der neueren Zeit gehört. Konkretes Handeln gegenüber einem Menschen steht somit unter dem Postulat, ihn als solchen ernst zu nehmen. Genau dies kann aber keine Wissenschaft; sie ist nicht dazu angetreten und sie wäre überfordert. Es gibt in der Realität nicht ‚das begabte Kind', sondern es gibt nur Else oder Fritz, die begabt genannt werden. Es gibt in der Realität auch keine Aggressivität, sondern es gibt, solange wir das Individuum nicht unterlaufen oder hintergehen, nur Moritz, der durch aggressives Verhalten auffällt. Die drastischen Verzerrungen in der Medizin sind bekannt: Es ist ‚die Galle von Zimmer 17'. Niemand wird leugnen, dass es den Spezialisten für Galle geben muss, der alle, aber auch alle Möglichkeiten von Funktionen und Störungen dieses Organs sorgfältig erforscht. Seine Erkenntnisse als Wissenschaftler sind unentbehrlich. Aber wenn es um Frau Siber aus Zimmer 17 geht, dann handelt es sich nicht um eine Galle sondern um ein Individuum mit einer Galle. Umgekehrt argumentiert: wenn immer es sich um wissenschaftliche Erkenntnis handelt, muss von der *Individualität* abgesehen werden! Daran führt kein Weg vorbei. Folglich kann es ein Handeln diesem Individuum gegenüber, das unseren sachlichen und moralischen Vorstellungen entspricht, *nur* in der Sphäre des *Handwerklichen* geben, das sich dadurch auszeichnet, vielleicht nicht gerade mit den neuesten Erkenntnissen zu operieren, aber das Konkrete im Zentrum seines Bewusstseins zu haben. *Verwissenschaftlichung* unserer Handlungen würde – und dafür gibt es hinreichend Beispiele – zu einer *Destruktion,* dessen führen, was wir als unaufgebbares Gut *des Menschen* ansehen.

VII. Anwendung auf TZI als Lebendiges Lernen

Viele verstehen TZI als Gruppenpädagogik. Was also muss der Gruppenleiter wissen, was muss er können, um dieser Aufgabe nach bestem Wissen und Gewissen gerecht werden zu können? Wissenschaftliche Erkenntnisse über Gruppen, die er ‚anwenden' könnte, sind nicht besonders üppig: Man mag an Morenos Soziogramm denken, an Bions psychoanalytische Gruppentheorie und einiges wenige mehr. Was wir in der TZI-Ausbildung über gewisse ‚Gesetzmäßigkeiten' lernen, ist weitgehend handwerkliches Erfahrungswissen: über die optimale Gruppengröße, warum Kleingruppen über 6 Mitgliedern einen Leiter brauchen, was beim Wechseln der Strukturen geschehen kann, was ‚Störungen' sind und bedeuten ... Diese und manche weitere Kenntnisse übernehmen wir von erfahrenen Gruppenleitern. Und jeder weiß, dass es vor allem darauf ankommt, diese Kenntnisse mit hoher Sensibilität für die konkrete Situation anzuwenden. Schon in dieser Hinsicht trägt die TZI-Ausbildung unverkennbar die Züge des Handwerklichen.

TZI ist aber auch Lebendiges Lernen mit Menschen. Welcher Art sind die Erkenntnisse, die es uns möglich machen, den Individuen in den Gruppen gerecht zu werden zu versuchen? Kein Zweifel: Von der Motivationspsychologie über die verschiedenen Schulen der Tiefenpsychologie (Freud, Jung und andere) bis zur Humanistischen Psychologie gibt es viel wichtige allgemeine, wissenschaftliche Erkenntnis, die wir nutzen. Aber in diesem Fall ist Vorsicht geboten: Wie weit handelt es sich um zweifelsfreie Erkenntnis? Wie weit um begründete Ansichten, die nicht jeder teilen muss? Oder wie weit müsste man auch interessante, wichtige Äußerungen von Therapeuten als Aussagen erfahrener Handwerker gelten lassen? Solange wenigstens die verschiedenen ‚Schulen' im Streit liegen, Besserwisserei durchaus an der Tagesordnung ist, empfiehlt es sich, das ‚Wissenschaftliche' nicht allzu problemlos gelten zu lassen. Auch hier trifft für den Gruppenleiter zu, was für den Handwerker im allgemeinen gilt: Er selbst muss ‚an Ort und Stelle', d. h. in den konkreten Situationen in völlig eigener Verantwortung wissen, welche bereitliegende Erkenntnis, ob die allgemein-wissenschaftlicher Art oder die bewährter handwerklicher Erfahrung er gelten lässt. Nie kann er sich auf ein Kompendium wissenschaftlicher Erkenntnisse berufen, wenn etwas schief geht. Und deswegen plädiere ich dafür, gerade in einer Welt, in der Theorien so viel gelten, TZI als Handwerk anzuerkennen.

VIII. Warum nicht: Wissenschaft und Handwerk Hand in Hand?

Aber noch einmal zurück zum allgemeineren Rahmen: Wenn es allgemeine Miseren in der Ausbildung an Schulen und (besonders) Hochschulen gibt: dann liegt hier die Wurzel. Die altehrwürdige Tradition der Juristen scheint noch den realen Erfordernissen am nächsten zu sein: man lernt ein intellektuell einigermaßen anspruchsvolles Handwerk. Bei den Medizinern herrschen allgemein große Zweifel, ob ‚gute Ärzte' gefördert werden oder wissenschaftlich vollgestopfte Spezialisten, deren Köpfe weitaus besser trainiert werden als deren Hände. Bei den Theologen zerrt das Bedürfnis nach Praxis am Bedürfnis, die Buchstaben- und Wortgelehrtheit zu erlernen. Am ärgsten trifft diese Überlegung den Lehrerstand und die pädagogischen Berufe: Zehn oder mehr Semester studiert man ‚wissenschaftlich' und dann lernt man im Schnellkurs eines Jahres (oder etwas länger) die unendlich schwere Praxis des Lehrens. Und wie viele Sozialarbeiter, Heimerzieher, Kindergärtnerinnen werden mit wissenschaftlichen Erkenntnissen traktiert, die ihre spätere Praxis nur mäßig durchleuchten. Der Trend der vergangenen Jahrzehnte ist eindeutig: wer etwas gelten will, muss Anteil an der Wissenschaft haben.

Hier Handeln-Können, dort Erkenntnis-Gewinnen, allgemeine Gesetzmäßigkeiten überschreiten, wenn es der Augenblick verlangt, dort alle Unregelmäßigkeiten noch auf Gesetze zurückführen: eine solche Einsicht würde nicht gestatten, das eine höher zu stellen als das andere. Aber wodurch wird unser Leben gestaltet, wodurch ist unsere Welt so, wie sie ist? Durch Wissen oder durch Handeln? Eben durch Handeln: die törichteste Handlung ist immer noch wirksamer als jedes ungenutzte Wissen! Und *kein Erkenntnisgewinn,* – der unvermeidlich im Verborgenen des Individuums stattfindet – *ist brauchbar, dem nicht ein Vermitteln-Können entspricht.* Die Konsequenz: nur noch praxisbezogen Wissenschaft fördern, wie es zur Zeit üblich ist, oder gar reine Praktiker ausbilden? Das wäre ein Kurzschluss. Zu jedem praktischen Handeln gehört ein entsprechender Anteil von Wissen und Erkenntnis, – ohne Zweifel. Und die intelligente Praxis ist auf jeden Fall der einfältigen vorzuziehen. Niemand kann bezweifeln, dass es sehr viele Tätigkeiten gibt, die ein ungewohnt hohes Maß auch wissenschaftlicher Erkenntnis voraussetzen. Und ebenso wenig ist zu bezweifeln, dass manche Praxis von heute unmöglich wäre, wenn ihr nicht wissenschaftliche Erkenntnis vorausgegangen wäre, die sich um Anwendung nicht im Geringsten gekümmert hat.

Das Problem ist ein zweifaches. Erstens, wie wird Handlungskompetenz erworben: wie lernt ein Arzt, ein Lehrer, vielleicht sogar ein Politiker das, was er können muss, um – ganz im klassischen Sinn – ein guter Arzt', ein ‚guter Lehrer', ein guter Politiker' zu werden? (Wenn man sich nicht auf die Position zurückzieht, dass dies persönliche Begabung sei, somit nicht gelernt werden könne.) Zweitens, wie kann die notwendige wissenschaftliche Erkenntnis auf die gute Praxis, das wohlverstandene Handwerk bezogen werden? Daraus folgt die Frage, wie denn Ausbildung gestaltet werden müsste, die auf beide Fragen eine optimierende Antwort zu geben in der Lage ist. Das aber wird erst dann die Gemüter bewegen können, wenn das eintritt, was man mit dem etwas zu großen Wort ‚Wertewandel' tituliert. Wenn die Wissenschaft auf den Rang gestuft wird, den sie auch ausfüllen kann: bei höchsten intellektuellen Ansprüchen nicht den höchsten Rang zu beanspruchen, eher ihn zu verweigern. (Alle guten und produktiven Wissenschaftler wissen, wie ungenügend ihr Wissen ist und würden immer davor warnen, von ihren derzeitigen Erkenntnissen allzu schnell Gebrauch zu machen.) Sofern Wissenschaftler sich nicht über das Handwerk, sondern ihm zur Seite stellen, würden sie aufhören, zu fordern, man müsse sie verstehen, so lange sie nicht alles getan haben, sie angemessen verständlich zu machen. Die Ehrfurcht vor der Geheimniskrämerei, mit denen sich so manche Wissenschaften verkleiden, um ihre angebliche Würde zu demonstrieren, schwände. Das aber hätte auch zur Folge, dass die Vertreter der Praxis, seien es Politiker, Ärzte, Lehrer, Richter etc. sich in der Verantwortung für ihr Tun nicht hinter Wissenschaftlichkeit verstecken müssen. Was zählt ist, was sie können. Wie heißt es bei Richard Wagner? „Verachtet mir die Meister nicht. Und ehret ihre Kunst". Die Meistersinger können als Lehrstück dafür gelten, dass die Anerkennung des Könnens keine ‚Beckmesserei' sein muss. Auch das Geniale, durch Stolzing repräsentiert, findet dank des Einsatzes von Hans Sachs Anerkennung: erst dann, wenn es selbst als handwerkliches Können auftritt.

Anthropologie und Soziologie der Sinne –
Plessner und Simmel

Es gibt eine eher verdeckte als offene Beziehung zwischen Georg Simmel und Helmuth Plessner, die von größerem zugleich anthropologischen und soziologischen Interesse sein könnte.[39] Diese Verbindung ist mit den Stichworten „Soziologie der Sinne"[40] und „Anthropologie der Sinne" bzw. „Einheit der Sinne" (Grundlagen einer Ästhesiologie des Geistes) bei Plessner[41] gegeben.

1.

Ich gehe von zwei Gemeinsamkeiten und einer Gegensätzlichkeit zwischen Simmel und Plessner aus, die das Argumentative und das Inhaltliche betreffen. Zur Argumentation: Simmel steht in unmittelbarer Nähe zu Wilhelm Dilthey, und Plessner stellt sich ausdrücklich in dessen Nachfolge[42] indem es darum geht, eine Wissenschaft vom Menschen von der naturwissenschaftlichen Erklärungsweise abzugrenzen. Gerade an dieser Stelle ist ein grundsätzlicher Gegensatz festzustellen: Während Simmel – es sei denn er beschäftigte sich mit großen Philosophen – von der Auseinandersetzung mit anderen Theoretikern nicht das Geringste spüren lässt, besteht Plessners Arbeit gerade im anthropologischen Bereich darin, sich mit Hilfe vorhandener Forschungsergebnisse aus Biologie und Psychologie gewissermaßen aus diesen herauszuarbeiten. Auf diese Weise bietet Plessner den Vorteil oft wesentlich schärferer Konturierung. (Durch das Nein wird das Ja verstärkt.)

Zur inhaltlichen Gemeinsamkeit: Welchen Platz die Seele und das Seelische in Simmels Erörterung einnehmen, ließe sich an unzähligen Stellen belegen. Das ganze Werk ist davon durchzogen wie von einer unbezweifelbaren Selbstverständlichkeit (die dennoch in der Simmel-Rezeption merkwürdig wenig Entsprechung gefunden zu haben scheint – als müsse das Wort „Seele" gemieden werden). Wie wichtig „Seele" ist, wenn es darum geht, das Zwischenmenschliche nachzuzeichnen, wird

---

[39] Wie weit Plessner von Simmel angeregt wurde, ist mir unbekannt. Bisher habe ich keinen literarischen Verweis gefunden.
[40] G. Simmel, Soziologie (1908), Exkurs S. 722-742
[41] H. Plessner, Gesammelte Schriften III, Frankfurt a. M. 1981
[42] H. Plessner, Grenzen der Gemeinschaft. Eine Kritik des sozialen Radikalismus, in: ders., Gesammelte Schriften V, Frankfurt a. M. 1981, S. 165 f

bei Plessner in einer Weise formuliert, die auch bei Simmel zu lesen sein könnte[43], und in Auseinandersetzung mit der Psychologie, die – so Plessner – an die „Denk- und Anschauungsformen der dinglichen Welt" gebunden ist, verweist er auf die „seelische Seinsfülle": „Aus einem unauslotbaren Quellgrund, dem Inneren, steigen ihre schwer fassbaren Gestalten ins Licht des Bewusstseins..."[44]

Von diesem gemeinsamen Ansatz her ist die Bestimmung des Gesellschaftlichen ohne Anteile der Seele undenkbar; und mit der Seele ist eine wesentliche, wenn auch nicht alleinige, Begründung für dasjenige abgegeben, worauf Plessner als Fundament aller Anthropologie insistiert: die Unergründlichkeit.[45]

2.

Wie gelangen wir nun von der Seele, ihrer Unergründlichkeit, zur Soziologie der Sinne? Der Weg ist bei Plessner klar nachgezeichnet: sofern zwischen den Menschen die Sinne eben auch Seelisches vermitteln. Das liest sich schlicht etwa in dem Satz: „So hören wir irgendwo das Wort eines Kindes, sehen die Geste einer leidenden Frau, das flammende Pathos eines Volksredners und sind gepackt und hingerissen, herausgenommen aus der distanzierten Haltung und konfrontiert mit dem letzten der Seele selbst."[46]

Eine theoretische Begründung ist dagegen alles andere als einfach: sie bedarf der gründlichsten anthropologischen Erörterungen, wie Plessner sie in seinem wohl schwierigsten Werk, „Die Einheit der Sinne. Grundlagen einer Ästhesiologie des Geistes" 1923 durchgeführt hat. Ich greife nur eine wichtige Stelle heraus: „Im leiblichen Ausdruck prägt sich psychischer Gehalt aus... Darstellbar (intersubjektiv) ist dabei stets nur das Bild am Ausdruck und durch die Ausprägung in ihm, präzisierbar der psychische Gehalt, welcher ja keineswegs, wie gewöhnlich angenommen wird, 'in mir' seinen Sitz hat, sondern interiadividuellen Wesens ist, wenn auch nur von Individuen erlebt wird.[47] (Was Plessner an dieser Stelle am Ausdruck des Zorns kurz demonstriert, finden wir in einer seiner bekanntesten Schriften, „Lachen und Weinen", fast zwanzig Jahre später – 1941 – umfassend ausgeführt.)

Für uns ist jetzt wichtiger der Hinweis auf das „interindividuelle Wesen" des Psychischen: also eine Realität, in der Individuen miteinander verbunden sind. „...teilt sich interindividuell die seelische Gestaltfalle den Personen mit, Erregung,

---

[43] "Soweit die Seele geformt ist ... sie ist mehr als diese geformte Wesenheit, sie ist der Urquell dazu, der Urgrund von Fähigkeiten, die Gestalt werden könnten, ohne Gestalt zu werden." H. Plessner, Grenzen-der Gemeinschaft, a.a.O., S. 59

[44] Ebenda, S. 62

[45] Siehe H. Plessner, Macht und menschliche Natur, in: ders., Gesammlte Schriften V, S. 161 ff, 181 ff, 184

[46] Ebenda, S. 72

[47] H. Plessner, Die Einheit der Sinne. Grundlagen einer Ästhesiologie des Geistes, in: ders., Gesammlte Schriften M, S. 80

Kummer, Laune, Verstocktheit, Zuneigung des einen zeigt sich dem anderen, weckt Anziehung und Abstoßung.[48]

Hier also ist der Andere, im Zugang über die objektbezogene Erkenntnis hinaus; nicht mehr als Gegenstand, sondern als Gestalt, die symbolische Bedeutung hat. Es ist der Andere, der bei Plessner überall gegenwärtig ist, auch wenn sich die anthropologische Arbeit wesentlich auf das Individuum, sein Verhältnis zu sich selbst und zur Welt im Ganzen bezieht. Es ist der Andere im seelischen Zusammenhang, ohne dessen Qualität das Gemeinschaftliche gar nicht erst in den Blick kommen könnte. Und darin ist ja auch die theoretische Begründung enthalten, warum jede Soziologie, die Gesellschaftsstrukturen als Bewußtseinsstrukturen zu ermitteln versucht, mit dem Problem, das in den „Grenzen der Gemeinschaft" behandelt wird, sich nicht so recht beschäftigen kann.

3.

In seiner „Anthropologie der Sinne" von 1970[49], einer verhältnismäßig kleinen Schrift, geht nun Plessner der Frage nach, welche spezifische Vermittlung zwischen Mensch und Welt durch die je konkreten Sinne gegeben ist. Er behandelt vorwiegend das Sehen und Hören[50,] wobei dem Sehen noch das Tasten beigesellt wird; Riechen und Schmecken werden angedeutet. Aus dieser Satz für Satz reichhaltigen Schrift möchte ich nur weniges hervorheben. das erste: die „Mannigfaltigkeit der Sinne", die nicht ohne Schaden für die Anthropologie verkürzt werden kann[51], das zweite: das Fern-Nah-Verhältnis, wie es durch Sehen und Tasten vermittelt wird und dessen Gegensatz das Hören darstellt[52.] Diese Hören stellt gleichzeitig ein anderes Selbstverhältnis dar: „Der Laut kehrt zum Ohr zurück."[53] Und es entspricht der Vernachlässigung des Hörens, daß Plessner, wie bereits in der „Einheit der Sinne", sich auch hier der Musik in ihrer anthropologischen Bedeutung besonders annimmt.

Was ich hier skizziere, ist alles andere als erschöpfend: der Plessnersche anthropologische Grundgedanke müsste ausführlicher behandelt werden, um die Konstruktion des Zusammenhangs hinreichend plausibel zu machen. Aber das hier Ausgehakte genügt vielleicht, um das Verhältnis zu Georg Simmels „Soziologie der Sinne" herzustellen.

---

[48] Ebenda, S. 83 f
[49] H. Plessner, Anthropologie der Sinne, in: ders., Gesammelte Schriften III, S. 321-393
[50] Ebenda, S. 333 ff bzw. 343 ff
[51] etwa ebd., S. 335 mit Bezug auf Husserl und S. 343: "die Überbewertung des AugeHand-Feldes"
[52] ebd., S. 344: "Im Hören fällt das Moment des Abstandes fort".
[53] ebd., S. 345

4.

Für Simmel erscheint das Anthropologische unproblematisch: er setzt es in seinem Verständnis als evident. Sein kurzer „Exkurs über die Soziologie der Sinne" aus der Soziologie von 1908 setzt nicht bei dem gewohnten Mensch-Welt-Verhältnis an, sondern bei dem Verhältnis Mensch-Mensch. Sein – wenn man so sagen darf – soziologischer Maßstab ist mit dem Stichwort „Wechselwirkung" eindeutig gegeben. So interessiert ihn am Auge nicht nur, was es sieht, sondern was es ausdrückt, indem es sieht – im Bezug auf den Anderen: „Man kann nicht durch das Auge nehmen, ohne zugleich zu geben. Das Auge entschleiert dem Menschen die Seele, die ihn zu entschleiern sucht" und „Wer den anderen nicht ansieht, entzieht sich wirklich in gewisser Weise dem Gesehenwerden."[54]

Sehen und Gesehenwerden, Wahrnehmen und Ausdruck sind also bereits im Blick (besonders in dem „Auge in Auge") vereint. Was das Sehen des Anderen betrifft: es bezieht sich umfassend auf das, was der Andere in seiner Gestalt ausdrückt. Simmel formuliert, Maß das allgemeine, übersinguläre Wesen des Individuums sich stets in der Sonderfärbung seiner momentanen Stimmung, Erfülltheit, Impulsivität darstellt, dass das Einheitlich-Feste und das Fließend-Mannigfaltige unserer Seele als absolutes Zugleich, sozusagen das eine immer in der Form des anderen, sichtbar wird."[55] Die Verschmelzung des Kognitiven und des Emotionalen ist unübersehbar.

Auch das Hören wird soziologisch angegangen, und zwar in Vergleich zum Sehen, an der zentralen Stelle: Aug' in Aug': „In soziologischer Hinsicht scheidet sich weiterhin das Ohr vom Auge durch den Mangel jener Reziprozität, die der Blick zwischen Auge und Auge herstellt." Daraus folgert er: „das Ohr (ist) das schlechthin egoistische Organ".[56] Der Zugang zur Welt ist – in der Ergänzung – durchaus unterschiedlich. Simmel schreibt vom „soziologische(n) Gegensatz zwischen Auge und Ohr: dass dieses uns nur die in der Zeitform gebannte Offenbarung des Menschen bietet, jene aber auch das Dauernde seines Wesens, den Niederschlag seiner Vergangenheit in der substantiellen Form seiner Züge..."[57] Und wie sehr das Dauernde als Beruhigendes von Bedeutung ist, beschreibt er am Beispiel des Blinden, dem diese abgeht.

Simmel geht nun noch einen Schritt weiter, indem er einen – wie er schreibt – „niederen" Sinn einbezieht: den Geruchssinn. Ihm, der „nicht von sich aus ein Objekt (bildet), wie Gesicht und Gehör es tun, sondern sozusagen im Subjekt (bleibt), ihm schreibt er zu, „instinktmäßig" Antipathien und Sympathien zu vermit-

---

[54] G. Simmel, Soziologie, in: ders., Gesamtausgabe II, Frankfurt a. M. 1992, S. 724, siehe auch S. 730
[55] ebd., S. 726
[56] ebd., S. 729 f
[57] ebd., S. 726

teln.[58] Den Geruch eines Menschen zu mögen oder nicht zu mögen wirkt sich im Verhältnis zu Nähe und Abstand aus; er ist „von vornherein schon ein auf größere Nähe, dem Gesicht und Gehör gegenüber, angelegter Sinn."[59] Zum Abschluss des Exkurses bezieht Simmel noch den „Geschlechtssinn" ein, gerade im Anschluss an den Geruchssinn. Denn dessen soziologische Bedeutung – eben als Sinn und" nicht als Trieb – zeigt sich in dem räumlichen Verhältnis der Menschen zueinander: Körperliche Nähe und Geschlechtssinn sind unmittelbar miteinander verbunden. Was zur Folge hat, dass dort, wo geschlechtliche Begegnung unerwünscht ist, räumliche Distanz gefordert wird, bzw. durch ein Tabu ausgegrenzt wird.

5.

Dies alles sind nun wiederum nur grobe Züge dessen, was Simmel zur Soziologie der Sinne ausfiltert, – in diesem kleinen Kapitel von kaum abschätzbarer Bedeutung. Meine Absicht war es, zu zeigen, wie von verschiedener Seite die Sinne in das Blickfeld soziologischen Denkens rücken. Ich sehe zwischen Plessner und Simmel bei allem verschiedenartigen Vorgehen keinerlei Widerspruch, sondern eine geradezu aufregende Ergänzung, die weiterhin von anderen Seiten erweitert werden könnte, – ich denke etwa an Sartres Ausführungen zum Blick einerseits und manche psychologische Studien der neueren Zeit –, was insgesamt zu einer noch besseren Durchdringung: von Anthropologie und Soziologie fuhren würde. Und dies erscheint mir bei der Vielfalt von aufgesplitterten Erkenntnissen zur besseren Fundierung unserer Wissenschaft durchaus wünschenswert.

---

[58] ebd., S. 733
[59] ebd., S. 735

Das Soziale in einer Gesellschaft und seine Auswirkungen in Familie, Beruf, Freundschaft und Freizeit

Über die wechselseitigen Einflüsse und Bedingungen von Politik, Wirtschaft und Kultur

Vortrag, gehalten in der PfalzAkademie, Lambrecht, 9. Mai 1997

1. Das Soziale als Selbstverständliches

Das Soziale gibt es nur, wenn es auch das Unsoziale und das Asoziale gibt. Denn dort, wo Menschen in einiger Selbstverständlichkeit leben, leben sie ohnehin als Sozi, als Gefährten, als Menschen, die das Leben teilen. Und dann ist eine besondere Kennzeichnung des Sozialen überflüssig. Diese Selbstverständlichkeit gibt es – vielleicht nicht oft genug – und es hat sie mit aller Deutlichkeit in menschlichen Kulturen immer gegeben: solange nämlich Menschen wissen, dass sie zusammenhalten müssen, damit auch jeder Einzelne überlebt. Um das festzustellen muss man nicht zu irgendwelchen Stammesgesellschaften gehen, die von der neuzeitlichen Welt noch nicht erfasst sind. Wir finden in der eigenen Geschichte, vor etwa 600 Jahren, im Mittelalter, als viele Umbrüche in der mediterranen Welt und darüber hinaus geschahen, einen arabisch-islamischen Gelehrten, er hieß Ibn Chaldun, der angesichts von beunruhigenden Veränderungen ein Charakteristikum benannte, durch welches sich diejenigen Menschengruppen auszeichneten, deren Zusammenhalt bemerkenswert stabil war. Er nannte dies die 'Aserbija', zu übersetzen etwa mit 'Zusammengehörigkeitsgefühl'. Er fand die Aserbija bei den Nicht-Sesshaften, den Nomaden, – eben im Unterschied zu denen, die sesshaft geworden waren. Denn dort litt die Aserbija Schaden. Seine Erklärung entspricht genau dem, was ich eben gesagt habe: Die Nomaden leben in einer ungesicherten Welt. Und in der ungesicherten Welt muss man nun mal zusammenhalten. Werden die Menschen sesshaft und bekommen dann die Unsicherheit durch Wetter und drohenden Nahrungsmangel nicht mehr unmittelbar zu spüren, dann lässt das Gefühl der Zusammengehörigkeit nach.

Der Hinweis auf die Selbstverständlichkeit des Gegenseitigen bedeutet nun keinerlei romantische Verharmlosung. Diese Menschen waren nicht unbedingt immer nett und nachsichtig gegeneinander. Es ging hart und streng zu. Und wenn es Mitglieder der Gesellschaft gab, die – wie man inzwischen sagt – 'lebensuntüchtig' waren, dann ließ man sie auch im Stich; kleine missgebildete Säuglinge hatten oft keine Chance zum Überleben. Denn zum Überleben einer Menschengruppe war es unerlässlich, dass jeder auch seinen Beitrag zum Überleben aller leisten konnte. Aber eines ist gewiss: Wenn die Nahrung knapp war, hatten alle wenig zu essen. Und wenn Nahrung reichlich da war, konnten alle davon profitieren.

2. Das Soziale in der modernen Gesellschaft

Von solchen geschlossenen Gesellschaften, man spricht auch von undifferenzierten (im modernen Sinn) Gesellschaften, sind wir weit entfernt. Unsere Gesellschaften sind durch und durch gespalten. Die Menschen sind nicht mehr in einer Religion verbunden – was früher selbstverständlich war – und in dieser Verbundenheit aufeinander angewiesen. (Ich denke zum Beispiel daran, dass Armenspeisung zu einem der wichtigsten Gebote im Islam gehört.) Es gibt krasse Unterschiede zwischen erstens nicht wenigen, sondern recht vielen privilegierten Reichen, zweitens einem großen Teil der Bevölkerung, dem es durchaus gut geht, und drittens einer beträchtlichen Anzahl von Ärmeren und Armen. Die medizinische Versorgung, die sich ja in einem früher unbekannten Maße ausgedehnt hat kommt auch nicht allen in gleichem Umfang zu. (Es gab ein Buch mit dem Titel: Weil du arm bist, musst du früher sterben.) Es gibt, wie bekannt, die Kluft zwischen denen die sichere Arbeitsplätze haben und denen, die über lange Zeit arbeitslos sind. Es gibt Interessengruppen, die nur ihr eigenes Interesse im Sinn haben und manche, die nicht einmal in Interessengruppen organisiert sind. (Keinen Verband der Sozialhilfeempfänger, keine Arbeitslosen-Gewerkschaft.)

Wenn aber eine Gesellschaft sich nicht mehr als geschlossenes Ganzes begreift, sondern sich Teil-Gesellschaften bilden, und diese Teilgesellschaften ein Eigeninteresse ausbilden, mit dem sie sich von den je anderen Absetzen, dann bedeutet das nicht, dass diese Teile nicht auch aufeinander angewiesen wären: Arbeitgeber brauchen Arbeitnehmer, Produzenten brauchen Händler und Konsumenten – und umgekehrt, die verschiedenen Produzenten brauchen sich gegenseitig – und so fort. Aber das Prinzip herrscht dann doch eher, wie man es im Volk sagt: „Das Hemd ist näher als der Rock". Gegenseitigkeit gilt also eher in *Binnenbereichen* als in *Außenbereichen*. Von einer heutigen Familie erwarten wir immer noch mit aller Selbstverständlichkeit, dass das gemeinsame Leben Vorrang vor dem individuellen Leben hat, obwohl das in Wirklichkeit nicht immer der Fall ist. Wer sich an die Gemeinsamkeit nicht hält oder halten will, ist draußen – oder aber es herrschen Dauerkonflikte, die kein Mensch für wünschenswert hält. Wie ist es aber unter den Arbeitnehmern, in der Arbeiterschaft? Da sind die Gewerkschaften erst einmal an ihrem Binnenbereich interessiert, den Metallern oder Druckern. Die Löhne und Arbeitsplätze der anderen Branchen zählen nicht als Hauptsache. Eine gemeinsame

Verbindlichkeit wird nur in Notfällen, bei uns sehr selten, in Aktionen, artikuliert. Und die Maurer kümmern sich nicht um die Löhne der Friseusen. In einer solch ausdifferenzierten Gesellschaft entstehen, mehr und mehr, Bereiche, die, wie man heute sagt: durch das 'soziale Netz' fallen. Was heißt das? Das heißt primär nicht, dass keine Versicherung für sie da ist, sondern dass der selbstverständliche soziale Zusammenhang, in dem sie in einer mehr geschlossenen Gesellschaft gelebt hätten, dass das Prinzip der Gegenseitigkeit nicht mehr gilt. Das 'Netz', von dem wir heute sprechen, ist ja erst später entstanden. Im frühen Mittelalter bis in unsere Neuzeit gab es Bettler. Aber selbst diese Bettler lebten in einem sozialen Netz, nämlich in einer Gesellschaft, in der auch die Armen dazu gehörten, und deswegen wenigstens Almosen zu geben verpflichtend war. Das ist heute nicht der Fall. (Wenn die Bettler auf unseren Innenstadtstraßen auch nur von jedem Dritten 50 Pfennig bekämen, dann hätten sie mit Sicherheit mehr Geld, als ihnen die Sozialhilfe bieten kann.) Sollte also jemand durch das Sozialhilfenetz auf irgendeine Weise, und sei es nur vorübergehend, gefallen sein, dann ist der Un-sozialität ausgesetzt. Das ist etwas anderes als die A-sozialität, bei der es sich um Einzelne oder Kleingruppen handelt, die sich nicht den Gepflogenheiten der Gesellschaft einfügen. Unsere Gesellschaft besteht gewissermaßen aus Teilgesellschaften. Die Teilgesellschaften verhalten sich denjenigen gegenüber, die nicht zu ihnen gehören eben so, als hätten sie nichts gemeinsam. Daher die Bezeichnung 'un-sozial'.

3. Die sozialen Institutionen und die Professionalisierung des Sozialen

Wenn es nun Menschen gibt, die in irgendeiner Weise der Hilfe bedürfen, für die aber andere in einer originären Weise nicht zuständig sind, was dann? Nun, in unserer Geschichte bildeten sich besondere Gruppen, die in die Lücke der mangelnden Gegenseitigkeit sprangen: So wurde das Soziale entdeckt. Es waren vornehmlich die Orden der christlichen Kirchen, die für Arme und hilflose, verlassene Kranke da waren; sie stellen Vorläufer für unser ganzes Sozial- und Krankenversorgungssystem dar. In diesem Sinne entsteht das Soziale als Institution, geübt von Professionellen. Das lief einige Jahrhunderte nebeneinander her: Einerseits war jeder berufen, den Schwachen und Armen beizustehen, anderseits konnte man mit einer solchen institutionalisierten Hilfe rechnen. Hier zählte immerhin die religiöse Verbundenheit. (Ich habe in meiner Kindheit noch das 'Vergelt's Gott' gehört – eine leere Formel, wenn man nicht mehr in Gott verbunden ist.) Aber – und das beginnt etwa mit der protestantischen Reformation – allmählich wird aus der kirchlich institutionalisierten Sozialität die kommunale, und damit dann auch die 'weltliche'. Das heißt: dann, wenn die Religion nicht mehr das notwendig Verbindende ist, gelten doch geteilte Lebenssphären des Gemeinwesens, in dem man sich aufhält. Dann gibt es kommunale Kranken- und Armenhäuser. Der Schritt zur 'staatlichen' Institutionalisierung ist nicht groß. Heute finden wir die verschiedensten Träger – das ist der

Fachausdruck – nebeneinander, wie Kommunen, Kirchen und kirchliche Orden, Verbände... Über all diese Einrichtungen spannt sich ein absicherndes Gerüst, das dafür Sorge tragen lässt, dass niemand Not leiden soll.

Was aber bedeutet diese Institutionalisierung für den gesellschaftlichen Zusammenhalt? Sie bedeutet, dass aus der Gegenseitigkeit als originärer Sozialität mehr und mehr das professionalisierte Soziale wird: die Zuständigkeiten ändern sich. Es mag sich jeder so unsozial verhalten wie er will. Für das Soziale sind ja andere da. In meiner Jugend gab es noch Bettler von Tür zu Tür. Dann kamen entweder die Schilder: ‚Betteln und Hausieren verboten', oder aber man sagte denen, die vor der Tür standen: „Geh doch zum Pfarrer, oder zum Gemeindeamt." (Ich gestehe, dass mir diese Entlastung selbst oft unangenehm ist. Ich gehöre zu denen, die selten einem Bettler auf der Hauptstraße etwas Geld in die Dose oder Mütze werfe.) Mit dieser strukturellen Trennung der Zuständigkeiten fällt nun alle Last auf die Sozialarbeiter und die Krankenpfleger. Um dies an der letzteren Rolle deutlich zu machen: Wenn gelegentlich ein Mitglied der Familie krank ist und die Nächsten sich sorgen, so nimmt dies ein Teil des Alltags ein. Wenn aber die Kranken in Krankenhäuser kommen, dann müssen Krankenpfleger und Schwestern da sein, die ihr ganzes Arbeitsleben mit Kranken zu tun haben.

Ich werde auf einige psychologische Aspekte dieser Problematik noch eingehen. Vorher ist noch eine andere, parallele Entwicklung zu skizzieren. Wenn und sofern das Soziale Angelegenheit der ‚öffentlichen Hand' wird, ist einerseits nur noch die Profession zuständig. Andererseits können die sozialen Professionen nur existieren, wenn das nötige Geld vorhanden ist. Woher kommt das nötige Geld? Nicht von der überreichen Familie Fugger, die einst in Augsburg die Fuggerei gründete, sondern von denen, die sich der aktiven Sozialität entledigt sehen: Von den Steuerzahlern einerseits und von den Versicherungen andererseits, die ja erst in der Neuzeit entstehen, seien sie nun privater oder staatlicher Art. Für die Anderen ist gesorgt, und für mich selbst braucht im Notfall niemand zu sorgen. Das macht der Staat, das macht die Versicherung. Das heißt aber auch: *neben die Professionalisierung des Sozialen tritt die Anonymisierung des Sozialen.* Und ich denke, es macht allen kritischen Bürgern Sorgen, dass die Sozialität, die wir uns wünschen, auf diesem Wege nicht hergestellt wird. Und damit komme ich zu 4. und zu einigen psychologischen Problemen der Professionalisierung.

4. Psychologische Probleme der Professionalisierung

In der Sozialarbeit ist das *Burn-out-Syndrom* bekannt, weil viele Professionelle so viel Hilfe gar nicht leisten können, wie einerseits von ihnen erwartet wird, wie sie aber andererseits selbst zu leisten sich verpflichtet fühlen. Sie kennen aber auch das (weniger diskutierte) *Abwehr-Syndrom,* mit dem in der Sozialarbeit Tätige sich dem Ernst des Sozialen entziehen, indem sie sich hinter Akten und Paragraphen verbergen. Das kann man kritisieren; aber es gilt auch, meine ich, eine gewisse Fairness walten zu lassen, indem man fragt: „Sind die Lasten, die aufgrund der Struktur der Gesellschaft auferlegt werden, nicht zu hoch?" – in dem Sinn also, dass die Abwehr als eine Entlastung zu verstehen ist.

Ich habe bis jetzt das Soziale als ein Hilfeleistungs-Verhältnis anvisiert. Eigentlich ist das zu wenig. Denn es nimmt ja seinen Ursprung aus der Gegenseitigkeit der Menschen, die alles andere als nur Hilfeleistung ist. Man braucht sich, und zwar gegenseitig! Das wäre das ursprüngliche Soziale. Was wir aber heute das Soziale nennen, ist einseitig, in dem Sinne, dass die Aktivitäten des einen gebraucht werden, weil der andere hilflos ist. In den heute so genannten sozialen Aktivitäten herrscht diese Einseitigkeit – in der Fachsprache nennt man das Asymmetrie – vor: Die einen sind die, die geben, die anderen die, die nehmen. Und daraus entsteht dann das dritte psychologische Syndrom: das *Helfer-Syndrom*. Ich komme darauf nicht im Blick auf die vielen alltäglichen Fälle zu sprechen, in denen Menschen nur noch Beziehungen zu anderen aufbauen können, indem sie helfen, sondern im Blick auf etwas durch und durch Unangenehmes: Wenn jemand anderen hilft, dann entspricht dem im Prinzip der Gegenseitigkeit wenigstens der Dank und die Anerkennung. Im originären sozialen Netz, der Familie, der kleinen Gemeinschaft, überall, wo es sich nicht um Pflichtleistungen handelt, kann dieser Dank und diese Anerkennung erwartet und gewissermaßen auch gefordert werden. Wie ist es aber, wenn das Soziale in die öffentliche Verwaltung gerät? Sozialarbeiter und Pfleger erbringen ihre Leistung professionell. Sie können doch gar nicht anders, als einem Antrag nachzugehen, eine Hilfeleistung erbringen. Und sie werden ja auch dafür bezahlt, und zwar nicht von dem, der die Hilfe empfängt, sondern von dritter Seite. Da braucht's doch kein Dankeschön. Aber das kann nicht befriedigen. Denn dann ist das Soziale, das sich gefühlsmäßig vom Prinzip der Gegenseitigkeit nie ganz trennen lässt, zum Technischen degradiert: Dienstleistung wie in der Heißmangel oder in der Fahrrad-Reparatur-Werkstatt. Die Routine lässt das verkommen, was heimlich auch gesucht wird.

Wenn man dies jetzt aus der Sicht des Hilfsbedürftigen betrachtet, des Schwächeren im asymmetrischen Verhältnis, dann scheint mir eindeutig zu sein, dass es keine Selbstverständlichkeit für einen Menschen sein kann, der Hilfe zu bedürfen, die er nicht erwidern kann. Es ist beschämend. Und Sie wissen besser als ich, dass es – gerade bei den Älteren – so manche Menschen gibt, die Hilfe nicht beanspruchen, auf die sie doch Recht hätten. Da hilft nun paradoxerweise der Rechtsanspruch. Denn wenn ich Rechtsanspruch habe, kann ich übersehen, dass ich hilfsbedürftig bin. Die Hilfe, die ich in Anspruch nehme, ist dann nicht mehr – im altmodischen Sinn – eine gute Tat, sondern ein Rechtsgeschäft. Und der professionelle Hilfstätige wird zum Rechtsgeschäfts-Partner. Sie merken vielleicht, dass ich auf die stets unbefriedigende Zwitterstellung der Professionellen aufmerksam machen möchte, die so manche innere Belastungen mit sich bringt.

5. Über das Helfen hinaus: Lehren

Es scheint, oder schien, einen Ausweg aus der Asymmetrie zu geben. Er ist mit dem Stichwort: „Hilfe zur Selbsthilfe" angezeigt. Die Unwürdigkeit, die in der Asymmetrie gegeben ist, soll auf diese Weise überwunden werden. Aber damit tritt eine andere Beziehungsstruktur auf: *Aus Hilfe wird dann Erziehung*. Oder, von der anderen Seite aus gesehen: Erziehung ist ja auch Hilfe zum Werden, Lernhilfe. Statt nun aber die Asymmetrie einzuebnen wird sie verstärkt. Nicht nur Helfer, sondern dazu noch Lehrer! Was für Eltern und Lehrer manchmal ein Trost bei all ihren Mühen ist: dass die Kinder endlich erwachsen werden, stellt sich, wenn ich das recht sehe, im Bereich des Sozialen viel problematischer dar. Kinder kommen aus der Schule. Aber wie steht es mit den Hilfsbedürftigen? Wie hoch ist der Anteil derer, die vorübergehend Hilfe brauchen, diese in Anspruch nehmen um dann wieder in den Alltag der Selbständigkeit zurückzukehren? Und wie hoch der Anteil derer, die aus der Hilfsbedürftigkeit nicht herauskommen? Mir scheint – hoffentlich täusche ich mich –, dass mancher pädagogische Elan zu hoch gegriffen hat, und dass manche, die diesen Beruf unter dem Motto: ‚Hilfe zur Selbsthilfe' angetreten haben, mit Enttäuschung feststellen mussten, wie wenig oft in dieser Richtung zu machen ist.

Denn was ist, wenn die Hilfsbedürftigen nicht nur nicht lernen können, sondern auch nicht lernen wollen? Was wäre ihr Gewinn, wenn sie wieder Verantwortung für sich übernehmen könnten? Bedenken Sie das, was ich eben über den Rechtsanspruch gesagt habe. Und bedenken Sie, was es für den vorübergehend ‚internierten' Jugendlichen bedeutet, wieder ins offene Leben hinaus zu müssen. Wenn aber die Hilfe nicht zur Selbsthilfe wird, dann überfällt den Helfer und Erzieher allzu leicht Unmut und Ärger – und dann ist sein professionelles Wohlwollen schnell auf die Probe gestellt. Es lauert das Schlimmere: der professionelle Zynismus.

Es hat in den sechziger und siebziger Jahren noch ein besonderes Phänomen gegeben, das das Erzieher-Ideal geradezu überspitzt hat. Nicht selten wurde die Vorstellung vertreten und genährt, auf dem Wege über soziale Aktivitäten die Gesellschaft revolutionieren zu können. Man müsse die Opfer der modernen Gesellschaft eher aufrütteln als sie von Hilfe abhängig bleiben zu lassen. Gewissermaßen eine gesellschaftliche Reservearmee sei vorhanden, die stärkstes Interesse daran habe, die Verhältnisse so zu verändern, dass derartige Opfer erst gar nicht entstehen. Dabei ist gelegentlich ein großer Elan entwickelt worden. Es sind alternative Projekte entstanden, in denen die Helfenden und die Hilfsbedürftigen zusammen lebten und arbeiteten. Aber, soweit ich sehe, sind die meisten wieder verschwunden. Weil die revolutionäre Reformarbeit doch die Kräfte – auf beiden Seiten – überstiegen.

6. Und nun?

Soweit meine Beschreibung der wesentlichen Aspekte dessen, was es bedeutet, wenn der originäre Zusammenhang der gesellschaftlichen Gegenseitigkeit sich löst und aus der potentiell symmetrischen Beziehung der Beteiligten die faktische Asymmetrie wird, wenn Berufe und Verwaltungsstrukturen entstehen, deren Funktion das Soziale geworden ist und dieses gleichzeitig verfremdet hat. Soziologisch gesehen ist es wie mit den Gesundheitsberufen: Je mehr die gesellschaftlichen Verhältnisse so sind, dass die Menschen sich davon überfordern, ja ruinieren lassen, um so mehr Ärzte, Therapeuten, Kliniken und Sanatorien werden gebraucht. Es ist gut, 'gesünder Leben' zu propagieren, wenn manche Tätigkeiten nur dann erfolgreich ausgeführt werden, wenn die betroffenen Menschen ungesund leben. Ähnlich leicht lässt sich von Selbsthilfe und Eigenverantwortung reden, wenn nur diejenigen überstehen, die aufgrund eines robusten Charakters und einer gelungenen Sozialisation dazu in der Lage sind, während die anderen – wie man sagt – 'durchs Netz fallen'.

Ich weiß nicht, ob ich die Dinge zu düster sehe. Vielleicht ließ sich der Lage noch mehr Positives abgewinnen. Was – nach einer erneuten Überprüfung – an Diagnose übrig bleibt, wird aber auf jeden Fall hart genug ausfallen. Und deswegen stelle ich folgende Konsequenzen zur Diskussion:

Erstens: Die soziale Differenzierung, die zu einer Verselbständigung des Sozialen geführt hat, ist nicht rückgängig zu machen. So manche soziale Leistung (im engeren Sinn) ist und bleibt Verwaltungsarbeit.

Zweitens: Das Leistungsprinzip moderner Gesellschaften ist auch nicht rückgängig zu machen. Wer nicht mithalten kann – aus welchen Gründen auch immer – ist gefährdet. Dann aber

Drittens: Die Eigenverantwortung all derer, die in der Sozialen Arbeit stehen, ist ebenso zu fördern wie auch sonst mehr Eigenverantwortung erwartet wird. Das bedeutet: die Professionellen, die derzeit weitgehend ausführende Funktionäre sozialrechtlicher Regelungen sind, müssen mehr Verfügungsfreiheit bekommen. Um dann für sich selbst zu bestimmen, welche Hilfe sinnvoll ist und welche nicht. Dann auch können sie allmählich ermessen, wie weit ihre Kräfte gehen und für sich selbst mehr Verantwortung übernehmen.

Viertens: Und das ist ein Ausblick in die größere Politik: Es muss die Grenze der Hilfsbedürftigkeit neu bestimmt werden. Ich bin überzeugt, dass der Tendenz entsprechend, die ich zu Anfang aufgezeigt habe, zu viele Menschen darauf warten, vom Staat betreut und versorgt zu werden. Gleichzeitig werden die Grenzen der Eigenverantwortung zu hoch gesteckt: Wer zum Beispiel arbeiten kann, sollte auch so lange es möglich ist, Arbeit finden können, auch wenn sie schlechter bezahlt wird. Und die soziale Unterstützung müsste so gestaltet werden, dass man sich nicht in dem Netz wie in einer Hängematte wiegen kann. Ich sage da etwas Gefährliches:

derzeit gibt es hefte Gegenwehr gegen die Kürzung sozialer Leistungen, aber – und damit kehre ich zum Anfang zurück – der Staat kann nicht für alles da sein. (Was daraus wird, wenn er es versucht, konnten wir an totalitären Staaten verschiedener Art in jüngster Geschichte erleben.) Aber es ist noch kein Konzept in Sicht, in dem weder übertriebene Forderungen sowohl an den Staat wie an den Einzelnen enthalten sind.

Fünftens: Weil aber die öffentliche Hand nicht alles tun kann und alles tun soll, gibt es – und das ist heute eine besondere Form des Sozialen – immer wieder neu auftauchende Solidarität, zum Beispiel die Asylanten. Neben der bürokratisch gehandhabten Versorgung – die nicht immer schlecht ist, mit der es aber auch nicht immer zum Besten steht – haben sich überall solidarische Aktionen gebildet, die weit mehr vermögen als es die Verwaltung kann, in denen sich nämlich Menschen mit Menschen begegnen. Und in der ganzen Welt gibt es das erfreuliche Anzeichen der so genannten NGOs non governmental organization, die unterhalb der Ebene hilfloser Administration Hilfe leisten. Es bleibt also, das ist meine Sicht, zwar manches auf administrativer und juristischer Ebene anzugehen, aber am wichtigsten erscheint mir – und das könnte noch ein langer Weg sein –, den Blick vom allmächtigen Staat wegzulenken und nicht alles von der großen Politik zu erwarten. Denn im Sozialen geht es um etwas *zwischen* Menschen.

Die unsichtbare Objektivität der Grenze

Objektivität ist das Ziel aller unserer Erkenntnisbemühungen. Was als objektiv gelten kann, ist unumstößlich und fordert Anerkennung. Im Alltag unserer Erfahrung brauchen wir dieses Attribut vielleicht gar nicht. Eine Wand ist eine Wand; und wer mit dem Kopf durch die Wand will, will Unmögliches. Aber nicht alles, was für uns unumstößlich ist, hat die materielle Qualität einer Wand. Wir wissen aus der Geschichte der Wissenschaften, besonders der Philosophie, dass es so einfach nicht ist festzustellen, wann etwas dieses Attribut beanspruchen kann. In den modernen Wissenschaften hat man dieses allgemeine Attribut durch ein spezifisches ersetzt: Als objektiv gilt, was empirisch erwiesen ist. Man hat die entsprechenden Verfahren auch in den Sozialwissenschaften angewandt, aber ist dabei, wie ich meine, einer sprachlich bedingten Täuschung erlegen. Man nennt die empirischen Wissenschaften auch Erfahrungswissenschaften – eine wörtliche Übersetzung. In den modernen Wissenschaften gilt aber nun keineswegs als empirisch dasjenige, was der Erfahrung im allgemeinsten Sinn entspricht. Empirisch heißt hier: Experimente zu machen und diese Experimente zu beobachten, die dann als gültig angesehen werden, wenn sie sichtbar gemacht werden können. Man muss die Ergebnisse sehen können, entweder optisch – in Umrissen, Schwingungen, Kurven – oder dann in den niedergeschriebenen Zahlen und Zahlenverhältnissen. In Kurzform tun dies auch die Interviews der empirischen Soziologie. Sie machen etwas lesbar und sichtbar. Empirie in diesem Sinn ist also durch zwei Bedingungen gegeben, einmal das Experiment (im weiteren Sinne), und zum anderen das Auge.

Die Soziologie, sofern sie sich dieser Methodik anschließt, hat also – in der Umkehr – nicht notwendig etwas mit dem zu tun, was wir Erfahrung nennen. Ich bin der Auffassung, dass wir nur dann sinnvoll von Gesellschaft sprechen können, wenn wir daran interessiert sind, zu erkennen, was *zwischen Menschen* geschieht. Es ist dies die Perspektive von Georg Simmel (1992), dessen Grundlegungen zur Soziologie meines Erachtens nicht hinreichend aufgegriffen worden sind. Gesellschaft ist für ihn nicht ein greifbares, sichtbar zu machendes Objekt, sondern Gesellschaft ist gleichzusetzen mit *Wechselwirkungen* unter Menschen. Objektiv in diesem Sinn ist das, was den Menschen, Individuen und Kollektiven im Prozess der Wechselwirkung als gültig, als – mindestens temporär – unaufhebbar gilt. Ich möchte in diesem Vortrag aufzeigen, auf welche Weise im Gesellschaftlichen Objektivität in der Wechselwirkung erfahren wird und dann auch feststellbar ist. (In dieser Absicht und in dem eben gezeigten wissenschaftstheoretischen Zusammenhang habe ich eine unsichtbare Objektivität' formuliert.)

Ich werde dies anhand eines einzigen Phänomens tun, indem ich der Frage nachgehe, was der Begriff *Grenze* im Gesellschaftlichen bedeutet. Es gibt vielerlei Grenzen und mancherlei Grenzerfahrungen, die ich dabei zu durchleuchten beabsichtige.

Zuvor aber etwas Persönliches: Ich habe in meinem Leben viele Grenzen" erfahren, habe sie überschritten oder nicht zu überschreiten gewagt, habe oft nicht geahnt, was jenseits der Grenzen auf mich wartet, oft aber auch erst nach der Überschreitung gemerkt, dass ich eine Grenze überquert hatte. So könnte ich denn alle soziologische Problematik, die ich sehe, anhand biographischer Episoden auffädeln. Aber ich habe mir gedacht: dann überschreite ich schon wieder eine Grenze. Ich habe mich vorsichtigerweise diesseits der vorgestellten Grenze gehalten und werde folglich gleich in die akademische Tonart übergehen. Aber eine einzige Episode, deren theoretische Bedeutung ich Ihnen in einem anderen Zusammenhang zu erläutern habe, möchte ich voranschicken.

Ich lebe an einem Ort unmittelbar an der ehemaligen Ost-West-Grenze. 16 Jahre war kein Spaziergang fünf Minuten vor dem Haus möglich, ohne *erstens* in die Nähe des Minenstreifens oder dann des Zauns zu geraten. Da war also die unübersehbare Grenze. Aber *zweitens:* diese sichtbare Grenze war nicht die eigentliche Grenze. Schon etliche Meter davor begann der politische Boden der DDR. Das musste man wissen, sehen konnte man es nur an wenigen Stellen. Und diesen Boden zu betreten konnte gefährlich sein. Jetzt aber gibt es diese Grenze nicht mehr. Zwei Kilometer weiter liegt das Dorf, von dem man über Jahrzehnte nur ein paar Dächer sehen konnte. Dieses Dorf liegt in Thüringen. Und dort leben andere Menschen. Also doch eine Grenze?

Grenzziehung, Entgrenzung und Wiederbegrenzung?

Die Begriffe *„bordernization, de-bordernization and re-bordernization"* also: Grenzziehung, Entgrenzung und Wiederbegrenzung gewinnen Gewicht überall dort, wo es um Globalisierung geht. Damit ist der Horizont des Diskurses angegeben, der von neuem zu Überlegungen über Grenzen herausfordert. Dass dabei Vorsicht geboten ist, betont Shmuel Noah Eisenstadt (2001), der unter anderem durch seine eigenwilligen Beiträge zur Modernisierungstheorie bekannt ist. Er führt in der Einleitung aus, wie und auf welchem Wege sich gesellschaftliche Einheiten begrenzen. Er schreibt von der *„construction of boundaries of the different patterns of interaction"*, dass diese „fragil" seien und fügt hinzu *„But being fragile does not mean that they are non-existent"*. Es gäbe *„special mechanisms of control and integration ...needed to overcome the inherent instability and fragility of their (d.h.* der jeweiligen Systeme, K.T.) *boundaries in Order to maintain and assure their reproduction."(14)* Es handelt sich nach Eisenstadt also um ständige Prozesse der Grenzbestimmung, *„continual selection, reconstruction, reinterpretation, and inven-*

tion of themes, tropes, parameters models and codes" *(15)* *Alles* ist in Bewegung, einer Bewegung, die dennoch immer auch einer Bestandserhaltung dient. Ich werde mich im Folgenden mit dieser Fragilität beschäftigen, aber aus einem anderen Blickwinkel. Bietet Eisenstadt gewissermaßen einen präzisen Satelliten-Überblick, so versuche ich es etwas mehr vom Boden aus. Beides muss sich ja ergänzen.

Die Grenzerfahrung

Ich beginne mit einer gebräuchlichen soziologischen Terminologie. Wir sprechen von gesellschaftlicher *Schichtung*, von Ober-, Mittel- und Unterschicht, gelegentliche weitere Unterteilungen inbegriffen. Und wir verfügen über empirische Kriterien darüber, was in diesen Schichten geschieht, welche Personenkreise diesen Schichten zuzuordnen sind. Das Merkwürdige ist nun, dass es zwar – ohne Frage – diese Zugehörigkeiten gibt, dass aber fraglich ist, wo die Grenze zwischen diesen Schichten verläuft. Also stellen wir uns eine räumlich-dimensionierte Einteilung ohne dasjenige vor, was räumliche Dimension auszeichnet, nämlich die präzise Abgrenzung. Es gibt gewissermaßen ein Niemandsland zwischen Oben und Mitte, zwischen Mitte und Unten. Ein Feld, in dem man nicht genau bestimmen kann: ist hier noch Oben oder schon Mitte, noch Mitte oder schon Unten?

Wie kommen wir unter Voraussetzung der Simmel'schen Fragestellung hier weiter? Indem wir erst einmal die konkreten Erlebnisse und Erfahrungen einbeziehen. Grenze als soziologischer Begriff muss zuerst an die Erfahrung von Grenze gebunden werden. Erfahrung von Grenze bedeutet aber *erstens* die Überschreitung von Grenze. Erst wenn dies geschieht, kann ein erfahrungsbestimmtes Bewusstsein von Grenze entstehen. Wann *zweitens* wird aber diese Grenze überschritten, wenn es eine deutliche Grenze nicht gibt? Es muss spezifische Erfahrungen geben, an denen nachträglich die Überschreitung der unsichtbaren Grenze kenntlich wird. Diese Erfahrung ist *kommunikativer Natur* Diejenige Person, die sich als Aufsteiger bemüht hat, nach Oben zu kommen, erfährt durch schockartige Erlebnisse oder allmählich durch Erfahrung, dass sie nicht akzeptiert wird. Sie hatte angenommen, es handele sich um einen Übergang, wie über einen Fluss mit einer Brücke. Aber nun weiß sie: sie gehört doch nicht dazu. Sie hat eine Grenze nur zu überschreiten versucht. Es ist ihr nicht gelungen. Oder aber der Absteiger. Er erfährt, dass seine früheren Lebensgenossen nichts mehr mit ihm zu tun haben wollen. In diesem Fall hat er nicht – wie der Aufsteiger – das Beziehungsfeld in demselben Sinn wechseln wollen. Er gehört nicht mehr dazu' Es sind jeweils soziale Wechselwirkungen, welche die Grenze deutlich machen.

In beiden Fällen kann deutlich werden, dass die Grenze kein Strich ist, sondern – im geographischen Bild – ein *Streifen,* mehr oder weniger breit, der als solcher nicht gekennzeichnet ist. Grenzerfahrung findet im Verhältnis zu diesem Streifen, diesem Feld, diesem Niemandsland statt und wird als solche erst deutlich, wenn in der *sozialen Wechselwirkung* die Zugehörigkeit oder Nicht-Zugehörigkeit erlebt wird. Damit ist nun keinesfalls die Objektivität von Schichten geleugnet. Im Gegenteil, sie zeigt sich manifest in Handlungserfolgen und -misserfolgen, in gelungener oder misslungener Kommunikation. Aber sie zeigt sich – immer unter Berücksichtigung der Wechselwirkungen – *hinterher*. Schichtzugehörigkeit ist also einerseits ein objektives Faktum, andererseits aber im Blick auf die Erfahrung durch unsichtbare Grenzziehung bestimmt.

Mit diesem ersten Schritt sollte aufgezeigt werden, wie gesellschaftliche Objektivität einzuschätzen ist. Nicht die Objektivität einer Landschaft, wie wir sie abstrahiert auf einer Landkarte sichtbar gemacht bekommen, sondern die Objektivität, die sich – um im Bild zu bleiben – erst im Wandern erschließt.

Diese Unbestimmbarkeit der Grenze möchte ich in einem zweiten Schritt im Blick auf das, was uns die Systemtheorie nahe legt, weiter verfolgen. System und Umwelt sind uns als Kategorien bekannt. Wir haben gelernt, dass die entsprechende Grenze zwar nicht feststeht, aber doch darin besteht, dass es eine Leitdifferenz gibt, die als Entscheidungsmodul jeweils Innen und Außen voneinander abgrenzt. Die Grenzbestimmung scheint einfach zu sein: ob Zahlen oder Nicht-Zahlen, ob Recht oder Unrecht, ob verifizierbar oder nicht verifizierbar. Das System erhält sich als System, indem die entsprechenden Entscheidungen getroffen werden. Aber der Vollzug von Gesellschaft zeigt, dass es so einfach nicht ist. Denn man kann nicht behaupten, dass die Grenze des Ja oder Nein so einfach ist – wie wenn der Kontrolleur in der Bahn feststellt, ob man eine Fahrkarte hat oder nicht. Die nähere Bestimmung des Gesellschaftlichen fängt meines Erachtens dort an, wo man feststellt, wie breit das Grenzfeld ist. Wo auch immer man hinschaut, in Wirtschaft, Justiz oder Wissenschaft, überall beobachten wir unendliche Anstrengungen, diese Grenzunterscheidung zu treffen.

Ein wirtschaftliches Unternehmen kann nicht exakt im Voraus wissen, wo die Grenzen seiner Möglichkeiten liegen. Es riskiert; und zwar nicht so, wie manche denken, nämlich dass dieses Risiko immer kalkuliertes Risiko ist. Ein Unternehmen kann mit Risiko expandieren, es kann sich aber auch ruinieren. Der vorsichtige Unternehmer geht – solange es die wirtschaftlichen Verhältnisse erlauben – erst gar nicht bis an die Grenzen. Wieder haben wir das Phänomen: entweder die vorerst unsichtbare Grenze überschreiten – mit den entsprechenden Erfahrungen – oder aber aufgrund der eigenen Vorstellungen sich lieber im gesicherten Bereich aufhalten.

Wie sieht es im Rechtswesen aus? Hier haben wir es mit der Unterscheidung von „rechtmäßig" – nicht rechtmäßig", schuldig" – „nicht schuldig" zu tun. Das Feld – der Grenzstreifen – ist gelegentlich kaum erkennbar breit. Wie lange braucht es in Prozessen, oft über mehrere Instanzen hinweg, bis ein Urteil gefällt ist. Und wie viele Fälle gibt es, in denen nie entschieden wird, ob etwas rechtmäßig ist oder nicht! Recht bzw. Unrecht stellen mitnichten eine klare, das Alltagsleben und die Erfahrung der Beteiligten strukturierende Grenze dar. Als Beispiel können hier Schwarzfahrer in Bus und Bahn dienen. Ihre prozentuelle Anzahl mag gering sein, aber auch sie gehören zur Gesellschaft. Und wenn unter Jugendlichen der Sport ausbricht, es ohne Fahrkarte zu versuchen, dann kann es eine Weile dauern, bis der Grenzstreifen deutlich eingeengt wird.

Auch im Blick auf das, was uns die Systemtheorie nahe legt, lässt sich die Objektivität des Gesellschaftlichen nicht leugnen. Eine Gesellschaft ohne Systemgrenzen ist undenkbar. Aber dasjenige, was als objektiv dann erfahrbar ist, wird erst in den notwendigerweise offenen Grenzbereichen bestimmt – wenn es sein muss, täglich neu. Durch das Überschreiten oder Unterschreiten wird die Grenzziehung realisiert.

In einem dritten Schritt gehe ich von einer anderen Seite vor. Es versteht sich von selbst, dass das große Feld des Gesellschaftlichen, wie offen auch immer wir es annehmen, nicht denkbar ist ohne das Kriterium der *Zugehörigkeit* und des *Ausschlusses*. Es gibt keinen Menschen, der nicht in irgendeiner Weise sich zugehörig weiß oder als zugehörig angesehen wird. Zugehörigkeiten bestimmen sich durch Ausschluss, ob Familie oder Verwandtschaft, Freundschaft oder Vereinsmitgliedschaft, Parteizugehörigkeit, Betriebszugehörigkeit, Religionszugehörigkeit. Warum nicht alle Menschen mit allen Menschen in gegenseitigem Verstehen zusammenleben können: diese Frage wird erst gar nicht gestellt. Alle Zugehörigkeiten implizieren Nicht-Zugehörigkeiten. Man könnte dies im systemtheoretischen Sinn beschreiben. Nicht-Zugehörigkeit bedeutet in diesem Sinne „Umwelt". Man mag mit dieser Unterscheidung einiges an Einsichten gewinnen. Aber das soziologisch Entscheidende wird meines Erachtens ausgeklammert. Die Umwelt sind andere Menschen, und zwar andere Menschen, die einerseits ihre eigenen Zugehörigkeiten haben, andererseits aber auch derart in die Nähe des „Systems' kommen können, dass ein Grenzstreifen erlebt wird. Denn es kann sein, dass sie als Zugehörige anerkannt werden oder gerade nicht. Und es kann sein, dass ihnen die Zugehörigkeit aberkannt wird. Es kann sein, dass sich Mitglieder einer Zugehörigkeit entfernen, es kann ebenso sein, dass sie sich gegen einen Ausschluss wehren. Es gibt soziale Zusammenhänge, in denen solches eindeutig geregelt ist: dort etwa, wo es sichtbar gemachte Zugehörigkeit gibt (Vereins- oder Betriebsmitglieder, anerkannte Familienzugehörigkeit). Aber es gibt offene Zugehörigkeiten, wie etwa in der politischen Parteienlandschaft, in der sich auch Stammwähler einer Partei nicht dadurch registrieren lassen, dass sie Mitglieder werden. Die Erfahrung, ob man diesseits oder jenseits der Grenze steht, impliziert wiederum einen Zeitfaktor. Wie lange z.B. kann es dauern, bis ein Migrant sich sicher sein kann, dazu zu gehören – oder auch, was schmerzlich ist, nun doch nicht als zugehörig anerkannt zu sein. Solche Zugehörigkeiten lassen sich *einerseits* formal bestimmen, aber ihr für das alltägliche Verhalten wesentliches Kennzeichen kann nicht so einfach sichtbar gemacht werden. Deswegen muss ein *zweiter* Zugang zur Grenzproblematik gesucht werden, der vor und nach aller Grenzerfahrung liegt. Das entsprechende Verhalten ist nämlich in den Vorstellungen begründet, die mit der Zugehörigkeit als gegeben angenommen werden.

Grenzvorstellungen

Neben der räumlichen' gibt es noch eine zweite Dimension, Grenzen zu bestimmen. Nehmen wir an, diejenigen, die sich in der Mitte einer Schicht befinden – im Verhalten und ihren Intentionen in keiner Weise durch die Grenze bestimmt – haben doch eine *Vorstellung,* dass es eine solche Grenze gibt. Nehmen wir weiter an, es ist ihnen bekannt geworden, dass die Grenze ein breiter Grenzstreifen ist, dass man also nicht so genau wissen kann, wann man an den Rand der eigenen Schicht gerät. Wie werden sie sich verhalten?

Sie konkretisieren ihre Vorstellung in dem Sinn, dass sie sich möglichst nicht in die Nähe des Grenzstreifens begeben. Sie grenzen also ihr Handlungsfeld innerhalb der Schicht nach dem Motto Sicher ist sicher" ein. Das nun kann dazu führen, dass sie von ihren möglichen Freiheiten keinen Gebrauch machen, gleichzeitig aber dazu, dass die kollektive Bestimmung dessen, was „schichtgemäß" ist, eingeengt oder verändert wird Dies alles spielt sich bewusst oder halb bewusst im Bereich der Vorstellung ab, bevor es durch Handlungen sozial erfahrbar wird. Mit anderen Worten, das Grenzfeld kann sich dynamisch verändern.

Für diejenigen, die sich im sicheren Mittelfeld einer Schicht aufhalten, ist die Grenze kein Datum der Erfahrung. Warum? Weil sie nie an die Grenze geraten. Die Grenze ist Bestandteil des Bewusstseins, nicht mehr und nicht weniger. Man kann auch sagen: die Grenze ist in den Köpfen. (Ein Plakat nach der Wende" machte auf die Grenze in den Köpfen aufmerksam.) Jedes Mitglied im Innenbereich verhält sich so, dass damit die Zugehörigkeit bestätigt wird. Wer zu einer Religionsgemeinschaft gehört, lässt sich zwar auch an der formalen Mitgliedschaft ablesen, ist aber bestimmt durch die Vorstellungen im Einzelnen und unter den Vielen, die man von dieser Zugehörigkeit hat: wie man sich verhält und verhalten soll. Gerade in der neueren Zeit lässt sich hinsichtlich der Religionszugehörigkeit deutlich machen, wie unsicher die Grenzbestimmung ist. Das fängt an, indem z.B. in der katholischen Kirche die Inanspruchnahme der Beichte schwindet. Gehört jemand, der nicht regelmäßig zur Beichte gehört, nun dazu oder nicht? Vom Schwund der Kirchenbesucher wurde schon lange geredet, ohne dass damit ein förmlicher Austritt aus der Religionsgemeinschaft gegeben war.

Noch klarer lässt sich die Bedeutung der Vorstellungen für die Zugehörigkeit am Beispiel der Familie, besonders der Erziehung in der Familie zeigen. Einerseits gehört man dazu, andererseits muss man erst lernen, was es bedeutet, dazu zu gehören. Viele subtile Grenzlinien bestimmen nach und nach das Bewusstsein der Heranwachsenden, das es täglich zu bewähren gilt. Was so als Grenzbestimmung erfahren wird, kann von der anderen Seite her als *Werterfahrung* gelten. Dazu zu gehören, bedeutet bestimmte Werte anzuerkennen. Aber diese *Werterfahrung* ist nur in gewisser Hinsicht als Vorstellung von Werten zu verstehen, denn ohne die Wert-Grenz-Erfahrung, ohne die Überschreitung, die anfänglich in der Erziehung, oft genug erst hinterher gemacht wird, wird sich die Zugehörigkeit nicht stabilisieren. (Erst haben wir als Kinder etwas getan, bevor wir belehrt wurden: das darfst Du nicht.)

Als erstes kurzes Fazit der bisherigen Überlegungen. Im Feld des Gesellschaftlichen ist folgende Unterscheidung zu treffen. Einerseits handelt es sich um Grenzen, die als solche nur bewusst gemacht werden können, wenn sie überschritten worden sind. Als nichtwahrnehmbare werden sie durch konkrete Widerstandserfahrung deutlich. Andererseits handelt es sich um Grenzen in der Vorstellung – mit Castoriadis (1984) um *Imaginäres* – die das Handeln und die Empfindungen der Einzelnen und der Kollektive bestimmen. Man kann sich gut gesellschaftliche Verhältnisse denken, in denen sich Erfahrungsgrenzen und Vorstellungsgrenzen decken. Man hält sich an die Vorstellungsgrenzen und wenn man sie dann doch einmal überschreitet, lehrt die Erfahrung, dass die Vorstellungen zutreffen. Das wären relativ stabile gesellschaftliche Verhältnisse.

Anthropologischer Exkurs

Was die derzeitigen gesellschaftlichen Verhältnisse betrifft, sieht das freilich wesentlich anders aus. Doch bevor diese in den Blick genommen werden, soll eine, wenn auch recht knappe, anthropologische Anmerkung eingeschoben werden. Wenn es – mit Helmut Plessner (1981a, 1981b) – nicht darum geht, zu leben, sondern das Leben zu führen", dann hat dies hinsichtlich des Verhältnisses der Menschen zu Grenzen' eine umfassende Bedeutung. Die Erfahrung der Grenzen zu anderen Menschen, also den sozialen Grenzen, ist nicht zu trennen von den Grenzen, die der Mensch an sich selbst erfährt. In dieser Erfahrung verhält sich der Mensch zu sich selbst in dem Sinne, dass er sich zu seiner Grenzbestimmung verhält. Die dazu notwendige Reflexion ist nicht möglich, ohne dass er sich Vorstellungen über sich selbst und damit auch seine Grenzen macht. Er reagiert nicht nur – das wäre das reine Grenzerlebnis – sondern er „macht etwas draus", er führt sein Leben. Die Unterscheidung zwischen Grenzerfahrung und Grenzvorstellung, zwischen Erfahrungsgrenzen und Vorstellungsgrenzen ist fundamental. Es ist immer etwas offen, es besteht immer ein noch nicht ausgeloteter Grenzstreifen. Das heißt aber für das lebende Individuum, dass es in der Gestaltung seines Lebens, wie Castoriadis (1984) in hervorragender Weise deutlich gemacht hat, nicht grenzfixiert ist. Daraus folgt, dass sich das Individuum ständig so verhält, das es erst Grenzerfahrungen machen muss – sowohl im Bereich des Individuellen, der eigenen Fähigkeiten (was ich jetzt auslasse), als auch im Bereich des Sozialen. Mit Georg Herbert Mead. (1968): *der-*
,generatized ,other" muss im Psychischen des Einzelnen installiert werden, Aber auch

dieser ist nicht-eindeutig fixierbar, wie es manche Rollentheoretiker glauben machen wollen. Es bleibt – sei es nur ein spärlicher – Bereich des Offenen. Daraus lässt sich nun folgern, dass es psychisch-soziale Stabilität nur geben kann, sofern der offene Grenzstreifen einigermaßen überschaubar ist, und dass andererseits dann, wenn die Grenzerfahrung undeutlich wird, die Unsicherheit des Verhaltens als Folge eintritt.

Aktuelle Problemlagen

Im Folgenden werde ich versuchen, die Grenzproblematik auf gegenwärtige gesellschaftliche Problemlagen anzuwenden, wie sie sich unüberhörbar aus dem öffentlichen Diskurs ergeben, und zwar einmal generell, zum anderen mit Blick auf einige spezielle Problemfelder.

Im Allgemeinen kann man feststellen, dass der Terminus „Grenze" im Wesentlichen wertnegativ besetzt zu sein scheint. Die Schlagworte lauten „Grenzen abbauen", „Grenzen aufheben", „Grenzen durchlässig machen", und über allem steht das Adjektiv „grenzenlos" (wozu allerdings Reinhard Mey einmal angemerkt hat: „über den Wolken muss die Freiheit grenzenlos sein"). Kürzlich verkündete ein Plakat an einer Kirche die Ankündigung eines Vortrags „Grenzenlos glauben". Als im besonderen Sinn anerkannte Grenze scheint heute diejenige zur Vergangenheit zu gelten: Sie liegt hinter uns, und von allen, die Vergangenheitsträchtiges proklamieren oder darstellen, muss man sich abgrenzen. Es ist „Schnee von gestern".

Es geht in all dem um gesellschaftliche Veränderungen, die als *Verbesserungen,* wenn nicht gar als *notwendig* beurteilt werden. Darüber könnte man diskutieren, wenn nicht schon die Diskussion als Behinderung angesehen würde. Wichtiger in unserem Zusammenhang ist aber eine Metapher, mit der solche Verbesserungen bedacht werden. Es handelt sich um die Vorstellung von *Stufen,* die man auch als *Gradualismus* bezeichnen könnte. Veränderung und Verbesserung geschehen in dieser Sicht stufenweise, und Grenzen (oder auch Schranken) werden als Behinderung auf dem Weg der stufenweisen Veränderung angesehen. Eine solch fundamental optimistische Metapher wird sich aber bei genauerem Hinsehen als illusionär erweisen. Denn es gibt, wie wir alle wissen, nicht nur *graduelle* Veränderungen, sondern auch solche, die wir als *einschneidende* ansehen. Und wenn solche einschneidenden Veränderungen eintreten, entsteht tatsächlich eine Entgrenzung, bevor man eventuell eine neue Stufe erreicht. Gleichzeitig bedeutet Entgrenzung immer Verunsicherung. Man wendet in den Fortschrittsvorstellungen auch die Metapher des Wachstums an. Wachstum – aus der Welt des Natürlichen entlehnt – ist selbstverständlich graduell. Aber z.B. mit Blick auf die Pubertät eines jeden Menschen weiß man, dass dies zunächst eine einschneidende Veränderung ist. Und es ist aus der Ethnologie bekannt, dass einschneidende Veränderungen etwas erfordern, das man «Passagen" nennt und deren Erfolg nur durch rituelle Maßnahmen abgesichert werden kann (Van Gennep 1986) Von dieser Bewertung der paradigmatischen

Blick-Veränderung aus gesehen ist zu folgern, das dasjenige, was sich wirklich mit Grenzveränderungen in der Gesellschaft ereignet, der Tendenz nach übersehen wird.

Zum Abschluss

Das Anliegen der vorgelegten theoretischen Skizze war es aufzuzeigen, dass das Phänomen Grenze sich besonders gut eignet, um das Ineinandergreifen von menschlicher Erfahrung und gesellschaftlichen Strukturen deutlich zu machen. Dieses Ineinandergreifen kann meines Erachtens nur verständlich gemacht werden, indem man den kognitiven Aspekt der gesellschaftlichen Vorstellungen – des Imaginären – einbezieht. Selbstverständlich gäbe es im soziologischen Sinn noch viel mehr über Grenzen auszuführen. Ich habe mich auf Probleme beschränkt, die mit der Unsicherheit gegenüber Grenzen und der Undeutlichkeit von Grenzen zu tun haben. Dazu eignet sich meines Erachtens der gegenwärtige Diskurs über Grenzöffnungen und Entgrenzungen.

Meine erste These bezog sich darauf, dass Grenzerfahrung die *Überschreitung* einer Grenze bedeutet und dass das Grenzbewusstsein in der *Interaktion* konstituiert wird. Die unsichtbare Grenze wird als harte Grenze erst in der gesellschaftlichen Wechselwirkung deutlich: das ist deren Objektivität.

Meine zweite These bezog sich auf Grenzen, die auch dann Bedeutung haben, wenn die Erfahrung der Grenzüberschreitung nicht gemacht wurde: die Vorstellungen gesellschaftlicher Akteure, dass sich dort oder dort eine Grenze befinde und dass sie ihr Handeln gewissermaßen in Vorwegnahme der Grenzen an diesen orientieren.

Davon ausgehend bildet sich von selbst ein neuer Topos, den ich *Grenzstreifen* genannt habe: dasjenige Handlungsfeld, in dem für die Beteiligten nicht sicher ist, ob sie sich noch diesseits oder jenseits der Grenze befinden. Das hat meines Erachtens unmittelbare Bedeutung für diejenigen – modernen – Verhältnisse, die durch Lockerung herkömmlicher Grenzen entstanden sind – eine Lockerung, die eben nicht Aufhebung bedeutet, sondern dazu führt, dass angesichts der optimistischen Einschätzung dieser Lockerung (als Befreiung) die tatsächlichen Grenzen als harte Enttäuschung erfahren werden.

Eine eher optimistische Einschätzung der Entgrenzungen innerhalb der Gesellschaft (Individualisierung) wie zwischen den Gesellschaften (Globalisierung) vertritt die These, es sei Sache der Individuen wie der kollektiven Akteure, angesichts weitgehender sozialer wie politischer Grenzaufhebung, ihr Feld jeweils selbst zu bestimmen. Das entspricht gewiss einer starken Lockerung herkömmlicher Grenzziehungen, übersicht aber fundamentale Bedingungen des Gesellschaftlichen: Erstens kann es keine Sozialität ohne Grenzbestimmung geben (s. Eisenstadt 2001). Wo früher der Beruf des Vaters gegolten hat, gilt nun eben das Examen oder das

Parteibuch. Noch grundsätzlicher: wer bestimmte sprachliche Kompetenzen nicht hat, bleibt draußen – und es wäre eine Illusion anzunehmen, jeder Mensch könne in jedem Alter eine neue Sprache perfekt zu beherrschen lernen. Etwas weniger problematisch: die Zugehörigkeit zu den Milieus (im Sinne von Schulz 1997) steht jedem offen. Aber wer sich einem Milieu zugesellt hat, hat sich damit von einem anderen getrennt. Der Bildungs-Aufsteiger zum Beispiel entfremdet sich von dem Milieu seiner Eltern. Alle Arten von Abgrenzung, so freiwillig sie eingegangen sein mögen, schaffen objektive gesellschaftliche Tatbestände.

Hinzu kommt – gewissermaßen von der anderen Seite – dass diejenigen, die sich auf diese Weise gesellschaftlich selbst bestimmen, dies in einem Umfeld tun, das bereits vor ihnen da ist. Wenn z.b. jemand politisch aktiv sein will, kann nicht einfach in Selbstbestimmung eine neue Partei gründen. Die Parteienlandschaft ist längst organisiert. Versucht er nun, innerhalb einer existierenden Partei seine politischen Vorstellungen zur Geltung zu bringen, wird er vermutlich bald erfahren, dass man darauf nicht hört. Passt er sich nun an oder erfährt er die entsprechende Meinungsgrenze und tritt wieder aus?

Mir scheint es die Aufgabe der Soziologie zu sein, sofern sie sich im allgemeinen Sinn mit den gegenwärtigen gesellschaftlichen Verhältnissen beschäftigt oder deren Sinnzusammenhang herauszufinden versucht, den ständigen Rekurs von Erfahrung auf Vorstellungen und von Vorstellungen auf Erfahrung im Blick auf den öffentlichen Diskurs vorzunehmen. Ich vermisse dies bei manchen Zeitdeutungen der Kollegen; möchte aber an dieser Stelle Peter Gross (1995) nicht unerwähnt lassen, der mit dem Terminus der Multioptionsgesellschaft aufgezeigt hat, wie viele Schwierigkeiten der Lebensführung mit den Grenzerleichterungen und Grenzöffnungen gegeben ist. Dies ist für mich ein Beispiel dessen, was ich suche: die Objektivität des Gesellschaftlichen als eine erfahrene zu begreifen.

Literatur

Castoriadis, Cornelius (1984): Gesellschaft als imaginäre Institution. Frankfurt/Main.

Eisenstadt, Shmuel Noah (2001):The Continual Reconstruction of Multiple Modern Civilizations and Collective Identities. In: Preyer, Gerhard / Bös, Mathias: On a Sociology of Borderlines. Social Process in a Time of Globalization, Protosociology 15, S.14-25.

Eßbach, Wolfgang / Fischer, Joachim /. Lethen, Helmut. (2002): Plessners Grenzen der Gemeinschaft. Frankfurt/Main.

Gross, Peter (1995): Die Multioptionsgesellschaft. Frankfurt/Main.

Kaufmann, Jean Claude (1999): Mit Leib und Seele. Theorie der Haushaltstätigkeit. Konstanz. Luhmann, Niklas (1984): Soziale Systeme. Frankfurt/Main. Mead, Herbert Georg (1968): Geist, Identität, Gesellschaft. Frankfurt/Main.

Plessner, Helmuth (1981 a): Die Stufen des Organischen und der Mensch. Gesammelte Schriften IV, Frankfurt/Main.

Plessner, Helmuth (1981 b): Grenzen der Gemeinschaft. Gesammelte Schriften V, Frank-
    furt/Main. Schulz, Gerhard (1997) Die Erlebnisgesellschaft. Frankfurt/Main
Simmel, Georg (1992): Soziologie. Gesamtausgabe Bd. 11, Frankfurt/Main
Van Gennep, Arnold (1980). Übergangsriten. Frankfurt/Main

IV. René Girards Beitrag zur Soziologie

Mimetisches Handeln

Eine vergessene Kategorie und ihre Bedeutung
für die soziologische Theoriebildung

Im folgenden soll gezeigt werden, welche Folgen es für die Bildung soziologischer Theorie, die Erklärung gesellschaftlicher Prozesse und damit auch die Grenzbestimmung dessen, was als Soziologie gilt, hat, ob der Mimesis[60] eine fundamentale Bedeutung beigemessen wird oder nicht. Ich versuche dies durchzuführen, indem ich einzelne wichtige Soziologen an den dementsprechenden Stellen ihrer Arbeiten beleuchte.

I.

Am Beginn der im folgenden untersuchten Problematik steht eine heftige Kontroverse zwischen Gabriel Tarde und Emile Durkheim[61], in der Tarde alles Gesellschaftliche aus Imitation erklärt wissen wollte und Durkheim die Unableitbarkeit des Gesellschaftlichen unnachgiebig behauptete. In seinem epochemachenden Werk zum Selbstmord nimmt Durkheim die Argumente um die Nachahmung sehr ernst. Er verlangt zunächst, dass man eine klare Definition vorlegt[62]. Nicht alles, was oberflächlich gesehen zur Nachahmung gezählt wird, kann seinen Kriterien standhalten. Seine eigene Definition lautet:

> „Es liegt eine Nachahmung vor, wenn einer Handlung unmittelbar die Vorstellung einer ähnlichen, von einem anderen vorher vollzogenen vorausgeht, ohne daß sich zwischen Vorstellung und Ausführung explizit oder implizit irgendein Denkvorgang einschaltet, der diese Handlung ihrem Wesen nach durchdringt."[63]

---

[60] Mimesis' wird dabei mit Nachahmung' (,Imitation') gleichgesetzt, obwohl die Bedeutung von Mimesis' als umfassender anzunehmen ist; s. Koller, Die Mimesis, und Thomas, Rivalität, S. 37 ff.

[61] s. die Vorträge und Diskussion beider, abgedruckt in der Revue Internationale de Sociologie, 1904, S. 83-87, engl. Fassung in Gabriel Tarde (ed. Clark), On Communication, S. 136-140.

[62] Was er bei anderen Autoren weitgehend vermisst, s. S. 125 und passim.

[63] Der Selbstmord, S. 132, original kursiv.

Diese Definition beinhaltet: 1) Es handelt sich um eine individuelle Handlung, 2) ihr geht eine ähnliche˙ Handlung voraus, 3) der Vorgang ist ein automatischer[64]. Wichtig ist das Letzte, denn eine bewusste Nachahmung ist – so Durkheim – nicht in der Nachahmung begründet, sondern in etwas anderem. Das Wesentliche ist dementsprechend nicht die Nachahmung, sondern dasjenige, das im dazwischen getretenen Bewusstsein den Ausschlag gibt, diese Handlung zu vollziehen[65].

Nun könnte man bereits an dieser Stelle einwenden: wieso sollten nicht viele gesellschaftliche Prozesse quasi automatisch ablaufen – in der Weise, wie Tarde es angenommen hat?[66] Offensichtlich im Blick auf Tarde formuliert Durkheim:

„Es stimmt schon, dass man gelegentlich alles Nachahmung genannt hat, was nicht originale Erfindung war. Offenbar sind unter diesem Gesichtswinkel fast alle menschlichen Handlungen Nachahmungen, denn die eigentlichen Erfindungen sind sehr selten. Aber gerade weil dann das Wort Nachahmung fast überall zutrifft, hat es keinen festen Umriss mehr. Eine derartige Terminologie kann nur Verwirrung stiften."[67]

Aber es geht – und das darf nicht übersehen werden – nicht darum, ob es Nachahmung unter Menschen gibt. Durkheim formuliert deutlich:

„Es ist nicht zweifelhaft, dass die Idee des Selbstmords sich durch Ansteckung überträgt"[68], und er räumt ein, dass „ … die Anzahl der auf Nachahmung zurückzuführenden Selbstmorde … sich verringert."[69] Was Durkheim fordert, ist eine Erklärung der Selbstmordfälle, insbesondere der Selbstmordraten. Wenn Selbstmord sich durch Nachahmung übertragen würde[70], müßte sich dies empirisch nachweisen lassen. Wie wir wissen, schließt Durkheim dies aufgrund seiner empirischen Analysen aus.

Durkheims Argumente weisen – und das ist an dieser Stelle wichtiger – darauf hin, daß es nicht nur darum geht, die Unfruchtbarkeit der NachahmungsHypothese nachzuweisen, sondern daß der Charakter gesellschaftlichen Handelns auf dem Spiel steht. Der Weg zu dieser tieferen Bedeutung läßt sich in den Argumenten finden, die er im Hinblick auf die Mode˙ oder die Gewohnheiten˙ anführt, die ja als faits sociaux ihren festen Platz in Durkheims Konzept von Soziologie haben.

„Wenn man einer Mode oder einer Gewohnheit folgt, dann tut man das, was andere getan haben oder immer wieder tun. Nur geht aus der Definition selbst hervor, dass

---

[64] Damit steht ‚Nachahmung˙ der ‚Ansteckung˙ nahe. Auch diesem Theorem, das seinerzeit ˉ in Verbindung mit der entstehenden Massenpsychologie ˉ die Wissenschaftler beschäftigte. Die diesbezüglichen Argumente (S. 133 ff.) werden hier übergangen.

[65] s. Selbstmord, S. 132, Fn. 8.

[66] s. dazu auch Max Weber, unten S. 5.

[67] s. Selbstmord, S. 131, Fn. 6.

[68] s. S. 134. Ansteckung˙ kann hier mit Nachahmung˙ im automatischen Sinn gleichgesetzt werden.

[69] s. S. 136.

[70] s. S. 136 ff.

diese Wiederholung nicht durch etwas bedingt ist, was man instinktiv Nachahmung nennt; sondern einerseits durch die Sympathie, die uns die Gefühle unserer Mitmenschen nicht verletzen lässt, damit wir den Umgang mit ihnen besser genießen können, andererseits durch den Respekt, den uns die kollektiven Handlungs- und Denkweisen einflößen ...",

und er beendet diesen Gedanken mit der lapidaren Feststellung:

> „Handeln aus Respekt oder aus Furcht vor der öffentlichen Meinung ist nicht Nachahmung."[71]

Wenn Nachahmung als ,instinktiv' oder ,automatisch' definiert werden muß, dann scheidet sie – für Durkheim selbstverständlich – aus, wenn es sich um Sympathie, Respekt oder Furcht handelt. (Als wenn es sich dabei nicht auch um ,instinktive' Regungen handeln könnte.) Wir können auch sagen: Was formal als Nachahmung angesehen werden könnte, ist nicht geeignet, ,wiederkehrende' Handlungen zu erklären.[72]

Die Weise aber, in der Durkheim mit seinem strengen Begriff der Nachahmung bisherige nichts sagende oder verwaschene Erklärungen aus der Diskussion verweist, ist meines Erachtens nicht allein auf seinen Sinn für bestimmte Prozesse zurückzuführen – die ohne den Faktor ,gesellschaftliche Ursachen' unerklärt bleiben. Es ist sein Verständnis von Gesellschaft, das es ihm unmöglich macht, die Nachahmungstheoretiker, vor allem Tarde, anzuerkennen. Der eben zitierte Satz vom „Handeln aus Respekt ..." zeigt die Richtung, aus der Durkheims Parteinahme bestimmt ist:

> „Die Art, wie wir uns den Sitten und den Moden unseres Landes anpassen, hat also nichts gemein mit der unbewussten Nachäfferei von Bewegungen, die wir gesehen haben. Zwischen beiden Handlungsweisen liegt die ganze Distanz von vernunftbegründetem Verhalten und automatischem Reflex."[73] Dabei fügt er noch an: „Es kann im Einzelfall natürlich vorkommen, dass eine Mode oder eine Tradition aus purer Nachäfferei kopiert wird, aber dann ist sie nicht als Mode oder als Tradition nachgemacht."

Man bekommt die Härte der Argumentation an dieser Stelle deutlich zu spüren. Während er selbst bei einzelnen Selbstmorden die Nachahmung/Ansteckung in

---

[71] s. S. 129, der letzte Satz kursiv.
[72] Es müsste untersucht werden, ob denn Tarde und andere im Durkheimschen Sinn ,Begründung' gesucht haben. Ob, anders herum Durkheim, indem er etwas ohne Zweifel Wichtiges entdeckte, seine Gegner (zu Unrecht) überforderte. So, wie er vorging, hatte er sich auf jeden Fall freie Bahn für die ,gesellschaftlichen Ursachen' geschaffen, ohne dass er genötigt war, Prozesse der Nachahmung zu leugnen.
[73] s. S. 130.

Erwägung zieht[74], wird hier Nachahmung mit „Nachäffen" gleichgesetzt. Durkheims Argument muss denjenigen fremd erscheinen, für die Anpassung an die Sitten' immer nur eine äußerliche, das heißt eher reflexartige Handlung ist. An dieser Stelle vernunftbegründetes Verhalten' einzusetzen: das wird nur plausibel, wenn man mit Durkheim davon ausgeht, dass Gesellschaft nicht ein schwankendes, zufällig so oder so geartetes Gebilde ist. Die Gesellschaft existiert für Durkheim nur über die Moral, die durch die Vernunft vermittelt wird. Er führt dies mit umfassender Begründung in seiner großen Vorlesung[75] aus: Gesellschaft ist jene große Persönlichkeit[76], die das Individuum im wahren Sinn Individuum werden lässt, die ihm und allen anderen Individuen Stabilität und Lebenssinn vermittelt. Eine solche in Sitte verfasste Gesellschaft kann natürlich nicht über Nachäfferei zustande kommen. Jeder Mensch lernt durch die Erziehung, dass der Gebrauch der Vernunft ihn auf die Gesellschaft verweist. Gleichzeitig ist der Mensch in seiner Stabilität derart auf die Gesellschaft verwiesen, dass der Selbstmord als Zerfallserscheinung von anderen Kräften abhängig sein muss: von der Zerrüttung der Gesellschaft, dem Zustand der Anomie.

Mir scheint, dass die grundsätzliche, nicht abgeleitete Vorstellung von Gesellschaft, die das Credo Durkheims darstellt, als innere Ursache dafür angesehen werden muss, dass er sich nie und nimmer einer Vorstellung von Nachahmung als konstituierendem Prozess, wie eng oder weit man den entsprechenden Begriff fasst, anschließen könnte. Denn sie würde zu viel Platz für Zufälligkeiten lassen, auch dann, wenn aus versuchter Nachahmung etwas anderes entstünde – ohne dass Autorität und Pflicht eine Begrenzung abgäben. So aufmerksam auch Durkheim für die kleinsten Regungen in der Gesellschaft ist[77], das Ganze der Gesellschaft steht von vornherein fest.[78] Durkheims Gesellschaft ist etwas im Wesentlichen Unveränderbares, Objektives; sie kann sich bestenfalls veränderte Strukturen geben. Individualität muss eine untergeordnete Funktion einnehmen, und individualpsychologische Aspekte als Erklärung gesellschaftlicher Zusammenhänge würden den objektiven Tatbestand beunruhigen.

---

[74] s. o., S. 2.
[75] Erschienen unter dem Titel „Erziehung, Moral, Gesellschaft'.
[76] s. dort 4. und 5. Vorlesung.
[77] Z. B. schreibt er (S. 133) vom „komplexen Prozess ..., aus dem die Kollektivgefühle hervorgehen': „Denn wir müssen zugeben, dass wir kaum wissen, wie er vor sich geht. Auf welche Weise genau kommen die Kombinationen zustande, die den Kollektivzustand herbeiführen, welche Elemente spielen dabei mit, wie kommt die Leitidee zustande; alle diese Fragen sind viel zu verwickelt, um sie durch bloße Introspektion zu lösen." Daraus ist ersichtlich, dass sein Widerstand gegen Massenpsychologisches nicht bedeutet, dass er an den Fragen uninteressiert wäre, mit denen sich später die Sozialpsychologie beschäftigt.
[78] So auch seine Beweisführung in der Religionssoziologie „Die elementaren Formen...".

II.

Max Weber widmet der Nachahmung im Zusammenhang der Definition des Sozialen Handelns eine Aufmerksamkeit, deren Bedeutung wohl nicht hinreichend gewürdigt worden ist. Er grenzt das „*gleichmäßige Handeln mehrerer*"[79] vom sozialen Handeln ab und verwendet da für das Beispiel der Regenschirm-Szene:

> „Wenn auf der Straße eine Menge Menschen beim Beginn eines Regens gleichzeitig den Regenschirm aufspannen, so ist (normalerweise) das Handeln des einen nicht an dem des andern orientiert, sondern das Handeln aller gleichartig an dem Bedürfnis nach Schutz gegen die Nässe."

Hier gilt es genau hinzusehen. Kein Zweifel: der Regen ist die Veranlassung für die Benutzung des Regenschirms; sie geschieht reaktiv. Aber ob dabei unbedingt die „Orientierung am Anderen" ausgeschlossen ist? Man könnte – bei genauerer Beobachtung – Differenzen feststellen: Einige handeln ‚automatisch', andere zögern; sie beobachten zunächst die ersteren, bevor sie ihnen folgen. (Das aber heißt, dass die „Gleichzeitigkeit" bei Weber etwas grob bemessen wurde.)[80] Andere benutzen den Regenschirm nicht. Nur wenn man auf Generalisierung aus ist, wird man wie Max Weber (‚das durchschnittliche Handeln') den Nachahmungscharakter vernachlässigen können.

Der Nachahmung selbst gelten folgende Zeilen: „Ferner würde bloße ‚Nachahmung' fremden Handelns (auf deren Bedeutung G. Tarde berechtigtes Gewicht legt) begrifflich dann nicht spezifisch ‚soziales Handeln' sein, wenn sie lediglich reaktiv, ohne sinnhafte Orientierung des eigenen an dem fremden Handeln, erfolgt ... Die bloße Tatsache aber, dass jemand eine ihm zweckmäßig erscheinende Einrichtung, die er bei anderen kennen lernte, nun auch bei sich trifft, ist nicht in unserem Sinn: soziales Handeln. Nicht am Verhalten des andern orientiert sich dies Handeln, sondern durch Beobachtung dieses Verhaltens hat der Handelnde bestimmte objektive Chancen kennen gelernt und an diesen orientiert er sich. Sein Handeln ist kausal, nicht aber sinnhaft, durch fremdes Handeln bestimmt. Wird z. B. fremdes Handeln nachgeahmt, weil es ‚Mode' ist, als traditional, mustergültig oder als ständisch vornehm' gilt, oder aus ähnlichen Gründen, so liegt die Sinnbezogenheit – entweder: auf das Verhalten der Nachgeahmten, oder: Dritter, oder: beider – vor."[81]

Daraus lässt sich entnehmen: Wenn immer der (beobachtbare) Vorgang der Nachahmung beim Nachahmenden sinnbezogen ist, der ohne den anderen nicht zu

---

[79] Wirtschaft und Gesellschaft I, S. 16.
[80] Wie weit Nachahmung etwas mit den Zeitstrukturen des Gesellschaftlichen zu tun hat, wird weiter unten analysiert werden; s. u., S. 16.
[81] a.a.O., S. 17. 13 ˙

denken wäre, kann man auch die Nachahmung als soziales Handeln bezeichnen. Indem also Weber nicht derart restriktiv verfährt wie Durkheim – er lässt einen Übergang von der reaktiven zur sinnerfüllten Nachahmung zu -, kann er sie als eine Möglichkeit des für die Soziologie zu Beachtenden ansehen. Darüber hinaus macht er – in diesem Zusammenhang – ein bemerkenswertes Zugeständnis, wenn er bemerkt, dass

> „die nur ‚reaktive' Nachahmung mindestens die gleiche Tragweite hat wie diejenige, welche soziales Handeln' im eigentlichen Sinn darstellt. Die Soziologie hat es eben keineswegs nur mit „sozialem Handeln" zu tun, sondern diese bildet nur (für die hier betriebene Art von Soziologie) ihren zentralen Tatbestand".

Weber schließt also definitiv Nachahmung nicht aus dem Feld der Soziologie aus – ein entscheidender Gegensatz zu Durkheim -, sondern er konzentriert sich selbst auf das, was für seine Auffassung zentraler Tatbestand' ist. In der Zeit nach Weber und in seiner Nachfolge hätten also Phänomene der Nachahmung durchaus wieder aufgegriffen werden können. Dies aber blieb bis heute aus; man bleibt den zentralen Tatbeständen', zu denen Nachahmung nun einmal nicht gehört, verhaftet.

III.

Dies gilt für Talcott Parsons und Niklas Luhmann gleichermaßen. Als auf der Rollentheorie basierender Systematiker bezieht sich Parsons bei entsprechenden Fragen stets auf die „Erwartungen"; Nachahmung kommt bei ihm nicht vor.[82] Bei Luhmann findet man zwar das Pendant „copieren"[83], aber es versteht sich fast von selbst, dass autopoietische Systeme eben immer selbst- und nicht fremdbezogen sind. Solange Strukturen und Systeme das Paradigma der soziologischen Theorie – in den unterschiedlichsten Varianten – darstellen, ist ein fundamentales soziologisches Phänomen: dass in der Gesellschaft immer auch Menschen es mit Menschen zu tun haben, von der Betrachtung ausgeschlossen.

---

[82] s. „Systematische Theorie in der Soziologie, Gegenwärtiger Stand und Ausblick", S. 31 ff., aus: Essays in Soc. Th., 1954.
[83] Soziale Systeme, z. B. S. 365, vgl. S. 430: „Ferner wird hierdurch die Bedeutung des Copierens von Persönlichkeitsmustern oder -gesten (Stendhal) bei gleichwohl unverwechselbaren Resultaten verständlich: Man copiert ein Personmodell in ein konkretes und dadurch immer schon unverwechselbares psychisches System; man kleidet und frisiert nach Erfolgsmodellen - immer doch nur am eigenen Körper."

IV.

Das sieht bei Georg Simmel, dem Klassiker ohne Schule, anders aus. Es findet bei ihm zwar keine Auseinandersetzung um die Problematik der Nachahmung statt, aber wie er sie einschätzt, ist deutlich[84]:

„In der Ausgestaltung dieser Gegensätze" („Interesse an ... Dauer und Beharren ... Veränderung und Wechsel") „wird die eine Seite derselben meistens von der psychologischen Tendenz zur Nachahmung getragen. Die Nachahmung gewährt uns zunächst den Reiz einer zweckmäßigen Kraftbewährung ... In der Nachahmung trägt die Gruppe den einzelnen, dem sie einfach die Formen seines Verhaltens überliefert ... Aber eben nur einer der Grundrichtungen unseres Wesens entspricht die Nachahmung, nur derjenigen, die sich an der Gleichmäßigkeit, der Einheitlichkeit, der Einschmelzung des einzelnen in die Allgemeinheit befriedigt, die das Bleibende im Wechsel betont."

In unserem Zusammenhang ist vom Inhalt dieses Zitates folgendes hervorzuheben: 1) Er gebraucht den Terminus auf unkomplizierte Weise, eher der Kopie nahe („Gleichmäßigkeit"), und ohne jeden kritischen Beigeschmack. 2) Er behandelt Nachahmung als psychologischen Faktor, aber nicht als Trieb[85], sondern als Tendenz. 3) Gleichzeitig ist Nachahmung ein soziologisches Element: sie kennzeichnet ein mögliches Verhältnis zwischen Gruppe und Einzelnem. Somit findet keinerlei Distanzierung zur Nachahmung statt; es werden auch keine Sicherungen eingebaut – wie bei Weber[86]-, sondern Nachahmung wird als soziologische Form unter die wichtigen, die zur Analyse des Gesellschaftlichen notwendig sind, eingereiht[87]: „ ... *Über- und Unterordnung, Konkurrenz, Nachahmung, Arbeitsteilung, Parteibildung, Vertretung, ...*"

Denn für Simmel handelt es sich bei all den genannten Formen um eine Gleichsetzung von „Verhaltungsformen" mit „Beziehungsformen", die als „Vergesellschaftungsformen" gelten[88]. Dass er der Nachahmung kein eigenes Kapitel gewidmet hat – wie der Über- und Unterordnung oder der Konkurrenz -, lässt also nicht schließen, dass sie nicht zum Bestand der „reinen Soziologie"[89] zu rechnen wäre. Nachahmungsprozesse absichtlich nicht zu studieren, würde aus Simmels Sicht einen Mangel darstellen.

---

[84] s. Zur Psychologie der Mode (1895), abgedruckt in: Dahme / Rammstedt, S. 131 f.
[85] Wogegen Durkheim polemisierte, s. Der Selbstmord, S. 130 ff.
[86] s. o., S. 7.
[87] s. Das Gebiet der Soziologie, abgedruckt in: Georg Simmel, Schriften zur Soziologie, Hg. Dahme / Rammstedt, S. 47.
[88] s. Soziologie, S. 10 f.
[89] s. Das Gebiet der Soziologie ... , S. 47.

V.

Warum dies aber so ist, führt unabweislich in die Konzeption von Soziologie, zur Frage: womit ist Soziologie beschäftigt? oder: was ist ihre Aufgabe? In dieser Hinsicht scheint eine größere Gemeinsamkeit zwischen Durkheim, Weber, Parsons und Luhmann zu bestehen, als ihre doch recht unterschiedlichen Weisen, Soziologie zu betreiben, vermuten lassen. Dies wird besonders deutlich, wenn man die Distanz bedenkt, die Simmel mit allem Nachdruck einnimmt und formuliert. Bei den genannten vier Theoretikern wird Gesellschaft als ein kompaktes, mehr oder weniger komplexes Ganzes angesehen. Die Gesellschaft: das ist bei Durkheim ganz offensichtlich eine verfasste Einheit, sei es nun eine Ethnie oder ein Volk. Bei Parsons kann man das kaum anders lesen. Bei Max Weber sind es im Wesentlichen übergeordnete Prozesse und Organisationsbildungen, wenn auch auf dem Unterbau im wesentlichen sozialer Handlungen. Luhmann lässt sich zwar in dieser Hinsicht schwer fassen: die sozialen Systeme sind vielfältig und stehen in höchst komplexen Beziehungen. Aber wo und wie sie auch sind: sie sind immer bereits vorhanden. Die Prozesse der Bildung von Systemen stehen nicht im Blickfeld. Ganz abgesehen davon ist die Ausdifferenzierung ein wesentlich wichtigerer Aspekt der Evolution als der etwa eines Verschmelzet. Im Gegensatz dazu teilt Simmel einen solchen Blick auf die Totalität nicht – was meines Erachtens den schärfsten Gegensatz zu Durkheim ausmacht.[90]

> „Ich gehe ... von der weitesten, den Streit um Definitionen möglichst vermeidenden Vorstellung der Gesellschaft aus: daß sie da existiert, wo mehrere Individuen in Wechselwirkung treten. Diese Wechselwirkung entsteht immer aus bestimmten Trieben heraus oder um bestimmter Zwecke willen ... Diese Wechselwirkungen bedeuten, daß aus den individuellen Trägern jener veranlassenden Triebe und Zwecke eine Einheit, eben eine ‚Gesellschaft‘ wird.... ein Staat ist einer, weil unter seinen Bürgern das entsprechende Verhältnis gegenseitiger Einwirkungen besteht...“ [91]

Im Vergleich zu den anderen genannten großen Soziologen ist – allein aus diesem Textstück – deutlich, dass einerseits die größeren Gebilde (Betrieb, Familie, Schule etc., ebenso wie Ethnie oder Volk) nicht als feststehende Gebilde für Simmel interessant sind, sondern nur als inhaltlich bestimmte Formung von Wechselwirkung bzw. Wechselwirkungsprozessen. Andererseits klammert die Vorstellung von gesellschaftlichen Prozessen nicht die Individuen als Träger seelischer Energien aus. Mit anderen Worten: Gesellschaft wird bei Simmel zunächst entmaterialisiert. Wenn mehrere Individuen in Wechselwirkung treten, dann geschieht dies nicht, wie man

---

[90] s. Soziologie (1908), S. 4 f., s. a. „Das Gebiet der Soziologie", S. 47.
[91] Vgl. auch „Das Gebiet der Soziologie" (1917), Dahme / Rammstedt, S. 3750, und „Das Problem der Soziologie" (1917), abgedruckt in: Georg Simmel, Das individuelle Gesetz, hg. von M. Landmann, S. 41-49.

heute sagt, in' der Gesellschaft, sondem dann ist' dies Gesellschaft[92]. Das wiederum führt zu der These, dass Nachahmung nur insofern von der Soziologie ernst genommen werden kann, sofern sie sich der kleinen, unscheinbaren Prozesse zwischen Individuen annimmt (wie es eben Simmel tat) und diese nicht von vornherein als Mikro-Soziologie abspaltet oder aber der Sozialpsychologie überläßt.

Von dieser Feststellung aus erscheint es sinnvoll, noch einen Rückblick auf die Tradition der Soziologie unter einem bestimmten Aspekt zu tun: dem des Verhältnisses zu Psychologie (im weitesten Sinne). Dass für Niklas Luhmann das Individuum mit seiner Psyche aus dem soziologischen Gegenstandsbereich ausgeschlossen ist, versteht sich aus seiner Systemtheorie von selbst. Max Weber setzt sich deutlich von der Psychologie ab[93], Und bereits Emile Durkheim legt größten Wert darauf, die Soziologie von der Psychologie zu unterscheiden[94].

Doch wie weit kann Psychisches aus der Soziologie ausgespart werden? Es sieht ganz so aus, als hätten die betreffenden Väter der Soziologie zwischen einer wissenschaftlichen Argumentation und gewissen Sachverhalten nicht hinreichend unterschieden[95]. Dass sich Soziologie von der Psychologie absetzt, sofern es darum geht, begründende Erklärungen für soziologische Sachverhalte zu liefern, ist verständlich: Gesellschaft kann nicht aus den Gesetzen der Psyche abgeleitet werden, so wenig sie nichts als die Ergänzung von Individuen darstellt. Und Gabriel Tarde hat sicher den Bogen insofern überspannt, als er Gesellschaft nur noch durch Nachahmungsprozesse und höchstens als Ausnahme durch Innovationen konstituiert sah. Dieses Verfahren muss man aus der Sicht der Soziologie als Psychologismus abwehren.

Von derartigen Erklärungen müssten aber diejenigen psychischen Sachverhalte unterschieden werden, die anzuerkennen sind, ob man nun eine psychologische Erklärung bereit hat oder nicht. Indem Durkheim[96] zwischen einer reinen Reaktion (als Reflex) und der Reflexion unterscheidet, indem er Autorität und Moral als begründende Träger des Gesellschaftlichen apostrophiert, indem er – nicht zuletzt – der Gesellschaft die volle Emotionalität des Menschen zuschreibt: nimmt er da nicht unbezweifelbar psychische Sachverhalte in die Erklärung des Gesellschaftli-

---

[92] Und es gibt Anzeichen dafür, dass eben dies für die ,mainstream'-Soziologen eine ärgerliche Auffassung war.

[93] W. u. G. I, S. 13 ff.

[94] s. Gabriel Tarde, ... Clark (ed.), wo Durkheim feststellt (S. 140): „Whatever this inter-mental psychology is worth, it is inadmissible for it to exercise a sort of directive action ... „

[95] Anders Simmel: „Allein es ist von der äußersten methodischen Wichtigkeit und geradezu entscheidend für die Prinzipien der Geisteswissenschaften überhaupt, daß die wissenschaftliche Behandlung seelischer Tatsachen noch keineswegs Psychologie zu sein braucht." Unter Psychologie versteht er „das Gesetz des seelischen Prozesses, der einen bestimmten Inhalt freilich allein tragen kann". Die Soziologie macht vielmehr „von psychologischen Regeln und Kenntnissen Gebrauch", indem sie sich auf den „Inhalt" (des seelischen Prozesses) und „seine Konfigurationen selbst" bezieht; s. Soziologie, S. 17.

[96] s. o., S. 1 f.

chen auf? Und Max Weber, der bei all seinen kategorialen Unterscheidungen deutlich macht, dass die „Übergänge in der Wirklichkeit fließend" seien[97]: wie kann er seine Unterscheidung des sozialen Handelns vom nicht-sozialen treffen, ohne die Psyche des Menschen zu berücksichtigen, in welcher die Grundlagen für eine sinnhafte Orientierung' angelegt sind?

Mir scheint, dass die Abwehr der Psychologie eine schiefe' Angelegenheit ist, die nur verständlich wird, wenn man berücksichtigt, dass die genannten Soziologen einerseits durchaus über Vorstellungen vom Menschen, seine Wahrnehmung, seine Vernunft, seine Orientierung verfügen, die sie als solche, gewissermaßen ungefiltert in ihrer Argumentation zur Anwendung brachten. Mit anderen Worten: sie gingen von einer ihnen selbstverständlichen Menschenkenntnis aus, ohne dafür bei einer wie auch immer gearteten Psychologie Anleihe zu machen. Diese Menschenkenntnis beziehungsweise die entsprechenden Vorstellungen (oder auch Menschenbilder) dienten als Ausgangspunkte für die Erörterung des „Soziologischen"[98]. Andererseits waren sie dabei, eine neue Wissenschaft zu etablieren, die hinsichtlich der Grenzen zur Psychologie etwas zu ungeschützt schien. Die Markierung dieser Grenze hat dann – wie gezeigt – die Folge gehabt, psychische Sachverhalte zu vernachlässigen. Hier ist es wiederum Georg Simmel, der explizit und implizit deutlich macht, wie das Verhältnis zwischen Soziologie und Psychologie ohne solchen Ausschluss' aussehen könnte[99]. Er untersucht, sofern er soziologisch argumentiert, nicht die seelischen Mechanismen im Einzelnen. Aber sofern die Seele vorausgesetzt werden muss, um die (soziologischen) Wechselwirkungen, ihre Umstände und ihre Formen zu analysieren und zu beschreiben, treten die seelischen Sachverhalte voll in Geltung. Für ihn ist es alles andere als nötig, psychische Sachverhalte zu verlassen, um reine Soziologie zu betreiben.

VI.

Unter Berücksichtigung eines angemessenen, durch Polemik nicht verzerrten und kundigen Verhältnisses zwischen Psychologie und Soziologie lässt sich die Bedeutung der Mimesis für die Analyse soziologischer Zusammenhänge folgendermaßen skizzieren:

1. Wenn eine Handlung a des Autors B auf eine Handlung a des Autors A folgt und diese die Form der Ähnlichkeit zeigt, so besteht Grund zur Annahme, bei

---

[97] s. W. u. G. 1, S. 13.

[98] Es wäre zu prüfen, wie tragfähig diese Vorstellungen vom Menschen und seiner Psyche noch sind, wenn man die inzwischen gewonnenen psychologischen Erkenntnisse und Theorien berücksichtigt.

[99] Die Inanspruchnahme psychoanalytischer Erkenntnisse in der Frankfurter Schule – s. bes. The Authoritarian' Personality' – wird an dieser Stelle nicht weiter verfolgt, weil sie keine sichtbaren Konsequenzen für die soziologische Theorie befördert hat.

Ba liege eine Nachahmung vor. Mit Bedacht wird der Terminus 'Ähnlichkeit' gewählt. Er soll die strenge Kopie nicht ausschließen. Aber eine Erweiterung ist notwendig, weil allein schon wegen der individuellen Differenzen der Nachahmenden aus der 'Kopie' doch leicht etwas anderes wird[100]. Mimetisches Verhalten ist nicht nur dann festzustellen, wenn die Handlung Ba nachweislich in der Nachfolge von Aa geschieht, sondern es ist ebenfalls mit Nachahmung zu rechnen, wenn die Handlung von B ohne den Vorgang der Handlung von A wenig plausibel erscheint. (Historiker haben sich oft große Mühe gemacht, mögliche 'Abhängigkeiten' mimetischer Natur zu erforschen oder zu widerlegen.)[101]

2. Mimetisches Verhalten hat den entschiedenen Vorteil, zunächst beobachtbar zu sein, unabhängig davon, ob die 'inneren' (d. h. psychischen) Voraussetzungen erforschbar sind oder nicht; diese können den möglichen Zusammenhang dann u. U. verstärkt deutlich machen. Der Versuch strenger wissenschaftlicher Argumentation sowohl bei Durkheim wie bei Weber bietet in dieser Hinsicht eine ungeschützte Flanke: Woher will Durkheim wissen, ob eine gute Tat aus sittlicher Überlegung heraus geschehen ist oder nur die Folge eines Vorbildes, das man aus Gewohnheit akzeptiert hat? Und woher kann Weber wissen, ob das Subjekt des Anderen dem Bewusstsein des Handelnden derart gegenwärtig war, dass seine Handlung als soziale im strengeren Sinn angesehen werden kann? Wenn aber Weber zugestehen muss, dass die Realität den getroffenen Unterscheidungen gegenüber 'fließend' sei, dann ist eine strenge empirische Ermittlung, ob es sich um soziales Handeln handelt, nicht mehr gesichert. (Was generelle Annahmen, die Weber interessieren, nicht ausschließt.) Gerade dann aber, wenn man psychische Zusammenhänge in ihrer oft undurchschaubaren Vielfalt berücksichtigt, besteht aller Anlass, von soziologischer Seite her sich mit der schlichten Tatsache verschiedenartigster mimetischer Zusammenhänge zufrieden zu geben.

3. Man wird von der Hypothese ausgehen können, dass Mimesis auf einen zwischenmenschlichen Zusammenhang verweist und kann das Verhältnis psychologischer und soziologischer Dimension so bestimmen, dass Imitation und Identifikation zwei Seiten derselben Sache sind[102]. Menschen lernen Verhalten und Verhaltensregeln in aller erster Linie von Menschen, unabhängig davon,

---

[100] So Luhmann, s. o., S. 10 f.

[101] Ich habe in meiner Studie zur Rivalität eine systematische Auffächerung der Nachahmung vorgenommen, s. Rivalität, S. 31 f.

[102] S. Freud hat diese Relation gesetzt (Massenpsychologie, Werke, Bd. XIII, S. 115 f.). Diese Passage wurde von René Girard (Violence ... , S. 238 ff.) aufgenommen; vgl. Thomas, Rivalität, S. 37 ff. Und die Frage, ob die einzelne Nachahmung einer konkreten psychischen Disposition entspricht oder ob Nachahmung eine psychische Disposition schafft, entspricht eher einer Rivalität unter Fachvertretern, als dass sie der sachlichen Erkenntnis nützt; s. dazu René König, in: König, R. / Schupisser, W. (eds.), Die Mode in der menschlichen Gesellschaft.

ob der entsprechende zwischenmenschliche Zusammenhang einseitig oder wechselseitig oder gemeinschaftsbildend-rekursiv ist[103]. Das bedeutet für die soziologische Forschung – ebenso wie vergleichsweise für die historische -, auf dem Weg über beobachtbare Mimesis sozialen Zusammenhängen auf die Spur zu kommen.

4. Wenn bisher Nachahmung berücksichtig wurde, dann – wie bei Weber[104] – handelt es sich entweder um Phänomene der „Sitte", also um „traditionales" Verhalten oder, mit der gegebenen Einschränkung um Mode. Traditionelles Verhalten bedeutet aber: Wiederkehr desselben, „Mode" eher kurzfristige Anpassung. Damit wären nun diejenigen Tatbestände ausgeschlossen, auf die sich Tarde unermüdlich beruft: dass gerade Prozesse gesellschaftlicher Veränderung – ob geplant oder spontan – ohne Berücksichtigung des Phänomens der Nachahmung nicht erklärbar sind. Es erscheint also angebracht, Mimesis auch dann zu berücksichtigen, wenn es um sozialen Wandel' geht[105]. Es kann kein Zweifel daran bestehen, dass Nachahmungsvorgänge gesellschaftlichen Wandel prägen: wäre etwa Kultur- oder Geistesgeschichte ohne die Bildung von Schulen' denkbar? Wenn man nicht den blinden Nachahmungsbegriff von Durkheim oder den eingeengten von Luhmann übernimmt, dann handelt es sich dabei immer darum, dass sich Vorbilder (Modelle) durchsetzen, indem sie nachgeahmt werden. (Und „Nachahmung" ist gewiss aus anthropologisch-psychologischer Perspektive besser geeignet als „Ansteckung", die auf reine Reaktionen verweist.) Auch der moderne Alltag ist ein Lehrbuch für mimetisches Handeln und mimetische Prozesse, die sich durchaus nicht einem kontrolliert wertbezogenen Handeln unterwerfen lassen[106].

5. Sofern Soziologie darauf aus ist, nicht nur Prozesse des gesellschaftlichen Wandels zu untersuchen, sondern Gesellschaft selbst als Prozess zu beschreiben, dann wird sie über die zeitliche Struktur nur etwas aussagen, wenn sie Mimetisches beobachtet. Gesetzt, es lässt sich feststellen, dass B auf eine bestimmte Weise zeitlich nach A handelt, ebenso C nach A und B, entweder in

---

[103] Erst spät nach Freud ‑ und eher ihn umgehend ‑ hat Robert Bandura mit seiner Vorstellung vom Modellemen' und der stellvertretenden Erfahrung' diesem Tatbestand in der Psychologie wieder zur Geltung verholfen; s. Social foundation of thought and action.

[104] diesem Tatbestand in der Psychologie wieder zur Geltung verholfen; s. Social foundation of thought and action; s. W. u. G. I, S. 17; vgl. o., S. 7.

[105] Man könnte auch fragen, ob im soziologischen Verständnis nicht auch der weiter gefasste Gebrauch des Terminus Mode in Betracht gezogen werden sollte. Simmel z. B. behandelt Mode, wie auch später König im eingeengten Sinn, auf „Kleidung" fixiert; s. Zur Psychologie der Mode, in: Dahme / Rammstedt, S. 131 ff.

[106] An dieser Stelle ist ein Hinweis auf J. P. Sartre angebracht, der in seiner Kritik der dialektischen Vernunft die Kategorie der Serie' und des Seriellen' eingeführt und damit spezifische gesellschaftliche Zusammenhänge zu analysieren möglich gemacht hat; s. S. 273 ff. und passim.

bezug auf A oder auf B oder auf A, B, dann bedeutet Mimetisches Handeln' nicht die Deutung oder Freilegung subtilerer kausaler Mechanismen, als sei die spätere Handlung durch eine frühere verursacht. Denn mimetisches Handeln ist immer die subjektive Leistung des Mimeten. (Eine kausale Zurechnung müsste andere Wege verfahren – wie etwa der sozialstatistische Versuch Durkheims) Es handelt sich zunächst um das Beschreiben von Prozessen, die ja Abläufe in dem Sinne sind, dass eines dem anderen folgt. Ob die Menschen, die sich der Auswanderungswelle (1989) aus der DDR angeschlossen haben, an eine solche Möglichkeit, die Heimat zu verlassen, je gedacht haben, ob hier nur ein wohlüberlegter verborgener Beschluss durch die Umstände ermöglicht wurde, oder ob sie spontan' imitiert haben: wer will dies (zum Zweck der Erklärung) ermitteln? Und wie soll man herausfinden, ob die Motivation' – nun wahrlich eine psychologische Angelegenheit – sich auf wirtschaftliche Güter oder auf politische Freiheit bezog? All diese Fragen mögen untersucht werden. Der Tatbestand der Nachahmung ist nicht zu leugnen.

Indem nun aber Mimesis zur analytischen Kategorie wird, lässt sich die Dynamik sozialer Prozesse einerseits im Blick auf die Geschwindigkeit in der Zeit bestimmen, andererseits wird dann Nachahmung von Nicht-Nachahmung unterschieden, vielleicht sogar durch gegenläufige Nachahmung kontrastiert. Gerade in neuerer Zeit bilden sich nicht nur Modelle und deren Nachahmung, sondern es treten künstlerische sowohl wie politische Bewegungen auf, die für vorbildlich gehalten werden (also der Nachahmung empfohlen), die dann dennoch keine Verbreitung finden; oder deren Nachahmungsmodus sich im Maße der Verbreitung verändert. In welchen Wechselwirkungen sich Nachahmung bildet oder auch ausbleibt, dürfte erhebliches Gewicht für die Einschätzung der Dynamik gesellschaftlicher Vorgänge annehmen.

6. Schließlich, dass das Entstehen von Konflikten ohne Bezug auf Nachahmung unerklärbar bleibt, weil es gerade die Nachahmenden sind, die in Konflikt geraten[107]: diese Einsicht dürfte nicht mehr rückgängig gemacht werden. Sie wird vermutlich zu weiteren Untersuchungen anregen. Bisher wurde in allen gängigen Konflikttheorien angenommen, deren Ursache sei das Aufeinandertreffen konfligierender Interessen. Die Frage aber, wie sich diese Interessen im Sinne von sozialer Beeinflussung jeweils gebildet haben, bleibt im Allgemeinen im Dunkeln.[108]

---

[107] s. René Girard, Mensonge romantique … Ich habe die aus der Literaturanalyse gewonnene und besonders auf Religion bezogene Analyse auf das breitere Feld des Gesellschaftlichen zu übertragen versucht: Thomas, Rivalität.

[108] Hans-Michael Happel hat in seiner Dissertation „Ursachen und Bedingungen von Konflikten zwischen Kollektiven" die entsprechende Problematik umfassend bearbeitet.

VII. Abschluss

Wenn die unbestreitbaren Phänomene des Mimetischen in der soziologischen Theorie der letzten 100 Jahre nur einen untergeordneten Platz eingenommen haben oder gar – implizit oder explizit – verbannt wurden, so mag es dafür Gründe geben, die in der Selbstbehauptung der Soziologie zu suchen sind. Zu erwägen wäre auch, dass, wie Hans Blumenberg nachweist, für den neuzeitlich-autonomen Vernunftmenschen die Imitatio alter Kulturen allzu negativ besetzt war, um ihr eine gestaltende Bedeutung einzuräumen[109]. Die Soziologie wird ihr Potential, soziale Phänomene zu erklären, erst befriedigender nutzen, wenn sie die Abwehr gegenüber Mimetischem unter Menschen und Gruppen aufgibt.

Literatur

Bandura, Albert: 'Social foundation of thought and action', Prentice Hall, Englewood Cliffs/NY. 1973.

Blumenberg, Hans: ‚Wirklichkeiten, in denen wir leben: Aufsätze und Reden', Reclam, Stuttgart 1981.

Durkheim, Emile: ‚Der Selbstmord (1897)', Suhrkamp, Frankfurt/Main 1983.

– ‚Erziehung, Moral, Gesellschaft', Suhrkamp, Frankfurt/Main 1984.

– ‚Die elementaren Formen des religiösen Lebens', Suhrkamp, Frankfurt/Main 1981.

Gebauer, Gunter / Christoph Wulf: ‚Mimesis: Kultur - Kunst – Gesellschaft', Rowohlt, Reinbek 1992.

Girard, René: 'Mensonge romantique et verità romanesque', Grasset, Paris 1961.

Girard, René: La violence et le sacrö', Grasset, Paris 1972.

Happel, Hans-Michael: ‚Ursachen und Bedingungen von Konflikten zwischen Kollektiven', Unitext, Göttingen 1993.

Koller, Hans: Die Mimesis in der Antike. Nachahmung, Darstellung, Ausdruck. Bern 1954.

Luhmann, Niklas: Soziale Systeme. Suhrkamp, Frankfurt 1984.

Parsons, Talcott: 'Theory of Action. Essays in Sociological Theory', rev. ed. Free Press, Glencoe, Ill. 1954.

– ‚Beiträge zur soziologischen Theorie', (Hg. D. Rüschemeyer). Luchterhand, Neuwied/ Berlin 1964.

Simmel, Georg: ‚Schriften zur Soziologie', Hg. J. Dahme / O. Rammstedt. Suhrkamp, Frankfurt/M. 1983.

– ‚Soziologie (1908)', Duncker & Humblot, Berlin 1958.

– ‚Das individuelle Gesetz', Hg. Michael Landmann. Suhrkamp, Frankfurt/Main 1987.

Sartre, Jean Paul: ‚Kritik der dialektischen Vernunft', Rowohlt, Reinbek 1967.

Tarde, Gabriel: 'On communication and social influence', ed. by Terry Clark. Univ. of Chicago Press, Chicago, Ill. 1969.

---

[109] s. Blumenberg, „Nachahmung der Natur". Zur Vorgeschichte der Idee des schöpferischen Menschen, in: Blumenberg, H., Wirklichkeiten, in denen wir leben.

—   'Les Lois de l'Imitation', Alcan, Paris 1895.

Thomas, Konrad: ‚Rivalität, Variationen zu einem alten Thema', Peter Lang, Frankfurt/New York 1990.

—   ‚Von der Imitation zur Mimesis. Der vergessene Gabriel Tarde und der zu entdeckende René Girard', in: Kasseler Philosophische Schriften, Bd. 9. Gesamthochschule Kassel 1983.

Weber, Max: ‚Wirtschaft und Gesellschaft', Kiepenheuer und Witsch, Köln/Berlin 1964.

Ritual und Vergessen

Zu René Girards Theorem der Meconnaissance

Als erstes verstehe ich Ritual in einem sehr weiten, das heißt zunächst formalen Sinn: vom kleinsten Alltagsritual bis zu großen religiösen Zeremonien. *Rituale bestehen aus festgelegten Handlungsabläufen, und zwar solchen, die einen kommunikativen Sinn haben.* Das Zähneputzen ist kein Ritual, denn es hat keinen kommunikativen Sinn, aber selbst die flüchtige Begrüßung ist ein Ritual, weil es etwas mit der Beziehung der Individuen zu tun hat. Ich beziehe aber nun nicht nur die Handlungen und die sprachlichen Äußerungen, die zu den Handlungsabläufen unmittelbar dazu gehören ein, sondern sprachliche Äußerungen im Allgemeinen. Wenn zu einer festlichen Tafel eine Tischrede gehört, dann ist die Tischrede selbst nicht nur ein notwendiger Abschnitt in der Handlungskette der festlichen Tafel, sondern dann ist die Tischrede selbst auch inhaltlich ritualisiert: das was gesagt wird und das was nicht gesagt wird. Insofern sind Erzählungen, die einen 'Sitz im Leben' haben – wie man in der biblischen Forschung sagt – auch rituell bestimmt. Wenn ich so weit greife, dann begehe ich geradezu eine Übertretung: denn dann hebe ich die Trennung zwischen Riten und Mythen auf.[110] Denn Mythen teilen mit den Riten, dass das, was erzählt wird, festgelegt ist. Man kann die Geschichten, die da erzählt werden, nicht beliebig abwandeln. (Ganz abgesehen davon – worauf ich eben schon hinwies – dass es sich ja nicht um 'Texte' handelt, die wir herausgelöst aus ihrem rituellen Ort zur Kenntnis nehmen und studieren.)

Zweitens: Nun hat René Girard in die Analyse von Mythen etwas hineingebracht, was auf heftigen Widerstand gestoßen ist bei denen, die den Sinn von Mythen möglichst wörtlich nehmen wollen. Er behauptet nämlich, dass Mythen nicht nur etwas erzählen, das sich geschichtlich begeben haben soll – was der moderne Geist bezweifeln mag -, sondern dass sie, indem sie etwas erzählen auch etwas verschweigen: das nämlich, was wirklich stattgefunden hat.[111] In seiner Sicht sind also Mythen nicht Erfindungen menschlicher Spekulation – wie der historische Blick meint feststellen zu können. Sie sind auch nicht einfach phantastische Ausschmückungen von tatsächlichen Begebenheiten, sondern sie dienen in einer autorisierten Form dazu, Vorgänge auf eine Weise darzustellen, die, wie wir heute sagen würden 'interessengeleitet' sind. Diese Tendenz fasst er in einem Terminus zusammen, der

---

[110] Über das Verhältnis von Riten und Mythen s. Girard, Das Heilige und die Gewalt, S.134
[111] Dies wird ausführlich argumentiert in: Ausstoßung und Verfolgung

uns ungewohnt ist: der 'Meconnaissance'[112]. Dies Wort ist nicht so leicht zu übersetzen: Ist es ein 'Verkennen' oder ein 'Nicht-zur-Kenntnis-Nehmen' oder ein 'Vertuschen'? Sie werden sehen, dass von all dem etwas darin enthalten ist.

Girard braucht diesen Terminus, weil er von der Vermutung ausgeht, dass es immer unter Menschen etwas gibt, was man sich nicht gern eingesteht, etwas, das man – im Bezug auf das Geschichtsbewusstsein von Mythen – lieber der Vergessenheit anheim gibt. Und dieses Vergessen kann nur dadurch gelingen, dass man etwas anderes stattdessen erzählt. Darin eingeschlossen sind auch zum Beispiel die Spekulationen, die etwas kausal erklären wollen, und dann einen Weg der Erklärung finden, der andere Erklärungen ausschließt. Wenn es aber um solche Erklärungen geht, dann – so meint Girard – handelt es sich immer auch um ein Nicht-Eingestehen, handelt es sich darum, einen unangenehmen Verdacht erst gar nicht aufkommen zu lassen. All das gehört zur Meconnaissance.

Wenn ich -drittens – von den inhaltlich geprägten Mythen wieder zu den formalen Riten zurückkehre, dann nehme ich das Verständnis der Meconnaissance mit hinein. Es ist ja, gerade was die Alltagsriten betrifft, üblich, sie – mit Arnold Gehlen – unter dem Gesichtspunkt der 'Entlastung' zu verstehen. Wenn ich bei jeder Begegnung mit anderen Menschen mir überlegen wollte, wie ich diese Begegnung vollziehen sollte, wenn ich bei jedem Brief den ich schreibe, nachdenklich darüber würde, wie Anrede und Schluss angemessen auszudrücken wären: dann wäre der ohnehin nicht immer mühelose Alltag noch um etwas beschwerlicher. Und auch mein Gegenüber ist entlastet: es weiß, was es darauf zu antworten hat. Denn wenn ich ein großer Sponti wäre und jedes Mal mich irgendwie anders äußern würde, käme das leicht einer Verunsicherung meines Gegenübers gleich. Und es wird ja vielfach darüber gesprochen, wie verunsichernd und damit auch belastend das Schwinden von Alltagsritualen sei.

Der Widerstand gegen Rituale stammt aus jener Strömung, die es mit der Ehrlichkeit ernst nehmen wollte. Der Widerstand etwa gegen die Menschen, die regelmäßig zur Kirche gehen, das Ritual des Gottesdienstes vollziehen – und deren Alltag von dem Sinn dieser Rituale nichts spüren lässt. Oder damals 1968 – nun schon lange her – der Widerstand gegen die rituellen Talare der Ordinarien, die vom Sinn ihres Amtes nicht viel merken ließen. Oder auch der Einwand gegen das Rechtsritual durch den Angeklagten Teufel, der die Anweisung „Angeklagter, erheben Sie sich" mit dem Spruch beantwortete: „Herr Richter, wenn dies der Wahrheitsfindung dienen soll." Rituale werden also, indem sie stabilisierend auf die gesellschaftlichen Verhältnisse einwirken, zu Schablonen, die sich weit von dem, was sie an Sinn beinhalten sollten, entfernen.

Das ist also ein Dilemma: einerseits Stabilisierung, andererseits Sinnentleerung. Das könnte man nun als gegeben hinnehmen und darauf warten, dass Rituale im-

---

[112] s. Das Heilige und die Gewalt s.257ff. , s. a. Ausstoßung und Verfolgung, S.117ff 132ff.

mer wieder mit Sinn gefüllt werden, wie es denn auch in Reformbewegungen verschiedenster Art geschehen ist.

Nun aber – viertens – zu meinem eigentlichen Thema: Was könnten Rituale mit Meconnaissance, mit Vergessen machen, Verschweigen zu tun haben.

Ich denke vor allem daran, dass Rituale anerzogen werden. Davon verstehen die hier anwesenden Pädagogen sicherlich mehr. Aber schließlich sind wir als Laien auf diesem Gebiet selbst auch erzogen worden. Als erstes Beispiel nehme ich die *Tischsitten,* die durchaus in den verschiedenen gesellschaftlichen Kreisen und Kulturen unterschiedlich sind, die aber in jedem Fall bestimmte Abläufe des Verhaltens zwingend vorschreiben. Niemand in unserer Gesellschaft würde sich vom Teller des anderen etwas nehmen. Das Essen wird zugeteilt – oder genommen – auf den eigenen Teller, wobei ein gewisses Maß einzuhalten ist. Und weithin üblich, somit auch zwingend vorgeschrieben, ist es, dass alle gemeinsam mit dem Essen beginnen.

Nun, wenn man es gelernt hat, ist man 'entlastet'; die Frage, wie der einzelne es – eventuell anders – handhaben möchte, kommt nicht auf.

Aber wo ist darin ein Vergessenmachen enthalten? Erinnern wir uns, welche Mühe es gekostet hat, diese Tischsitten zu lernen? Nein, es ist gut, dass das Ritual uns die Mühe hat vergessen lassen. Und wir, die es einigermaßen mühsam gelernt haben: erinnern wir uns daran, warum diese Tischsitten eingeführt worden sind? Denken wir an die Leistung, welche die Menschheit erbracht hat, dass wir nicht wie Tiere uns die Nahrung gegenseitig wegfressen? Ich denke nicht. Das Ritual macht somit die Mühen der menschlichen Zivilisierung vergessen. Das ist sicherlich gut so – meine ich wenigstens. Aber ein Preis des Bewusstseins ist zu zahlen: zu vergessen, wie mühsam es ist, kultivierte Menschen zu sein. Wenn nun aber die Erwachsenen vergessen haben, wie mühsam es ist, Tischsitten zu lernen, wie gehen sie dann mit den Kindern um, die sie erziehen sollen? Wenn sie sich doch wenigstens an ihre eigenen Mühen erinnern wollten. Besser wäre es schon, aus dem Verborgenen würde wieder auftauchen, dass solche Sitten etwas mit der Würde der Menschen zu tun haben. Das geschieht, meine ich, selten genug. Der Grund ist einfach: er liegt darin, dass eben aus der Mühe der Überwindung und der Zähmung ein Ritual des Beherrschens geworden ist.

Als zweites Beispiel möchte ich die – je kulturell verschiedenartigen – Begrüßungsrituale anführen. Mit ihnen kommen wir der kommunikativen Bedeutung noch ein Stück näher – und der entsprechenden entlastenden Meconnaissance. Wir brauchen zu diesem Zweck nicht zu fragen, in welchem je spezifischen Sinn sie zu dem geworden sind, was als angemessenes Verhalten jeweils zu üben ist. Alle Begrüßungsrituale, soweit ich mich auskenne – drücken eine gewisse Art der Freundlichkeit, der Höflichkeit, des Respekts aus. Stimmt denn das, was wir dabei ausdrücken immer mit dem überein, was wir selbst der anderen Person gegenüber empfinden? Der krasseste Fall dieser Art, den ich aus der neueren Zeit gefunden habe, ist von Max Pages, einem französischen Psychoanalytiker berichtet worden, der eine

Weile sich unter die Gruppendynamiker amerikanischer Prägung begeben hat. Er schildert, wie er diesem Milieu nach einigen Jahren wieder begegnet: Man ist überaus freundlich, um nicht zu sagen herzlich. Man umarmt und küsst sich, in einem Maße in dem es dem sonst gerade in diesen Kreisen üblichen Anspruch auf Ehrlichkeit in keiner Weise entspricht. Was zeigt dieses krasse Beispiel? Es zeigt, dass man Riten gebildet hat, deren Ausübung die Teilnehmer mindestens vorübergehend ihre Distanzen, ihren persönlichen Widerwillen oder gar ihre kleinen gegenseitigen Animositäten vergessen macht. (Nebenbei erwähnt: es ist oft gebräuchlich, in dieser Hinsicht den Terminus ,Verdrängen' zu verwenden, entliehen aus der Theorie der Psychoanalyse. Ich halte diese Verwendung für unangemessen, denn Verdrängung bedeutet ja, dass die Individuen in einem ganz spezifischen Prozess die Verdrängung unbewusst üben. Davon kann durchaus nicht immer die Rede sein, obwohl solche Ritualen Übungen unter bestimmten je persönlichen Bedingungen zur Verdrängung führen können.)

Zurück zu Pages Beispiel und seiner Verallgemeinerung im Blick auf die verschiedensten Begrüßungsrituale. Das Ritual ermöglicht durch die Art konventionalisierter Begegnung, dass man überhaupt wieder anfangen kann, miteinander zu arbeiten, wobei dann auch das, worin man sich nicht so freundlich gesonnen ist, zum Ausdruck kommen könnte... bis man sich wieder ritualisiert verabschiedet. Der Preis ist aber dennoch zu zahlen: die Ehrlichkeit der Begegnung wird eingeschränkt. Wenn es – wie in vielen anderen Begrüßungszeremonien der Fall ist – voll durchstilisiert ist, kann es die Folge haben, dass die Dynamik gesellschaftlicher Spannungen verloren geht.

Es ließen sich noch andere Beispiele nennen. Was in der Kritik der neueren Zeit an solchen Ritualen übersehen wird ist folgendes: die unglaublich stabilisierende Wirkung der Rituale. Aus modernem individualisiertem Weltverständnis heraus ist der Widerstand verständlich. Aber auch hier ist ein Preis zu zahlen: Je weniger Rituale – mit ihrem Vergessenmachen – desto instabiler die Verhältnisse. Rituale wollen gar nicht kritisch verstanden werden. Dann wäre ihre stabilisierende Wirkung dahin. Wenn dem aber so ist, *dann gehört ein gewisses Maß von Meconnaissance zum Bestand einer Gesellschaft.* Ob uns das gefällt oder nicht.

Als Übergang zu den Ritualen, die gesellschaftlich eine umfassende Bedeutung haben möchte ich als drittes Beispiel ein Familienfest wie den Geburtstag nennen, der ja in unseren Breiten als Kindergeburtstag besonders gefeiert wird. Erstens kann sich das Kind in besonderer Weise im Mittelpunkt fühlen, zweitens bedeutet für es ja Positives, dass es nun ein Jahr älter geworden ist. Was wird anlässlich solcher Feier beiseite gelassen, dem Vergessen anheim gegeben? Nun, es hat gewiss viele Konflikte im Laufe des Jahres gegeben, Ärger und Kummer, in vielfacher Hinsicht. Und die Eltern sind vielleicht nicht besonders zufrieden mit ihrem Sprössling. Da gibt es nun einen Tag, an dem dies alles nicht zählt – oder wenigstens nicht zählen sollte. An diesem Tag wird Friede zelebriert, auch wenn alles Ärgerliche am nächsten Tag weiter geht.

Damit gehe ich nun – als viertes Beispiel – über zu denjenigen größeren Ritualen, die notwendig mit Mythen verbunden sind. Ich nehme ein Beispiel, das schon ein wenig fernab gerückt ist, das vielleicht viele von Ihnen nicht mehr erlebt haben: den *Heldengedenktag*. Immerhin werden Ihnen dann und wann auf Reisen, wenn Sie durch fremde Ortschaften gehen, die Kriegerdenkmäler auffallen. Vielleicht haben sie Sich auch einmal die Mühe gemacht, sich diese Denkmäler genauer anzuschauen. Der Heldengedenktag, an dem man sich um die Denkmäler feierlich vereinigte, hat ja eine merkwürdige Funktion. Erstens kann man nicht alle Tage der Gefallenen gedenken. Meconnaissance: den Rest des Jahres kann man sie vergessen. Zweitens: Es wird an den Krieg erinnert, aber es wird nicht an alles erinnert. (Sie haben das in der Auseinandersetzung um die Reemtsma-Ausstellung Militär im Dritten Reich gewiss mitbekommen.) Denn die gefallenen Krieger sind Helden, Menschen, die sich für das Vaterland geopfert haben. Was der Krieg sonst noch so mit sich gebracht hat, dass vielleicht manche Menschen diesen Krieg für unsinnig hielten – und deswegen dem Opfer eine andere Bedeutung beimessen, wie viel Schrecken und Ohnmacht dieser Krieg bedeutet hat: all das wird *dem Verschweigen anheim gegeben*. Und wer denn den Krieg von der Lanze gebrochen hat: das ist selbstverständlich der Gegner. Es wird in gewisser Weise Unschuld zelebriert. Und damit sind wir bei dem, was ich ganz zu Anfang erwähnt habe: Unangenehmes wird übertüncht. Der vollen Wahrheit kann man sich nicht erinnern. Das wäre ja unter Umständen destabilisierend. Es kommt noch eines hinzu: Der Heldengedenktag soll ja die verstreute Gesellschaft (verstreut im übertragenen Sinn der Bedeutung religiöser Feste bei Emile Durkheim) zusammenbinden, – mit dem Sinn, dass man demnächst, wenn es sein muss, wieder in den Krieg zieht. Nur die Meconnaissance macht in der Verbindlichkeit des Feierns die Verbundenheit einer Gesellschaft möglich.

Auch hier könnten manch andere Feierlichkeiten einer Gesellschaft oder auch religionsgebundene Feiern benannt werden. Immer handelt es sich um kollektive Handlungen, deren spezieller Sinn ohne mythisierende Rede nicht zustande käme. Die Handlungen machen auf ihre Weise vergessen und die Mythen ergänzen oder begründen das Vergessen-machen der Handlungen. Ich könnte dazu vielleicht noch einiges Erläuternde anführen. Aber ich denke, dass wir um die gesellschaftlichen Notwendigkeiten des Vergessens und Vergessen-Machens nicht herumkommen, – auch wenn wir wissen, welches Risiko für eine Gesellschaft dies mit sich bringt: Nun auf einer höheren Stufe zu vergessen, wie mühsam menschliches Miteinander-Leben ist. Und das, scheint mir, wird in meinem speziellen Fach, der Soziologie nicht immer so ernst genommen.

Ich möchte aber, zum Schluss noch ein Element von Ritual und Mythos anführen, das ich vielleicht schon am Anfang hätte bringen können, – das aber, so denke ich nach den genannten Beispielen noch ein größeres Gewicht bekommt. Die interaktive Bedeutung, dass man sich auf Handlungsfolgen verlassen kann, hatte ich eingangs erwähnt. Aber es muss noch etwas hervorgehoben werden: Die Präzision. Was uns im alltäglichen nicht so besonders auffällt, wird im Blick auf große Zeremonien und gewichtige Mythen unübersehbar: Sie gestatten keinerlei individuelle Abwandlung. Und das geschieht nicht nur wegen der Verlässlichkeit, dass man sich darauf einstellen kann. Sondern das geschieht, damit niemand auf die Idee kommt, es könnte Abwandlungen geben. Denn dann könnten die Akteure des Ritus ja individuellen Einfluss nehmen. Man kann dabei auch an unser Rechtssystem als eine rituelle Angelegenheit denken: Wenn ein Urteil zur Revision zurückverwiesen wird, weil die vorgeschriebene Prozedur nicht eingehalten wurde, dann verweist das darauf, dass jeder Verdacht, hier könne eigenmächtig entschieden worden sein, ausgeräumt werden muss. Das gilt zum Beispiel auch bei Opferriten die, wie wir heute noch im Sprachgebracht haben – eben 'rite' vollzogen werden müssen, damit nicht der Verdacht aufkommt, hier habe ein Priester eigenmächtig gehandelt. Wie genau solche rituellen Vorschriften bis in Kleinigkeiten der Bewegung eingehalten werden muss, ist noch aus der katholischen Messe bekannt.

Was uns bei den Riten vielleicht eher auffällt, wird weniger erkannt bei den Mythen, ist aber dort gerade besonders wichtig. Sie müssen so erzählt werden, wie sie erzählt worden sind. Denn ihr Sinn ist ja, eine besondere Deutung des Geschehens – in der Weise des Erzählens des Geschehens. Und diese Erzählung enthält – in der Sicht Girards – stets eine bestimmte Meconnaissance. Diese Geschichte anders zu erzählen würde ja implizieren, dass sie vielleicht so nicht geschehen ist. Und damit wäre der ordnungsstiftende Sinn zerstört. Mit der Aufrechterhaltung der tradierten Erzählung wird die – bereits behandelte – Meconnaissance bestätigt.

Literatur

Durkheim, Emile (1981), Die elementaren Formen des religiösen Lebens, Frankfurt/M.
Girard, René (1992), Das Heilige und die Gewalt, Frankfurt/M. (1992), Ausstoßung und Verfolgung, Frankfurt/M.

Ein anderes Verständnis von Gewalt:

Der gesellschaftsanalytische Beitrag des Literaturwissenschaftlers René Girard

Das Thema Gewalt wird allerorts diskutiert, von den Parlamenten bis in private Runden. Gewalt wird untersucht, von Kriminologen, Psychologen und Soziologen. Zwei Fragen stehen im Mittelpunkt. Erstens: „Wo kommt sie her?" Zweitens: „Wie kann sie verhindert werden?" Aber eine Frage wird selten reflektiert: „Wessen Gewalt ist gemeint?" Es müsste doch auffallen, dass es sich um die Gewalt der Anderen handelt, die Gewalt der Hooligans, der Serben und Kosovaren, der Hutu und Tutsi, der Terroristen in aller Welt. Es sind doch andere Menschen unter anderen Verhältnissen, die Gewalt ausüben, die man dann mit den Attributen der Entrüstung belegt: „primitiv", „roh", „sinnlos". Die Diskutierenden und Forschenden sind über solche Taten erhaben. Aber ist nicht vielleicht die Gewalt der Anderen unser aller, der Menschen Gewalt? Auf diese Frage wird selten eingegangen. Im Rückblick auf die schlimmsten Formen der Gewalt, nach Auschwitz, formuliert Imre Kertesz:

> Wir können und wollen und wagen es einfach nicht, uns mit der brutalen Tatsache zu konfrontieren, dass jener Tiefpunkt der Existenz, auf den der Mensch in unserem Jahrhundert zurückgefallen ist, nicht nur die eigenartige und befremdliche – „unbegreifliche" – Geschichte von ein oder zwei Generationen darstellt, sondern zugleich eine generelle Möglichkeit des Menschen, das heißt eine in einer gegebenen Konstellation auch unsere eigene Möglichkeit einschließende Erfahrungsnorm. (Kertesz (1999), S.21)

Wenn Kertesz von einer „generellen Möglichkeit des Menschen" spricht, verändert er den Blickwinkel. Dann handelt es sich nicht um die Gewalt der Anderen, sondern um Gewalt, wie sie immer unter Menschen vorkommen kann. Er überschreitet die Barriere, die dadurch gegeben ist, dass wir uns dagegen sperren – wie er sagt –, „uns mit der „brutalen Tatsache" der Gewalt „zu konfrontieren".

1. Zu René Girard

Es ist ein Autor völlig anderer Herkunft und Art, der die „generelle Möglichkeit", von der Kertesz spricht, zum Thema langjähriger Untersuchungen gemacht hat, der Verfasser der Schriften: „Das Heilige und die Gewalt" und „Ausstoßung und Verfolgung", René Girard, dessen Erörterung in den Diskussionen und Untersuchungen bis heute nicht die Berücksichtigung gefunden haben, die sie verdienen. Dies lässt sich jedoch seinerseits gut erklären. Zuerst seien deswegen einige Anmerkungen zum Autor gemacht, bevor sein gesellschaftsanalytischer Beitrag zu der Analyse fundamentaler sozialer Vorgänge dargestellt wird.

Der 1923 in Avignon geborene Girard, der in den vergangenen Jahrzehnten bis vor kurzem in Stanford/Kalifornien gelehrt hat, gehört nicht zur Gruppe der Wissenschaftler, die sich primär mit dem Thema Gewalt beschäftigen. Er ist allererst Literaturwissenschaftler, der sich in seiner ersten Schrift mit den bekannten Schriftstellern des 19.Jahrhunderts beschäftigt – und in einer seiner letzten Publikationen mit Shakespeare. Aber in diesem Fach lässt er sich schlecht einordnen: Keine stilkritischen Analysen, keine Dekonstruktion, keine Rezeptionsästhetik. Für ihn bedeutet Literatur in erster Linie Aussagen von Menschen über Menschen, das heißt aber, es sind Selbstauslegungen des Menschlichen. Literatur ist für ihn gewissermaßen empirisches Material, aus dem er herausliest, worin die Conditio Humana besteht, d.h. aber, wie sie beschaffen ist.

Von den Romanen des 19.Jahrhunderts, die Gegenstand seiner ersten Untersuchungen sind, geht er zurück in die Geschichte. Nicht nur bis zu den klassischen Texten der Griechen, sondern zu den Texten, die uns als verschriftete Überlieferungen durch Ethnologen bekannt gemacht worden sind, den Mythen und den mit ihnen bekannt gemacht gewordenen Riten. Es ist diese Weite des Feldes seiner Erkundungen, die dazu geführt hat, dass er die Arbeitsteilung der Wissenschaften überschreitet und deswegen die Fachkundigen zu überfordern scheint. Es ist auch nicht zu übersehen, wie ernst er sie einerseits nimmt, wie hart aber auch sein Urteil ist, wenn sie das nicht in den Quellen erkennen, was seinem Urteil nach zu erkennen ist.

In diesen Auseinandersetzungen wird eines deutlich: Er liest diese Texte anders als es üblich ist. Mag sein, dass ihn seine erste Ausbildung an der Hochschule für Archivare gelehrt hat, nicht nur die Texte im buchstäblichen Sinn zu entziffern, sondern auch im übertragenen Sinn: Er liest nicht nur, was sie aussagen, sondern er liest auch, was sie nicht aussagen, was sie unter Umständen verschweigen. Entgegen der weit verbreiteten Tendenz, frühe Dokumente der Menschheit so wörtlich als möglich zu nehmen und damit die Fremdheit anderer Kulturen zu bestätigen, erlaubt sich Girard, den Sinn der Überlieferung so zu verstehen, als könnten es auch unsere Texte sein. Hinsichtlich der Mythen kommt dieses Verstehen einer Entschlüsselung gleich, wie sie bei der Aufdeckung von Zusammenhängen im historisch bekannten Zeitraum längst üblich ist. Er verweist dabei vor allem auf den folgenden Zusammenhang:

> Die erste wissenschaftliche Revolution findet im Abendland etwa gleich zeitig mit dem endgültigen Verzicht auf (die) Hexenjagd statt.... Zwischen Wissenschaft und Ende der Hexenjagd besteht ein enger Zusammenhang...
> Es geht darum, ein Entschlüsselungsverfahren auf Texte anzuwenden, bei denen bisher niemand an eine solche Anwendung gedacht hat.... ((4)S.142f).

Das hat ihm heftigen Widerspruch seitens der Fachwissenschaftler eingebracht, darf aber aufgrund dieses Ansatzes nicht verwundern. Er beharrt darauf: Das Menschliche ist das Menschliche in einem kulturübergreifenden Sinn. Und gerade deshalb sind die Erzählungen anderer Kulturen nicht unverständlich. Die Vorstellungen und Handlungen anderer Kulturen können keine fundamental andere Rationalität ausdrücken als unsere eigenen. Darin besteht die Herausforderung, der wir bei Girard begegnen.

Nun kommt noch ein drittes Element hinzu, was die Aufnahme seiner Theorie bei einigen willkommen macht, bei vielen anderen aber zu Ablehnung führt: Im Laufe seiner Arbeit ist er nicht nur den Weg vom Alltäglichen – in den Romanen des letzten Jahrhunderts – bis zum Religiösen aller Kulturen gegangen, sondern er hat die Texte der jüdisch-christlichen Tradition in seine Untersuchungen einbezogen und damit den üblichen Abstand zwischen den theologischen und allen anderen Überlieferungen nicht gelten lassen. So nimmt es nicht wunder, dass ein katholischer Theologe, Raymund Schwager, ihn als erster im deutschsprachigen Raum bekannt gemacht hat, und seitdem manche Theologen sich gerne in ihrem Verständnis wesentlicher Züge des Christentums auf den Laientheologen Girard berufen. Eben dies aber macht ihn modernen Intellektuellen verdächtig, deren Selbstverständnis von Nietzsches „Gott ist tot" geprägt ist.

Es liegt aber noch ein anderes Erschwernis nahe, das, was Girard zur Diskussion beitragen könnte, auf- und ernst zu nehmen. Er breitet vor dem Leser keine große, systematisch konstruierte Theorie aus, sondern er arbeitet am Material, wobei sich erst allmählich herausschält, was man als seine Botschaft ansehen kann. Dieser Weg ist mühsam, nicht nur durch die Verarbeitung einer schier unübersehbaren Menge unterschiedlichster Texte aus unterschiedlichsten Kulturen und Epochen, sondern auch durch die ständige Auseinandersetzung im wissenschaftlichen Feld. Dieses Verfahren hat aber den Vorteil des Angebots, seine Argumentation nachzuvollziehen; das kann freilich an dieser Stelle nur hinsichtlich der wichtigsten Gedankenzüge geschehen.

2. Alltagsgewalt, Rache und Heilige Gewalt

Nun zur Sache, zu dem Thema, das seit seiner zweiten größeren Arbeit 1972 bis zur letzten, die eben in Paris erschienen ist, den roten Faden seiner Arbeiten bildet: der Gewalt. Girard setzt nicht bei den fürchterlichen Vorgängen ein, von denen Kertesz und andere ausgehen, auch nicht den erschreckenden Terrorakten der Neonazis und der gewalttätigen Fundamentalisten, deren Taten die öffentliche Diskussion beschäftigen. Sondern er greift zuerst zurück auf Erzählungen, wie sie vor allem von Ethnologen aufgezeichnet sind, einerseits aus dem Bereich der Gesellschaften, die man herkömmlich als 'primitive Gesellschaften' bezeichnet, ohne dass damit etwas herabsetzendes gemeint ist, andererseits aus der Antike deren kulturelle Bedeutung bis in unsere Tage nicht zu leugnen ist. Das bedeutet aber: Er stellt keine ontologische Differenz zu den jeweiligen Kulturen und zu grundlegenden sozialen Vorgängen in den Mittelpunkt seiner Textauslegung. Was dort gilt, könnte überall gelten. Das Problem ist nicht die Gewalt, sondern wie Gesellschaften mit Gewalt umgehen. Gerade das zeichnet ihn als einen soziologisch denkenden Literaturwissenschaftler aus.

Die alltäglichen individuellen Gewalttaten, wie sie in jeder Gesellschaft vorkommen, sind Verletzung und Mord. Wo Gewalt am Werk ist, da fließt Blut. Aggressive Gewalt wird von ihm nicht problematisiert. Worauf es ankommt ist die Folge von Gewaltakten. Sie ist überall die gleiche: die Gegengewalt als Antwort, die Rache; Blutvergießen gegen Blutvergießen.

Die einzig befriedigende Rache angesichts vergossenen Blutes besteht darin, das Blut des Täters fließen zu lassen. Es gibt keinen eindeutigen Unterschied zwischen dem Akt, den die Rache bestraft, und der Rache selbst.

Rache ist Vergeltung und ruft nach neuen Vergeltungsmaßnahmen. ((4) S.142f).

Das hat jedoch folgende Konsequenz:

Die Rache stellt also einen unendlichen ... Prozess dar. Wann immer sie an einem beliebigen Punkt innerhalb der Gesellschaft auftaucht, neigt sie dazu, sich auszubreiten und die gesamte Gesellschaft zu erfassen. Sie droht eine wahre Kettenreaktion auszulösen ... Mit der Häufung der Vergeltungsmaßnahmen wird die Existenz der Gesellschaft insgesamt aufs Spiel gesetzt. (Ebd.)

Wir fühlen uns in unserer Sphäre der neuzeitlichen Gesellschaft gegen eine solche Kette der Gewalt gefeit. Unsere Gesellschaft hat Mittel und Wege, dem Tatbestand physischer Gewalt durch strafrechtliches Verfahren zu begegnen.

Das Gerichtswesen wendet die von der Rache ausgehende Bedrohung ab. Es hebt die Rache nicht auf; vielmehr begrenzt es sie auf eine einzige Vergeltungsmaßnahme, die von einer auf ihrem Gebiet souveränen und kompetenten Instanz ausgeübt wird. Die Entscheide der gerichtlichen Autorität behaupten sich immer als das 'letzte Wort' der Rache. ((2) S.29)

Wie aber kann eine Gesellschaft, die das Gerichtswesen in unserem Sinn nicht kennt, dem Teufelskreis von Gewalt und Rache entrinnen? Er findet die Spur nahe bei der alltäglichen Gewalt, in einem besonderen, rituell geformten Akt: dem Opfer bzw. der Opferung. Als erstes fällt ihm auf:

Die ungestillte Gewalt sucht und findet auch immer ein Ersatzopfer. Anstatt auf jenes Geschöpf, das die Wut des Gewalttätigen entfacht, richtet sich der Zorn nun plötzlich auf ein anderes Geschöpf, das diesen nur deshalb auf sich zieht, weil es verletzlich ist und sich in Reichweite befindet. ((2) S.11)
Von dieser menschlich verständlichen Reaktion ist es nur ein kleiner Schritt zu der Frage, ob das Ritualopfer nicht auf einer ähnlichen Stellvertretung beruht. (Ebd.)

Man könnte Ritualopfer aus moderner Sicht den alltäglichen Racheakten gleichsetzen. Gewalt ist doch gleich Gewalt. Aber das wäre zu einfach. Denn gerade die Stellvertretung, in der sich die Rache oft nicht auf einen Menschen, sondern auf ein Tier konzentriert, bekommt im Ritualopfer einen besonderen Sinn:

> Die Gesellschaft bemüht sich, eine Gewalt, die ihre eigenen, um jeden Preis zu schützenden Mitglieder treffen könnte, auf ein relativ wertfreies, „opferfähiges" Opfer zu wenden. ((2) S.13)

Girard betrachtet also die rituelle Opferung nicht aus mythologisierender Perspektive, sondern in ihrer gesellschaftlichen Funktion:

> Das Opfer tritt nicht an die Stelle dieses oder jenes besonders bedrohten Individuums' ..., sondern es tritt an die Stelle aller Mitglieder der Gesellschaft und wird zugleich ... von allen ihren Mitgliedern dargebracht. Das Opfer schützt die ganze Gesellschaft vor ihrer eigenen Gewalt ...'In erster Linie beansprucht das Opfer..., Zwistigkeiten und Rivalitäten, Eifersucht und Streitigkeiten zwischen einander nahe stehenden Personen auszuräumen, es verstärkt den sozialen Zusammenhang.«2) S.18f.)

Die Gewalt wird durch Gewalt beendet. Das muss aber eine besondere Gewalt sein, somit eine Gewalt, die nicht in den Teufelskreis von Gewalt und Rache, von Gewalt und Gegengewalt verstrickt ist. Der Ritus, den die der alltäglichen Gewalt tritt die Heilige Gewalt.

Völlig ungewohnt für uns, das Heilige nicht im Bezug auf religiöse Gefühle, auf das so genannte Numinose, schon gar nicht auf Wunder zu verstehen, sondern als die Qualität eines gesellschaftlichen Prozesses. Und doch ist gerade dieses Verständnis plausibel. Der alltägliche Gewaltakt hat einen Täter, und die Vergeltung gilt eben diesem Täter. Ein Akt der Gewaltbegrenzung bedarf aber eines Täters, der von der Vergeltung ausgenommen ist. Also muss seine Tat überalltäglich begründet sein. Das ist die heilige Gewalt. Sie ist eine Handlung des nicht-involvierten Dritten, eine Handlung, die' über den Rächenden steht.

In dieser Lesart der Berichte aus Jahrhunderten wird das Heilige als heilige Gewalt zu einer gesellschaftlichen Notwendigkeit. Die Menschen würden sich, so lange das Gesetz gilt, dass Gewalt Vergeltung nach sich zieht, gegenseitig vernichten, wenn keine heilige Gewalt dem Einhalt gebiete würde. Gesellschaft erfährt ihren Gehalt über das Heilige – und damit, so lange die Religion als Institution des Heiligen angesehen wird, stehen Gesellschaft und Religion in unauflösbarer Verbindung. Mit dieser Sicht steht Girard in der Nachfolge des französischen Soziologen Emile Durkheim.

Die Gesellschaft sei eins, behauptet Durkheim, und ihre Einheit sei zu allererst religiös ... Es geht nicht darum, das Religiöse im Sozialen aufzulösen oder das Soziale im Religiösen zu verdünnen. Durkheim hat geahnt, dass die Menschen für das, was sie auf der Ebene der Kultur sind, einem im Religiösen verankerten erzieherischen Prinzip verpflichtet sind. ((2)S.453)

Während Durkheim Religion in einer engen Entsprechung zu den, Ordnungsvorstellungen, dem Weltbildes der Gesellschaft sieht, bindet im Unterschied dazu Girard Gesellschaft an Religion, weniger hinsichtlich der Ordnungsvorstellungen, sondern vielmehr hinsichtlich der gesellschaftlichen Akte: Was die Gesellschaft durch legitimierte Vertreter vollzieht, sind überindividuelle, religiöse Akte.

Der Vergleich zu unserer heutigen Gesellschaft ist ohne wertenden Akzent möglich. Die staatliche Gewalt, in der unser Rechtswesen verankert ist, gilt als legitim, als Gewalt, die überparteilich wirkt, und die damit – wie das Heilige – dem Bereich der Vergeltung enthoben ist. In historischer Sicht lässt sich nicht übersehen, dass die staatliche Gewalt aus der Heiligen Gewalt hervorgegangen ist. Das ist auch der Grund dafür, warum dann, wenn heute von Gewalt die Rede ist, die staatliche Gewalt gerade nicht berücksichtigt wird. Wenn heute normalerweise Gewalt diskutiert wird, dann diejenige, die eben nicht als legitim angesehen werden kann.

3. Krise und Sündenbock

Das Opfer soll die Rache beenden. Was aber, wenn es dadurch nicht gelingt, die Rache zu bändigen? Dann ist die Gesellschaft in ihrem Bestand gefährdet. Sie gerät in die Krise. Der Krisenzustand bringt eine andere, kollektive Form der Gewalt zutage, einen der kollektiven Bewältigung eigenen Mechanismus. Um dessen weitgreifende Bedeutung zu ermessen, ist zunächst das Krisenverständnis, wie Girard es aus den Texten liest, auszuführen.

Für die Mitglieder einer Gesellschaft ist von fundamentaler Bedeutung, dass das Zusammenleben im Sinn von Stabilität über größere Zeiträume hinweg gesichert erscheint. Gesellschaft ist stets arbeitsteilig und hierarchisch, vertikal und horizontal differenziert. In ihr hat jeder seinen Platz. Solange sich die Menschen an die Ordnung halten, ist die Gesellschaft weitgehend stabil und vermittelt das Gefühl der Sicherheit. Wird die Ordnung aber nicht eingehalten, dann sind Stabilität und Sicherheit gefährdet. Wenn man als Krise all diejenigen Zustände versteht, in denen den Beteiligten der Bestand des gemeinsamen Lebens nicht gesichert erscheint, dann tritt neben die Gewalt die Gefährdung der Ordnung als Ursache hinzu. Ein Blick in die Geschichte genügt, um festzustellen, dass jede Aufhebung gesellschaftlicher Ordnung, jeder politische Umbruch von den Betroffenen als Krise erlebt wird.

Girard findet bei Shakespeare eine Rede des Odysseus, der die Situation der Griechen vor Troja dadurch gefährdet sieht, dass, wie es in etwas freier Übersetzung heißt: „die Abstände nicht eingehalten werden", das heißt aber: wenn die Differenzen, welche die Ordnung gewährleisten, zur Unkenntlichkeit verwischt werden. Dann, so Odysseus bei Shakespeare, verliert das Heer seine Kraft. Man muss sich nur eine solche Entdifferenzierung in etwas größerem Ausmaß vorstellen, um zu folgendem Schluss zu kommen:

> Die Krise stürzt die Menschen in eine permanente Auseinandersetzung, die sie jedes unterscheidenden Merkmals, jeder, Identität beraubt.... Nichts und niemand wird verschont; kohärente Absichten und rationale Aktivitäten gibt es nicht mehr. Zusammenschlüsse jeglicher Art lösen sich auf oder werden zutiefst erschüttert, alle materiellen Werte verkümmern. ((2) S.80f.)

Zum ersten Krisensymptom, der ungehemmten Gewalt und dem zweiten, der Entdifferenzierung der Ordnung, kommt in der alten Welt noch ein drittes hinzu. In diesen Gesellschaften wird das Geschehen der Natur noch nicht vom gesellschaftlichen Geschehen grundsätzlich getrennt erlebt. Es sind vor allem beunruhigende Natur-Ereignisse, die nicht wie in neuzeitlichem Verständnis vorwiegend als von Menschen unabhängig angesehen werden, wie z.B. andauernde Unwetter, die Missernten und Hungersnot zur Folge haben, Pest und andere Seuchen. Somit wird in diesen Gesellschaften das Wohlergehen – auch das durch die Natur garantierte – als etwas angesehen, das vom Verhalten der Menschen abhängig sei. Es ist die Strafe der Götter in der griechischen Antike, wenn die Pest ausbricht und es wird als die Strafe Gottes angesehen, wenn Hiob durch Missernte und Viehkrankheit ins Unglück gerät.

Die bis dahin anerkannte heilige Gewalt erreicht aber nicht mehr die 'Verantwortlichen', lassen sich doch in einer solchen Krise die Täter, durch die sie verursacht wurde, nicht mehr zur Rechenschaft ziehen. Es hilft auch nicht mehr der rituelle Akt, in dem ein Unschuldiger als Stellvertreter des Schuldigen geopfert wird, denn in der Folge der Entdifferenzierung verlieren auch die legitimen Instanzen des Opferritus ihre Autorität.

Aus den großen Krisen, die uns überliefert sind, von der Pest in Theben, die eine wichtige Stelle in der Ödipus-Geschichte einnimmt, bis zu den grausamen Ereignissen unserer jüngsten Zeit, wählt Girard als Beispiel seiner Analyse einen Bericht über die mittelalterliche Judenverfolgung. Im 14. Jahrhundert berichtet der französische Dichter Guillaume de Machaut folgendes:

> Am Himmel stehen Zeichen. Es hagelt Steine, und die Menschen werden von ihnen erschlagen. Ganze Städte werden vom Blitz zerstört. In jener Stadt, in der Guillaume wohnt... sterben viele Menschen. Einige dieser Todesfälle werden der Bosheit der Juden und ihrer Komplizen unter den Christen zugeschrieben. Was taten diese Leute, um der einheimischen Bevölkerung so schwere Verluste zuzufügen? Sie vergifteten Bäche und Trinkwasserquellen. Daraufhin setzte die himmlische Gerechtigkeit diesen Menschen dadurch ein Ende, dass sie der Bevölkerung die Urheber dieser Taten kundtat; in der Folge wurden alle Missetäter massakriert. Und dennoch nahm das Sterben kein Ende ... bis endlich jener Frühlingstag anbrach, an dem Guillaume Musik in den Straßen hörte und das Lachen von Männern und Frauen vernahm.((4) S.7f.)

Dass sich solche Verfolgungen ereignet haben, ist genügsam bekannt. Aber dass eine solche Epidemie durch menschliches Handeln verursacht sein soll, durch ein Gift, von dem Girard feststellt, dass das 14.Jahrhundert keine entsprechende Substanz gekannt hat? Ganz offensichtlich übernimmt der Dichter eine herrschende Meinung, die in der Krisenzeit die Verursacher der Epidemie finden muss: es ist die immer schon verdächtige Gruppe der Juden.

> Das lächerlichste Indiz, die geringste Verdächtigung wird sich mit unglaublicher Geschwindigkeit vom einen zum anderen verbreiten und sich beinahe unverzüglich in einen unwiderlegbaren Beweis verwandeln. ((2)S.121)

So sehr es auch den damals bekannten Vernunftgründen hätte widersprechen müssen, dass diese Gruppe über das unbekannte Gift verfügte und damit die Gewässer verseuchen könnte: Ihre Schuld wird behauptet. Indem Guillaume die Schuldzuweisung auf göttlichen Hinweis zurückführt, geht es nicht mehr um Vernunft, sondern um Glaube. Er und seine Zeitgenossen glauben an die Schuld der Juden.

Der feste Glauben aller erheischt zu seiner Bestätigung nichts anderes als nur die unwiderstehliche Einmütigkeit der eigenen Unvernunft. (Ebd.)

Was aber, so müssen wir vermuten, hat stattgefunden? In kritischer Distanz, im Verfahren der Entschlüsselung stellt Girard folgendes fest: Analog dem stellvertretenden Opfer im anerkannten Ritus sucht sich die Mehrheit, gewissermaßen naturwüchsig, ein Opfer, gegen das sich die Rache richtet.

Eine Gemeinschaft, die in Gewalt verstrickt ist oder vom Unheil bedrängt wird, dem sie nicht Herr werden kann, stürzt sich oft blindlings in die Jagd auf den „Sündenbock". Instinktiv wird nach einem rasch wirkenden gewalttätigen Mittel gegen die unerträgliche Gewalt gesucht. Die Menschen wollen sich davon überzeugen, dass ihr Unglück von einem einzigen Verantwortlichen kommt, dessen man sich leicht entledigen kann. (Ebd.)

Wer ist dieses Opfer? Es ist immer eine Minderheit.

Ethnische und religiöse Minderheiten neigen dazu, die Mehrheiten gegen sich zu polarisieren. Es handelt sich um ein Kriterium der Opferselektion, das zwar in jeder Gesellschaft verschieden ausgeprägt, im Prinzip jedoch kulturübergreifend ist. ((4) *S.30)*

Diesen Vorgang, den Girard im Vergleich des Berichtes aus dem Mittelalter mit vielen anderen historischen und mythologischen Vorgängen als universalen Mechanismus charakterisiert, fasst er unter dem Typus 'Sündenbock' zusammen. Diese Kennzeichnung ist uns aus weniger dramatischen, alltäglichen Vorfällen in unserer eigenen Gesellschaft geläufig; sie stammt aus der Erzählung des Alten Testaments, die in einem rituellen Vorgang die unerkannten Sünden der jüdischen Stämme symbolisch auf einen Bock lädt und diesen in die Wüste schickt.

Die Struktur dieses Vorgangs ist einfacher Art: *Erstens* gibt es etwas Beunruhigendes, ein Unheil, eine Krise, für die ein Verantwortlicher nicht zu finden ist. *Zweitens* wird ein Mensch oder eine Gruppe gefunden, der man die Schuld zuweist, in dem Glauben, sie seien die Schuldigen, ohne dass dies aber einer gründlichen Prüfung standhalten würde. *Drittens* werden die so zum Opfer Gemachten verfolgt und vernichtet. Und *viertens:* Daran anschließend tritt nicht nur wieder Friede ein, der Frühling und das Lachen und Singen, die Guillaume de Machaut am Ende erwähnt, sondern, was noch wichtiger ist: Die Gesellschaft, so vom vermeintlichen Urheber der Krise befreit, ist in ihrem Bestand gestärkt. Im Rückblick auf die einfache Gewaltbegrenzung durch die religiös legitimierte Gewalt wird deutlich: Ebenso wie der Vollstrecker der religiösen Gewalt der Vergeltung enthoben ist, da er ja im Namen des Heiligen handelt, ist die Mehrheit, die eine Minderheit verfolgt, der Vergeltung enthoben. Was alle getan haben, hat keiner getan. Und ebenso wie bei allen Gewaltakten das Heilige dem Profanen sehr nahe ist, rückt der Sündenbock--Mechanismus das Kollektiv in die Nähe des Heiligen.

4. Die Gründungsgewalt

Während das Verhältnis des Heiligen zur Gewalt auch für heutiges Denken plausibel ist, wenn man an die Stelle des Heiligen die Übergeordnete Gewalt, das Dritte setzt und der Sündenbock-Mechanismus in seiner Grundstruktur ohne große Mühe verständlich gemacht werden kann, tritt nun bei Girard ein dritter Komplex im Verhältnis des Heiligen zur Gewalt auf, der zwar auch eine Logik hat, der aber unserem Denken und Lebensgefühl fremd ist. Es ist die 'Gründungsgewalt'.

Was in den verschiedenen rituellen Sündenbock-Inszenierungen sich andeutet, denen hier im Einzelnen nicht nachgegangen werden kann, geht in vielen mythischen Erzählungen bis in die Anfänge. Es handelt sich um Antworten auf die Frage, wie denn die bestehende Ordnung entstanden ist. Ob es von Göttern erzählt wird oder von Menschen: Es sind Gewaltakte, Morde, die am Anfang der jetzt geltenden Ordnung stehen. Sigmund Freud hatte in Totem und Tabu die umstrittene These vom Vatermord aufgestellt. Für Girard ist dies weniger wahrscheinlich als ein Brudermord, wie ihn das Alte Testament von Kain und Abel erzählt und wie es die römische Sage von Romulus und Remus berichtet. Während Kains Tat zwar eine Schuld bleibt, dieser aber durch Gott vor Racheakten geschützt wird, wird der Mord an Remus gerechtfertigt. Dieser Rechtfertigungs-Spur folgt Girard durch viele Mythen und entdeckt dabei eine verbreitete Argumentationsform. Indem eine Geschichte erzählt wird, wird nicht das erzählt, was sich wirklich abgespielt wird, sondern Schuldzuweisung als Rechtfertigung bekommt die Bedeutung der Verharmlosung. Etwas, was sonst als Verbrechen gilt, wird zur Heldentat umbenannt.' Oder, indem die Ursache für ein Geschehen woanders gesucht wird als dort, wo sie gesucht werden müsste, findet ein entlastendes Ablenkungsmanöver statt. Nachfahren sollen nicht wissen, was eigentlich geschehen ist. Die bestehende Ordnung, die bestehenden Rituale und Sitten bekommen auf diese Weise das, was wir Legitimation nennen: Sie werden unantastbar.

Für den heutigen Menschen ist die These des Gründungsmordes, der Gründungsgewalt nicht so leicht nachzuvollziehen oder gar zu akzeptieren. Die Annahme „Keine stabile Gesellschaft ohne Mord?" das muss naheliegenderweise 'von uns' abgewehrt werden. Aber gibt es andere plausible Erklärungen des Anfangs gesellschaftlicher Ordnung? Die heutigen sozialwissenschaftlichen Theorien spielen z.b. mit dem aus den Naturwissenschaften geborgten Modell der Chaostheorie. Sie mag für die Natur gelten, wie es auch die Bibel andeutet: Erst war das Tohuwabohu, die undifferenzierte Materie, die dann vom Schöpfer gestaltet wurde. Ist aber die Erklärung von gesellschaftlicher Systembildung als ein gewissermaßen friedlicher Wachstumsprozess aus einem Undifferenzierten heraus eine plausible Annahme? Girard entgeht solcher Verharmlosung. Mit ihm kann man einerseits akzeptieren, dass vor der legitimen Ordnung ein chaotischer Zustand herrscht, aber der Übergang gestaltet sich, wenn man die Mythen und Riten gelten lässt, gewaltsam. Das bedeutet nicht Rechtfertigung der Gewalt, aber Einsicht in das Schicksal, dem die Menschen nicht entkommen sind.

5. Die biblische Wende

Es bleibt also die Frage: Wie gelingt es Girard, die Tatsache von Gewalt, mit der sich in der Gründungsgewalt erst Gesellschaft konstituiert und im Sündenbock-Mechanismus fortlaufend rekonstituiert, offen zu legen, ohne dass damit einer heutigen Rechtfertigung von Verfolgung und Gewalt die Tore geöffnet werden?

Girard entdeckt in den Schriften des Alten und besonders des Neuen Testaments etwas, das die anderen Quellen nicht zeigen. Es taucht nämlich eine Sicht auf, mit der die sonst gültige Schuldverstrickung und Schuldzuweisung, die unumgängliche Opferung zur Behebung der Krise aufgehoben ist. Dies beginnt zum Beispiel mit der Geschichte von Hiob, der er eine eigene Schrift gewidmet hat. Hiob gerät in eine schwere Krise, in großes Unglück. Seine Freunde reden auf ihn ein: Er müsse doch gesündigt haben, sonst wäre dieses Unglück nicht über ihn gekommen. Sie vertreten ihm gegenüber das gültige Verständnis von Wohlergehen und Ordnung. Aber Hiob weigert sich; zu büßen. Und wie reagiert Gott? Er stellt sich nicht auf die Seite der Anklagenden, sondern auf die Seite Hiobs, dem er doch wieder Wohlergehen zukommen lässt. So dunkel textkritisch diese Erzählung auch ist: Es gibt keinen Grund, die hier vorliegende Aufhebung traditionellen Schulddenkens zu übersehen.

Diese Aufhebung wird aber unwiderruflich deutlich in der uns überlieferte Geschichte Jesu. Was mit seiner Verurteilung geschehen ist, scheint zunächst nahtlos in das Muster des Sündenbocks zu fallen. Soll er Schuld haben an den grassierenden Unruhen, die von den römischen Machthabern gefürchtet werden? Die Juden machen sich von einem Verdacht frei, indem sie ihm symbolisch die Schuld zuschieben. Denn er ist ja als Wanderprediger ohnehin verdächtig. Merkwürdigerweise vertritt aber Jesus Thesen, die mit Gewaltanwendung nicht das Geringste zu tun haben. Ist das Todesurteil gerechtfertigt? Der Fall Jesu wäre ein Fall unter vielen, wenn nicht eines geschehen wäre: Die Erzählung weist einen Zug auf, der allen anderen mythischen Erzählungen fehlt.

Indem Girard diese Erzählung beispielsweise mit der Erzählung der Judenverfolgung im Mittelalter vergleicht, wird folgender Unterschied deutlich: Die klassischen Verfolgungsgeschichten, die Mythen, erzählen die Geschichte *aus der Sicht der Täter,* die das Geschehene rechtfertigen. Sie lassen den Verdacht, dass es sich um eine Schuldzuweisung handelt, niemals aufkommen. Die Passionsgeschichte erzählt die Verfolgung aber *aus der Sicht des Opfers,* aus der Identifikation mit dem Opfer. Solange man die Sicht der Opfer nicht berücksichtigt, kann nicht erkannt werden, dass es sich um den Sündenbockmechanismus handelt.

An dieser Stelle ist zweierlei zu unterscheiden. Das eine ist die religiöse Überzeugung von Girard, das andere ist die Logik kultureller Zusammenhänge, die er durch seine gründlichen, die Oberflächen der Darstellungen durchbrechenden Arbeiten nahe gelegt hat.

6. Desir und Meconnaissance als anthropologische Kategorien

Die enthüllenden Untersuchungen werden in ihrer Plausibilität verstärkt, wenn man von den bekannteren Arbeiten zur Gewalt und dem Heiligen zu seinen fast in Vergessenheit geratenen ersten Arbeiten zurückgeht, in denen diese Themen noch nicht vorkommen und deren Material nicht aus frühester Zeit, sondern aus dem 19. Jahrhundert stammt, wie z.B. sein Buch 'Mensonge romantique et verite romanesque', das kürzlich erst unter dem Titel 'Figuren des Begehrens' auf deutsch erschienen ist. Hier erarbeitet Girard ein anthropologisches Konzept, aufgrund dessen die Vorgänge von Gewalt und Gewaltbegrenzung, wie sie aus der Geschichte überliefert werden, an Verständlichkeit gewinnen. Denn noch ist offen, wieso es zu individuellen Gewaltakten kommt, mit anderen Worten: Warum setzt die von uns erwartete Vernunft aus? Ebenso ist offen, wieso intelligente Personen, Guillaume de Machaut und andere, den kollektiven Glauben der Juden-Schuld übernehmen genauso wie weniger intelligente.

Die *erste* Grundthese besagt: Girard versteht die Antriebe menschlichen Verhaltens nicht in der Weise Sigmund Freuds aus der Sicht der Triebe und der Triebschicksale, sondern er hat eine von dem Biologischen unabhängige, soziologische Erklärung der Verhaltensmotivation. Er erklärt sie durch das *desir,* ein Begehren, das frei von allen moralischen Wertungen zu verstehen ist. Begehren heißt, dass der lebende Mensch nicht anders sein Leben vollzieht, als dass er auf etwas aus ist. Keine Situation ist abgeschlossen. Unabhängig von äußeren Umständen vollzieht sich das Leben in einem 'Darüber-hinaus-Gehen'. Und dieses desir ist in seinen konkreten Zielen nicht von innen her bestimmt. Es ist nicht auf bestimmte Ziele oder Objekte festgelegt. Das Begehren das nicht einprogrammierten Zielen folgt, prinzipiell am Anderen orientiert. Das heißt, es ist mimetisch. Dasjenige, wonach der Mensch strebt, sein Begehren, wird wesentlich durch die Nachahmung bestimmt.

> Bei den menschlichen Verhaltensweisen gibt es nichts oder fast nichts, was nicht erlernt wäre, und jedes Lernen beruht auf Nachahmung. Würden die Menschen plötzlich aufhören, andere nachzuahmen, wäre es um sämtliche Kulturformen geschehen. ((3) S.18)

Der Andere, an dem sich die Nachahmung orientiert, ist das Vorbild, das zum Modell seiner eigenen Bestrebungen wird. In dieser Hinsicht steht Girard in einer Linie mit Gabriel Tarde, einem der Begründer der Sozialpsychologie, der in der zweiten Hälfte des 19. Jahrhunderts das Prinzip der *Imitation* als gesellschaftsbildenden Faktor hervorhebt und dem Philosophen und Soziologen Arnold Gehlen, der im Gegensatz zu Tarde die Instabilität herausstellt, die mit dem mimetischen Charakter verbunden ist. Er steht aber auch in unmittelbarer Nähe zu Sigmund Freud, in dessen Psychologie Imitation und Identifikation eine zentrale Bedeutung haben. Aus der Sicht Girards aber hat der Gebrauch des Wortes 'Nachahmung', so wie ihn etwa Tarde verwendet, eher eine verharmlosende Bedeutung. Deswegen zieht er die Ausdrücke 'Mimesis' und 'mimetisch' vor. Denn in der Mimesis ist nicht nur die Nachahmung des Verhaltens, wie etwa in der Sozialisation des Menschen enthalten, sondern auch eine Besonderheit, die er 'Aneignungsmimesis' nennt und die als wesentliche Konfliktursache anzusehen ist.

> ... in der Moderne wurde der Gebrauch des Ausdrucks auf die Nachahmungsmodalitäten beschränkt, die keine Konflikte heraufzubeschwören drohen.... Dies ist nicht einfach ein 'Irrtum' oder ein 'Übersehen', sondern eine Art von Unterdrückung des mimetischen Konflikts selbst. In dieser Unterdrückung liegt etwas Grundlegendes für sämtliche menschliche Kulturen, selbst für die unsrige. ((3) S.28)

Es zählt also vor allem die Konflikt generierende Tendenz des Mimetischen: Nachahmer und Vorbild können zu Rivalen werden. Rivalität ist ein zentraler Begriff bei Girard. Einem Vorbild zu folgen, stärkt den Zusammenhang zwischen dem Modell und dem Nachahmenden, aber dieser Zusammenhang schlägt in dem Augenblick um, in dem der Nachahmende das Objekt begehrt, das das Vorbild besitzt oder selbst begehrt. Ob es sich nun um die Geliebte des Freundes oder die Anerkennung des Lehrers, um greifbare oder ideelle Objekte handelt: das Objekt des Anderen in Besitz nehmen zu wollen bedeutet Rivalität.

In diesem Verhältnis entwickelt sich das, was Girard das „trianguläre Begehren" nennt. Dieser Ausdruck erinnert an Freuds Ödipus-Konflikt. Man könnte sagen: Das trianguläre Begehren bei Girard ist der genereller Rahmen, innerhalb dessen die Freudsche Konstellation einen Sonderfall darstellt. Girard findet das 'Trianguläre' zuerst in der vergleichenden Analyse von Cervantes, Don Quichotte und Flauberts und Stendhals Romanen, z.B.:

> Ein Eitler begehrt ein Objekt dann, wenn er überzeugt ist, dass dieses Objekt bereits von einem Dritten, der ein gewisses Ansehen genießt, begehrt wird. In dieser Konstellation ist der Mittler ein Rivale. ((1) S.16)

Und dieses trianguläre Begehren ist nicht eine Ausnahmesituation unter Menschen, sondern ist mit der sozialen Existenz des Menschen unauflöslich verbunden. Mimesis stärkt einerseits den sozialen Zusammenhalt, andererseits macht sie die Menschen zu rivalisierenden Gegnern. *Keine Gesellschaft kann diese fundamentale Struktur aufheben.* Aus der literarischen Rekonstruktion der conditio humana wird, ohne dass Girard dies selbst realisiert, Gesellschaftsanalyse. Möglich und erfolgreich im gesellschaftlichen Leben ist lediglich die Eingrenzung oder Entschärfung der unerwünschten, destruktiven Folgen von Rivalität. Es ist also die Natur des mimetischen Begehrens, aus der heraus zwischen Menschen gerade als soziale Wesen, sich einerseits Gewaltakte ergeben, andererseits die Differenzen der gesellschaftlichen Ordnung immer wieder missachtet werden.

Girard verwendet *zweitens* noch einen weiteren Begriff, dessen fundamentale Bedeutung sich erst allmählich bei der Lektüre erschließt. Er taucht in den ersten Arbeiten auf und wird bei den späteren Analysen unersetzlich. Es ist die 'Meconnaissance'. Dieses Wort ist nicht leicht zu übersetzen. Wörtlich würde 'Verkennung' passen. An manchen Stellen wäre 'Täuschung' oder 'Selbsttäuschung' die angemessene Übersetzung, ohne dass damit eine abwertende Einschätzung verbunden wäre. An anderen Stellen wird der Sachverhalt verständlich, wenn man sich klar macht, dass es sich um ein 'Nicht-wissenwollen' oder ein 'Nicht-wahrhaben-wollen' handelt. Von einem Vorgang zu behaupten, er geschähe in Meconnaissance, setzt allerdings die Möglichkeit voraus, an Stelle der Verkennung die Kenntnis, an Stelle des 'Nicht-wissenwollens' ein Wissen, an Stelle des Nicht-wahrhaben-wollen' die Wahrheit zu setzen.

> Die Wirklichkeit entspringt der Illusion und verleiht dieser eine trügerische Gewissheit. ((1) S.109)

So im Blick auf eine Figur bei Stendhal. Und bei Proust findet Girard

> Die Fakten ... dringen in jene Welt, in der unsere Überzeugungen herrschen, nicht ein. Die Fakten haben die Überzeugungen nicht hervorgebracht und werden sie auch nicht zerstören. Augen und Ohren verschließen sich, sobald Gesundheit und Integrität des persönlichen Universums auf dem Spiel stehen. ((1) S.204)

Wenn es nur um den Sinn alter Mythen und früher Riten ginge, dann könnte man ein System rekonstruieren, aus dem sich eine gewisse Rationalität der Vorgänge und Handlungen ergibt. Wenn man aber wie Girard vorgeht, von Erzählungen aus historisch gut erforschten Epochen, ja sogar aus jüngster Vergangenheit beginnt, Schlüsse über die Verfassung gesellschaftlichen Lebens zu ziehen, die dann in der Geschichte hin und zurück weiter verfolgt werden, dann zeigt die Meconnaissance einen gemeinsamen Zug individuellen sowie kollektiven, naturwüchsig-alltäglichen sowie rituellen Verhaltens. Ob es sich um die Beurteilung des eigenen Verhaltens oder die Bewertung einer Krisenlage, um die Vernichtung von Gegnern oder die Opferung eines Schuldigen handelt: Meconnaissance ist eine Entlastung. Indem andere zu Verursachern der eigenen Lage erklärt werden wie in dem Bericht von Guillaume de Machaut, oder auch umgekehrt, der Einzelne Handlungen als seine eigene Sache ansieht, die seine Sache nicht sind, wie in dem Beispiel Prousts: Die Entlastung ist immer eine Rechtfertigung. Es scheint so, als gäbe es ein universales Muster von Schuld und Verfehlung, dem ein Einzelner oder ein Volk auf diese Weise zu entkommen sucht. Es ist ungewohnt, den uns alltäglichen Vorgang, in dem einem anderen die Schuld zugeschoben wird, auf die Entstehung umfassender religiöser Vorstellungen zu übertragen. Girard scheut gerade nicht diesen Vergleich.

Es ist nicht ganz eindeutig, wie es dabei mit dem Bewusstsein beziehungsweise dem Unbewussten steht. 'Unbewusst' wird bei Girard häufig mit Akten der Verkennung verbunden, ohne dass er sich dabei auf Freuds Begriff des Unbewussten bezieht. Man kann nicht annehmen, dass die Überzeugung von der Schuld eines anderen grundsätzlich dem entspricht, was wir 'üble Nachrede' nennen. Das wäre eine willentliche Falschaussage. Es ist überzeugend, dass die Fälle der Verkennung, die Girard benennt, nicht willentlich geschehen sind. Denn Schuldabwehr ist gleichzeitig Angstabwehr und die Geschwindigkeit, mit der etwas, das wir als Fehlurteil bezeichnen würden, sich verbreitet, wenn damit nur die Unsicherheit und mögliches Schuldgefühl abgewehrt werden, spricht für das Unbewusste dieser Handlungen. Aber es ist sicher nicht auszuschließen, dass sich wissentliches Fehlurteil und unbewusste Abwehr gelegentlich miteinander vermengen Im einfachsten Fall hält der Rivale sein Begehren für ein persönliches, ihm eigenes Begehren und leugnet damit, dass er es sich imitativ angeeignet hat. Im Gegenteil, er nimmt eine Verkehrung vor: Er erklärt den Anderen zum Imitator seines Begehrens. Das heißt aber: Er verkennt gerade dadurch sein eigenes Begehren. Auf einer nächsten Stufe wendet sich die rächende Gewalt nicht gegen den Übeltäter, sondern gegen einen anderen Menschen. Sie verkennt die Situation, täuscht sich in ihrer Wut. Die Situation wird derart anders definiert; es gilt jetzt: wenn nur der Racheakt vollzogen werden kann. Daraus folgen dann die Stellvertretung und der Sündenbock. Denn, kommt es zu kollektiven Aktionen in der Weise der skizzierten Judenverfolgung im Mittelalter, dann ist dies ein eklatanter Vorgang der Meconnaissance. Man fragt nicht lange nach einer vernünftigen Erklärung, ja, man bescheidet sich auch nicht mit dem

Unerklärbaren, wenn man nur einen stellvertretenden Schuldigen finden kann. Wer auch immer auf die Idee gekommen ist, es könnten die Juden sein: Die befreiende Antwort breitet sich mimetisch aus, eben auch bei denen, die in der Lage wären, einem solchen Schuldspruch gegenüber Skepsis zu äußern.

Es kann also nicht darüber hinweggesehen werden, dass es sich in allen Erzählungen und Riten, die mit Opferung zu tun haben, um Rechtfertigungen mit sozialen Funktionen handelt. Es sind die Täter, die berichten, es sind die Institutionen, welche den Vollzug von Riten überwachen: Immer geht es um das, was wir heute Selbstbehauptung nennen. Und folglich: Eine solche „Behauptung" kann nicht Unrecht sein.

Der frühe englische Ethnologe James Frazer, der in einem Band seines umfassenden Werks „The Golden Bough" viele Berichte über solche Prozeduren gesammelt hatte, konnte die Stellvertretung nur als einen Ausdruck 'primitiven', des Logischen unfähigen Denkens abwerten. Heute würde man sie schlicht für 'irrational' erklären. Für Girard gilt dagegen: Sie sind weder 'logisch unfähig' noch 'irrational'. Man muss, wenn man ihm folgt, annehmen, dass die Meconnaissance die spezifische Funktion der Entlastung hat. Diese Entlastung hat eine soziale Funktion, die nicht nur für 'primitiven' Gesellschaften typisch ist.

7. Gewalt in der Gegenwart

Es ist die Brücke zwischen der anthropologischen Grundlegung von Rivalität und Meconnaissance einerseits und den historischen Strukturen der rituellen Gründungsgewalt andererseits, die die Bedeutung der Argumente Girards für die heutigen Probleme der Gewalt offenkundig werden lässt. Der Sündenbockmechanismus ist allenthalben am Werk, auch wenn es dabei nicht blutig zugeht. Dabei kommt es nicht darauf an, ob eine Person sich etwas hat zu Schulden kommen lassen und sie dafür zu bestrafen sei Sündenbock-Aktionen zeichnen sich *erstens* dadurch aus, dass die Strafe nicht von einer übergeordneten Position aus verhängt wird, sondern als Vergeltung von einer betroffenen Mehrheit. Zweitens ist hervorzuheben: Während die Akteure der Überzeugung sind, zu strafen, erkennen die Außenstehenden, diejenigen, die selbst nicht betroffen sind, leicht, dass es sich nicht um Strafe, sondern um eine symbolische Opferung handelt. Denn mit dem Sündenbock soll ein Missstand getilgt und eine kritische Situation abgewendet werden. Wenn dies geschieht, dann bedeutet dies, dass die Täter die Situation verkennen, dass sie nicht in der Lage sind oder sich die Mühe machen, das, was nicht in Ordnung ist, zu durchschauen. Wie sehr Krise und Sündenbock-Mechanismus zusammenhängen, hat die erschreckende Geschichte des Nationalsozialismus gezeigt: Eine grandiose Inszenierung der Verfolgung und Vernichtung von Juden und anderen fremden Elementen sollte das deutsche Volk aus der Krise befreien. Furchtbar genug: Sie brachte zwar Millionen von Opfern, schlug aber dennoch fehl.

Wo heute in aller Welt Gewalt auftaucht, handelt es sich um gesellschaftliche Situationen, in denen eine *dritte,* über den Parteien stehende *Gewalt* nicht vorhanden ist, und gleichzeitig um Rivalitäten des Macht- und Geltungsanspruchs, so z.B. zwischen Hutu und Tutsi, zwischen Kosovaren und Serben. Aber es handelt sich auch um Krisensituationen, in denen nach einem Schuldigen gesucht wird. Terrorismus entsteht nicht ihn befriedeten Situationen. Islamische Terroristen interpretieren die Entwicklung als Gefährdung ihrer Identität und reagieren aggressiv auf die Gefährder ihrer Identität. Wir können nicht ausschließen, dass die westliche Modernisierung die traditionelle Identität tatsächlich gefährdet. Aber es ist allzu eindeutig, dass die Opfer ihrer Terrorakte nichts anderes als eben Stellvertreter sind.

Wie erklären wir uns die Neonazis und Hooligans in unserer Gesellschaft? Was drücken sie anderes aus, als dass die Ordnung unserer Gesellschaft, verstanden als Einordnung, nicht glückt? Gewiss, andere passen sich den Umständen auf friedlichere Weise an oder machen sich durch Drogenkonsum selbst zum Opfer. Sie aber verkennen die Situation, wähnen die Schuldigen, und sie verfolgen sie durch Gewalt an Personen oder durch symbolische Gewaltakte. Die vermisste Zugehörigkeit, das heißt die fehlende Ordnung ist aber nicht Sache der Gewalttätigen, es ist unsere Sache. Hier wird das von Girard entwickelte Krisenverständnis wirksam, es verlangt aber nach einer zeitgemäßen Interpretation.

Während für alle traditionellen Gesellschaften die von ihren Mitgliedern erlebten Krisen gleichbedeutend mit Unheil war, findet in der Moderne eine Umwertung statt, wie es der Historiker Reinhart Kosellek aufgezeigt hat. Alle Anführer von Modernisierung, besonders alle Revolutionäre nehmen auch durch sie herbeigeführte Krisen in Kauf, damit das Bessere, sei es die Vernunft, sei es der Sozialismus gewinnen kann. In der Folge stehen wir in einem permanenten Umbruch, von denen immer nur einige profitieren, andere aber an den Rand oder ins Aus geraten, aber auch gestoßen werden. Es bedarf vielfach nicht der aktiven Opferung, denn wer nicht mitmacht, hat sich selbst entfernt.

Gewalt kann nur noch begrenzt mit Rechtfertigung rechnen. Das ist ein wirklicher Fortschritt.

> ... der Mensch nämlich und das gigantische Anwachsen der Gewaltmittel haben der Gewalt die Möglichkeit zum freien Verlauf verbaut, also jenes Spiel verdorben, das einst die Wirksamkeit des Gründungsmechanismus und die Verdrängung der Wahrheit sicherte. ((2) S.352)

Wenn nun Gewaltaktionen, die – mit Girard – nur als Sündenbock-Verfolgungen verstanden werden können und als solche stets auf Krisen verweisen, kann man dann noch den Optimismus gegenüber dem technischen und ökonomischen Fortschritt teilen, in dessen Folge diese Krisen auftreten? Eingrenzung von Gewalt kann dem mit Girard erarbeiteten Verständnis niemals ausreichen. Alle entsprechenden Versuche müssen erfolglos bleiben, wenn nicht die Eingrenzung der Krisen gelingt.

Literatur

Die Jahreszahl nach dem Titel bezieht sich auf das Erscheinungsjahr der Erstausgabe.

Girard, René, *(1) Figuren des Begehrens (1961)*, Thaur/Münster, *1999. (2) Das Heilige und die Gewalt* (1972), Frankfurt/Main, 1992 *(3) Das Ende der Gewalt* (1978), Freiburg, 1983. *(4) Ausstoßung und Verfolgung,* (1982), Frankfurt/Main, 1992

Kertesz, Imre, *Eine Gedankenlänge Stille, während das Erschießungskommando neu lädt,* Reinbek, 1999.

V. Soziologisches Beobachten

Die Amerikaner

Es hatte ihn nichts nach Amerika gezogen. Als er – zur Information – anderen, Kollegen und Bekannten mitteilte, er werde drei Monate nach Kalifornien gehen und diese ihm gratulierten, sogar auch beneideten, wusste er sich nicht recht zu verhalten: er tat so, als freute er sich ein bisschen. Denn er wollte gar nicht dorthin. Er wollte einen Kollegen besuchen, mit ihm arbeiten. Er wusste nicht einmal, wie gut dies gehen würde; denn seine inzwischen, reichlich spät, gewonnene Menschenkenntnis hatte ihn von kindlicher Begeisterung und Ablehnung weggetrieben. Das Misstrauen schmerzte zwar manchmal, aber es war besser so, fand er. Also: Er wollte diesen Mann sehen, und es wäre ihm lieber gewesen, ihn in Paris oder London, Rom oder vielleicht auch Madrid zu treffen, Silicon Valley oder San Francisco? Die Flimmerserien im Fernsehen waren für ihn Zelluloid geblieben. Denn, was ihn bei seinem geplanten Unternehmen störte, waren ‚Die Amerikaner' selbst. Wieso das?

Zweimal in seinem Leben waren sie ihm begegnet und hatten die entsprechenden Spuren hinterlassen. Das erste Mal als Eroberer, Sieger und Befreier, 1945 – diejenigen, vor deren Einmarsch man Angst gehabt hatte, vor denen man selbst Lebensmittel, unzureichend geschützt, im Garten vergraben hatte; die kurz vorher die Heimatstadt noch in Schutt und Asche verwandelt hatten. Die dann ruhig und gelassen, mit den Beinen vorn auf dem Jeep, Blumen am Hemd und Kaugummi kauend durch die Dörfer eingezogen waren. Sie hatten ihm geholfen, über Nacht, vom Hitlerjungen zum Demokraten zu werden. Er hatte immer, in heftigen Auseinandersetzungen mit seinen von der vergangenen Ära noch infizierten Klassenkameraden, ‚Die Amerikaner' verteidigt; selbst während des Nürnberger Prozesses. (Und jetzt, 35 Jahre später, als der neue Anti-Amerikanismus aufkam, schüttelte er den Jüngeren gegenüber den Kopf: sie hatten vergessen, dass wir durch deren Einsatz davor bewahrt worden waren, selbst Henker oder Henkersknechte zu werden.) Aber dann waren sie abgezogen. Als stimulierende Erinnerung einer Befreiung blieben – etwas versteckt, denn die eigene, an klassischer Feierlichkeit orientierte Tradition sperrte sich gegen sie – die Klänge von Glenn Miller zurück.

Stärker hatte sich ihm – und das war wohl der eigentliche Grund des Widerstandes – die Begegnung mit den Amerikanern auf fremdem Boden, in einem Land der so genannten Dritten Welt eingeprägt. Wie sie dort auftraten! Er fühlte sich – ist das äußerlich? – als gut Englischsprechender den ebenfalls gut englisch sprechenden

Einwohnern wesentlich näher als den Wortklang-Produzenten, die ihm nur als Verzerrer einer klaren, mitteilsamen Sprache vorkamen. Ihre Weise zu essen: nämlich so wenig als möglich sich an den einheimischen Speisen zu beteiligen, erfüllt mit Furcht vor Bakterien, Bazillen, Krankheitserregern, am besten nur 'tins' zu benutzen, kam ihm in seinem Eifer für Fortschritt-durch-Verständigung fast unmoralisch vor. Noch viel anstößiger ihre burschikose Art, sich selbst für die Besten, ihre Ideen für die einzig wahren, und alles Übrige nur der Hilfe oder des Mitleids würdig zu halten! Und schließlich ihre, besonders der Frauen, Unschönheit, die völlige Abwesenheit von Grazie und Anmut in Gestalt und Bewegung und Kleidung, in auffälligem Gegensatz zur Art der Einwohner des Landes, für die er, aus eben diesem Grund fast schwärmen konnte. (Auf jeden Fall war er davon sehr angetan.) Unter seinen eigenen Landsleuten, die er durchaus nicht idealisierte, hatte er doch dort in der Ferne einige angenehme bis erträgliche Zeitgenossen getroffen. Aber ,Die Amerikaner'? Er lehnte sie ab.

Und so hatte er den Vorsatz gefasst, da er ja seinen Kollegen nicht in Paris, Rom oder London treffen konnte, sondern nur zwischen San Francisco und dem Silicon Valley, zu versuchen, ob er dieser eigenartigen, nicht Vertrauen erweckenden Spezies Mensch gegenüber Verständnis oder gar zu ihnen Vertrauen würde gewinnen können. Er musste also, wollte er nicht als abgekapselte Monade sich auf eine einzige face to face Begegnung konzentrieren, sein inneres Programm verdoppeln: die wissenschaftliche und zusätzlich die Verstehensarbeit.

Als er dann ankam, wurde er, und das fördert Vertrauen ja nicht gerade, zum minder Bemittelten. Seinesgleichen, in der heimischen Umgebung ja nicht gerade in den unteren Rängen, standen hier etwas besser da, besaßen ansehnliche Häuser, die sehr kultiviert eingerichtet waren, vom besten Geschmack (etwas Verwirrung: gerade das entsprach nicht dem überkommenen Klischee vom Amerikaner), fuhren gepflegte Autos, während er sich, mit bundesrepublikanischen Auslandstagessätzen für gehobene Beamte versehen, nur ein möbliertes Zimmer leisten konnte, nicht einmal ein Appartement, und den Weg zum Department und zur Bibliothek, kurz ins Zentrum des Campus, mit einem schäbigen gebrauchten Fahrrad zurücklegte. (Er hatte Glück, der kalifornische Winter – man müsste sagen: die Regenzeit – brachte damals nur spärliche Schauer.) So lernte er allerdings auch, was den standesmäßig Gleichgestellten entging, die öffentlichen Verkehrsmittel, Suburbia, Hinterland und City verbindende Busse und Bahnen kennen. Aber es war nicht nur die mindere Bemittlung im Bezug auf Rang-Gleiche, sondern, wesentlich andringender, das, was in seiner heimischen, traditionellen Universitätsstadt, in der es innerhalb von zwanzig Jahren einmal einen Bentley gegeben hatte, nicht bemerkt werden konnte: Die Mehrheit der Bevölkerung schien wesentlich wohlhabender zu sein. Straßen gespickt von immer ruhig daher fahrenden, keinesfalls auffällig sich bemerkbar machenden Luxusautos, die ihn dann an die hervorragenden Leistungen seines Heimatlandes erinnerten: Mercedes, BMW und Porsche. Und wenn er gelegentlich die geheimnisvollsten aller Fahrzeuge wahrnahm (er erfuhr, dass man sie schlicht 'Limousine' nannte), diese überlangen, aber nicht unförmigen, immer nur mit verdunkelten Seitenscheiben, fast immer mit Fernsehantennen ausgestattet, selbstverständlich mit Fahrern, die Warum wohl so gut wie ausschließlich Schwarze waren, dann bestätigte sich ihm, was er schon gehört hatte, nämlich dass man in diesem demokratischsten aller Länder Reichtum weder versteckte, noch unästhetisch protzig zur Schau stellte. Und die wohlhabenden Viertel – in einem von ihnen hatte er sein angenehmes, aber doch bescheidenes Quartier gefunden – wirkten keinesfalls befremdend. Bei seinen abendlichen Gängen in die Downtown – etwas übertriebene Bezeichnung für die einzige Straße (mit Nebenstraßen) –, an der man ins Kino oder essen gehen konnte, sah er durch die erleuchteten und nicht dick verhangenen Wohnzimmerfenster eindrucksvolle Anzeichen von 'klassischer' Kultur. Und da er, zumindest was innere Kultur, Bildung genannt, betraf, sich nicht als minderbemittelt vorkam, konnte er sich von dieser Deklassierung doch auch erholen.

Es kam ihm seltsam vor, dass er nirgendwo als Fremder auffiel, weder, wenn er etwas hilflos Pläne studierte, noch, wenn er Menschen in nicht so selbstverständlicher Sprache, wie er es sich gewünscht hätte, alles andere als 'amerikanisch', ansprach. Hinzu kam, nach und nach, dass man sich für ihn als einen Fremden gar nicht zu interessieren schien. Weder bei seinen vielen Gesprächen mit akademischen Kollegen noch im Geplauder mit Nachbarn an der Bar wurde er gefragt: „Wie geht es denn so in Deutschland?", oder „Was sagt ein Deutscher dazu?" Keinerlei Neugier dieser Art, die in anderen Ländern zu interessanten Gesprächen geführt hatten und bei denen, im Vergleichen, neue Erkenntnisse für ihn selbst zustande gekommen waren. Ihm entging dabei, dass die Menschen, denen er im alltäglichen Umgang etwas näher kam, auf eines neugierig waren: ob er ihr Urteil über das Kalifornien, das nun einmal als besonderer Flecken auf Gottes Erdboden zu gelten schien, bestätigte. Also: das vorherrschende Interesse an ihm war, dass er sich für sie interessieren sollte. Aber nicht einfach neugierig, sondern bestätigend. (Dass er z.B. gelegentlich im Bus nicht nur in die City fuhr, sondern etwas quer durch die Gegend, und zwar nicht nur als Notbehelf, sondern durchaus mit Neugier, wurde eher als etwas 'Strenges' vermerkt: Das gehörte nicht zum Bereich dessen, worin man Bestätigung suchte.)

Er war also kein besonderer Fremder. Kein Wunder eigentlich, denn es kamen ständig so viele Fremde zu allen möglichen Zwecken – den des Tourismus eher ausgenommen –, dass die Kalifornier überbeschäftigt gewesen wären, hätten sie alle so ernst genommen, wie er es Zuhause in der deutschen Provinz gewohnt war, in der jeder Fremde Abwechslung von der Eintönigkeit bedeutete. Allmählich dämmerte ihm: es geht gar nicht nur oder vor allem um die Ausländer, die zu Besuch kommen, sondern, dass die Mehrzahl der Amerikaner vermutlich sich gegenseitig als Ausländer wahrnahmen. Tatsächlich kamen ja immer wieder Neue aus allen

Teilen der Welt, die sich hier, als werdende Amerikaner, niederließen, und zwar nicht nur die Mexikaner, die dann zu Chicanos wurden (und dadurch ihre Besonderheit auch noch symbolisierten), sondern er begegnete – und das schien ihm dann eine der größten Besonderheiten des Landes – unaufhörlich Menschen, die selbst eingewandert waren, Amerikanern der ersten Generation, die als jüngere Menschen aus Frankreich, Italien, England, Schweden, Puerto Rico kommend, sich hier niedergelassen hatten. Oder sie waren als kleine Kinder mit ihren Eltern hierher gekommen. Oder ihre Eltern waren Ausgewanderte, sie selbst, als erste der Familie, in Amerika geboren. Wer war schon ein 'richtiger Amerikaner'? Alle waren sie es und waren es nicht. Hinzu kamen andere Amerikaner, die, den Ausländern vergleichbar, aus anderen Gegenden hierher gezogen waren; so manche von der 'Ostküste', also Neukalifornier. Ein einziges Mal begegnete er einer Frau, die in Kalifornien geboren war. Vom 'voll-akklimatisierten', d.h. auch im sprachlichen Akzent unauffälligen bis zum unüberseh- und unüberhörbaren Neuling gingen alle Schattierungen derart ineinander über, dass er in seinen gewohnten Denkschemata nur vermuten konnte: Entweder ist keiner fremd, oder sie sind alle fremd. Beim Versuch, andere Beobachtungen auf diese Frage zu beziehen, wurde das Letztere ihm immer wahrscheinlicher.

Er war nie – in hundert Tagen – einem unfreundlichen Menschen begegnet, einem brummigen schon gar nicht; dabei hatte er sich ja nicht nur unter höflichen Kollegen und auf Parties aufgehalten. Busse und Bahnen, Geschäfte, Postschalter: offensichtlich eine vom Boden rauer (aber, wie man zu Hause dann entschuldigend sagte, doch auch herzlicher) Konkretheit abgehobene Menschheit? Schlicht: ein toleranteres 'Volk'? Oder können nur diejenigen sich gegenseitig unfreundlich benehmen, die nichts voneinander zu befürchten haben? Produziert die Nähe erst jenes unschöne Verhalten, dessen Abwesenheit ihm auffiel? Dann wäre es geradezu notwendig, gegenseitig angenehm aufzutreten, wenn man sich einander fremd ist? Nette Menschen wären dann kein Signal, sich zu öffnen, sondern eher die Aufforderung, die Andersheit zu respektieren, um mit ihm auszukommen. Das musste und wollte man ja, der Neue mit dem Alten, der Puertorikaner mit dem Philippino, der Ire mit dem Süditaliener ...

Man war nicht nur, wie er es erlebte, nie grob miteinander, sondern man kam sich auch nie zu nahe. (Diese Beobachtung kam zu den eben wiedergegebenen Erwägungen hinzu.) England war ihm ja schon von seiner Schulzeit her als das Land der wohlgeformten Warteschlangen angekündigt (aber Besucher hatten ihn desillusioniert: es sei nicht mehr so höflich wie früher vielleicht einmal). Hier in Kalifornien nahmen die Schlangen eine besonders ausgeprägte Gestalt an. Überall dort, wo sich die Geschäfte nicht anders als über Schalter abwickeln ließen: auf der Bank und in der Post, in der Bibliotheks-Ausleihe und an der Greyhound-Station, stellten sich nicht nur die Besucher selbstverständlich hintereinander an; sondern zwischen dem, der gerade bedient wurde und dem Nächstfolgenden blieben, wo er auch hinkam, immer etwa zwei Meter Abstand. Und der Folgende hatte zu warten, bis ein deutliches 'Next please' laut wurde. Erst dann überschritt er die unsichtbare Zweimeterschwelle. Es konnte auf diese Weise nicht das geringste Gedrängel vorkommen. Und in Restaurants, ob sie nun voll waren oder nicht, hatte der Besucher am Eingang zu warten, bis er vom Personal einen Platz zugewiesen bekam. (In gedrängten Situationen mit Namens-Warteliste, in denen er aufgerufen wurde.) Man konnte sich also nicht hinsetzen, wo man wollte, sondern man wurde verteilt. Das heißt, der Ober oder Kellner musste wohl den besseren Überblick über das Passende haben. Von diesen Regelungen war die Bar einzige Ausnahme, jene, oft geschwungene, immer aber massiv wirkende Demonstration amerikanischer Holzkultur, an der vorwiegend Einzelne Platz nahmen, die durch feststehende Hocker auf den nötigen Abstand fixiert wurden.

Was ihn immerwährend beschäftigte – das Rätsel wurde erst gegen Ende des Aufenthaltes gelöst – waren bestimmte Besonderheiten des Lächelns der Amerikaner. Er hatte selbstverständlich vom 'keep smiling' gehört und sich nicht vorstellen können, wie sich das in der Realität ausmachen würde. Es müsste doch wohl anders aussehen als bei den Chinesen. Erst einmal stimmte nichts davon. Wenn er die Leute gehen und stehen sah, zeigten sie völlig normale Gesichter. Aber, eigenartig, nicht nur, wenn er mit jemand sprach, erschien auf dessen Gesicht plötzlich, fast ruckartig, ein deutliches, fast überdeutliches Lächeln, sondern auch manchmal, wenn er einen Menschen auf der Straße oder im Bus nur ansah. Dieses Lächeln war für ihn eher befremdlich; es löste nicht so recht Freundlichkeitsgefühle in ihm aus. Es erschien ihm – eben doch ein typischer Deutscher – nicht echt. (Er dachte an das berühmte Stück von Marcel Marceau, dem Mimen, der unsichtbare Masken aufsetzt, mit deren imaginärer Hilfe sich das Gesicht von Stimmungsausdruck zu Stimmungsausdruck verwandelt.) Also, überlegte er, setzen sie, wenn sie jemandem begegnen, ein Lächeln auf und versuchen nicht unbedingt so zu tun, als seien sie wirklich freundlich. Ein bisschen unbefriedigend blieb ihm diese Erklärung, bis er mit dem befreundeten Kollegen zufällig im Gespräch darauf kam. Es ging um die Distanz bei den Amerikanern. (Dieser war selbst erst vor 40 Jahren – als Student – nach den USA gegangen und dort geblieben.) „Die Fremden irren sich leicht', sagte er, „wenn ein Amerikaner lächelt, dann signalisiert er gar nicht Zuwendung. Er bedeutet eher: „Tritt mir nicht zu nahe!" Das war für unseren Verstehens-Interessierten Gast nicht so recht begreifbar. Er musste sich folgende Konstruktion zurecht legen: Erst bist du Bestandteil einer ungegliederten Masse. Dann tritt jemand auf dich zu, nähert sich dir, und sei es nur im Anschauen. Und im nächsten Moment signalisierst du ihm, dass du sein Nähertreten bemerkt hast, dass du auch ein Mensch und nicht nur ein zu besichtigendes Objekt bist und dass er sich dir, bitte, wie einem anderen Menschen gegenüber verhalten soll, nämlich mit gebührendem Abstand. Mit dieser Hilfskonstruktion ging ihm doch ein Licht auf, zum Beispiel hinsichtlich der in seinem Lande, in dem das Sie- und das Du-Sagen völlig aus der Balance gekommen schienen, oft geführten Diskussion, ob das 'you' denn nun wirklich ein Du sei. Allzu offensichtlich nicht, wenigstens nicht als das Du der nahezu unbegrenzten Annäherung. Es passte recht gut, auch wenn es ihm nicht automatisch die Kommunikation erleichterte, in seine persönliche Philosophie, dass man eigentlich umso sorgfältiger mit einem Menschen umgehen müsste, je näher man ihm käme. (Und fast das Schlimmste in Begegnungen waren für ihn immer schon Menschen, die ihm zu nahe kamen, die kein Gespür dafür hatten, wie weit sie gehen konnten.) Als würde der Mensch immer mehr Mensch mit dem Schwinden des Abstands. Eben dieser Abstand, das war dann plausibel, musste markiert werden – in einer Gesellschaft, in der die Fremden einander wesentlich fremder waren, als er es von zu Hause kannte. Schlagartige Aufklärung: Eine Gesellschaft von permanenten Einwanderern, etwa so, als hätte es nicht eine Flüchtlings-Welle (aus dem Osten) gegeben, sondern als gäbe es eine solche in Permanenz; und diese Flüchtlinge würden nun nicht nur Dialekt, sondern eine neue Sprache sprechen, eine andere Kultur mitbringen. Oder so, als wären die verschiedenen Wellen von Gastarbeitern alle geblieben, und nicht als 'Gäste' angesehen, von denen man erwartet, dass sie auch wieder gehen (derart, dass die Zahl der Ur-Einwohner bald eine Minorität darstellten ...). Nein, diese amerikanische Gesellschaft konnte man nicht begreifen wie man eine französische, englische, schwedische begreift. Sie musste durch und durch anders sein, eben nicht 'amerikanisch', wie eine andere 'deutsch' ist, sondern eine Gesellschaft durch und durch anderen Typs, in der Sitten und Gebräuche etwas anderes sind als in den bekannten Typen. Also nicht ob man Kaugummi kaut oder nicht, ob man einen Rucksack trägt oder nicht, ob es Unter-, Ober- und Mittelschichten gibt, und all das, was vergleichende Soziologen festzustellen pflegen, für die es, wie bei den amerikanischen Soziologen, nur einen wesentlichen Unterschied gibt: ob eine Gesellschaft 'traditional' oder 'modern' wäre, und dann nur noch mehr oder wenig historisch zu erklärende Idiome oder Schrullen dazukommen. (Als einzige Parallele in der Völkerwelt fiel ihm das vergleichsweise kleine Israel ein, dessen politisches Verhalten auch nur verstanden werden konnte – das war ja bekannt – wenn man die Zuwanderer-Situation berücksichtigte.)

So etwa sah das erste Kapitel seiner Verstehensarbeit aus, für die er – Schritt um Schritt – fast seinen ganzen dreimonatigen Aufenthalt brauchte. Parallel liefen, verwoben und ergänzend, andere Wahrnehmungen und Reflexionen. Es war ihm bewusst, dass sein eigenes Volk als fleißig gilt, nicht im Vergleich mit den ameisen-emsigen Chinesen, sondern – vermutlich – im Blick auf seine mitteleuropäischen und mediterranen, näheren und ferneren Nachbarn. Dieses Urteil schien auch bei den Amerikanern zu gelten – vermutlich ungeprüft, denn sonst hätten sie es revidieren müssen. Er auf jeden Fall musste revidieren. In den Departments, wo auch immer er hinkam, herrschte Arbeitsatmosphäre. Irgendwelche Bedienstete bei längerem Schwatz: das schien unmöglich. Kollegen waren schwer zu erreichen, und wenn, dann nur für eine einem Deutschen unverständlich knappe Zeit. Was die

Universität selbst betraf: Diese Kollegen mussten ihren Fleiß auch noch permanent ihren Oberen gegenüber unter Beweis stellen! Selbst ein international nicht ganz unbekannter Kollege, der längst eine feste Anstellung hatte, stöhnte darüber, einen Leistungsbericht für den ‚Provost', die oberste Dienstbehörde, abgeben zu müssen, von dem eine mögliche Anhebung des Gehalts abhängig war. (Ein deutscher Professor ist doch selbstverständlich aus innerer Berufung fleißig und nicht wegen schnöden Gelderwerbs.) Arbeitsamkeit, wo immer er hinsah! Aber auch in den Bereichen, in die er keinen Einblick bekam, Dienstleistungs- oder Produktionsbetriebe, kurz für alle Amerikaner galt: vierzehn Tage Urlaub im Jahr, mehr nicht. Was für harte Lebens- und Arbeitsbedingungen! Er dachte, dass sein Volk sich vielleicht doch auf historischen Lorbeeren ausgeruht haben könnte. Aber dann auch noch eine Gesellschaft ganz ohne Beamte: das konnte er sich so recht nicht vorstellen! (Wiederum vermerkte er: eine Gesellschaft ist anders, nicht im Hinblick auf ein politisches oder ökonomisches System, nicht, dass in diesem System die einen Beamten eben nun mal etwas anders waren als die anderen, wie vielleicht im Vergleich von Frankreich, Dänemark und Griechenland, sondern dass es Gesellschaften mit Beamten und ohne Beamte gibt, die gleichermaßen als modern und hoch industrialisiert galten.) Und – das waren schon bedenkliche Zweifel gegenüber herkömmlichen Vorstellungen – es könnte sein, dass die USA nicht nur führende Wirtschaftsmacht ist wegen seiner Größe, seiner Ressourcen, sondern auch wegen des Fleißes seiner Bürger.

Damit war er dann beim Geld. Aber nicht bei kapitalistischen Mammut-Unternehmen oder bei – wie schon gesagt – demonstriertem edlen Wohlstand, sondern bei Geld in einer spezifischen Verkleidung. Die Universität, mit der er es zu tun hatte, trug den Namen einer Person, aber nicht den eines Geistesheroen (Landesfürsten als zu würdigende gab es ja nicht), auch nicht derjenigen Person – eines pionierkapitalistischen Geldbarons –, der diese Universität gegründet hatte, sondern den seines einzigen, früh verstorbenen Sohnes. Merkwürdig! Das war nicht die einzige derartige Wahrnehmung: Wenn er Tag für Tag in die Bibliothek ging – er übersah, dass sie auch einen Namen trug –, eine Bibliothek, die übersichtlich und gepflegt-bequem für jeden Benutzer war, wie er es noch nie erlebt hatte (man schien hier für 'öffentliche' Räume reichlich mehr Geld auszugeben als für die individuellen Arbeitsräume von Professoren, Sekretärinnen, geschweige denn graduierten Hilfskräften), dann fand er kein Buch, in dem nicht etwas eingeklebt war, wie er es aus alten Zeiten als 'ex libris' kannte. Deswegen übersah er das auch zunächst. Die unterschiedlichsten Einkleber machten ihn, da er nicht immer nur auf die Inhalte der Bücher achtete, dann doch aufmerksam. Es waren nicht 'ex libris', sondern 'in memoriam' Einkleber: in memoriam eines Vaters, einer Mutter, eines Sohnes, einer Tochter, eines Freundes – alles Verstorbener. Was war das denn nur? Nun begann er auch die Schilder genauer anzusehen, die an den kunstvollen Springbrunnen, Statuen und anderen Stein- und Bronzewerken auf dem Campus angebracht waren.

Nicht nur, so stellte er fest, in memoriam von Toten, oft auch ein anderes in memoriam, in Erinnerung an einen College-Jahrgang oder Ähnliches. Er hörte auch viel von den Stiftungen, die der Universität ihre Existenz wieder und wieder ermöglichten; was auch heißt, ihren hohen Rang zu bewahren. Viele Professuren trugen ebenfalls einen Namen, aber die meisten waren, soweit er erfahren konnte, nicht von dem damit protzenden Geldgeber (wie er es unter seinen Landsleuten angenommen hätte) gestiftet. Sie trugen zwar den Namen eines Wohlhabenden – Eine Million Dollar soll eine solche Stiftung kosten! –, aber waren von einem Erben gestiftet. Er las außerdem, – so ergab es sich aus dem Bericht in der vorzüglichen Campus-Information der Universität –, dass im vergangenen Jahr 40 Millionen Dollar von Ehemaligen gespendet worden seien! Vielleicht auch ein sehr lebendiges 'in memoriam', nämlich einer guten Einrichtung, von der man profitiert hatte, und deren Weiterbestehen man wünschte. Darüber hinaus: kein Konzert, keine Theateraufführung, ob im Rahmen des Campus oder darüber hinaus, die nicht, wie man sonst etwas verschämt sagte 'subventioniert' war, in der dort üblichen Sprache: das nicht seine 'sponsors' hatte, die dementsprechend auch genannt wurden. Wenn das die Abwesenheit des Staates oder der öffentlichen Hand war, was war es dann aber wirklich? Als Analogie fiel ihm nur die Heiligenverehrung ein, die man – besonders als Protestant – dem Mittelalter zurechnete. Also eine säkularisierte Heiligenverehrung? Er musste sich eingestehen: Je mehr er sich des unübersehbaren Sponsorings bewusst wurde, umso eher fielen ihn dem Religiösen leicht verwandte Schauer an. Aber er hatte etwas gegen Mystifizierungen, ob in altmodischem oder modernem Kleid. Deswegen bohrte er weiter: Eine Gesellschaft, in der 'die Öffentlichkeit' prinzipiell für nichts sorgt, in der jeder für sich selbst sorgt, zumal eine, in der jeder der permanent zuwandernden Neuen weiß, dass ein solches Schicksal auf ihn wartet, (während sein eigener Obrigkeitsstaat kaum fertig wurde mit all den flüchtigen Zuwanderern, die wussten, dass sie, wenn sie durch die Schleuse kommen, 'öffentlich' versorgt werden), muss den Einsatz, das Geben, das Arbeiten wie das Spenden wohl mit persönlichen Schicksalen verknüpfen. Das hieße, wenn seine Gedankengänge zuträfen, dass man eben keine supernatürlichen Heiligen ehrt, denen man das Leben, die Gesundheit oder irgendeine Einsicht verdankt, sondern man ehrt seine Mitmenschen, auch mitmenschliche Institutionen. Dies aber nicht mit billigen Orden aus der Staatskasse, sondern mit Beiträgen, die wiederum anderen, der Öffentlichkeit (ohne Staat und Verwaltung) zugute kamen. Und dann wäre es auch evident, dass man mit solchem Geld ebenso streng und arbeitsam umgeht, wie einst Beamte mit dem ihnen anvertrauten, als es noch eine solche geehrte Obrigkeit gab. Mehr und mehr bastelte er an einer kurzen Formel, die auf einen Nenner bringen sollte, was ihm das Wesentliche an diesem Fremden, und nur durch viele Überlegungen allmählich vertraut Werdenden, schien.

Eine weitere Kette von Beobachtungen kam ihm dabei zunutze: Sie kreiste um das einfache Wörtchen 'help'. Er stellte an sich selbst fest, dass die Frage 'Can I help you' nicht die unangenehme Reaktion in ihm auslöste, als wenn man ihn gefragt hätte: „Kann ich Ihnen helfen"? Aber 'help' ist doch' helfen'! Worin ist die empfundene, aber nicht deutlich gefühlte Differenz begründet? 'Can I help you' konnte von der freundlichen Sekretärin ebenso gefragt werden wie von einem Verkäufer, dem er zutraute, ihn übers Ohr hauen zu wollen, vom kurz angebundenen Postbeamten ebenso wie vom geflissentlichen Kellner, ohne dass er auch nur den kleinsten Sinn--Unterschied hätte wahrnehmen oder empfinden können, – etwa den, dass es bei dem einen oder anderen unehrlich gemeint wäre. Er dachte, die altmodische, höflichere Ausdrucksweise „Kann ich Ihnen behilflich sein" käme dem, was man dort mit dem Wörtchen 'help' bedeutete, etwas näher. Aber dies reichte ihm nicht aus. Sicher war ihm nur – und an diesem Punkt war er vermutlich ungewöhnlich allergisch –, dass damit nicht jene karitative, mitleidsvolle und dabei doch immer Überlegenheit signalisierende 'Hilfe' gemeint sein konnte, bei welcher der Empfangende auf unangenehme Weise stets zum Opfer gemacht wird. 'Help' hatte nichts davon an sich, keinen ‚metaphysischen touch', erschien ihm irgendwie zufälliger und, bei aller Notwendigkeit, leichter in der Gewichtung. Er wäre mit solchen Beobachtungen sicherlich auf halbem Wege, unbefriedigt, stehen geblieben, wenn er nicht gleichzeitig die Situationen ins Auge gefasst hätte, in denen diese Frage gestellt oder gerade nicht gestellt wurde. Waren denn die Menschen dort, die Amerikaner, auf ihn zugekommen und hatten ihm dieses Angebot, das er immer als zweischneidig empfunden hätte, gemacht? Fast nie! Vielmehr war er selbst es gewesen, der erst auf andere zugehen musste, damit, wenn überhaupt, das Signalwort erklang. Er selbst! Und zweimal hatte er erlebt, dass es nicht ausgesprochen worden war. Er hatte sich mit etwas abgemüht, zum Beispiel einen Koffer, zu Fuß (fast unvorstellbar in dieser Gegend) einen oder anderthalb Kilometer getragen. Hinterher hatte man ihn gefragt: „Warum haben Sie uns nicht angerufen? Wir hätten Sie gern abgeholt." Das sagten dieselben Menschen, die ihm auch vorher – denn das war absehbar gewesen – ihre Hilfe hätten anbieten können. (Er, zu Hause, hätte dies sicherlich vor- oder fürsorglich getan.) Fast ärgerlich hatte er damals gedacht: „Lassen mich den Koffer schleppen und bieten hinterher Hilfe an!" Wenn es aber so ist, dass erst der eine auf den anderen zugeht, und damit den normalen Abstand zum anderen überschreitet, wenn es auch zutrifft, dass der eine erst um Hilfe bittet: Ist dann der andere noch der Stärkere und er der 'Hilfsbedürftige'? Wird dann, wenn er Hilfe möchte oder der andere sie ihm anbietet, etwas von seiner Souveränität genommen? Doch wohl nicht! Könnte es sein, dass Hilfe immer Hilfe unter prinzipiell Gleichen ist – etwa so wie in der Situation, als es in seinem Hause (in Deutschland) gebrannt hatte und mitten in der Nacht in wenigen Minuten die Männer des Dorfes 'zu Hilfe' gekommen waren, und als er von Dankbarkeit gerührte Worte auszudrücken versuchte, sie ihm nur lässig erwidert hatten: „Das hätte doch jedem von uns passieren können"?

Diese Gegenseitigkeits-Hypothese, bei der ihm vielleicht auch noch Lehrbuchwissen über die Grundprinzipien der Demokratie etwas genutzt hatte, die aber deswegen eine andere Qualität des Wissens für ihn bedeutete, weil er sie erst mühsam über Enttäuschungen und Missverstehen gewonnen hatte, war dann wohl das letzte Element, das er gebraucht hatte, um seine Formel zu finden: Mitglied der Gesellschaft der Amerikaner wird man offensichtlich, indem man zum Leben eben dieser Gesellschaft beiträgt. Er formulierte es im Gespräch, es sei eine 'contributive society'. Später fiel ihm ein, dass dies etwas mit Tribut zu tun hat, also mit Leistung, die man jemandem erbringen muss. Nur wäre derjenige, dem der Tribut zu zahlen war, nicht irgendein Herrscher oder ein Eroberer, sondern es wären die vielen Anderen, der 'generalized other', für welche 'die Gesellschaft' steht. Wer nach Amerika kam, wollte etwas für sich. Dies war ja das Land der großen Amnestie, gleich, ob es um Unfreiheit oder Elend ging, denen zu entrinnen war. Jeder etwas für sich: Das konnte nur erträglich sein, wenn dem entgegengesetzt wurde: Jeder etwas für die anderen. Ein Land also ohne Obrigkeit, die sich anmaßen oder der man anlasten konnte, von Oben herab etwas für die Unteren zu tun. Und das musste das Ethos dieser Gesellschaft sein! Wer in 'die Staaten' kam, durfte nicht kommen, um sich etwas abzuholen. Er hatte etwas mitzubringen. Deswegen dann auch die Gewissensbisse, mit denen der nun einmal existierende Staat, der nie eine 'Wohlfahrt' oder 'Fürsorge' hatte aufbauen können, die inzwischen unvermeidlichen sozialen Hilfeleistungen, etwa für die Alten in der Gesellschaft einzurichten versuchte. Es wäre eben zu einfach gewesen, dem das Motto „Ja nicht zu viel Staat, möglichst viel privat" anzuhängen. Herrschaftliche, obrigkeitliche Fürsorge, so wie sie im eigenen Land praktiziert wurde, müsste die prekäre Balance derer, die aufeinander zugehen und sich gegenseitig Dienste leisten, erheblich stören. Und dann wäre dieses Amerika wirklich nicht mehr dieses Amerika.

'Prekäre Balance', das war denn auch sein Fazit: Einerseits schien ihm, dass die Menschen in dieser Balance außerordentlich geübt waren; er meinte, sie würden auch kritische Zeiten deswegen gut überstehen. 'Prekäre Balance', das war auch der Schlüssel für die sonst unverständliche Weise, in der diese mächtige Nation immer wieder gekränkt, gereizt reagierte, wenn ihr etwa 'Unamerikanisches', wie zum Beispiel 'Kommunistisches', etwas zu nahe kam. Und damit begann er auch, die irrsinnigen Reaktionen des amerikanischen Staats gegenüber Regimen, die für kommunistisch gehalten wurden – besonders die in der geographischen Nähe – zu verstehen.

Ob er nur in US-Amerika gewesen war? Ob die wohlhabende Gegend zwischen San Francisco und St. Jose typisch oder untypisch für 'die Staaten' genannt werden kann? Als er auf der Rückreise in Manhattan in einem typischen Musical-Theater ein Stück hörte und sah, das es sich um ein Musical drehte, und nun, endlich, nach drei Monaten sich dieser Sprache gegenüber kein Fremdheitsgefühl mehr zeigte; und als all die Werte, denen er auf die Spur gekommen war, in Szene gesetzt worden waren, 'Leistung und Gegenseitigkeit', wusste er: die Verstehens-Arbeit hatte sich gelohnt.

Vermittelte Einsicht

1. Vorbemerkung

Einsichten bekommen einen gewissen Grad von Verlässlichkeit, wenn man weiß, wie sie zustande gekommen sind. Ein solches ‚Wie‘ nennt man ‚Methode‘. Ein Einwand könnte lauten: „Die Verlässlichkeit prüft man am besten, indem man handelt." Das aber wäre zu kurz geschlossen. Denn die Zwischenfrage müsste lauten: „Wie komme ich denn dazu, die vermeintliche Einsicht für eine wahre zu halten? Also ist es besser, erst einmal nach der Methode des Zustandekommens zu fragen.

Jeder, der sich um Wissenschaft bemüht, lernt Methoden. Oft ist das, was darunter verstanden wird, zu ‚Techniken‘ verkommen. Das sind dann wissenschaftliche Rezeptbücher, die den Weg zu den Wahrheiten bahnen sollen. Nichts gegen Rezeptbücher, aber ohne begabte Reflexion darüber, wann und unter welchen Umständen die Rezepte angemessen sind, bleibt man auf dem Weg stecken oder gerät auf Abwege bzw. in Sackgassen. Die gründliche Reflexion muss also als notwendiger Bestandteil von Methoden angesehen werden.

Nun gibt es aber Fälle – und ein solcher soll im Folgenden verhandelt werden –, in denen eine Einsicht hohen Gewissheitscharakter angenommen hat, ohne dass einem die ‚Methode‘ deutlich geworden ist. Anders herum: Man meint einen Grund für die Verlässlichkeit zu kennen, stellt aber im Vergleich fest, das daran etwas fehlt. Also erscheint es geraten, die ‚Methode‘ hinterher zu suchen. Vielleicht kann man sie ja dann als einen ‚Weg‘ weiterempfehlen oder als Prüflatte für andere Fälle verwenden.

Im Folgenden geht es um soziologische Einsichten, die auf eine ungewöhnliche Weise den Verfasser zum Soziologen haben werden lassen und auf seinem Wege begleitet haben, für die kein anerkanntes Instrumentarium zur Verfügung stand. Es waren Einsichten in *Fremdes*, über deren Zustandekommen er sich lange Jahre nicht hinreichend Rechenschaft gegeben hatte. Er hatte lange gemeint, es handele sich um *reflektierte Erfahrung*. Aber: Wie war es zu dieser Erfahrung gekommen? Als diese Frage im Gespräch mit einem sehr reflektierenden Kollegen auftauchte, kam eine Lösung, die unbedingt in die ‚Methode‘ aufgenommen werden sollte. Sie wurde aber erst gefunden, nachdem erstens zwei Erfahrungswege verschiedener Art verglichen werden konnten und zweitens die Umstände, unter denen es zu diesen Erfahrungen gekommen war, auf dem Tisch waren. Notwendigerweise ein Stück Biographie.

2. Vom Anweg zum Weg

2.1. Fabrikerfahrung

Ich hatte als Student in mittleren Semestern das Ansinnen eines Professors, zu dem ich eine persönliche Verbindung hatte, mich auf die Universitätslaufbahn einzulassen abgeschlagen. Wie konnte ich nur? Ich hatte anderes im Sinn. Im ersten Studiensemester hatte ich die Rede eines geradezu prophetisch auftretenden Professors, der nach langer Emigrationszeit zu Gast an meiner Universität weilte, gehört, die mich wie ein Donnerschlag traf.[113] Was die ehrwürdige Universität leiste, sei der Blick nach Rückwärts. Für die Zukunft habe sie nichts zu sagen. Da ich nun noch gar nicht wusste, worauf ich hinaus wollte, aber gewiss nicht in die Vergangenheit, war ich aufgerüttelt. Auf irgendeine jetzt vergessene Weise fand ich einen Schüler von ihm, trat mit ihm in Kontakt und mit diesem wieder zu weiteren Kommilitonen – ein ganz kleiner Kreis, in dem wir Texte dieses großen Mannes lasen.

Was also in der Zukunft vonnöten war? Als erstes eine Überwindung innergesellschaftlicher Fremdheit. Er selbst hatte nach dem 1. Weltkrieg Arbeitslager für Arbeiter, Bauern und Studenten organisiert, in den Jahren bis 1933 sich intensiv für Erwachsenenbildung, gerade auch der „Volksbildung" eingesetzt und die Arbeitslagererfahrung später noch einmal in den USA unter neuen Umständen erprobt.

Wer aber waren die ‚Arbeiter'? Ich und manche meiner Kommilitonen kannten sie nicht. Man wusste etwas von Gewerkschaften, von niedrigen Löhnen, hatte auch etwas vom Fließband gehört. Das war alles, was man in den Kreisen, aus denen ich kam, wusste. Zweimal habe ich in den Semesterferien etwas Geld verdient, einmal als Straßenbahnschaffner, das andere Mal als Hilfsarbeiter in einer Fabrikwerkstatt. Ich hatte erste eigene Erfahrungen gemacht, die mir unter Einwirkung des großen Lehrers eines gezeigt hatte: Das sind fremde Menschen in fremden Lebensumständen mit fremder Lebensweise. Wie also die Fremdheit überwinden? Als ich in meiner eigenen Umgebung Absichten „in die Fabrik zu gehen" mitteilte, fand man das verständlich, unter der Einschränkung, das könne man ja mal eine Zeit lang machen. Aber ich hatte – wodurch auch immer gespeist – die feste Vorstellung: Fremdheit überwinden kann man nur, indem man das Leben eben dieser Fremden teilt. Daher erweckten in mir Erzählungen von Kommilitonen, sie hätten da auch als Werkstudenten „ihre Erfahrungen" gemacht, immer ein wenig Verdacht. Kannten sie die Arbeiter? Ein wenig, oft durch Klischees verzerrt, und auf jeden Fall nur, soweit sie den Fremden Fremde geblieben waren.

Und als dann – im weiteren Beziehungsgeflecht – ein Freund beschloss, das Studium an den Nagel zu hängen, stand auch für mich fest: Ich werde Fabrikarbeiter. Warum aber dieser radikale Schritt, der einem professionellen Soziologen nie in den Sinn gekommen wäre? Er hätte vielleicht, durch ein Werkstudium vorbereitet,

---

[113] Nachzulesen: Eugen Rosenstock-Huessy, Das Geheimnis der Universität, 1958

sich in einer bewährten Methode an Beobachtungen und Fragebogen als Externer gemacht. Er hätte sich seine Fragen oder Beobachtungsmerkmale aus verwandter Literatur geholt. Sicher hätte er einiges entdecken können[114], aber es hätte das gefehlt, was er nur als Teilnehmender hätte herausfinden können.[115]

Also verließ ich die akademische Welt, nachdem ich pflichtgemäß in der damals erwarteten kurzen Zeit von 8 Semestern mein Examen abgelegt hatte, suchte Arbeit in der Stadt, in der mein Freund einen Platz gefunden hatte, und wurde – mit einem leisen Misstrauen des Abteilungsleiters gegenüber einem Studierten – in einer mittelgroßen Maschinenfabrik eingestellt, als ‚angelernter Arbeiter‘. Die Schritte des Sich-hinein-Findens in diese ungewöhnliche Lage sind nicht im Einzelnen nachzuerzählen. Ich lernte nicht nur die recht traditionelle Maschinenarbeit kennen – nicht das Stereotyp Fließbandarbeiter –, arbeitete nicht im Akkord, sondern ‚im Lohn‘, dafür aber gelegentlich bis zu 55 Stunden Nachtschicht und wahrlich für einen Lohn, mit dem ich keine Familie – auch bei meiner bisherigen bescheidenen Lebensweise – hätte ernähren können.

Aber ich lernte von Tag zu Tag. Wie die Kollegen etwas meinten, dass sie, gerade solange sie merkten, dass mir die Arbeit nicht gerade von der Hand ging, behilflich waren, auch wenn sie selbst ihre Arbeit zu erledigen hatten. Sie zeigten mir auch Schliche, sich die Arbeit zu erleichtern. Ich lernte, dass man den Vorgesetzten nicht zeigen darf, dass man gerade mal eine Pause macht. Sie erklärten mir Zusammenhänge in und außer der Arbeit. Ich hörte natürlich auch genauer auf das, was die Gewerkschaften taten und verkündeten (innerhalb und außerhalb der Fabrik). Ich wechselte dann im Verlauf der viereinhalb Jahre, bis der Weg mich weiter führte, noch zweimal den Arbeitsplatz, lernte schwierigere Arbeit, kam in Stückakkord, bei dem man sich mit Anstrengung, Geschick und manchen Tricks den Lohn verbessern konnte. Während im ersten Betrieb nicht zu verbergen war, dass ich nicht aus dem Milieu kam und ich gelegentlich, durchaus wohlwollend, darauf angesprochen wurde, fiel diese ‚Fremdheit‘ im zweiten Betrieb schon fort. Und dass ich nicht den üblichen Dialekt sprach, fiel nicht auf, denn es gab ja auch viele „Flüchtlinge“ (von den Einheimischen im Bedarfsfall auch mit Naserümpfen als solche tituliert). Es gab auch einige Kollegen, mit denen ich mich anfreundete. So kam ich nicht nur in einen kleinen Frühschoppen am Sonntag, sondern auch in einige Familien, erlebte und nahm teil.

---

[114] Wie derjenige, der mich dann später zum Soziologen gemacht hat: Hans Paul Bahrdt, s. ‚Technik und Industriearbeit‘ und ‚Das Gesellschaftsbild des Arbeiters‘.

[115] Man sprach dann im Fach von ‚teilnehmender Beobachtung‘, wenn es galt, das Objekt nicht völlig zum Objekt zu machen. In diesem Begriff lag aber ein Fehler verborgen. Die Reihenfolge muss umgekehrt lauten: ‚Beobachtende Teilnahme‘. Aber auch das ist noch zu wenig; denn wer teilnimmt, kann dies gar nicht tun, ohne zu beobachten. Es handelt sich nur darum, dass man sein wissenschaftliches Interesse etwas versteckt.

Allmählich verstand ich, wusste mich zu bewegen und ‚fremdelte' nicht mehr. Ich wusste, wie Kollegen und Vorgesetzte einzuschätzen waren, teilte das Misstrauen vieler Kollegen gegenüber Betriebsrat und Gewerkschaft und lehnte mich mit ihnen gegen die Weise auf, in der die ‚Kolleginnen und Kollegen' von oben herab vereinnahmt wurden. (Vom später neu auflebenden Marxismus der „Linken" war unter meinen Kollegen wenig zu spüren.) Und wenn ich damals mit 40 Stunden und einem besseren Lohn ausgestattet gewesen wäre, hätte ich noch lange bleiben können. Denn – zurück zu den Zeiten, in denen dies alles bevorgestanden hatte – als ich gesagt hatte: „Ich gehe in die Fabrik" und gefragt worden war: „Wie lange denn?" war meine Antwort sehr entschieden: „Auf unbestimmte Zeit".

In diesen Jahren hatte ich auch Kontakt zur vertrauten, aber schon auch mit einem anderen Blick wahrgenommenen, akademischen Welt. Es entstanden Verbindungen zu „Gebildeten" in der nahen Universitätsstadt, für die ich mit meinem Freund und einem Dritten eine Gruppe sympathischer Sonderlinge zu sein schienen. Sie waren interessiert. Und sie sahen eine Gelegenheit, über die Stereotypen ‚Akkordarbeit', ‚Schichtarbeit', ‚Fließband' hinaus zu kommen. Es wurde handgreiflich, dass die ‚bürgerliche Welt' keine Ahnung hatte. (Zur Erinnerung: Das Fernsehen, durch das man wenigstens einmal Reportagebilder hätte sehen können, war gerade erst auf dem Wege. Und Charlie Chaplins „Modern Times" war eben doch eine Karikatur.) Zu der Zeit gab es aber auch die erste schriftliche Reportage, von Günter Wallraff. Das war es gerade nicht, was gebraucht wurde: Man arbeitet ein paar Wochen, und dann weiß man Bescheid. Wir, meine Freunde und ich, waren über derartig unwürdige Oberflächlichkeit empört.

Ich merkte also mit der Zeit, dass es Kreise gab, die an dem, was ich aus dieser fremden Welt mitzuteilen hatte, interessiert waren. Ich ‚feierte' schon auch mal ‚krank', um an einer evangelischen Akademie vortragen zu können. Später – und damit gingen meine ‚Wanderjahre durch die Fabrikhallen' dann zu Ende – drangen zwei enge Freunde aus der anderen Welt in mich: Es sei Zeit, dass ich an die Öffentlichkeit träte. Ich wehrte mich intensiv: „Ich bin kein Reporter". Nur als sie mich überzeugten, dass ich keinen Verrat an meinen Kollegen begehen würde, konnte ich nachgeben. Ein Geldgeber wurde gefunden, ein Soziologe interessierte sich für die ersten Fassungen eines Berichts – und er machte mich dann zum Soziologen.[116] Zwei befreundeten Arbeitskollegen konnte ich Teile aus dem Bericht vorlesen. Sie empfahlen kleine Korrekturen, aber: *Sie fühlten sich verstanden!*

Wodurch aber war die Gewissheit entstanden, ich hätte besseres zu sagen. Lange Jahre dachte ich, es läge nur daran, dass ich eben länger und nicht nur in der Form einer interessierten Visite am Leben der Fabrikarbeit und der Fabrikarbeiter teilgenommen hätte. Das ist zu wenig, wenn man sich das Teilnehmen nicht etwas genauer vor Augen führt. Wodurch habe ich mich denn in dem Versuch der Teil-

---

[116] Spätere Fassung als Dissertation: Die betriebliche Situation der Arbeiter, Stuttgart, 1964.

nahme zu Recht gefunden? Ich hatte *Vermittler*! Erst mein Freund, der vor mir einen ähnlichen Weg gegangen war, dann die Kollegen selbst. Ich befand mich ohne einen (touristischen) Fremdenführer auf unbekanntem Gelände. Wenn da nicht immer wieder ein Kollege gesagt hätte: „Pass auf", „Lass Dich nicht erwischen", „So kommst Du damit nie zurande", und wenn ich nicht unaufhörlich, wenn ich mit etwas nicht zurecht kam, gefragt hätte, wäre ich nie zu den Einsichten gekommen.

Das erste Fazit: *Ohne Vermittler aus der Welt der Fremden kann das Fremde nicht verstanden werden.* Darin liegt die Methode.

2.2 Die Indien-Erfahrung

Nachdem mir meine jüngeren Fachkollegen, allemal marxisch eingefärbt, meine soziologisierten Resultate eher übel- als abgenommen hatten, trat ich die Flucht an. Gegen diese Phalanx schien mir kein Durchkommen. Wieder ein unerwarteter Ausweg: Die Dritte Welt war damals in aller Munde. Eines Tags wurde ich von einem aus Jugendzeiten Vertrauten, der sich ins Beratungs-Milieu begeben hatte gefragt: Er hätte da einen Auftrag für Indien, Ob ich nicht einen Soziologen wüsste, den man dafür gewinnen könne. Ich wusste keinen. Dann sollte ich doch mitmachen. Welche Verlockung! Ich hatte wenig Zeit, um mich für diese begrenzte Arbeit vorzubereiten. Sechs Wochen war ich mit zwei Vertretern anderer Disziplinen in Indien. Zu meinem Glück fand ich in Neu Delhi in mittlerer Position der Botschaft einen Deutschen, der schon Jahrzehnte in Indien gewesen war, bevor er an die Botschaft kam und einen ‚mehrjährigen' Deutschen mit seiner Familie, der für den DAAD tätig war. Er wenigstens konnte mich schnell an wichtige Informanten oder Informationsvermittler weiterreichen. Die indische Welt war natürlich um viele Grade fremder als damals die Arbeiterwelt. Ich bekam auch kleine Alltags-Tips. (Dass man zum Beispiel bettelnden Kindern nie nachgeben dürfe.) Doch es überwog wie für viele Besucher das Faszinierende. Und ich konnte nicht nur meiner Aufgabe mit viel Mühen ganz erfolgreich nachgehen, sondern auch einige touristische Abstecher machen.

Als ich zurück und wieder in der Karriere-Arbeit war, ließ es mich nicht los: „Hast Du eigentlich geträumt?" „War das wirklich so?" In dieser schieren Eindrucks-Welt konnte ich nicht bleiben. Ich musste einen Weg finden, noch einmal nach Indien zu kommen. Was lag nun näher, als sich wissenschaftlich vorzubereiten, ein Forschungsvorhaben zu entwerfen und dafür Mittel zu beantragen? Dagegen stand meine früher erworbene Einstellung: Ich wollte die Inder nicht zum Forschungsobjekt machen. Ich wollte teilnehmen. Aber wie? Ich horchte mich um, und der Zufall wollte es, dass ein partnerschaftliches deutsches Institut einen Verwalter ihrer Dependance in Indien suchte, eine Stelle, die mit einer Gastprofessur verbunden war. Die Aufgabe also: Junge deutsche Wissenschaftler, die in Indien Forschung betrieben, so gut es ging, zu betreuen, und an einer Universität ‚normale' soziologische Vorlesungen von geringem Ausmaß zu halten. Ich ergriff die Gelegenheit. Ich wohnte in einem Haus mit Sekretärin und Buchhalter (beide Inder), mit Dienstbote und Nachtwächter, fuhr ins College, wo ich nicht nur meine Stunden abhielt, sondern ausführlicher, wie es so üblich war, mit einigen Kollegen Tee trank. Zwischendurch hatte ich Gelegenheit, ein wenig – in ‚dienstlicher‘ Absicht – zu reisen, in die Hauptstadt, oder auch an Goethe-Institute in anderen Städten, später auch mal rein touristisch. Das Wesentliche aber war: Ich teilte ein gutes Stück des Lebens der akademischen Kollegen, (ohne allerdings Inder werden zu müssen wie in der Fabrik Arbeiter), ich freundete mich auch an und wurde in Familien eingeladen. (Lernte dabei den Unterschied von ‚Freund‘ im Deutschen und ‚friend‘ im indischen Verständnis.)

Das hätten andere Gastprofessoren auch erfahren können. Meine gründlichere Kenntnis der indischen Welt und Gesellschaft verdanke ich aber einem besonderen Umstand: Der nächststehende Kollege am Departement wurde mit der Zeit ein ‚echter‘ Freund. Lange Zeit fuhr ich von meinem Büro-Domizil mit einer alten BSA (und nicht mit einem unerschwinglichen deutschen Pkw, der mir auch zu viel Fremdheit eingetragen hätte) auf dem Weg zum College an seinem Haus vorbei und bekam einen Tee auf der Terrasse. Dabei kam es fast zu einem Ritual. Jeden Tag hatte ich etwas Neues gesehen, beobachtet, was mich nachdenklich gemacht hatte, z.B. ob die Studentinnen nicht sehr viel selbstbewusster seien als die Studenten. Und jedes Mal bekam ich eingehende Erläuterungen. Die kulturellen und geschichtlichen Hintergründe konnte er ausführlich benennen. Er, ein liberaler Muslim, kannte sich sehr wohl im Hinduismus aus, der einem in der christlichen Tradition Aufgewachsenen völlig fremd sein musste. Er konnte mich darüber aufklären, in welcher Unsicherheit ein Kollege sich befinden musste, der aus der dörflichen Tradition mit einer am Ort nicht üblichen Landessprache in die urbane Welt kam. Ich erfuhr, dass „Kaste" eigentlich „Farbe" heißt und aus der Besiedlungstradition her verständlich wird, und dass in der indischen Tradition neben der „Varna" (Kaste) als soziale Abgrenzung die „djati" nicht übersehen werden darf, von den Engländern als „Subkaste" gekennzeichnet, aber mit der Varna nichts zu tun hat, dass sie eigentlich „Berufskaste" genannt werden muss – und damit alteuropäischer Berufsvererbung nicht ganz unähnlich. Dass die „Bettler" nicht wie bei uns fast ausgestorben, einfach Berufslose sind, sondern dass ihr Beruf ist, zur Djati der Bettler zu gehören, die im indischen Dorf sogar Funktionen erfüllt.

Ich kann in Erinnerung an das, was ich vor 30 Jahren erlebte, nicht mehr ganz genau unterscheiden, ob ich all diese Auskünfte von ihm bekommen habe. Er aber ist die Schlüsselfigur, der zentrale Vermittler, um den herum sich andere Inder gruppieren, die mir bei Alltagsproblemen und hinsichtlich meiner Neugier Fremdem gegenüber Verständnis verschafft haben. Nur noch ein Beispiel. Ich hatte mit meiner Dienerschaft Kummer. Wozu waren sie eigentlich da? Warum wurden sie grimmig, wenn ich sie bei allzu deutlicher Untätigkeit ertappte? Es gab andere Deutsche am Ort, die auf diese Weise ständig neues Dienstpersonal engagieren mussten. Ich aber fragte: und die Sekretärin aus besten Kreisen der Stadt wusste Rat, indem sie mich auf ein Element des hierarchischen Systems hinwies. Ihre Großmutter habe das Dienstpersonal jeden Morgen zusammen gerufen, ihnen dann die anstehenden Aufgaben angewiesen und sie dann den Tag über in Ruhe gelassen. Sich die Arbeit einzuteilen, sei deren Sache. Und ein weiteres Nachfragen ergab: Das ist die Würde der Diener. Wer aus unserer Welt könnte das von sich aus verstehen?

Als ich nach der Rückkehr einen Inder einlud, den ich von früher kannte und ihm erzählte, was ich erlebt hatte, sagte er beim Abschied: *„Sie waren wirklich in Indien."* Kann man eine tiefere Bestätigung erfahren?

Es wiederholte sich also die Erfahrung der ersten Fremdheit, mit noch größerer Deutlichkeit: Keine gründliche Einsicht in Soziales ohne den *Fremden-als-Vermittler*. Ich könnte noch eine dritte Etappe anfügen, will sie nur kurz erwähnen. Bald nach meinem Indien-Aufenthalt zog ich in ein kleines Dorf. Ich wurde dort bald heimisch, nicht nur, weil Dorf mehr für mich bedeutete als schöne Natur und viel Ruhe, sondern weil ich im Dorf als Dorf leben wollte. Ich wäre aber fremder Städter geblieben, wenn es da nicht einen liebevoll aufmerksamen ganz ländlichen Nachbarn, Maurer und Hausschlachter gegeben hätte, der mir manchen, auch unerbetenen Rat gegeben hätte, und der mich gleichzeitig in die ,Sitten' einführte. Er sagte mir z.B.: Wenn eine Beerdigung ist, gehört es sich, dass aus jeder Familie mindestens einer dabei ist. Ich habe mich nicht immer daran gehalten, aber so oft ich konnte. Dann fängt man an, dazu zu gehören.

3. Zur Methodik soziologischer Empirie.

Im Blick auf das Gelingen zwischenmenschlicher Kommunikation haben zwei Worte angesehene Bedeutung: *Verstehen* und *Einfühlen*. Beide Termini sind vor Fehlgebrauch nicht geschützt. Man kann logische Operationen ebenso verstehen, wenn man eine Fremdsprache gelernt hat, die Worte verstehend übersetzen. In beiden Fällen handelt es sich um einen Nachvollzug, desjenigen der des Verstehens fähig ist. Darüber hinaus stellt das *Sinnverstehen* eine immer wieder zu prüfende Angelegenheit dar, die mit der Problematik der Hermeneutik nur angedeutet werden kann[117]. Wann aber kann man annehmen, dass Menschen sich (gegenseitig) verstehen? Sie finden, jeder für sich, eine angemessene Logik des Handelns des Anderen, derart, dass sie sich vorstellen können, sie würden ebenso handeln wie der andere – also ein konditionaler Nachvollzug. Nun wird aber auf dem Wege der Psychologisierung oft genug mehr gefordert: Man solle sich *einfühlen*. Ja, die Einfühlung wird als Voraussetzung zum Verstehen herangezogen. Dem, was mit Einfühlung intendiert wird, sind aber enge Grenzen gesetzt: die Grenzen der Gleichheit oder Ähn-

---

[117] s. Hans-Georg Gadamer, Wahrheit und Methode, 1960.

lichkeit. Wenn überhaupt Einfühlung möglich ist, dann unter gleichaltrigen Schülern – in Bezug auf das, worin sie gleich sind, unter Bandenmitgliedern, unter jungen Frauen – soweit es sich auf Männer bezieht, und so fort. Menschen verschiedenen Geschlechts werden sich schwerlich einander einfühlen können – soweit es die Verschiedenheit tangiert, ebenso wie Menschen verschiedener Subkulturen oder Kulturen. Hier wäre Einfühlen ein diplomatischer Vorgang oder eine schlichte Täuschung als Vorgabe, um eine Kommunikation fortzusetzen.

Miteinander zu leben, als Grundelement alles Gesellschaftlichen, enthält zwar Elemente des Verstehens oder des Einfühlens in das jeweils Individuelle. Aber, wenn Kommunikation nicht ohne Verstehen gelingt, dann heißt dies nicht, den Anderen als anderes Individuum zu verstehen, sondern zu erkennen, was mit dem, was er sagt gemeint ist oder gemeint sein könnte, um darauf zu erwidern. Seine Reaktion auf meine Antwort allein kann sicherstellen, dass ich das verstanden habe, was er gemeint hat, oder er wird mein Verständnis korrigieren. Das ist der Prozess des verstehenden Dialogs. Im Miteinander-Leben kommt es aber – und darauf zielt ein soziologisches Verständnis – auf den viel weiteren Bereich der Kommunikation an, das, was man herkömmlich *Umgang* nennt. Die Eigenart eines gesellschaftlichen Bereichs, hat man dann *verstanden,* wenn man, von der jeweiligen persönlichen Begrenztheit abgesehen, als Dazugehöriger angesehen werden kann, auch wenn die Dazugehörigkeit nicht essentiell sondern temporär ist. Von dem ‚Fremden, der bleibt‘[118] können die ‚Einheimischen‘ ruhig wissen, dass er aus der Fremde kommt, sie können es auch vorübergehend vergessen, denn es hat im Alltäglichen keine Bedeutung.

Meine These lautet also: Soziologische Einsicht in gesellschaftliche Verhältnisse ist nur insofern angemessen, als sie sich im Vollzug bewähren kann. Ebenso, wie Sprachkenntnisse dann hinreichend sind, wenn die Verständigung auch dann gelingt, wenn der Fremde durch seinen Akzent auffällt, steht es mit der soziologischen Kenntnis.

Daher lautet die methodische Frage: Wie kommt man zu einer solchen Kenntnis, zu den entsprechenden Einsichten? Dazu reicht auf keinen Fall die Beobachtung von außen, wie sie in formalisierter Weise in Interviews geschieht – auch wenn die Beobachtung als Voraussetzung angenommen werden kann. Dazu reicht weder touristisches Erleben – in dem oft genug Vorurteile reproduziert werden – noch Reportage, die selten ohne Bias geschieht. Dazu genügt auch nicht die individuell praktizierte Teilnahme, deren Beobachtungen der Teilnehmende für sich behält oder seinesgleichen weiter erzählt. In jeder Wissenschaft ist jeder ‚Gegenstand‘ der Erkenntnis ein Fremdes, das zu erkunden den nötigen Abstand voraussetzt. (Der Literaturwissenschaft stellt die Leidenschaft des Lesenden oft genug Fallen.)

---

[118] s. Georg Simmel, Soziologie, Gesamtausgabe Bd.11, S.764ff.

Wenn es nun in der Soziologie um unvermeidlich Fremdes geht, wie in den analysierten Fällen, dann ist ein zwischenmenschliches Nachvollziehen, ja ein Einfühlen eine unsichere Sache. Es muss zu dem Feld der Fremden, in das sich der Fremde begibt, einen authentischen Zugang geben. Und es kann keinen verlässlicheren Zugang als den durch einen Vermittler aus dem unbekannten Feld geben. Ob dieser Zugang gelingt, kann sich einerseits dadurch zeigen, dass eben ‚der Fremde, der bleibt‘ sich weitgehend so verhalten kann, dass dies sein Verhalten nicht mehr 'befremdet'. Und, für ihn selbst wird jede Nachricht die er erhält, wenn er wieder gegangen ist – aus der Fabrik, aus Indien – kein Befremden mehr auslösen. Dann kann er sagen: Er hat die Fremde verstanden.

VI. Neuere Ansätze

Das Ethnische und das Staatliche

Die Kontroversen über die Bedeutung des Nationalen können nur von Vorurteilen oder ideologischer Trübung befreit werden, wenn das Nationale zuerst als Ethnisches von seiner staatlichen Verfassung getrennt definiert wird. Ethnie ist als Kultur zu definieren, Staat dagegen als Zweck-Organisation. Aufgrund einer solchen Bestimmung wird die Hegemonie des Staates über Ethnien und die Gegenwehr der Ethnien plausibel. Möglichkeiten friedlicher Strategien können aufgezeigt werden.

1. Die Verdrängung des Ethnischen aus der soziologischen Diskussion in Deutschland

Zwischen dem Diskurs der Sozialwissenschaftler und dem der öffentlichen Meinungsbildung gab es immer wieder dadurch eine Vermittlung, dass die Wissenschaft allgemein übliche Begriffe übernahm – anstatt Kunstworte zu bilden -, diese spezifizierte, und diese dann mehr oder weniger präzise in die allgemeine Sprache aufgenommen wurden. So halfen die Termini 'Schicht' und 'Klasse' bei der Beschreibung und Analyse gesellschaftlicher Zustände und Missstände. Mit ihrer Hilfe konnte man erklären, warum es zu bestimmten Prozessen in der Gesellschaft kommt oder nicht kommt. In der jüngsten Zeit sind zwei verwandte Begriffe im öffentlichen Diskurs aufgetaucht und haben zu heftigen Kontroversen geführt, ohne dass eine entsprechende Übernahme durch die Sozialwissenschaftler stattgefunden hätte: 'Volk' und 'Nation'. Dabei handelt es sich nicht um eine zufällige mangelnde Übereinstimmung des Interesses, sondern um mehr. Es handelt sich um eine Weigerung.[119]

Diese Weigerung ist gerade in Deutschland verständlich: Das Verhältnis der Deutschen zur Nation ist weniger selbstverständlich als bei den benachbarten Völkern.[120] Unter dieser allgemeinen Voraussetzung gilt mit besonderem Nachdruck: Das Brandmal des deutschen totalitären und tödlichen Nationalismus ist unvergess-

---

[119] Soeben beginnt sich die Lage zu ändern: das 1994 im Herbst erschienene Buch 'Staat und Nation in der Europäischen Geschichte' bearbeitet die Fragen, von denen auch der vorliegende Aufsatz ausgeht, zwar auf die derzeitige Diskussion bezogen, aber frei von ideologischen Schemata. Kurz vor Drucklegung konnte ich in der Sache weitgehende Übereinstimmung feststellen.
[120] s. H. Plessner, Die verspätete Nation

lich. Jeder, der mit seinen Argumenten auch nur im leisesten Verdacht in die Nähe dieses Mals gerät, bekommt heftigste Abwehr zu spüren. Besser also, jeden Gedanken daran zu verbannen. Zu dieser Erklärung tritt noch eine zweite: Alle Vorstellungen von 'moderner Gesellschaft' laufen darauf hinaus, dass „Volk" oder „Nation" mit seinen affektiven Konnotationen der Sachlichkeit gesellschaftlicher Gebilde weichen muss. Bei Max Weber scheint das 'volkstümlich Ethnische nur von untergeordneter Bedeutung und bei W. I. Lenin funktioniert die kulturell bestimmte Nation als allmählich überflüssig werdendes Schmiermittel des internationalen Sozialismus.[121] In der neueren deutschsprachigen soziologischen Literatur lassen sich nur spärliche Ansätze finden, die bei weitem nicht ausreichen, ein Instrumentarium bereitzustellen, mit dessen Hilfe eine möglichst von Ideologien entzerrte Auseinandersetzung stattfinden kann. Im englischsprachigen Bereich ist die Lage nicht so eindeutig: Auf der Seite der allgemeinen Theorie erscheint 'Ethnisches' von begrenzter Bedeutung, ohne politischen Akzent. In der konkreten Fragestellung jedoch finden wir zurzeit die gründlichsten Studien zu diesem Thema im weiteren Sinn.[122]

Im öffentlichen Diskurs wird die Verzerrung dieser Begriffe noch lange anhalten. Eine vorrangige Aufgabe der Soziologie, der sie auf Dauer nicht entrinnen kann, ist eine Entzerrung. Sie wird am ehesten gelingen, wenn man die beladenen Termini 'Volk' und 'Nation' zurückstellt und sich der Bedeutung dessen zuwendet, was international als 'Ethnie' oder 'ethnisch' verstanden wird Es wird sich dabei herausstellen, dass sich Ethnie ohne biologische Ableitung und politisch-ideologische Überhöhung definieren lässt, und dass das Ethnische vom Staatlichen zunächst streng zu unterscheiden ist. Ethnie ist als 'Kultur' zu verstehen (Abschn. 2). Eine solche Bestimmung fordert dazu heraus, Kultur als Gesamtphänomen derart deutlich werden zu lassen, dass dabei die Lebenswelt eines größeren Kollektivs von Menschen als durchgängig gekennzeichnet wird. (Abschn. 3) Wenn das Wagnis, Ethnie als Kultur 'unpolitisch' zu begreifen, durchgehalten werden soll, dann muss gleichzeitig das Staatliche unter anderen Gesichtspunkten gesehen werden; und es ist zu beweisen, dass die neuzeitliche (aufgeklärte) Staatsauffassung wesentlich dazu beigetragen hat, das Ethnische in den zweiten Rang gesellschaftlicher Bedeutsamkeiten zurückzudrängen, es zu zerstören oder zu dominieren, und damit erst den nationalistischen Zündstoff zu produzieren. (Abschn. 4) Eine derartige Sicht enthält einerseits (Abschn. 5) theoretische Konsequenzen hinsichtlich des üblichen Gesellschaftsbegriffs, andererseits lassen sich soziologische Beiträge zur politischen Diskussion ableiten, wie sie in einigen Thesen (Abschn.6) vorgestellt werden. Auf diese

---

[121] M. Weber, Wirtschaft und Gesellschaft Bd.1, S.303ff.,W.I.Lenin, Zur nationalen Frage.

[122] s. Parsons einerseits und Smith, Geliner und Anderson andererseits. Das Beispiel des großartigen Werks von Anthony D. Smith, The ethnic origins of nations, 1986, zeigt am deutlichsten, wie dieses Thema frei von politisch-geschichtlichen Vorurteilen und ohne Polemik irgendwelcher Art behandelt werden kann.

Weise könnte es gelingen, die dramatischen Gefahrenpunkte sowohl vergangener als auch zu erwartender Prozesse näher zu bestimmen.

2. Ethnie als Kultur

2.1

Neuere Resultate zu diesem Themenkreis sind aufgrund der geschilderten Lage unbefriedigend. So enden Bernd Estels Ausführungen mit dem Hinweis

> „ W e i t d a v o n entfernt, als Zeichen politischer bzw. charakterlicher Unreife in der Moderne zu verschwinden, wird der Nationalismus seine teils zerstörerische, teils schöpferische Kraft behalten, solange es inner- und zwischengesellschaftliche Konstellationen gibt, die Menschen dazu motivieren, sich als Angehörige von nationalen Gemeinschaften mit eigenem Schicksal und eigenem Recht zu verstehen und untereinander Solidarität zu üben."[123]

Und Armin Nassehi weiß auch nicht mehr zu folgern, als „d a ß sich ethnische Konfliktlagen durch 'historischen Fortschritt' erledigen können. ist nach allen bisherigen Erfahrungen unwahrscheinlich... Es bleibt in jedem Fall die Hoffnung, Ethnizität als e i n Merkmal kultureller Selbstidentifikation unter anderen von ihren kompensatorischen und explosiven Gehalten zu befreien."[124] Wenn, beiden Autoren zufolge, ethnischem Aufbegehren 'Zerstörerisches' wie 'Explosives' eigen ist, so müsste – eben sine ira et Studio – herausgearbeitet werden, ob es Bedingungen gibt, unter denen das Schöpferische ins Zerstörerische umschlägt und in denen Authentisches in Kompensatorisches verwandelt wird.

Um dieses zu ermöglichen, ist zunächst der Focus der Aufmerksamkeit zu bestimmen, und zwar in einer Weise, die so wenig als möglich inhaltlichen Vorgriff enthält. Es handelt sich um Bewegungen sowohl hochdramatischer als auch weniger dramatischer Art, die als 'national' tituliert oder begründet werden; und zwar unabhängig davon, ob dieses Attribut letztlich gerechtfertigt ist Es empfiehlt sich, nicht nur die Auseinandersetzungen in Südosteuropa oder im Kaukasus in Blick zu nehmen, auch nicht von der rechtsextremistischen Szene sich bannen zu lassen. Denn wenn es um Nationalität geht, handelt es sich nicht nur um Brutalitäten. Den wilden Akten der Eta-Basken stehen die milden Aufbegehren einiger Schotten gegenüber, – mit gleitendem Übergang zur Regionalismusfrage etwa in Italien. Es ist zwar immer wieder instruktiv, den gesamten Komplex der Stichworte 'Nation, Nationalismus, Ethnie' im Blick auf die aktuellen politischen Probleme zusammenfassend zu betrachten,[125] aber dadurch wird die notwendige begriffliche Präzision nicht unbe-

---

[123] Grundaspekte der Nation, S.227
[124] Zum Funktionswandel..., S. 280
[125] wie Estel, dessen vorurteilsfreie Darstellung hervorzuheben ist.

dingt gefördert. Ebenso wenig scheint es geraten, unser Problem in ein großes historisch-soziologisches Prozessschema einzuordnen, wozu Modernisierungstheorie allzu leicht verführt.[126]

Ich schlage deshalb vor, sich zunächst auf ein allgemeines Phänomen zu konzentrieren und dieses analytisch zu bestimmen. Zu diesem Zweck sind die Termini 'Ethnie' bzw. 'ethnisch' besonders gut geeignet,[127] denn sie lassen sich ohne ideologische, affektbesetzte Attitude verwenden und bezeichnen das primäre Phänomen (aus dem sich erst das Nationale wie das Nationalistische herausbilden). Dabei ist von besonderer Wichtigkeit, wie es in der außereuropäischen Diskussion deutlich wird,[128] dass es sich um etwas handelt, das von den Problemen übergeordneter Staatlichkeit gesondert gilt. Indem ich zunächst alle politischen Aspekte ausklammere, wird es möglich, die sozialen Phänomene ohne Verzerrung zu fassen. Dabei teile ich die Weise, in der ein – zugestanden – außerordentlich kundiger Ethnologe wie Georg Elwert das Ethnische hinterfragt und relativiert, nicht.[129] Ich gehe mit Benedict Andersen[130] und vielen anderen davon aus, dass Ethnien ein universales anthropologisches Phänomen sind, das uns den Schlüssel auch zu modernen politischen Problemen liefert.

2.2

Mein erstes analytisches Postulat ist nun folgendes: *Et h n i e i s t n i c h t politisch, sondern als Kultur zu definieren.*[131] Erst wenn die Bedeutung des Ethnischen als eines Kulturellen frei von allem modernen Politischen begriffen wird, können die Prozesse der Politisierung des Ethnischen als Sonderfall erklärt werden. Während es aus

---

[126] s. dazu Nassehi und die bei ihm zitierten Autoren op.cit, sowie Hartmut Esser, Ethnische Differenzierung und moderne Gesellschaft, ZfS, 1988, S.235-248 und Reinhard Kreckel, Ethische Differenzierung und „moderne" Gesellschaft, ZfS,1989, S.162-167.

[127] s. Smith op.cit.

[128] Dies zeigt, gerade auch im Hinblick auf die Gegenwart z.B. der Aufsatz von Gisela Steiner-Khamsi, Postmoderne Ethnizität und nationale Identität kanadischer Prägung, Soziale Welt 1990, S.283-298

[129] s. Nationalismus und Ethnizität, KUSS 41, 1989, S.440-464. Wenn Eiwert auf das 'Fiktive' des Ethnischen abstellt, dann übersieht er, dass alles kulturelle Geschichtsbewusstsein 'fiktiv' ist. Ebenso vermisse ich den angemessenen kulturgeschichtlichen Hintergrund, wenn Kreckel, (op.cit., S.162) – mit Esser – die „Selbststilisierung" im Sinne von „(ethnischer) Bewusstwerdung und Gemeinschaftsbildung" für eine „typische Begleiterscheinung 'moderner' Verhältnisse hält. Ich behaupte, dass es keine Kultur ohne Selbststilisierung gibt, die für den wissenschaftlich geschulten Geist als fiktiv erscheinen muss. Dazu z. B. Jan Asmus, Das kulturelle Gedächtnis. Auch erscheint es mir verzerrend, wenn Esser (op.cit. S.238 bzw.247) von „sentimentalen Reaktionen" und „nostalgischen Moden" spricht. Dies mag zeitweilig zutreffen: aber die gesellschaftlichen und politischen Folgen sind etwas ernster.

[130] Imagined Communities

[131] Die kulturelle Bestimmung des Ethnischen wird in der' postmodernen Ethnizitäi (Steiner-Khamsi) ebenso deutlich wie in den verschiedenen Attributierungen bei Nassehi, – wenngleich dort das 'Kulturelle', das nur lose mit dem 'Sprachlichen' verbunden ist (op.cit. z.B.S.273), weitaus zu unscharf bleibt. Für Esser (op.cit. S.240) ist die Identität von Ethnischem und Kulturellem selbstverständlich, s. a. Clifford Geertz The Interpretation of Culture.

der Sicht der Politikwissenschaft und weitgehend auch der Soziologie selbstverständlich ist, unter Ethnie ein geschlossenes soziales Gebilde zu verstehen, das räumlich abgrenzbar ist und das über eine je eigene Struktur verfügt, begreift die Sozialanthropologie (Ethnologie) mindestens seit Malinowski die Ethnie sehr viel stärker unter deren qualitativen Aspekt. Die Ethnie ist durch ihre jeweilige Eigenart zu charakterisieren. Natürlich verstehen sich Ethnien genealogisch; aber es ist nicht notwendig, sie von der Genealogie her zu begreifen. (Auf diese Weise wird es möglich, alle genetische Bestimmung, die rassische Akzente nahe legen würde, zu vernachlässigen.) Ebenso braucht jede Ethnie ein eigenes Terrain. Aber das Terrain muss nicht als dauerhaftes Definiens der Ethnie angesehen werden, denn Ethnien können wandern, ohne ihre Identität aufzugeben. Gerade weil es um das Qualitative, das Spezifische einer Ethnie geht, kann Ethnie als Kultur definiert werden.

3. Die Eigenschaften von Kultur

3.1

Was unter Kultur zu verstehen ist, dafür bieten sich vielfältige, im Wesentlichen konvergierende Definitionen an. Ich wähle dazu die Definition eines Autors, der gerade dem Gegenaufklärerischen des Nationalen auf der Spur ist, Isaiah Berlin:

> „To belong to a give n Community, to be connected with its members by indissoluble an impalpable ties of common language, historical memory, traditional habit and feeling, is a basic human need no less natural than that for food or drink or security or procreation."[132]

Kultur wird weder von den edlen Kulturgütern noch von abstrakten Werten und Normen her begriffen, sondern als vitaler geistig-sinnlich-institutioneller sozialer Zusammenhang. Um dies in eine etwas abstraktere Formulierung zu bringen, die nichts von der gegebenen Bedeutung einbüßt, schlage ich folgende Definition vor: *„Kultur ist der rekursive Verweisungszusammenhang aller spezifischen Lebensäußerungen einer dadurch abgrenzbaren Population."* Ich verwende diese Definition, um den totalisierenden Zusammenhang zu kennzeichnen, sowie um auszuschließen, dass Kultur durch eine bestimmte Menge von Menschen in ihrer Abstammung bestimmt wird oder dass diese einzig auf Sprache oder Religion zu begründen wäre. Erst in der Anwendung einer solchen allgemeinen Begriffsbestimmung auf konkrete Fälle lässt sich

---

[132] s. Isaiah Berlin, Against the Current, 5.12, vgl. S.338. S.a. A.D. Smith, op.cit, S.13f. „collective cultural units and sentiments", zu deren näherer Bestimmung die Komplexe 'form','identity', 'myth', 'symbol' and 'eommunication' Codes" gehören. Die kulturelle Kontinuität einer Ethnie wird gebildet durch:"1. symbolic, cognitive and normative elements common to a unit of population; 2. practices and mores that bind them together over generations. 3. sentiments and attitudes that are held in common and which differentiate them from other populations „ ebd., S.96f."

klären, welche Elemente einer Kultur als die besonders hervorgehobenen, besser gesagt: 'kritischen' zu gelten haben.[133]

Eine solche Definition von Kultur entspricht in gewisser Hinsicht dem, was in der Tradition von Alfred Schütz (nach Husserl) als 'Lebenswelt' gilt. Gewiss kann man sich – die theoretische Perspektive akzeptierend – auch der Definition von Habermas anschließen: „Kultur nenne ich den Wissensvorrat, aus dem sich die Kommunikationsteilnehmer, indem sie sich über etwas in einer Welt verständigen, mit Interpretationen versorgen".[134] Aber beides sind eher wissenssoziologische Verständnisweisen; man kann auch sagen: sie sind zu kognitivistisch. Bei Isaiah Berlin ist das kognitive Moment durchaus vorhanden; es ist aber eingebettet in 'habit', 'tradition und – nicht zu übersehen -'feeling'.

Es handelt sich bei Kultur also um Lebensäußerungen. Und Lebensäußerungen sind immer sinnlich, oder um de prüde Verzerrung dieses Attributs zu umgehen: sinnenhaft. Kultur gibt es – als Grenzfall – im Verhältnis des Individuums zu sich selbst („der hat Kultur"), im Verhältnis von Partnern („die passen/passen nicht zueinander') in Familien in der Abgrenzung von Familien („spiel nicht mit den Schmuddelkindern"), als dörfliche oder städtische Lebensweise und schließlich als die Spezifizität eines größeren Kollektivs, das wir Ethnie nennen.[135] Die Weise dieser Lebensäußerungen kennzeichnet ein 'Innen' und 'Außen: Wenn sich Kulturen/Ethnien definieren, dann stets als Unterscheidung – nicht von einer neutralen Umwelt – sondern von anderen Kulturen/Ethnien.

Eine solche Definition macht etwaige biologische Begründungen überflüssig; nicht in dem Sinne, dass es nicht starke Verwandtschaftsverhältnisse geben könne – die gibt es nun einmal –, sondern in dem Sinne, dass die Einheit biologisch oder rassisch definiert wäre. Die – sich abgrenzende – Einheit ist geworden, in der Geschichte; ihr Zustandekommen kann ohne Schaden als 'kontingent' bezeichnet werden. Und wenn man früher davon sprach, dass diese Einheit 'gewachsen' oder 'organisch' sei, dann hatte das seine Berechtigung, solange daraus kein faschistoider Organizismus wurde. (Und das ist z.B. weder bei Spencer noch bei Durkheim der Fall, die solche Attributionen vornehmen.) Eine Kultur ist nie eine momentane, sondern eine andauernde, – derart, dass man annehmen kann, sie sei immer schon da gewesen, (worum sich dann auch Mythen ranken).

---

[133] Die Vielfalt der Merkmale wird ähnlich von Esser (op.cit., S.236f.) verstanden. Es muss vielleicht besonders vermerkt werden, dass in dieser Sicht 'Kultur' weder von 'Religion' noch von 'Wirtschaft', auch nicht von 'der Technik' zu trennen ist, - ein Nachhinken in der Moderne, die der Kultur ein Sondergebiet einräumt Im konkreten Fall ist alles, was in einer gesellschaftlichen Einheit, solange sie abgrenzbar ist, geschieht, auf eine durchgehende Weise eingefärbt: und das gibt den kulturellen Zusammenhalt.

[134] s. Jürgen Habermas, Theorie des Kommunikativen Handelns, Bd.ll, 5.209

[135] und entspricht damit mutatis mutandis der Definition und Analyse von 'Milieus' bei Gerhard Schulz, Der Erlebnisbegriff.

3.2

Kulturen sind aber nicht nur in diesem Sinne als vorhandene, abgrenzbare Einheiten festzustellen, – als soziale Gebilde -, sondern müssen in ihrer Bedeutung für die beteiligten Menschen ermessen werden. Denn anders könnte die Frage, warum sich das Milieu nicht beliebig ändere, nicht beantwortet werden. Denn – worauf Berlin zielt -: *Kultur ist eine anthropologische Notwendigkeit, – als Bedingung der Möglichkeit von Vertrauen.* Von der Biologie des Menschen bis zur geisteswissenschaftlichen Tiefenpsychologie wird das bestätigt, was wir alle wissen: Ohne Bindung und Vertrauensbildung ist jedes individuelle Lebewesen der Verkümmerung ausgesetzt und jede soziale Beziehung schon im Scheitern begriffen, bevor sie angefangen hat.[136] V e r t r a u e n ist b e g r ü n d e t e Erwartbarkeit der Verstärkung des Lebens, angesichts der Gefährdung des Lebens. welches in der biologischen Fundierung bereits angelegt ist. Erwartbarkeit weist aber auf Wiederkehr desselben hin; insofern ist sie auch Verlässlichkeit. Keine stabile Beziehung Zwischen Menschen ohne Verlässlichkeit.

Das Vertrauen beweist sich darin, dass essentiell in einer Kultur die Kommunikation unproblematisch ist. Damit soll auf folgendes hingewiesen werden: was objektiviert als gemeinsame Sprache oder Symbole oder Religion greifbar ist, vermittelt den Teilhabern einer Kultur, dass das, was getan und gesagt wird, den Charakter des Selbstverständlichen trägt. Die Zeichen verweisen auf Identisches und die weiteren Verweisungen erscheinen als gegeben. (Es geht also nicht nur um das Verhältnis von Sprache und Fremdsprache, sondern im Ausdehnungsbereich einer Sprache um deren Zeichen-Verweise). Darin ist gleichzeitig angelegt, was als fremd gilt.

Das Dazugehörige, von vielen Fortschrittlichen als 'traditionell' Denunzierte ist unersetzbar, und zwar in dem Maße, in dem Vertrauen unersetzbar ist, sofern positive Erwartbarkeit Überlebensbedingung darstellt. Nicht, dass sich daran nicht historisch vieles verändert habe. Kultur kann Neues aufnehmen oder auch Neues aufzunehmen gezwungen sein; sie wird, solange sie 'lebendig', d.h. lebensfähig ist, sich dieses Neue aneignen. Wenn sich in einer Kultur etwas verändert, dann niemals gegen die Tradition, sondern in deren Sinn. *Im Dienste des Bestandes ist Kultur wandlungsfähig.* Kulturen, die dessen nicht fähig sind, gehen unter. Das gilt für Ehen wie für Ethnien. Aneignen heißt: im eigenen Sinne Umgestalten. (Das lässt sich z.B. in der Ausbreitung von Religionen feststellen: indem sie in eine andere Kultur eindringen, verwandeln sie ihre Gestalt. Die aus dem Byzantinischen übernommene 'orthodoxe' christliche Religion wurde zur 'russisch-orthododoxen'. Wie unterschiedlich die Gestalt einer Religion sein kann, hat Clifford Geertz am Beispiel des ma-

---

[136] s. Niklas Luhmann, Vertrauen, der zwar von der psychologischen Alternative: Vertrauen/Angst ausgeht (S.1), der sich dann eher ego-zentrisch auf die cognitiven Strukturen des Vertrauensverhältnisses beschränkt. Betont werden muss die gesellschaftliche Vorleistung, welche die notwendige Reduktion von Komplexität bereits vorgenommen hat.

rokkanischen und indonesischen Islam vorbildlich gezeigt.[137] Tradition gehört zum Bestand jeder Kultur (auch einer, die sich für modern hält). Um auf keinen Fall missverstanden zu werden: Wenn man sich irgendwann auf Sitten und Bräuche früherer Zeiten besinnt, diese wieder aufzunehmen versucht, dann wird immer unter Berufung auf eine vergangene Tradition eine neue Tradition gestiftet; dies ist ein sekundärer Vorgang, der mit dem Vertrauen in das Gegebene nicht gleichzusetzen ist Ein solcher Vorgang setzt die Krise einer gegebenen Kultur voraus[138] oder inszeniert eine solche.

4. Ethnie und Staat

Mit der Gleichsetzung von Ethnie und Kultur ist die eine Seite aller ethnischen Unruhen gekennzeichnet: Es geht darum, das Eigene, das sich am vornehmlichsten, aber nicht ausschließlich an Sprach- und Religionsgrenzen kristallisiert, zu erhalten. Aber dieses Eigene zu erhalten, bliebe eine Selbstverständlichkeit, wenn nicht ein zweiter Faktor hinzukäme: der des Staatlichen.[139] Dies einzuführen bedarf aber eines doppelten Anwegs.

4.1
Wie bekannt, brauchen die herkömmlichen Ethnien keine Staatlichkeit. (Das hat z. B. Habermas wieder deutlich gemacht.[140] Warum? Solange in einer (ethnischen) Kultur soziale Mechanismen vorhanden sind, die bei angängigen Konflikten den Bestand – auf verschiedenartige Weise – gewährleisten, ist eine abgegrenzte Struktur nicht notwendig. Diese wird erst von Bedeutung, wenn Spannungen zwischen differenten Untereinheiten einer Kultur einer neutralisierten Instanz bedürfen.

Unter Staatlichkeit verstehe ich nicht „den Staat", sondern etwas Prinzipielles: eine spezielle Eigenschaft von Organisation, die ein großes soziales Gebilde in seinem Bestand sichert.[141]Solange ein herrschender Clan für Ruhe und Ordnung sorgt, gibt es noch keinen Staat. Dieser seinerseits setzt eine minimale Gleichstellung der Angehörigen voraus. Staat ist der abwehrende und vermittelnde Dritte. Solange sich Staatlichkeit innerhalb einer Kultur entwickelt, stellt sie kein Problem dar, insofern

---

[137] Religiöse Entwicklung im Islam.

[138] Wie es Esser (mit anderen) als Destabilisierung' charakterisiert (op.cit, S.240). Für die entsprechenden Zusammenhänge ist besonders wichtig, was AD.Smith über die'mythomoteur' schreibt (op.cit, S.58ff.), ebenso das Begriffspaar'entropy/entropy-resistant', das Ernest Gellner einführt (s. Nations and Nationalism, S.63ff.).

[139] Ich sehe nicht, dass der besondere Charakter des Staates in der derzeitigen Ethnien/Nationen-Diskussion hinreichend berücksichtigt wird. Bei Nassehi (op.cit.S.271) wird dies zwar erwähnt, aber mit zu wenig Kontur.

[140] op.cit S.253ff.

[141] 'Der Staat ist ein Verfahren und keine Substanz', so Helmuth Plessner, Grenzen der Gemeinschaft, S.115.

sie die Verlässlichkeit der Verweisung des Symbolischen garantiert: Unrecht, das alle als Unrecht ansehen, wird bestraft.[142]

4.2

Der zweite Anweg ist der problematischere: er betrifft die kulturelle Hegemonie. Man begreift meines Erachtens die neuzeitliche Vermischung von Ethnischem und Staatlichem am besten, wenn man an die vielen Beispiele von Eroberungs-Herrschaft in der Geschichte denkt, – ich meine an die sich ausdehnenden Reiche. Wenn eine Ethnie eine andere ʻerobertʼ, ohne sie zu vernichten, dann fügt sie die eroberte Ethnie in ihr Ordnungssystem ein. Das bedeutet nicht notwendig – und das war zu frühen Zeiten auch nicht möglich – die Kultur dieser Ethnie umzuwandeln. Als kulturelle Einheit mag sie bestehen, wenn sie sich nur eigener Politik enthält. (So etwa bei allen Tributvölkern.) Die Ordnungsgarantie der einen Kultur wird durch die einer anderen, herrschenden, überlagert[143] Auf diese Weise entsteht eine gemeinsame Ordnung, die aber nicht mehr beiden Kulturen integral ist. (Das Römische Recht wird bei den Germanen, Kelten u. a. eingeführt.) In – auf die lange Sicht – klugen Arrangements kann diese Überlagerung so gehandhabt werden, dass ein Maximum kultureller Eigenständigkeit erhalten bleibt: so z.b. im indischen Varna/Kasten-System. Andere Wege haben zur Folge, dass die angeblich gemeinsame Ordnung als herrschende Ordnung die überlagerte Kultur verdrängt oder unterdrückt – wie es Christian Giordano im Blick auf die mediterranen Gesellschaften eindrücklich demonstriert.[144]

4.3

Um eine angemessene Erklärung der Probleme zu finden, die uns nachhaltig beunruhigen, deren Ausdruck blutigste Nationalitätenkämpfe sind, muss der Blick auf einige gravierende Veränderungen von Herrschaft in der neueren Zeit gerichtet werden.[145] Aus der traditionellen Staatlichkeit musste erst die aufgeklärte, moderne Staatlichkeit hervorgehen, die eine besondere Hegemonie mit sich bringt. *Neuzeitliche Staatlichkeit ist in der Vernunft begründet,* anders: in ihr herrscht die Vernunft. Vernunft aber gilt prinzipiell, abgehoben von der sinnlichen Leiblichkeit des Menschen und von seiner nie völlig ergründbaren Emotionalität. Vernunft – mit anderen Wor-

---

[142] Die an dieser Stelle skizzierten Argumente bedürfen eines gründlichen Bezugs zu Staats- und Staatsrechtstheorien, der jedoch nur in einem umfangreichen Aufsatz hergestellt werden könnte.

[143] Wenn Esser (op.cit, S.241) das entsprechende Missverhältnis als eines der „Überschichtung" nennt und dafür das Modell von Zentrum und Peripherie verwendet, dann verkennt er m.E. die Vermischung von Staatlichem und Kulturellem im sog. Zentrum, bzw. er übersieht, dass dieˊ peripherenˊ Regionen ihr eigenes kulturelles Zentrum sind.

[144] s. die Betrogenen der Geschichte

[145] s. Hagen Schulze, Staat und Nation, besonders in den Abschnitten 5.64-107 und 209-317. Ich wüsste nicht wie dieser Prozess klarer und im Blick auf die gegenwärtigen Fragestellungen evidenter beschrieben werden könnte.

ten – braucht kein ihr vorgelagertes Vertrauen. Was nun könnte es besseres geben, als emotions- und traditionsbelastete Konflikte, Streitigkeiten, Händel mit den Mitteln dieser absoluten Vernunft zu regulieren? Dagegen kann es eigentlich keine Einwände geben. Gleichzeitig wird diese Vernunft von Anfang an als universal verstanden, – was sie eben zu dieser Funktion besonders qualifiziert. Unter Menschen kann es der modernen Auffassung nach nur eine einzige Vernunft geben, solange sie dies in ihrem ureigensten Interesse anerkennen. Die Abwehr des Destruierenden wird vom modernen Staat im Sinne dieser Vernunft proklamiert.

So weit, so gut: Aber wer vertritt denn diese Vernunft? Man kann dies aus den Anfängen der Proklamation des Ethnischen – bei Herder und seinen Geistesverwandten – ausfindig machen. Man muss zur Kenntnis nehmen, dass ʹdie Vernunftʹ nicht von der Vernunft vertreten wird, sondern von Vertretern einer bestimmten Kultur. Es gab deutsche Vertreter der Vernunft und französische.[146]Sollte man sich von den Franzosen etwas sagen lassen? Wie gleichgerichtet auch immer die Anstrengungen sind: kein Vertreter einer Kultur könnte diese derart überschreiten, dass seine Vernunftargumentationen nicht von dieser mitgeprägt wären.[147] Die vernunftbegründete Staatsauffassung der französischen Aufklärung deckt sich nicht mit einer vergleichbaren aus den deutschen Reihen. Am anderen Ende der historischen Entwicklung steht ein Gebilde wie die Soviet-Union: Hier gab es eine sozialistische Vernunft, die als Staatsgedanke viele verschiedenartige ethnische Gruppen beherrschte. Zwar ließ man diesen eine auf das im eingeschränkten Sinn Kultur genannte Eigenständigkeit: Trachten und Tänze ja, Religion nein. Und der symbolische Sitz dieses Staatlichen war Moskau, eine russische Zentrale, die Herrschaftssprache war nicht kirgisisch oder usbekisch, sondern russisch. Das bedeutet, ins Allgemeine übersetzt: Kulturell gefärbte Staatlichkeit bedeutet immer einen Angriff auf Fremdkulturelles, sofern es im Hoheitsgebiet des Staates liegt.

4.4
In allen Staaten, die durch solche kulturelle Hegemonie gekennzeichnet sind, gibt es Unterlegene: die bestenfalls zu Subkulturen degradierten kleineren Ethnien, die sich mehr oder weniger mit ihrem Schicksal abfinden. In Frankreich ließen die Provencalen und die Basken sich das nicht gefallen. Im Gegenteil: je mehr sich die französische Zentrale als Verwalterin der Vernunft ausgab, umso stärker die Renaissance des Provencalischen und des Baskischen.[148] In der Sovietunion lief es ver-

---

[146] s. l. Berlin, op.cit., S. 11
[147] So meint Isaiah Berlin sogar, Immanuel Kant zu den Vorläufern des Nationalismus rechnen zu können, s. op.cit S. 15
[148] Nassehi unterstreicht gewiss zu Recht die relative Gleichzeitigkeit moderner Nationalismen mit der allgemeinen Modernisierung ebenso wie Esser. Die Zusammenhänge, die hier konstruiert werden, bleiben aber nur plausibel, solange man sich der ʹFolieʹ der Modernisierungstheorie bedient Ich möchte an dieser Stelle die Problematik dieser ʹFolieʹ umgehen und mich auf Spezifisches beschränken. (Weiteres zur Modernisierungstheorie in diesem Zusammenhang s.u.S...)

gleichbar. Die für uns inzwischen makaber gewordene Vernunftherrschaft des Marxismus-Leninismus: eine russische Hegemonie. Die'Randvölker'waren diesem russischen M-L oder dessen russischen Abgesandten untergeordnet, wie auch immer sie in verschiedenen 'Stufen' als ethnisch bestimmte Teilrepubliken und Autonome Gebiete der Zentrale in Moskau unterstanden. Es lässt sich die These aufstellen: je stärker gerade mit den modernen Kommunikationsmitteln der 'aufgeklärte' Zentralismus in die untergeordneten Kulturen 'hineinregierte', umso deutlicher – unter jeweils gegebenen zusätzlichen Umständen – der latente oder offene Widerstand. *Überall dort, wo moderne Staatlichkeit etabliert wurde, war sie mit Ethnizität durchsetzt.* Und deswegen maßte sich die jeweils unterlegene Ethnizität, solange sie nicht völlig aufgesogen war, dagegen wehren. Das geschah erst im Verborgenen und dann, nach Maß der Möglichkeit, öffentlich.[149] Der Irrtum, der auf diese Weise produziert wurde, bestand in der Vorstellung und Realisierung, dass Staatlichkeit und Ethnizität untrennbar miteinander verwoben seien. Unterordnung verschiedener Kulturen unter eine kulturell determinierte Staatlichkeit konnte durch keine Autonomie der Kulturen abgelöst werden, solange zwischen Staatlichkeit und Ethnizität nicht getrennt wurde. Wenn man betrachtet, wie mühsam die Prozesse abgelaufen sind und noch ablaufen, in denen innerhalb gegebener Staaten ohne unterschiedlich Auffassung des Politischen ethnische Autonomie angestrebt wird, wird es einleuchten, dass auch die aufbegehrenden Ethnien nicht anders als mit der Forderung nach Staatlichkeit reagieren konnten. Hier erst beginnt das, was man Nationalismus nennt, und was mit genuiner Ethnizität gerade nichts zu tun hat.[150] Hervorhebung des Völkischen, Volkstümlichen ist mitnichten der Vorläufer des Nationalismus, – wie das z.B. Isaja Berlin nachzuweisen versucht -, sondern der Nationalismus ist die herrschaftliche Institution des Ethnischen im Staat. Es ist die Vermischung des Ethnischen und des Staatlichen. Ich kann nur am Rande erwähnen. dass die Ideologisierung des Ethnischen oder Nationalen immer bereits ein Krisenprodukt ist.[151] Sie kann auch beinhalten, dass eine gängige Ideologie zur Triebkraft für gänzlich andere Interessen genutzt wird.[152] Das Thema ist hier nicht Nationalismus oder

---

[149] Wenn I. Berlin von der Traumatisierung spricht (op.cit., S. 346f.:"infliction of a wound an the collective feeling of a society", 'wound of conquest', „cultural disparagmen1"), die nationales Ressentiment erzeugt hat, so ist er auf der richtigen Spur, die er selbst aber nicht weiterverfolgt Denn seine Unterscheidung von Aufklärung und Gegenaufklärung macht es ihm unmöglich, daran zu denken, dass Kultur durch Vernunft eine Kränkung erfahren könnte. An dieser Stelle könnte man gerade einleuchtend machen, dass es immer eine Fremdkultur war, die eine Kultur in Bedrängnis brachte, und nicht eine 'reine' Vernunft.

[150] I. Berlin hält gerade die Vermischung des Nationalen mit dem „etatisme" für eine wichtige Triebkraft des Nationalismus s.op.cit., S.345

[151] In dieser Frage gibt es deutliche Übereinstimmungen - bei verschiedenem wissenschaftlichen Ansatz - zwischen Gellner (op.cit., S. 63ff.), der sich der Termini'dissipativ und'entropy resistant bedient) und Schulze (op.cit, S. 165, 179, 277.)

[152] Insofern ist Elwert op.cit zuzustimmen. Vgl. auch das Zitat von Nassehi, oben S.1

Ethnizismus, sondern ich gehe der Frage nach, wie es dazu kommen kann, dass solche Ideologisierungen ungeahnte Wirkung haben.

4.5

Es gibt noch ein anderes Feld der modernen Vernünftigkeit, auf dessen Grund nationalistische Vorstellungen gedeihen konnten (ohne dass damit eine Ursache benannt wäre): das der modernen Ökonomie. Meines Erachtens hat Karl Polanyi überzeugend nachgewiesen,[153] dass die theoretischen Grundlagen moderner liberaler Ökonomie ein derart abstrahierendes System darstellen, dass in der politischen Realität wesentliche, ceteris paribus ausgeklammerte Faktoren den erwarteten positiven Erfolg gefährden können. Er hat auch ausgeführt, dass Kapitalismus, da wo er produktiv wurde, immer seine Prinzipien einschränken musste, sei es mehr durch politisch 'rechte' oder 'linke' Zugeständnisse. Polanyi stellt die These auf, dass in allen entwickelten Industriestaaten kulturelle Reaktionen stattfanden, die sich auch aus 'romantischem' Gedankengut speisten. Der Heimatbund und der Schützenverein sind aber nicht notwendigerweise Vorläufer des Faschismus: sondern Verstärkung gegen ökonomische Erosion des Kulturellen als Sozialen.[154] Der mit dem Nationalen in der Neuzeit verbundene Sprengstoff bildet sich also allmählich: die staatliche Vernunft wirkt als ethnische Hegemonie einerseits, sofern es die juridischen Institutionen betrifft, sie wirkt andererseits im Bündnis mit der Dynamik freigesetzten Kapitals.

4.6

Damit kehre ich noch einmal zu den Ausgangs Argumenten zurück. *Es ist zwischen zweierlei Dynamik zu unterscheiden: der des Kulturellen und der des Staatlichen.* Die Dynamik des *Kulturellen* besteht darin, dass ständig Prozesse im Gang sind, welche den Vertrauenszusammenhang des Ganzen gewährleisten – in Beharrung und Veränderung. Kultur ist ein Ensemble von Institutionen, die sich keiner Zweck-Mittel-Relation einordnen lassen. Deswegen kann es für sie auch keine entsprechende Begründung (im Sinne von Legitimation) geben.

Die Dynamik der *Staatlichkeit* aber bedeutet: es muss immer etwas geleistet werden. Ein Staat, der nicht zwischen den Parteien Recht schafft und gegen Unordnung intervenieren kann – was auch immer konkret darunter verstanden wird – verliert seine Legitimation. Gleichzeitig wird ihm aufgebürdet bzw. lässt er sich aufbürden, die Dynamik des Wohlstandes dynamisch zu steuern. Gelingt ihm das nicht, steht seine Legitimation in Frage. Der Staat, soll er Geltung behalten, muss immer etwas machen.

---

[153] s. Ökonomie und Gesellschaft, bsd. S. 63-128 sowie: The Great Transformation. Dies sieht auch Kreckei (op.cit., S. 165f.), obwohl er die Beziehung zu den kulturellen Reaktionen nicht erwähnt.
[154] s. Die Bedeutung der Vereinskultur bei Schulze, op.cit., S. 203ff

Es handelt sich dabei – abgesehen von der Bedeutung kultureller Eigenheiten einer Population – zwischen Kultur und Staat um eine Polarität, die nicht ohne gefährdende Folgen aufgehoben werden darf. Es könnte sein, dass der Staat seine neutrale Funktion verliert und die Kultur neutralisiert wird. Wem wäre damit geholfen?

5. Ethnie im Rahmen der soziologischen Theorie

Die Tatsache, wie schwer sich die Soziologie tut, solche Fragen angemessen anzugehen, lässt sich aus einem theoretischen Hintergrund verständlich machen. Der Versuch Nassehis, de ethnische Frage im Modernitäts-Paradigma unterzubringen, ist zwar durchaus interessant und könnte einer verengte Nutzung dieser Theorie entgegenwirken. Dieses aber zeigt, zumindest im Blick auf die hier behandelten Fragen, erhebliche Anwendungsschwächen:

5.1
Mit Selbstverständlichkeit wird von 'der Gesellschaft' gesprochen, – einer Totalität, von der angenommen wird, dass sie sich im Laufe der geschichtlichen Veränderung 'differenziere. In unserem Fall entsteht diesem Modell entsprechend die moderne 'ethnische Frage' aufgrund einer unvollkommen durchgeführten bzw. verstandenen Bildung von Teilsystemen. Nicht genügend berücksichtigt wird dabei, welches materiale Substrat denn als 'Gesellschaft' verstanden wird Ist es nicht so, dass, wenn heute im konkreteren Sinn von 'Gesellschaft' die Rede ist, damit bereits die nationalstaatlich verfasste Gesellschaft gemeint ist? (Die US-amerikanische Gesellschaft, die kanadische, die französische etc.) Damit soll auf folgendes gezielt geachtet werden: Jede Differenzierungstheorie, die konkrete Erkenntnis vermitteln soll, setzt bei einer vorhandenen abgrenzbaren Entität an. Diese ist z.B. bei Herbert Spencer selbstverständlich die Ethnie. Seine Differenzierungstheorie begreift auch die zeitgenössische Gesellschaft – als die englische – nach diesem Muster. Nicht anders Emile Durkheim, für den der derzeitige französische Nationalstaat die fundierende gesellschaftliche Einheit darstellt?[155]

Zu bestreiten ist nicht, dass sich ethnische Einheit ausdifferenziert hat; aber es ist fraglich, ob die modernen ethnischen Probleme – gerade in ihrer Fundierung im Kulturellen – in diesem Prozess entstanden sind. Und diese Frage scheint mit dem

---

[155] s. Erziehung, Moral, Gesellschaft (1902/1903), S.124ff. Wenn Kreckel (op.cit., 5.264) diese herrschende Fundamentalannahme aufgreift, um damit Esser zu kritisieren, greift er m.E. zu kurz Es handelt sich nicht nur darum, dass National-Staatlichkeit ein – modernisierungstheoretisch gesehen – veraltetes askriptives Attribut darstellt sondern darum, dass es immer nur eine abgeschlossene Einheit geben kann, die differenziert wird. Auch internationale Arbeitsteilung' kann es nur geben, solange es verbindliche Beziehungen gibt, in denen sich eine übergeordnete Einheit darstellt. Alles andere wäre Beutezug nach fremden Gütern.

Modernisierungsparadigma nicht beantwortbar. Die Herrschaftsfrage wird nicht gestellt. Und wenn die oben vorgelegte Skizze, der zufolge differente (Teil-)Kulturen unter einer Staatlichkeit vorzufinden sind, wenigstens in vielen Fällen zutrifft, dann greift die Vorstellung prozessualer Differenzierung nicht. Im Gegenteil müsste man von einer Entdifferenzierung sprechen: Erst gab es zwei oder mehrere organisatorisch getrennte Gebilde, genannt 'Volk' oder 'Stamm'. Durch Herrschaft wurde diese Differenz aufgehoben; aber eben nicht völlig, sondern durch ein neues Modell: das der Hegemonie. (Es ist bekannt, dass es sich hier weitgehend um kriegerische Unterwerfung, Blutvergießen und Tyrannei gehandelt hat – und noch handelt.) Wenn es zu einigermaßen homogenisierbaren Kulturgebilden gekommen ist, dann muss mit latenter Widerständigkeit gerechnet werden. Wenn aber eine solche Hegemonie brüchig geworden ist, bedarf es zusätzlicher theoretischer Annahmen, um den folgenden Prozess soziologisch zu beschreiben.[156] Jede Vorstellung, als gäbe es eine einigermaßen geschlossene Entwicklung, kann nur in die Irre und zum Unverständnis der aktuellen Probleme führen. Weil derartige Prozesse nicht berücksichtigt werden, kann auch zwischen einer Binnendifferenzierung – in unserer Fragestellung – des je eigenen Staates, der eigenen Staatlichkeit – und der Überlagerung nicht unterschieden werden. Wenn sich heute Staaten auflösen, auseinander fallen, weil die verbindende Überordnung versagt hat, dann lässt sich dies im Modernisierungsschema nicht einfach als eine neue Differenzierungsform begreifen, sondern wird als Rückfall bewertet. Dem entspricht dann auch im politischen Diskurs das Urteil über diese Bewegungen. Angemessen erscheint es, von einer Redifferenzierung – allerdings unter aktuellen Bedingungen – zu sprechen.

5.2

Mit dem Stichwort 'Differenzierung' ist aber ein zweites, für mich noch gravierenderes Problem angezeigt: Um den nicht mehr so ganz sicheren Terminus 'Fortschritt' zu vermeiden, schließt man sich gern dem naturwissenschaftlichen Denkstil an, der von Evolution spricht.[157] Das allgemeine Verständnis von Evolution hat zum Inhalt, dass ständig – und sei es auch in den astronomischen Zahlen von 1 tausend oder gar Millionen Jahren – Neues vorkommt. Dabei bleibt das Alte, nur einige Abzweigungen vergehen, aber niemals der evolutionäre Hintergrund: wir Spätlinge der Evolution könnten ohne Amöben nicht leben. Soziologische Theorie scheint

---

[156] Die Schwäche des heute gebrauchten Gesellschaftsbegriffs zeigt sich noch in einem anderen Phänomen, das nur erwähnt werden soll, der Segregation: Es kann etwa zur Abwanderung eines Teiles einer kulturellen Population kommen. In diesem Fall bleibt die Kultur erhalten, verdoppelt sich gewissermaßen, steht damit aber auch getrennten Veränderungen beider Gruppen offen. Segregation kann ferner bedeuten, dass sich eine (kulturell bestimmbare) Ethnie aus einer staatlichen Fremdherrschaft löst. Segregation einer besonderen Form führt dann zum Einwanderungsphänomen, das selbst wiederum die spannungsreiche multikulturelle Gesellschaft hervorbringt, was hier nicht weiter berücksichtigt werden kann.

[157] s. u. a Parsons 1966, S.110

mir aber von der Vorstellung dominiert zu sein, dass erstens Gesellschaft immer als eine Einheit zu sehen und zweitens ihr entweder das Attribut 'traditional', 'modern' und heute 'postmodern' zuzusprechen sei. Die Realität verweist auf anderes. Auf der einen Seite entdeckt die Menschheit immerzu Neues, und zwar manches Unvorhersagbare. Auf der anderen Seite sind die archaischen Formen des Menschenlebens nirgends verschwunden. Der Bestand der 'modernsten' Gesellschaft ist ohne archaische Formen des menschlichen Zusammenlebens schlechterdings nicht denkbar. Man denke an die Familie als Vertrauenskultur.[158] Es war ein vermutlich übertrieben fortschrittlicher Geist, welcher auf die Idee kam, man könne die Familie auflösen, wie es etwa in einigen Kibbuzim in Israel geschah oder in der Kommune Eins in Berlin. Auch die Zunahme der Singles, die als Wende in der Mikro-Kultur angesehen wird, löst die Familie nicht auf.[159] Kein Zweifel: es kann neue Formen geben, wie es ja auch im Vergleich verschiedener Kulturen verschiedenartigste Familienformen gibt. Von Versachlichung oder Ausdifferenzierung als Kennzeichen der Moderne kann in dem hier behandelten Problemfeld nicht die Rede sein. Wer Religion als eher archaische Lebensform ansieht, die der Moderne weichen müsse, wird schnell eines Besseren belehrt. Und auch die für uns negative Seite des Archaischen: die Gewalttätigkeit verschwindet nun leider nicht, indem sie einer universalen Vernünftigkeit den Platz überlässt. Sie ist in jeder Gesellschaft gegenwärtig, die sie nur mehr oder weniger gut in den Griff bekommt. Sie nimmt immer dann überhand, wenn eine Kultur in die Krise gerät. Aber das wäre ein neues Kapitel. Auf was ich mit diesen kurzen theoriebezogenen Ausführungen aufmerksam machen wollte: Grundlegende theoretische Konzepte und nicht nur zufällige Einengung des Blickfeldes stehen im Hintergrund unserer soziologischen Hilflosigkeit angesichts der genannten Probleme.

6. Folgerungen

Die vorgelegte Analyse und Interpretation ging von der Ansicht aus, eine etwas distanziertere Betrachtung der anstehenden Phänomene sei unumgänglich; sie war von dem Interesse geleitet, eine politische Stellungnahme soziologisch zu begründen. Im Sinne politischer Pazifizierung sollen die folgenden Thesen gelten:

6.1
Absolute Respektierung ethnisch bedingter Grenzen. Als Negativ-Beispiel können afrikanische Verhältnisse gelten, in denen die neuen Staatsgrenzen, als Kolonialgrenzen entstanden, quer durch fest gefügte Ethnien gezogen worden sind bzw. Ethnien mit

---

[158] so z.B. Hondrich, Wovon wir nichts wissen wollten.
[159] Die von Ulrich Beck besonders in die Diskussion geworfene „Individualisierungs"-These kann als Beleg gelten: Sicher gibt es als relatives Novum gehäufte Individualisierung. Aber die Gesellschaft kann niemals darin aufgehen.

einer spannungsreichen Geschichte staatlich zu vereinigen. Das hat bei einem Versagen der staatlichen Überordnung und der entsprechenden Entdifferenzierung grausame Folgen, von denen wir tagtäglich informiert werden. Das 'Selbstbestimmungsrecht der Völker' bedarf einer neuen Interpretation. E s sollte auf jeden Fall enthalten, dass keine kulturell/ethnische Einheit sich einer Fremdbestimmung fügen muss.

6.2
Entmischung des Ethnischen und des Staatlichen. Eine als autonom konzipierte Ethnie braucht nicht unbedingt eine eigene ökonomisch-technische Infrastruktur; es war immer unproblematisch, wenn dieses in einem größeren Verbund organisiert ist. Dagegen wird die Verbindlichkeit aller Rechts-Normen in einem multi-ethnischen Staat immer eine prekäre Angelegenheit bleiben. Es wird keine friedlichen Verhältnisse geben, solange die herrschenden Rechtsnormen eindeutig ethnisch geprägt sind und damit die Herrschaft einer Ethnie im Staat verankern und solange den unterlegenen Ethnien damit ihre Normativität untergraben wird.

6.3
E r g ä n z u n g d e r / l i n g u a F r a n c a. Eine gemeinsame Verkehrssprache im Staate ist erforderlich. Die Geschichte hat aber gezeigt, wie sehr dieses Kommunikationsmedium zur Entmachtung ethnischer Besonderheiten genutzt worden ist. Nur wenn Zweisprachigkeit eine selbstverständliche Angelegenheit wird, ist der Verdacht ethnischer Hegemonie ausgeräumt. Mehrsprachigkeit ist kulturell möglich.

6.4
Dazu noch eine Anmerkung: Ethnien-blinde Demokratisierung hat sich als politischer Misserfolg überall dort gezeigt, wo die Heterogenität der Bevölkerung nicht berücksichtigt wurde, kulturelle Differenzen auf demokratischem Wege majorisiert wurden. Demokratie erscheint nur dort möglich, wo politische d. h. für alle geltende Argumentation nicht durch Blockbildende' kulturelle Differenzen überlagert werden.

7. Schlussbemerkung

Solchen als ideal anzusehenden Postulaten steht die erschreckende Wirklichkeit in den verschiedenen Bürgerkriegen zwischen ethnischen und ethnisch bestimmten rivalisierenden Gruppierungen entgegen. Der soziale Zustand in den Gebieten, in denen die härtesten Kämpfe stattfinden, ist fast unlösbar. Afghanistan steht immer noch im Krieg rivalisierender Gruppen: Das bereits multi-ethnische Gebiet findet aus sich heraus keine Konfliktbeilegung. Georgien findet keine Möglichkeit, das Kulturelle und das Staatliche im Blick auf Abchasien zu differenzieren. Hier können nur tief verwurzelte kulturell-staatliche Hegemonien geschwelt haben, – ebenso wie in der Sonderstellung der Bosnier und anderer so genannter Minderheiten im ehemals jugoslawischen Territorium. Auch das kurdische Problem erscheint fast unlösbar, weil einerseits das Gebiet durch drei Staatengrenzen verläuft, – und selbst eine Anerkennungsstrategie, wenn sie kommen sollte, seitens der Türken das dahinter liegende Problem nicht löst. Andererseits gibt es keine geschlossene politische Repräsentanz der Kurden.

Ungeachtet vieler praktisch unlösbar erscheinender Probleme wäre es nicht berechtigt, diese meine Ausführungen als Ausdruck Ethnien-bezogener Romantik oder als neo-konservativ zu verstehen.

Es geht – erstens nicht darum, dass es besser sei, in überschaubaren, kulturell geschlossenen Einheiten zu leben und in der modernen Zivilisation den Untergang von Kultur zu sehen.

Es geht – zweitens keinesfalls darum, politisierte Ethnien oder Teil-Ethnien moralisch zu unterstützen.

Es geht – drittens nicht darum, dass alles, was es gibt, erhalten werden müsse.

Es geht um eine strikt neutrale Einschätzung der Faktoren gesellschaftlichen Lebens, die im politischen Denken der neueren Zeit nicht genügend berücksichtigt wurden.

Literatur

Anderson, Benedict, Imam inked Communities, Verso Ed., London 1983
Asmus, Jan, Das kulturelle Gedächtnis, Beck, München, 1992
Berlin, Isaiah, Against the Current, The Hogarth Press, London, 1982
Durkheim, Emile, Erziehung, Moral, Gesellschaft,(1902/1903) Suhrkamp, Frankfurt/Main, 1984
Elwert, Georg, Nationalismus und Ethnizität, KZfSS 41/3,1989, S. 440-464
Estel, Bernd, Grundaspekte der Nation, Soziale Welt,1991, 5.208-231
Esser, Hartmut, Ethnische Differenzierung und moderne Gesellschaft, Zf517/4,1988, 5.235-248
Geerts, Clifford, Religiöse Entwicklung im Islam, Suhrkamp, Frankfurt, 1988
Gellner, Ernest, Nations and Nationalism, Basil Blackwell, Oxford, 1983
Gioriano, Christian, Die Betrogenen der Geschichte, Überlagerungsmentalität und Überlagerungsnationalität in mediterranen Gesellschaften, Campus, Frankfurt/New York, 1992
Habermas, Jürgen, Theorie des Kommunikativen Handelns, Suhrkamp, Frankfurt/M., 1981
Hondrich, Karl Otto, Wovon wir nichts wissen wollten, Die Zeit, Nr.40, 25.9.1992
Kreckel, Reinhard, Ethische Differenzierung und „moderne Gesellschaft, ZfS 18/2,1989, 5.162-1671
Lenin, Vladimir 1., Zur nationalen Frage, Dietz, Berlin,1955
Luhmann, Niklas, Vertrauen, Enke, Stuttgart, 1968

Nassehi, Zum Funktionswandel von Ethnizität im Prozeß gesellschaftlicher Modernisierung, Soziale Welt, 1990, 5.261-282

Parsons, Talcott, Societies. Evolutionary and comparative perspectives, Prentice Hall, Englewood Cliffs, N.J., 1966

- Social Systems and the evolution of action theory, The Free Press, New York, 1977

Plessner, Helmuth, Grenzen der Gemeinschaft, in: Ges.Schriften, Suhrkamp, Frankfurt/Main, 1981, Bd.V

Polanyi, Karl, Ökonomie und Gesellschaft, Suhrkamp, Frankfurt/Main, 1979

– The Great Transformation, Suhrkamp, Frankfurt/Main, 1977

Schulz, Gerhard, Der Erlebnisbegriff, Campus, Frankfurt, 1992

Schulze, Hagen, Staat und Nation in der Europäischen Geschichte, C.H.Beck, München 1994

Smith, Anthony D., The ethnic origins of nations, Blackwell, Oxford/New York, 1986

Steiner-Khamsi, Gisela, Postmoderne Ethnizität und nationale Identität kanadischer Prägung, Soziale Welt 1990, 5.283-298

Gesellschaftliche Strömungen

Abschiedsvorlesung
23. Juni 1995

Verehrte Kolleginnen und Kollegen, Kommilitoninnen und Kommilitonen, liebe Freunde,

sollte ich, am Ende meiner offiziellen Tätigkeit als Lehrender und Forschender – 33 Jahre an dieser Universität, mit einer Unterbrechung von 2 Jahren –, noch einmal Rückblick halten und einige wichtige Ergebnisse aus meiner Arbeit in dieser Zeit zusammenfassen? Das sähe nach Abschluss aus, dabei handelt es sich doch nur um einen Abschied. Zu einem Abschluss soll es – nach meinen Absichten – nicht kommen. Ich habe noch einige Arbeiten im Sinn. In dem letzten Jahrzehnt ist mir mehr und mehr deutlich geworden, wie wir Soziologen so manches von unserer Gesellschaft nicht wissen. Unsere Wissenschaft hat sich in den letzten Jahrzehnten enorm ausgebreitet und es sind viele Einsichten konkreterer Art hinzugekommen; es sind auch neue und veränderte Theorien uns zur Annahme empfohlen worden. Aber nicht nur gibt es manche Bereiche des Gesellschaftlichen, die unserer Einsicht bislang entzogen sind. Was wissen wir zum Beispiel über ehrenamtliche Tätigkeiten in einer Gesellschaft von Arbeitenden und Arbeitslosen, sind doch ehrenamtliche Tätigkeiten ein nicht zu übersehender Bestandteil unserer Kultur. Was noch mehr zum Nachdenken anregen muss: Wenn es um die Gesellschaft als Ganze, um das Umfassende geht, wird manche Unkenntnis durch globale Entwürfe überdeckt. Wir reden selbstverständlich von einer 'modernen' Gesellschaft, können aber nicht genau angeben, wie modern sie denn ist. Wir sind uns bewusst, in einer 'demokratischen' Gesellschaft zu leben: Aber was denn an dieser Gesellschaft demokratisch ist oder gar sein kann, darüber sind wir uns nicht völlig im Klaren. In den letzten Jahren erregten einige Schlagworte aus der Feder von Soziologen Aufsehen: Die 'Risikogesellschaft' von Ulrich Beck, die 'Erlebnisgesellschaft' von Gerhard Schulze, um nur diejenigen zu nennen, die fast populär geworden sind. Niemand wird daran zweifeln, dass das Risiko zunehmend an Bedeutung gewonnen hat; aber wir wissen nicht, welche Menschen und wie viele in anderen Bezügen leben als denen des Risikos. Dass Erlebnis-Milieus das Leben in unserer Gesellschaft prägen ist – in der Ablösung des Schichten-Modells – sicherlich bemerkenswert. Aber wenn der Wohlstand, von dem Schulze ausgeht, nicht anhält wie weit fällt dann auch die Erlebnisorientierung in sich zusammen? Es ist nicht zu bestreiten, dass in diesen und ähnlichen Entwürfen Teil-Einsichten enthalten sind. Aber sie treffen nicht das Ganze, über das man etwas aussagen möchte.

Wir wissen Vieles nicht. Das bezieht sich einerseits auf die gesellschaftlichen Zustände, andererseits auf Teilprozesse, die man beobachten und empirisch erforschen kann. Nun kann Gesellschaft eigentlich nicht als Zustand verstanden werden, sondern Gesellschaft ist immer in Bewegung, im Wandel. Was mir im Augenblick wichtig erscheint, ist nicht, weitere unbekannte Zustände zu erforschen, sondern mehr den *Bewegungen* nachzugehen. Es wird in dieser Stunde um Bewegung und Dynamik gehen und ich hoffe, dass dasjenige, was ich unter dem Titel 'gesellschaftliche Strömungen' angekündigt habe, Ihnen einige Einsichten, die es auszubauen und weiter zu verfolgen gälte, vermitteln kann. Ich werde zuerst kurz einiges aus dem Sprachgebrauch der Soziologie anführen, um auf die Schwierigkeiten hinzuweisen, die uns dabei im Wege stehen. Ich werde zweitens eine theoretische Begründung dafür versuchen, wie es zu gesellschaftlicher Dynamik kommt – und dazu den Terminus der Strömungen einführen und *drittens* demonstrieren, welche gesellschaftlichen Tatbestände und Zusammenhänge man mit dieser Metapher deutlicher bewusst machen kann.

1. Als Erstes: Gesellschaftliche Veränderung scheint etwas zu sein, das man mit aller Selbstverständlichkeit voraussetzt. Demnach sind Systeme ständig im Wandel, abhängig von externen Größen, die jeweilige Neudefinition von System und Umwelt, Umbau von Strukturen verlangen. Verfolgt man dies weiter und sieht man – in der Weise von Niklas Luhmann – Gesellschaft als ein Übersystem von vielen Systemen an, so heißt dies: Die jeweiligen Umwelten verändern sich, also ändern sich auch die Systeme. Warum aber verändern sich die Umweltbedingungen? Man nimmt Evolution als nicht-hinterfragte Voraussetzung an. Unter dieser Voraussetzung ist die Dynamik im Sinne der Eigendynamik immanent geworden, man kann sie dann Modernisierung oder auch Fortschritt nennen: Sie ist dann auch gegen Widerstände unvermeidlich.

Es wird also nicht bezweifelt, dass es im gesellschaftlichen Leben Dynamik gibt, aber man benennt sie nicht näher. Derartige Dynamik wird dann zur übermenschlichen Größe, wenn man von der Dynamik des Kapitalismus oder der Dynamik des technischen Fortschritts spricht. Ich sehe nun nicht ein, warum man, wenn man alte Götter, metaphysische Kräfte, dispensiert hat, neue an deren Stelle setzt. Warum man immer wieder von Eigendynamik spricht und die Menschen, die deren Agenten sind, draußen lässt. Ich bin insofern ein wenig altmodisch, als ich davon ausgehe, dass es eine Dynamik des Kapitalismus nur gibt, sofern es Menschen in diesem Kapitalismus gibt, wie Arbeitgeber und Arbeitnehmer, Produzenten, Händler und Bankiers, dass es Dynamik der Technik nur gibt, sofern es dynamische Techniker gibt. Das heißt aber, dass eine der alten Fragen der Soziologie, inwiefern gesellschaftliche Gebilde ein eigenes Sein jenseits der beteiligten Menschen haben, noch weit davon entfernt ist, gelöst zu sein. Ich kann sie auch nicht lösen. Aber ich schlage einen theoretischen Schritt vor, mit dem man der Beantwortung dieser Frage näher kommen könnte.

2. Wie kommt es zu gesellschaftlicher Dynamik?

Theorie, die Dynamik als selbstverständlich annimmt, nimmt auf heutige neuzeitliche Gesellschaft Bezug und hat unser Verständnis von Geschichte als einem permanenten Wandlungsprozess im Hintergrund. Nun gibt und gab es Gesellschaften, in denen sich – über lange Zeit hinweg – kein oder nur unbedeutender Wandel vollzieht oder vollzogen hat. Diesen Unterschied hat man mit dem Unterschied 'traditional'/ 'modern' gekennzeichnet, etwas gröber hat man dann auch von 'statischen' und 'dynamischen' Gesellschaften gesprochen. Ich gehe davon aus, dass letztere Bezeichnung irreführend ist, dass es 'statische' Gesellschaften im strengeren Sinn nicht geben kann. Und ich meine, wenn man sich so genannte statische Gesellschaften genauer ansieht, gewinnt man am ehesten einen Schlüssel zur modernen Dynamik.

Der Unterschied zwischen beiden Typen ist dennoch nicht zu leugnen: Der eine Typus, in dem von Generation zu Generation entscheidende Veränderung des Lebens der Beteiligten stattfinden – wie etwa die unsere – und der andere Typ, von den Ethnologen reichlich erforscht, in denen sich über viele Generationen nichts am Leben der Beteiligten, an ihren Sitten und Riten verändert. Wie sieht es, meine erste Frage in dieser Hinsicht, mit der Dynamik der statischen Gesellschaft aus?

Gesellschaft von Menschen bedeutet, dass immer etwas in Bewegung ist. Es sind die Menschen, die in Bewegung sind. Aber sie bewegen sich in der Weise, dass immer wieder das Gleiche dabei herauskommt, dass dasjenige, was vorgegeben ist, derartige Bestätigung findet, dass man von unveränderter Dauer sprechen kann. Claude Levi-Strauß hat in seiner berühmten Studie 'Das primitive Denken' deutlich gemacht, wie sehr es Menschen in dieser Gesellschaft gelingt, auch Unbekanntes, Ungeahntes, Neues als Bekanntes, Altes zu interpretieren und damit die Gültigkeit des Bestehenden zu bewahren. Wenn man derartige Vorgänge aus dem Blickwinkel menschlicher Dynamik verstehen will, scheint mir folgende Vorstellung gerechtfertigt: Im so genannten statischen, traditionellen Typ werden die Bewegungen der Menschen, ihre individuelle und inter-individuelle Dynamik regelmäßig von den Verhältnissen aufgesogen, in denen sie leben. Im Sinne der Systemtheorie könnte man von einem rekursiven System sprechen, im Sinne der Kybernetik von einem ausgewogenen Feedback-System. Die Energien, die entstehen, werden verbraucht, dabei entstehen neue Energien, die wiederum verbraucht werden. Von solchen Modellvorstellungen abgesehen: es werden Regeln des Handelns befolgt oder auch nicht befolgt; die im gesellschaftlichen Regelwerk vorgesehenen Folgen sorgen dafür, dass die Gesellschaft, in der die Menschen leben und sich bewegen, erhalten bleibt. Die so genannte statische Gesellschaft ist voll von Dynamik – nur von einer solchen, die den Charakter des Ganzen nicht verändert.

Wenn ich die menschliche Dynamik voraussetzte, gleichzeitig feststellte, dass diese in eine relative Statik umgeformt werden kann, so muss ich anfügen, dass es unzulässig ist, dies als einen quasi automatischen Vorgang in dem Sinne zu interpretieren, dass es den Kulturen gelänge, ihre Individuen vollständig zu sozialisieren. Ich setze dagegen mit dem Sozialphilosophen Cornelius Castoriadis voraus, dass das menschliche Individuum sich niemals total sozialisieren lässt, was zur Folge hat, dass in den Individuen immer mehr und andere Dynamik am Werk ist, als einer Gesellschaft nützt. Die Erhaltung einer Gesellschaft als einer geschlossenen Kultur gelingt nur, wenn die individuelle und die daraus sich ergebene interindividuelle Dynamik immer wieder eingefangen, umgelenkt wird – bis zu den Prozessen, in denen zumindest versucht wird, die individuelle Dynamik ins Unbewusste zu verbannen: das, was wir gesellschaftliche Tabus nennen. (Und mir ist keine Information über eine Gesellschaft bekannt, in der es keine Tabus gäbe.)

Aus diesen ersten Annahmen kann gefolgert werden, dass es Veränderungen in einer Gesellschaft erst dann geben kann, wenn oder insofern der rekursive Zusammenhang seine Geschlossenheit verliert. Mit anderen Worten: Erst wenn das nicht gelingt, was ein konsequentes Systemdenken der Gesellschaft unterstellt: sich als System angesichts störender Dynamik identisch zu erhalten, kann aus der je latent vorhandenen individuellen und interindividuellen Dynamik gesellschaftliche Dynamik werden. Eine Kultur, in der die Heiratsregeln verändert werden, die Methoden der Nahrungsgewinnung oder der Kriegführung umgestellt werden, kann nach einer solchen Umstellung nicht mehr als dieselbe Kultur angesehen werden. Wenn es drastisch wird, sehen wir das wohl ein: Eine durch Mission und politische Gewalt veränderte traditionelle Kultur ist nicht mehr dieselbe wie vorher. Wenn dies im Großen einleuchtet, muss Entsprechendes auch in den kleinen Schritten der Veränderung gelten. Mein Vorschlag ist nun, es so zu sehen: Es entstehen Öffnungen im geschlossenen Zusammenhang; in diesen Öffnungen wird Neuerung praktiziert. Oder, wie ich jetzt sagen möchte: Menschen bilden Strömungen. Wie aber wird dies praktiziert?

An dieser Stelle halte ich es für angemessen, von Strömungen zu sprechen, das heißt eine gebräuchliche Metapher in einem präzisierten Sinn zu gebrauchen. Zum Zweck der theoretischen Klärung beziehe ich mich auf den in Vergessenheit geratenen Soziologen Gabriel Tarde: ,la lois d' imitation' von 1890. Gesellschaft, so Tarde, ist Imitation. Entweder es wird immer dasselbe imitiert, oder aber, gerade bei Veränderungen von Gesellschaft, wird Neues imitiert. Ja, erst über die Imitation lässt sich gesellschaftlich Neues begreifbar machen: Eine Schwalbe macht noch keinen Sommer. Und hunderte von Patenten, die im Patentamt aufbewahrt sind, bedeuten gesellschaftlich wenig: Sie zu nutzen heißt nichts anderes, als einen Neuerungsvorschlag in die gesellschaftliche Wirklichkeit einzuführen: durch Imitation.

Sein Zeitgenosse und Gegner, Emile Durkheim, der der erste Klassiker in der Soziologie wurde, hat dagegen behauptet, aus zufälligen Imitationen könne keine stabile Gesellschaft hervorgehen. Emilie Durkheim war, wie bekannt, an nichts anderem interessiert als an der stabilen Gesellschaft, an den Mitteln und Möglichkeiten einer Gesellschaft, Stabilität zugunsten der Mitglieder herzustellen. Zufällige Neuerungen aus denen sich dann unter Umständen veränderte gesellschaftliche Strukturen ergeben: das konnte seine Sache nicht sein.

Wir alle aber wissen, dass es solche imitatorischen Strömungen gibt, zum Wohl oder Wehe einer Gesellschaft. Und solche Strömungen sind prinzipiell nicht strukturell erfassbar. Wenn eine politische Strömung ihre Spitzenvertreter, ihre Avantgarde gefunden hat, wenn sie dabei ist, sich als politische Bewegung durchzusetzen, dann sind wir als Soziologen geneigt – nach bewährtem Modell –, die Strukturen dieser Bewegung zu ermitteln. Aber damit sind wir nicht bei der Strömung selbst. Denn einerseits bedarf jede Strömung einer Öffnung, durch welche menschliche, d.h. individuelle Dynamik gesellschaftliche Bedeutung erlangt, andererseits bedeutet das Vorhandensein einer Öffnung nicht notwendig, dass eine Strömung entsteht. Während es – unter gegebenen Voraussetzung – als erwartbar angenommen werden kann, dass Strukturen iterieren, sich wiederholen, dass, wenn keine umwälzenden Ereignisse eintreten, im nächsten Semester hier wiederum Vorlesungen und Seminare stattfinden, lässt sich nur mit hoher Wahrscheinlichkeit vorhersagen. Ob die neu eintretenden Studierenden das Regelwerk des Studiums ebenso befolgen wie ihre Vorgänger? Wir nehmen es an. Aber es könnten sich minimale Einstellungs- und Verhaltensänderungen ereignen, die wir erst dann bemerken, wenn sie sich drastisch äußern. Dies ist die Seite der menschlichen Dynamik. Andererseits halte ich es von der Institution her für gegeben, dass sie immer noch ziemlich viele Löcher in ihren Strukturen hat. Es könnte Vieles – unter gleich bleibenden Bedingungen – anders gemacht werden. Aber es mangelt an Dynamik – die uns allen bekannte Resignation, die besagt: Es lässt sich doch nichts machen.

An dieser Stelle, angesichts der Frage, welche Öffnungen denn genützt werden, derart, dass Strömungen entstehen, bietet sich eine herkömmliche Antwort an: Es gäbe Interessen und Bedürfnisse der Menschen; diese Interessen und Bedürfnisse kämen nicht zur Geltung, solange die Wände einer Gesellschaft geschlossen sind. In dem Augenblick, in dem Öffnungen auch nur als möglich angesehen werden, würden die Menschen ihre Interessen durch aufeinander abgestimmte Handlungen Mehrerer aktiv artikulieren: Wir hätten es dann mit sozialen oder auch politischen Bewegungen zu tun. Diese handlungstheoretische Antwort ist unzureichend, wenn nicht irreführend: Denn es wird angenommen, dass die Interessen und Bedürfnisse – latent oder offen – prinzipiell vorhanden wären. Es wird dabei nichts darüber ausgesagt, auf welche Weise diese Interessen und Bedürfnisse sich praktisch artikulieren. Auch hier können wir dem Ansatz Tardes folgen, wenn auch in einer radikalisierten Form, wie sie René Girard zum Ausdruck gebracht hat: Interessen und

Bedürfnisse in ihrer jeweiligen konkreten Gestaltung sind selbst ein Produkt der Nachahmung. Entspricht es einem Bedürfnis der Menschen, einen Fernseher zu haben? Irgendwann wird ein Fernsehgerät erfunden; das besagt noch lange nicht, dass die Menschen ein solches Gerät haben und benutzen wollen. Auch heute noch gibt es Menschen, die dieses Gerät nicht mögen und nicht nutzen. Muss man Kiwis essen? Man muss es nicht. Aber man hat vielleicht Appetit darauf bekommen. Dies sind freilich einfache Beispiele. Sie sollen nur auf eines verweisen: Der Vorgang, bei dem gewisse Weisen des Konsums zu Strömungen werden, ist nicht *eindeutig* ableitbar.

Halten wir daran fest, dass es die fundamental mögliche Dynamik individueller, aber sozial bezogener menschlicher Wesen ist, welche, je nach Möglichkeit, Öffnungen in einem sozialkulturellen Zusammenhang nutzt, der sich nicht fest abschließen kann. Dann entstehen auf diese Weise Bewegungen im Gesellschaftlichen, die nur mit Mühe fassbar sind. Erst wenn sie eine deutliche Gestalt gewonnen, sich gewissermaßen formiert haben, lässt sich näheres über die erwartbare kollektive Dynamik aussagen. Wir wissen aber, dass es bereits jene anfänglich kaum sichtbare Dynamik ist, der wir geschichtliche Veränderungen verdanken.

Ich gehe aber noch einen Schritt weiter. Vorausgesetzt, in einer Gesellschaft leben viele Individuen, und jedes Individuum verfügt über eine eigene Dynamik, dann müssten die vorgelegten Argumente in die Richtung führen, dass in einer Gesellschaft möglicherweise nicht nur eine Strömung entsteht, welche Veränderungen herbeiführt, sondern dass mehrere Strömungen entstehen, je nachdem, an wie vielen Stellen sich Öffnungen ergeben. Der eine erfindet ein neues Gerät, der andere eine Modifikation bestehender Gesänge, der Dritte verändert seine Kleidung, oder ein neuartiger Wahrsager tritt auf. Ein derartiges Auftreten wird dort greifbar, wo Möglichkeiten des Handels entstehen: Der fremde Händler bietet in Auslagen oder Schaufenstern etwas an, das man bisher nicht kannte, was aber die Neugier lockt. Oder bei politischer Überlagerung: Ein Volk wird besiegt; die neuen Herrscher führen Neues ein. Auch dies vollzieht sich ja nicht automatisch. Es werden in der Bevölkerung Bewegungen in Gang gesetzt, denen gegenüber auch Widerstand gezeigt wird. Vor 50 Jahren waren nicht alle meine Mitmenschen davon überzeugt, dass die parlamentarische Demokratie, eingeführt durch Engländer, Amerikaner und Franzosen, eine wirkliche Besserung darstellte.

Die Entstehung einer solchen Bresche und deren Nutzung bedeutet nun allemal nicht Fortschritt im Sinne einer eindeutigen Besserung; sie bedeutet Veränderung, sonst nichts. Eine solche Veränderung kann, wie die jüngste Geschichte reichlich gezeigt hat, auch zum Schlimmsten führen. Wir können zunächst nur feststellen, dass es Strömungen gibt, und zwar im Feld einer ganzen Gesellschaft nicht nur eine, sondern mehrere. Je geringer die rekursive Kohärenz ist, desto vielfältiger die Strömungen.

3. Nachdem ich das Strömungsmodell eingeführt habe, will ich im folgenden einige damit gebotene Möglichkeiten anführen, die zum Verständnis gesellschaftlicher Zusammenhänge hilfreich sein können, und zwar beschränkt auf einige Punkte. Zu mehr ist in dieser Vorlesung nicht Zeit. Was wir über eine 'moderne' Gesellschaft aussagen können, ist eher formal in dem Sinne, dass es mit Sicherheit eine unübersehbare Zahl verschiedener Strömungen gibt, als dass wir inhaltlich wüssten, welcher Art diese Strömungen sind. Wir können zwar annehmen, dass es – oft eher untergründig und unbewusst – Zusammenhalte des Ganzen gibt. Aber der Charakter einer Gesellschaft wird meines Erachtens eher davon bestimmt, welche Strömungen sich in dieser Gesellschaft bewegen und wie diese Strömungen nun wiederum aufeinander einwirken.

Es entspricht üblichen Formulierungen, (1) von *dominanten* Strömungen zu sprechen. Und Einiges scheint uns in dieser Hinsicht selbstverständlich. Die existierenden politischen Parteien sind gewiss dominant in dem, was sie in Bewegung bringen und halten. Daneben gibt es vermutlich unerkannt viele kleine Gruppen, in denen Meinungen gebildet und in Umlauf gebracht werden. Wird die Mächtigkeit der Dominanten abnehmen und die Ohnmacht der Kleinen sich in Macht verwandeln? Wie unbedeutend erschien den Zeitgenossen anfangs die Nationalsozialistische Arbeiterpartei.

Wenn es eine große dominante Strömung gibt, die sich empirisch leicht festmachen lässt, so ist dennoch zu erwarten dass es *(2) verborgene, untergründige* Strömungen gibt, zu denen wir empirisch schwer Zugang haben. Es hat mich oft beunruhigt, dass wir im Blick auf die Sowjet-Union und auf die DDR Vieles offiziell Gültige wussten, aber sehr wenig Ahnung davon hatten, was sich untergründig abspielte. Gewiss, es gab Dissidenten, die verfolgt wurden, wenn sie nur bedeutend genug erschienen. Aber wie dachte die zum Schweigen verurteilte Mehrheit? Es waren immer landeskundige Besucher, die dann und wann etwas über die ‚Stimmung im Volk‘ erzählten, ohne dass wir die Breitenbedeutung solcher Beobachtungen einschätzen konnten. Bis dann, unter bekannten Bedingungen, das Verborgene ins Offene trat: und damit (3) zu einer bekannten *Gegenströmung* wurde. Ich meine, dass wir immer, wenn uns dominante Strömungen bekannt sind, die Existenz solcher untergründiger Strömungen annehmen sollten, bis diese Annahme empirisch widerlegt ist, anstatt es bei den dominanten Strömungen bewenden zu lassen.

4. Wie bereits erwähnt, gibt es in unserer Gesellschaft – als einer modernen Gesellschaft – sehr viele verschiedenartige Strömungen, kleinere und größere. Wie bedeutsam sind diese Strömungen? Können wir, sobald wir sie bemerken, präzise Vorstellungen davon entwickeln, ob es sich um kurzfristige oder langfristige Erscheinungen handelt? Das Kurzfristige nennen wir Mode, aber wenn wir von der rein ästhetischen Kleidermode absehen, die sich gewiss bald ändern wird, so weiß man bei dem Neuen nicht, ob es nun als Mode bald wieder vergehen wird oder nicht. Stellt

im Bereich unserer Wissenschaften der Strukturalismus eine neue Epoche mit nachhaltiger Wirkung dar, oder ist er eher einer Mode ähnlich, die bald ersetzt wird? Wenn man sich im Nachhinein die mächtigen Strömungen der Geistes- und Kulturgeschichte ansieht, dann ist man vor zu schneller Einschätzung gewarnt. Die Verschiedenartigkeit der Strömungen bezieht sich nicht nur auf deren Dauer, sondern

5. auf die verschiedenen Strömungsgeschwindigkeiten. Es ist nicht so, dass die einen stehen bleiben und die anderen sich bewegen. Diese Vorstellung wird von denjenigen geprägt, die meinen, sie seien schon einen Schritt weiter. Eine solche Vorstellung führt dann schnell zu der nächsten, dass es Rückschritt in der Geschichte gäbe. Den aber kann es wegen der Linearität geschichtlicher Zeit nicht geben. Es gibt nur *träge* und *schnelle* Strömungen. *Träge* Strömungen sind solche, in denen möglichst viel erhalten bleiben soll. Sie sind aber nicht träge in dem Sinn, dass man sich bequem auf dem Vorhandenen ausruht (obwohl das gelegentlich vorkommt); vielmehr sind auch sie voll von Energie – derartig, dass diese aufgewendet wird, um das Vorhandene zu erhalten, ja nicht zu verändern. Wenn Vieles in unserer Gesellschaft verlässlich funktioniert, dann – meine ich – nicht im system-mechanischen Sinn, sondern weil viele Menschen es für wichtig halten und die Arbeit übernommen haben, ihre Energie dafür einzusetzen, dass die Dinge funktionieren: vom Briefträger und der Müllabfuhr über die Ehrenämter bis in die höchste Verwaltungsebene. *Schnelle* Strömungen sind diejenigen, in denen alle mögliche Energie eingesetzt wird, um Veränderungen herbeizuführen. Ich meine, dass eine umfassende Gesellschaft beide Arten von Strömungen braucht.

6. *Strömungen wirken aufeinander ein:* die 'rechte' auf die 'linke' und umgekehrt, 'atheistische' auf 'religiöse', 'großindustrielle' auf 'handwerkliche', 'individualistische' auf 'kollektivistische' – stets auch umgekehrt. Man brauchte dies weniger zu bedenken, solange die Vorstellung weit verbreitet war, als gehöre die eine in die Vergangenheit und der anderen sei die Zukunft sicher. Es gilt eben, sie *nebeneinander zu* sehen. Und dabei ist nicht einfach auszumachen, welche Strömung die Aktion, welche die Reaktion darstellt. Wenn dies so ist, dann wäre von einer umfassenderen gesellschaftlichen Analyse zu erwarten, dass sie sich nicht auf die dominanten Ströme, vielleicht sogar nur einen (wie bei Schulz und Beck) allein konzentrieren, sondern der fundamentalen These von Georg Simmel folgte, dass es sich bei Soziologie immer um *Wechselwirkungen* handelt. Das heißt aber für die gesellschaftliche Praxis, dass der Versuch, eine einzelne Strömung zu beeinflussen, nicht hinreichen kann, wenn diese eine Strömung unter anderen Strömungen ist.

Da ich anfangs vorausgesetzt habe, dass die gesellschaftliche Dynamik nur im Zusammenhang mit menschlicher Dynamik zu sehen ist, welche feste Strukturen löst, aufbricht, oder aber Öffnungen in den Strukturen, die irgendwie entstanden sind, nutzt, sollte ich an dieser Stelle die Tatsache der gegenseitigen Beeinflussung verschiedener Strömungen wenigstens an einer Stelle auf die betreffenden und betroffenen Menschen anwenden: Stellen wir uns die staatliche Administration als eine relativ behäbige Strömung vor, das Wirtschaftsleben dagegen sprudelnd vor Bewegung: dann haben es diejenigen Menschen nicht leicht, die einerseits Administratoren sind, andererseits Geschäfte auf dem Markt zu tätigen haben. Eine der kleineren Praktiken, die die Dynamik des Wirtschaftslebens kennzeichnen, sind beiläufige Gaben, um ein Geschäft zu fördern. Gerät der Administrator nun in den Strudel des wirtschaftlichen Handelns, dann ist die Administrationsschablone leicht dahin: denn er darf weder bestechen noch sich bestechen lassen. Wir sind gewohnt, in einem solchen Fall von einem Rollenkonflikt zu sprechen. Das erscheint mir aber nicht nah genug an dem, was sich hier sozial abspielt. Ich kann mir die individuelle Dynamik besser verdeutlichen, wenn ich mir vorstelle, dass dort, wo Strömungen sich vermischen, Strudel und Sog entstehen. Und dass die Betreffenden eben in solchen Strudel und Sog geraten, so dass erst einmal eine emotionale Verunsicherung eintritt, in der sich das Bewusstsein mit der Frage ‚Was darf ich, was darf ich nicht?‘ meldet und dass daraus dann die Konfliktwahrnehmung entsteht. Oft wird der Konflikt erst von anderer Seite ins Bewusstsein gebracht (wie man aus juristischen Prozessen weiß.)

Dies ist nur ein Beispiel für so manche Beeinflussungen, denen sich Menschen zwischen den Strömungen aussetzen. Kann es doch sogar vorkommen, dass eine kleinere Strömung unversehens in den Sog einer größeren kommt und unerwünschte Veränderungen erfährt. Und damit komme ich

7. zu der letzten Beobachtung hinsichtlich gesellschaftlicher Strömungen, die ich mir für diese Stunde vorgenommen habe: Das ist das Verhältnis gesellschaftlicher Strömungen zur Politik, und zwar hinsichtlich der Frage, ob und wieweit Strömungen machbar sind. Dabei ist davon auszugehen, dass Strömungen irgendwann beginnen, längst bevor sie als solche einige Deutlichkeit erlangen. Wie bei einem Bach, dessen unterirdische Quelle unerkannt bleibt. Gewiss ist, dass sie in den *Vorstellungen von Menschen* ihren Ausgang nehmen und nicht aus Systemen oder Strukturen ableitbar sind. Zwischen vorhandener gesellschaftlicher Eingebundenheit und neuem gesellschaftlichem Engagement besteht immer eine Lücke. Sie wird von denjenigen Menschen ausgefüllt, in deren Köpfen dann neue Vorstellungen entstehen. Das heißt, das, was wir das Gesellschaftliche nennen, hat seine Begründung im Außergesellschaftlichen: Ein Mensch verlässt seine Gemeinschaft, geht in die Einsamkeit und kehrt als Prophet zurück. Das ist unvorhersehbar und unableitbar.

Wenn man unter Politik alles zählt, was die Regelung öffentlicher Angelegenheiten angeht, dann gilt – analog zum Verhältnis des Gesellschaftlichen zum Außergesellschaftlichen –, dass alle politischen Strömungen zu Anfang ‘unpolitisch’ sind. Sie mögen zwar auf Politisches gerichtet sein. Aber die Tatsache ihrer Existenz ist zunächst unpolitisch im Sinne des öffentlich Bedeutsamen. Strömungen entstehen, wie ich behauptet habe, irgendwann und irgendwo, auf jeden Fall im Unöffentlichen, im Verborgenen. Treten solche Strömungen an die Öffentlichkeit, dann bedeutet dies: die Dynamik erhält eine erkennbare Formung. Eine Strömung, die sich auf diese Weise Platz unter anderen Strömungen verschafft hat, kann von politischen Kräften genutzt, oder aber von politisch Anspruchsvollen gebraucht und darum auch gefördert werden. Die Anfangsenergien einer Strömung bleiben im Unerkannten, die Verstärkungsenergien lassen sich dann, zumindest im Nachhinein, dingfest machen. Ob ein exzentrischer Politiker wie Ghadafi vorhandene terroristische Bewegungen unterstützt oder ob mächtige Industrielle die junge Nazi-Bewegung förderten: Beide waren nicht die Urheber, sondern die Nutzer einer Strömung. Ich halte diese Unterscheidung für wichtig: denn sie könnte uns darüber belehren, dass Politiker als Politiker im Amt keine Strömungen produzieren, machen können. Ein dynamischer Staatsmann wird schlechterdings nicht in der Lage sein, eine resigniert müde Bevölkerung in Bewegung zu bringen. Es gibt hinreichend Beispiele aus der Dritten Welt, wie sehr sich fortschrittliche Politiker Mühe gemacht haben, in so genanntes Nation-Building zu investieren. Ich weiß nicht, wer auf die Idee gekommen ist, man könne Nation von oben her 'machen'. Ein noch gravierenderes Beispiel sind die von oben verordneten Kampagnen zur Geburtenkontrolle. Während sich in unserer Zivilisation der Rückgang der Geburtenzahlen gewissermaßen unter der Hand ergab, meint man, einen solchen Vorgang gezielt einleiten zu können. Sehr viel aufopfernde Mühe und sehr viel Geld wurden mit geringem Erfolg eingesetzt. Warum? Weil die Adressaten dieser Bemühungen in einer anderen Welt lebten, der stationären, in der man so lebt und sich verhält, wie man es immer getan hat. Ich denke, dass auch andere übernationale Bemühungen viel Energie verbrauchen, um etwas in Gang zu bringen, was so nicht in Gang gebracht werden kann. Mir scheint es unausweichlich daran festzuhalten – und nur die drohende Resignation kann verhindern, entsprechende Folgerungen zu ziehen –, dass das Entstehen gesellschaftlicher Bewegungen von irgendeiner übergreifenden Bedeutung nicht in dem Sinne machbar ist, wie man sich das aus Sicht der Politik oder politischer Aktionen vorstellt. Fähige, erfolgreiche Politiker sind diejenigen, die es verstehen, Strömungen zu erkennen und zu nutzen. Und dabei kann es sehr wohl, wie wir wissen, geschehen, dass die Bewegungsmotive einer Strömung missbraucht werden. Von der anderen Seite her gesehen: Die Initiatoren wichtiger gesellschaftlicher Bewegungen mögen von der Wichtigkeit überzeugt gewesen sein oder nicht einmal daran gedacht haben: ob daraus eine Bewegung wird; und ob daraus eine Bewegung von langer Dauer wird, ist nicht vorhersehbar.

Moderne Strategen scheinen dieses oft genug übersehen zu haben. Man startet 'Modellprojekte'. Das heißt man startet nicht nur etwas, was man für nützlich hält, sondern etwas, das eine Kette von Folgen auslösen soll. Man will also Strömungen in Gang setzen. Kenner der Entwicklungshilfe wissen – gerade aus der früheren

Zeit – von so manchen Modellprojekten, aus denen dann Entwicklungsruinen wurden. Auch in unserem Lande werden unzählige Modellprojekte in der Bildung, Ausbildung, Arbeitslosenbeschäftigung gestartet, ohne dass dadurch eine Bewegung, ein Strom von Aktivitäten ausgelöst wird. Es sieht so aus, als ob die Strudel der Strömungen unserer Zeit auch in Köpfen Verwirrung auslösen, Verwirrungen derart, dass man meint Bedeutsames im Großen, im Umfassenden in Angriff nehmen zu können. Es gibt meines Erachtens nichts Historisches und auch nichts soziologisch Begründbares, was eine solche Vorstellung bestätigen würde.

Mir scheint, wir hätten eine Sisyphos Arbeit vor uns, wollten wir versuchen, alle vorhandenen Strömungen zu identifizieren und in ihrer Dynamik auszumessen. Aber die zufälligen Beispiele, die ich eben genannt habe, können zumindest darauf hinweisen, dass bei einer auch nur groben Einschätzung gesellschaftlicher Dynamik den kleinsten beobachtbaren Strömungen Aufmerksamkeit geschenkt werden sollte. Wenn man erst einmal auf den Geschmack gekommen ist, Strömungen in der Gesellschaft nachzuspüren, dann wird man doch mindestens so weit kommen, dass man die Kräfte, die einem Individuum oder einem Kollektiv zur Verfügung stehen, besser nutzen kann. Kleine Bäche sind besser als dicke Mauern, hinter denen sich große Wüsten ausbreiten.

Nun eine kurze Zusammenfassung: Ich habe ein durchaus übliches Wort, das man in geschichtlichen und gesellschaftlichen Zusammenhängen braucht, in seiner metaphorischen Bedeutung ernst genommen, weil ich meine, dass man auf diese Weise einige gesellschaftliche Zusammenhänge deutlicher erkennen kann. Ich habe es durchaus im Blick auf die wichtigsten soziologischen Begriffe getan. Mir erschien es sinnvoll, bestimmte Phänomene nicht mit den Termini ‚Tendenz‘, ‚Trend‘ oder auch ‚Prozess‘ zu charakterisieren, eher von ‚Strömungen im Strom‘ zu sprechen als von ‚Prozessen im Prozess‘, denn wenn wir schon ohne Analogien nicht auskommen, dann sollte man eine Analogie wählen, die so sinnfällig wie möglich ist. Und das scheint mir für meine Wahl zu sprechen. Für mich ist die Vorstellung von ‚Prozess‘ immer eindeutiger, als gesellschaftliches Geschehen je sein kann. ‚Strömung‘ und ‚Prozess‘ weisen in der Vorstellung nicht auf dasselbe hin. Noch eines erscheint mir damit wichtig: Die Soziologie hat sich mit deutlich auftretenden Strömungen von Anfang an schwer getan. Als man begann, sich mit Massenbewegungen zu beschäftigen, entstand die Massenpsychologie, von der sich die frühe Soziologie abgesetzt hat. Soweit sich – wenn ich richtig sehe – Soziologen mit ‚Bewegungen‘ im Sinne von Massen beschäftigt haben, konnten sie, ihren Theorien folgend, nicht anders als Bewegungen dann zu analysieren, wenn sie bereits eine deutliche Struktur aufwiesen. Das aber, meine ich greift zu kurz. Und so müsste man vielleicht erneut die traditionelle Massenpsychologie aufgreifen, um die Vorstellung von Strömungen noch auszuformen.

Nach dieser kleinen theoretischen Rechtfertigung möchte ich zu den Konsequenzen kommen, die eine Berücksichtigung der mit dem Wort 'Strom' erzeugten Bilder vom Gesellschaftlichen haben kann, eigentlich haben muss:

1) Wenn die Vorstellung des 'Fortschrittes' in einem qualitativen Sinn fragwürdig geworden sind – und daran besteht meines Erachtens kein Zweifel –, dann ist damit noch lange nicht die Geschichte zu Ende. Das Ende einer teleologischen Geschichtsauffassung, wie sie das Abendland in verschiedenen Varianten, vom Jüngsten Tag bis zum Ewigen Frieden gezeigt hat, bedeutet weder Beliebigkeit noch Stillstand. Es wird, solange Menschen lebendig und mobil sind, immer Veränderung geben. Strömungen existieren immer, auf jeden Fall lassen sie sich nicht anhalten.

2) Gesellschaftliches Handeln bedeutet immer, mit dem Strom zu schwimmen oder mit einer neuen Strömung den Strom in seinem Verlauf zu beeinflussen.

3) Als Wichtigstes: Wenn Gesellschaft als Gemisch von Strömungen immer im Fluss ist, dann scheint mir unser Bemühen, umfassende Einsicht zu gewinnen nur begrenzt möglich zu sein. Das Bild von der Unübersichtlichkeit, was Jürgen Habermas geprüft hat impliziert eher eine Landschaft, die man überblicken möchte. Gesellschaft aber, die nicht Landschaft ist, die man vermessen kann, sondern ein Strom, der immer in Bewegung ist, kann in diesem Sinne nicht völlig überschaut oder aber perfekt vermessen werden. Was wir erkennen sind im Grunde einerseits kleine Details, deren Bewegungen sich vielleicht innerhalb weniger Jahre abspielen und so beschreiben lassen, andererseits große Flussrichtungen in der Form von Tendenzen. Viele wichtige und noch zu machende Untersuchungen in beider Hinsicht – der Details und der Tendenzen – könnten an Aussagekraft gewinnen, wenn das Modell der Strömungen in die Überlegungen einbezogen wird.

Es gibt gewiss eine Vorhersehbarkeit der Strömungen; sie enthält aber, der Natur der Sache nach, immer auch einen Anteil von Unvorhersagbarkeit. Sollte dies die Forschung *entmutigen?* Im Gegenteil: es *ermutigt,* und zwar zu *zweierlei: Einmal,* den großen Überblicken gegenüber misstrauisch zu sein und zu bleiben, sich von Übersichtlichkeit versprechenden Bildern nicht täuschen zu lassen. Zum *anderen:* es ermutigt, immer weiter zu forschen, weil es noch sehr viel zu entdecken gibt. Bis man die Erkenntnisse der Soziologie in einem Lehrbuch zusammen fassen kann, wird der Strom immer schon ein wenig weiter geflossen sein.

VII. Miszellen

Anmaßende Bescheidung

Vortrag, gehalten auf einer Veranstaltung der Universität Göttingen am 16. Juli 1984, anlässlich des Todes von Michel Foucault.

Anmaßende Bescheidung möchte ich den Leitgedanken einer Erinnerung nennen. Ich versuche, ins Gedächtnis zu rufen, wie ich vor einigen Jahren zusammen mit einer kleinen Zahl Studenten Michel Foucault durch „Die Ordnung der Dinge" erlebt habe. („Zusammen mit" ist nicht nebensächlich: ich hatte ihnen hinsichtlich Foucaults nicht viel voraus, einige kannten ihn besser und mehr von ihm.)

Schreibt Foucault etwas anderes als eine Wissenschaftsgeschichte? Man muss nur andere Wissenschaftsgeschichten lesen, um das Unerhörte seiner Art zu ahnen und dann später zu begreifen. Er schreibt eine anmaßende Ordnung derer, deren Geschäft es ist, die Dinge zu ordnen. Ist es nicht anmaßend, so vieles in den Griff bekommen zu wollen und dann festzustellen: Welche Wissenschaft auch immer, jedes der vergangenen Jahrhunderte hat eine eigene Weise des Diskurses, ein eigenes Tableau. Die drei Haupt-Wissenschaften: die der Sprache, der Natur und der Wirtschaft ordnen ihre Sache wie durch eine invisible hand auf die gleiche Weise!

Erschrecken kann man schon vor dem permanenten Paradox, dass um der wissenschaftlichen Wahrheit willen manches gewogen und riskiert wird, – um dann doch der Vergänglichkeit anheim zu fallen. Wenn wir selbst vorher wüssten, wie vergänglich Erkenntnis ist, würden wir dann so viel Mühen investieren, um zu Ergebnissen zu kommen, über die Spätere mühelos hinweggehen?

Vielleicht ist es diese Einsicht in das Paradoxe, mit der es Foucault gelingt, ordnend zu vereinfachen ohne einzuebnen, Einheit zu sehen, ohne dass die schillernde Vielfalt kühner Köpfe in je eigenwilligen Zeiten verlorengeht!

Ein wenig Verdacht von zu viel Anmaßung – was heißt schon zu viel – bleibt; einige Zitate und Quellenverweise erschienen zu kühn.

Bei den Lesern, soweit sie wissenschaftlich geschult sind, regt sich Pedantisches. Ist dies Faszinierende nicht verdächtig? Hemmungen, sich dem anzuvertrauen! Aber was für ein Wissenschaftsverständnis, ohne Faszination ans Werk zu gehen? Unsere Arbeit würde zum puren Geschäft verkommen, wenn wir nicht den Mut aufbrächten, *in* der Faszination klares Denken zu gewinnen! Wer sich der Faszination nicht stellt – in der Wissenschaft, der suche sie anderswo...

Aber es ist nicht nur die faszinierende Sache, es ist auch gerade die faszinierende Sprache: unbescheiden und stolz. Manchmal hätten wir es gern hausbackener (als wäre das hausbackene Schwarzbrot, gesund genannt, bekömmlicher als knusprige Croissants)!

Zurück zur Ordnung der Dinge: Ordnen, das heißt auch manchmal, etwas drastisch zurechtrücken, was unserem Autor gelegentlich spezielles Vergnügen zu bereiten scheint: Hinsichtlich des 16./17. Jahrhunderts empfinden wir dies weniger, – es ist noch zu weit weg. Aber im Neunzehnten ... ? Viele Seiten *über* Ökonomie und Ökonomen. Aber wo bleibt unser großer Karl Marx, wenn Foucault seinem Denken nur eine kleine Bemerkung widmet, wie: „Der Marxismus ruht im Denken des 19. Jahrhunderts wie ein Fisch im Wasser. Das heißt: überall sonst hört er auf zu atmen." (OD 320)

Wir begreifen, indem wir mit der Lektüre fortschreiten, dass es eine Weise gibt, Entwicklung zu denken, indem gleichzeitig jedes gewohnte Entwicklungsdenken abgelegt wird. Da ist fortschreitende Neu-Ordnung der Wissenschaft und durch die Wissenschaft eine provozierende Möglichkeit, die Andersheit von Epochen zu begreifen, ohne in die Geschichtslosigkeit eines Levi-Strauss zurückzufallen, – von den Kursbuchproduzenten für eine bessere Zukunft ganz zu schweigen.

Gerade dies erscheint als annehmbare Anmaßung, weil das verborgene Gegenstück: die Bescheidung, allmählich deutlicher wird. Die Gewaltsamkeit des Fortschrittsdenkens abzulegen heißt ja nicht, auf mildsanfte Beschreibungen eines verwissenschaftlichten Stifter-Genres auszuweichen. Neben die faszinierende, auch irritierende Anmaßung tritt die bestürzende Bescheidung. Wenn die Geschichte zum anmaßenden Tod Gottes fortschreitet – dabei bleibt es nicht. Sie schreitet weiter zur nur noch mit Bescheidung zu ertragenden anthropologischen *Leere,* dem, was Foucault den anthropologischen Schlaf nennt: „In unserer heutigen Zeit kann man nur noch in der Leere des verschwundenen Menschen denken. Diese Leere stellt kein Manko her, sie schreibt keine auszufüllende Lücke vor. Sie ist nichts mehr und nichts weniger als die Entfaltung eines Raums, in dem es schließlich möglich ist, zu denken.

Die Anthropologie bildet vielleicht die grundlegende Position, die das philosophische Denken von Kant bis zu uns bestimmt und geleitet hat. Diese Disposition ist wesentlich, weil sie zu unserer Geschichte gehört. Aber sie ist im Begriff, sich unter unseren Augen aufzulösen, weil wir beginnen, darin gleichzeitig das Vergessen des Anfangs, der sie möglich gemacht hat, und das hartnäckige Hindernis, das sich widerspenstig einem künftigen Denken entgegenstellt, zu erkennen und kritisch zu denunzieren. Allen, die noch vom Menschen, von seiner Herrschaft oder von seiner Befreiung sprechen wollen, all jenen, die noch fragen nach dem Menschen in seiner Essenz, jenen, die von ihm ausgehen wollen, um zur Wahrheit zu gelangen, jenen umgekehrt, die alle Erkenntnis auf die Wahrheiten des Menschen selbst zurückführen, allen, die nicht formalisieren wollen, ohne zu anthropologisieren, die nicht mythologisieren wollen, ohne zu demystifizieren, die nicht denken wollen, ohne sogleich zu denken, dass es der Mensch ist, der denkt, all diesen Formen linker und linkischer Reflexion kann man nur ein philosophisches Lachen entgegensetzen – das heißt: ein zum Teil schweigendes Lachen." (OD 412)

Was bleibt – in Foucaults Ordnung der Dinge – nach dieser erschreckenden Bescheidung? Nur noch als vergleichsweise bescheiden zu bezeichnende Möglichkeiten der Humanwissenschaften.

Wir selbst machen ja weiter, auch wir bleiben bei dem hartnäckigen Versuch, immer noch Anthropologisches zu betreiben. Wir suchen neue Paradigmen. Wird dies gelingen können, nach all dem? Können wir nach dem philosophischen Lachen weitermachen? Nur in der Anmaßung, in der Menschen schon immer die Dinge geordnet haben – (und, die Anmaßung zu wissen löst uns nicht aus ihr heraus) umso stolzer, je besser sie wussten, wann sie am Ende sind und wo ihr Ende vermutlich sein wird.

Wenn wir doch nur trotzig genug im Diskurs blieben, nicht verstummen, uns nicht über ihn hinweg dünken.

Wider das alte Schisma

Wer nicht bis drei zählen kann, den braucht man nicht für voll nehmen, heißt es. Ganz im Widerspruch dazu nehmen wir uns selbst sehr ernst, gerade dort, wo wir nicht bis drei zählen können. Vielleicht, weil wir uns gezwungen sehen, immer Ja oder Nein zu sagen. Das würde heißen, dass Kampf uns verdummt. (Kein Wunder, dass die Friedfertigen einen Ausweg anbieten: Sie weigern sich, überhaupt zu zählen, indem sie behaupten, alles sei eins.)

Das alte Schisma lautet Geisteswissenschaften gegen Naturwissenschaften, es lautet Natur gegen Kultur. Unser politischer Alltag lehrt uns, dieses Schisma einzusehen und zu fürchten. Das Theater und die Philosophie leben von der huldvollen Subvention; Naturwissenschaften zu fördern, ist dagegen das Gebot der Stunde.

Unterdessen zerfällt unsere geistige Welt, die Welt der Wissenschaften. Die wunderbare Einheit eines Spinoza, der die Ethik auf geometrische Weise demonstrieren konnte, ist längst vergangen. Und Hegels kraftvoller Versuch, im Geist alle Widersprüche zu versöhnen, bleibt als erstaunenswertes Gefilde, das nur noch Eingeweihte besuchen können. Die Wiener Schule, noch einmal eine Einheit der Wissenschaften zu stiften, ist, wie gewonnen, so zerronnen. Man klagt allerorts über die Spezialisierungen, die der Aufgabe der Wissenschaften, Erkenntnisse im Zusammenhang zu gewinnen, im Weg stünden. Interdisziplinarität steht hoch im Kurs – als Absichtserklärung, denn sie hat bisher nicht viel geleistet.

Es ist auch kein Neuland zu gewinnen, solange sich durch unsere Wissenschaften im konkreten und die geistige Welt im Allgemeinen das Schisma von Geistes- und Naturwissenschaften zieht. Im theoretischen Sinn handelt es sich um das Schisma zwischen Verstehen und Erklären, von dem die Vertreter der Geisteswissenschaften immer noch in Selbstverteidigung reden (obwohl sie de facto oft auch nichts anderes tun, als zu beschreiben). Es äußert sich im untheoretischen Sinn darin, dass die einen es vorziehen, in schwer verständlicher Sprache sich darzustellen, die anderen zwar eine überaus leicht verständliche Sprache benutzen, aber den Wert ihrer Wissenschaften in Formeln zu demonstrieren scheinen. Es äußert sich darin, dass die einen die anderen nicht verstehen: so an der Oberfläche alltäglicher Begegnung von Wissenschaftlern – falls sie sich je nahe kommen. Damit einher geht entweder Verachtung oder Bewunderung: Zu den eigentlichen Problemen könne die Naturwissenschaft gar nicht vordringen, oder: Das sei ja alles ganz schön und interessant, aber Wissenschaft wäre es nicht. Dagegen: Wir brauchen die Philosophie, weil sie wenigstens Ahnung vom Ganzen hat, oder: Die Begabtesten gehen in die Naturwissenschaften. Und dergleichen mehr.

Eigentlich haben die Vertreter der vorhandenen schismatischen Parteien wenig Ahnung voneinander. Das böse alte Wort ‚Kopfrechnen schwach, Religion gut' wiederholt sich auf anderer Ebene: Wer in den mathematisch-naturwissenschaftlichen Fächern auf dem Gymnasium nicht gerade Gutes geleistet hat, wählt im Studium ein geisteswissenschaftliches Fach. Mit dem Betreten der Universität ist es dann zementiert: Die Ahnung, die der künftige Geisteswissenschaftler von den Naturwissenschaften hat, beschränkt sich auf die Naturwissenschaften, wie sie ihm in der Schule nahe gebracht wurden. (Und die sind, wie jeder Naturwissenschaftler weiß, hoffnungslos veraltet.) Umgekehrt sieht es nicht viel besser aus: Was der künftige Mathematiker oder Physiker oder Mediziner von den Geisteswissenschaften mitbekommt, ist deren Reduktion auf Schonkost für Pubertierende.

So wird denn viel später in den Gefilden der jeweiligen Disziplinen das Schisma reproduziert – aber unterschwellig benutzt man sich gegenseitig. Der Geisteswissenschaftler lässt selbstverständlich naturwissenschaftliche Kenntnisse, die er – als gebildeter Laie – der Presse oder dem Fernsehen entnimmt, in seinen Wissensfundus einfließen. Und der Naturwissenschaftler, selbst derjenige, der sich darauf beschränkt, Mikro-Forschung zu betreiben, operiert selbstverständlich mit philosophischen Grundlagen – wie sie etwa in der Logik aufgehoben sind – oder aber mit weltbildhaften Vorstellungen, die er der Welt der Geisteswissenschaften entnimmt.

Von diesem Schisma profitiert eine Wissenschaft, und einer anderen bekommt es besonders schlecht: Die Mathematik, die reinste' aller Wissenschaften, weil sie sich von der unreinen Materialität frei weiß und einzig in den Sphären des Geistes bewegt, hat Unterschlupf bei den Naturwissenschaften gefunden; sie wird als gesonderter Bereich erst gar nicht erwähnt, findet aber uneingeschränkte Bewunderung. Die Soziologie dagegen fällt durch: Dort, wo sie sich bemüht, geisteswissenschaftlich zu operieren, findet sie nur selten Anerkennung der entsprechenden Nachbarfächer. Dort, wo sie naturwissenschaftlich zu operieren vorgibt, finden die Vertreter der Naturwissenschaften mäßige Evidenz. Und die Vertreter der beiden Seiten innerhalb der Soziologie stehen sich nicht gerade freundlich gegenüber: Das große Schisma wiederholt sich als kleines Schisma innerhalb des Faches.

Das Schisma wird durch die Behauptung begründet und gerechtfertigt, es handele sich um zwei verschiedenartige Zugänge zur Realität – nicht nur verschiedenartige, sondern fremdartige, um eine Inkompatibilität der Methoden. Das trennende und gleichzeitig verbindende Credo. Oder, wenn's gut geht, ein 'gentlemen agreement'. Aber das ist falsch, wenn man sich entschließt, über zwei hinaus zu zählen, und der Tatsache Rechnung trägt, dass es eine Vielzahl von Wissenschaften gibt. Und wenn man von dem Sachverhalt ausgeht, dass all diese Aktivitäten Wissenschaft heißen und ihre Resultate als wissenschaftlich gelten.

Was aber ist Wissenschaft? Sie ist allemal eine besondere Form der Präzision: Eine Präzision der Erkenntnisgewinnung. Erkenntnisgewinnung aber ist Methode. Es ist die gemeinsame Grundannahme, nur diejenigen Erkenntnisse als wissenschaftlich anzuerkennen, die methodisch gewonnen wurden. Das heißt: Die gesuchte Wahrheit einer wissenschaftlichen Aussage entzieht sich jedem pathetischen Wahrheitsverständnis. Sie ist nur wahr, sofern sie methodisch gewonnen wurde. Ist dies nicht eine Bestätigung des Schismas: Inkompatible Methoden ergeben inkompatible Erkenntnisse? Das wäre der Fall, wenn man die historisch verkrusteten Methoden als Methoden gelten ließe und das unterschwellig sich in Bewegung Befindliche vernachlässigte.

Denn Erkenntnisgewinnung hat etwas mit der menschlichen Fähigkeit zu denken zu tun. Dies Denken ist vielfältig, durchaus nicht nur wissenschaftlich. Aber in der Wissenschaft wird es auf eine disziplinierte Weise geübt: Es gelten die Gesetze der Logik. Ist diese bei den Geisteswissenschaften anders als bei den Naturwissenschaften? Davon kann keine Rede sein – selbst wenn sich Spezialisten Gedanken darüber machen, unter welchen Bedingungen denn die Logik selbst logisch ist. Als Methodik der Erkenntnisgewinnung und -prüfung bedeutet Logik, dass nur dasjenige gelten kann, was im disziplinierten Denken reproduzierbar ist. Das gilt selbstverständlich für jede Schlussfolgerung; aber es gilt, was leicht vergessen wird, auch für jede Beobachtung: Wenn ich nicht zugleich den fliegenden Vogel und den Baum, auf dem ich ihn zuerst gesehen habe, beobachten kann, dann muss es sich um unterschiedliche Realitäten handeln. (Wer dagegen den Satz aufstellen würde: Vogel und Baum sind eins, mag damit irgendeine Wahrheit erkannt haben, aber keine wissenschaftliche.)

Dies mag man akzeptieren. Aber der Gegenstand! Die (jeweilige) Methode ist doch am Gegenstand orientiert. Und die Gegenstände sind unvergleichlich! Der leblose Stein und der lebendige Mensch, die chemische Verbindung und das literarische Werk! Das unendlich sich Wiederholende gegen das Einmalige! Also doch Faktenbeschreibung gegen Hermeneutik? Die Schutzbehauptung der Naturwissenschaftler, gegen die Nebulosität geistiger Gegebenheiten Handfestes zu setzen, kehrt sich gegen sie. Sie werden – Faust, 3. Teil, F. Th. Vischer – von Vertretern des Geistes zu Stoffhubern, zu Faktenfetischisten abgestempelt. (Und rächen sich, indem sie ihre – ganz unwissenschaftliche – Nützlichkeit zur Schau stellen.)

Diejenigen aber, die nicht nur mit Erkenntnissen hantieren, sondern Erkenntnisse gewinnen, wissen es besser: Ihre Fakten sind künstlich! Sie sind nicht die Realität, sondern ein Destillat derselben. Der Mensch ist nun einmal ein begrenztes Wesen, non capax infiniti. Er kann immer nur etwas erkennen, indem er ein anderes auslässt. Und das Etwas, dem er sich widmet, wird durch seinen Verstand verformt. Nicht verzaubert, nicht durch ein Abrakadabra verändert. Es bleibt, als Erkanntes, Destilliertes, in der Nähe der infiniten Realität. Kein Zweifel, es gibt bessere und schlechtere Wissenschaftler: Die einen sind behutsam, geben sich Mühe, der vermuteten, nie gewussten Realität so nahe wie möglich zu bleiben, die anderen stehlen ein Objekt und packen es in ihr Laboratorium. Aber das Messer ist überall am Werk, die Trennung vorsichtig oder brutal genutzt.

Das eben nutzen die Vertreter des Geistes: Sie geben vor, die Gegenstände unangetastet zu lassen, deren Realität zu wahren. Nun, wenn der eine schon nicht lieber Gott ist, wie sollte der andere es sein? Die Beobachtung eines Menschen, eines Kunstwerks, eines Textes: wie begrenzt! Weiß der Psychologe von Bauchschmerzen, der Kunstwissenschaftler von der Physik des Gegenstandes, der Philologe von der Chemie des Papiers? Der Geist schaut nicht, sondern er trennt – ebenfalls. Aber noch hat er einen Fluchtpunkt: das Wesentliche. Womit er sich entlarvt: Das eben beobachtet er nicht, sondern das setzt er. Und er kann so viel Wesentliches setzen, wie sein Verstand Phantasie hat. Nicht anders als der Naturwissenschaftler, der so viel Verschiedenartiges untersucht, wie es seiner Neugier entspricht. Und wer sich im Bereich des Erkennens darauf einlässt, vorab das Wichtige vom Unwichtigen zu scheiden – nicht vorläufig, der Beschränktheit der menschlichen Kapazitäten wegen, sondern endgültig –, der hält nicht die Wissenschaft frei, sondern blockiert sie; bestenfalls sorgt er dafür, dass spätere Generationen von Wissenschaftlern ihn belächeln.

Zwischen dem suchenden Geist aller Wissenschaftler und seinen Objekten tut sich das nächste Feld auf, dessen Grenzmarkierung so gültig sein soll wie der verminte Zaun in unserem Land. Die Naturwissenschaften haben, so heißt es, das Experiment und die quantifizierte Beschreibung, die Geisteswissenschaftler stehen oder sitzen mit leeren Händen; sie lesen, oder sie betrachten, oder sie graben aus. Das trifft zu, aber besagt wenig. Als wenn der Naturwissenschaftler nicht auch ‚ausgraben' würde: die Gegenstände, die er in seinem Labor untersucht. Als wenn er nicht ‚sitzen' würde: stundenlang nachdenken über das, was der nächste Schritt ist und wie das zu verstehen ist. Und ‚betrachten': Nie nähert er sich einem Gegenstand, ohne sich dessen Qualitäten vorher vergewissert zu haben! Wie oft dagegen verstößt der Geisteswissenschaftler gegen die Behutsamkeit dem Objekt gegenüber, das ihm nicht um die Ohren fliegt, weil es historisch ist. Welche Gewaltsamkeit, mit der er die literarisch-wissenschaftliche Welt ausbeutet, als sei er nicht ein Mineraloge, sondern ein Kapitalist, der den Steinbruch der geistigen Produkte nach seinem Gutdünken ausbeutet. Welche Willkür, diese Produkte zu unterscheiden oder ununterschieden zusammenzupacken!

Was nun wieder dem Naturwissenschaftler das Recht zu geben scheint, den Titel Wissenschaft den ‚Anderen' nur oberflächlich zuzuerkennen, indem er sich als Vertreter der exakten' Wissenschaften ausgibt, deren Medium die Zahlen sind. Wovon sich die Geisteswissenschaftler beeindrucken lassen und in höchst törichter Weise versuchen, auch ‚exakt' zu sein, indem sie die Wortverwendungen bei Ariost ebenso zählen wie der Genetiker die DNS-Folgen. Zahlen gegen Worte! Messen gegen Beschreibung Als wenn es Naturwissenschaften ohne Sprache geben könne und Geisteswissenschaften ohne Gliederung.

Mit diesen wenigen Hinweisen werden sich die Schismatiker kaum zufrieden geben, besonders nicht die Geisteswissenschaftler, die sich stets in Verteidigungsstellung befinden, wenn sie nicht, wie kürzlich Odo Marquardt, die Flucht nach vorn antreten. Ist die Trennung von Verstehen und Beschreiben tatsächlich aufhebbar? Hier wird es hart für die ‚Sinnhuber‘, denn es besteht keine Aussicht darauf, das Verstehensprinzip, die Hermeneutik, auf die Natur auszudehnen – wenn man nicht, wie einige immer noch und immer wieder, eine Naturmythologie kreieren will. Bliebe nur der methodologische Gegenzug: das Beschreiben (mit den zusätzlichen Erklärungen), in den Naturwissenschaften tausendfach erprobt, den Vertretern der anderen Seite zu empfehlen. Das wäre kein Problem, wenn man zugestehen würde, dass es eine graduelle Unterscheidung von einfachen und komplexen Sachverhalten gibt. Was tut der Literaturwissenschaftler, ja der interpretierende Philosoph denn anders, als dass er Unterschiede und Zusammenhänge beschreibt und dazu Erklärungen liefert? Er beschreibt Prozesse der Sprache und der Response und interpretiert diese – hoffentlich – mit größter Genauigkeit. Der Unterschied zwischen ihm und seinen Kollegen auf der anderen Seite des Zaunes liegt in nichts anderem, als dass seine Sache komplexer ist. Sprache ist mehrdeutig, niemals auf Eindeutigkeit reduzierbar. Wie großartig! Daraus mystische Gedankennebel oder unlogische Wortstrapazen zu schlussfolgern, ist völlig überflüssig. Wenn die Objekte mehrdeutig sind, dann kann es auch verschiedenartige Beschreibungen und verschiedenartige Erklärungen geben. Und es könnte sein, dass sich nach vielfältigen Bemühungen eine der vielen Lösungen als die evidentere herausstellt. Es geht eben etwas umständlicher zu. Aber um dies argumentativ zu belegen, würde eine Übertreibung der Umständlichkeit, in der einige Geisteswissenschaftler große Kapazitäten entwickelt haben, eher den Verdacht erwecken, es ginge doch nicht mit rechten Dingen zu. Das Schisma ist tatsächlich überflüssig. Damit ist auch die Vorstellung hinfällig, man könne die Exaktheit – wie sie de facto erreicht wird – mit der Irrtumsfreiheit kombinieren. Sind die Ergebnisse der Naturwissenschaften irrtumsfreier als die der Geisteswissenschaften? Der große Trumpf der Naturwissenschaften! Leider kann auch davon keine Rede sein – man könnte es deren Vertretern ja ruhig gönnen. Nur ein wenig Einsicht verweist aber darauf, dass die Naturwissenschaften voll von Irrtümern sind – was die publizierten Ergebnisse allein betrifft, von den Alltagsirrtümern ganz zu schweigen. Irgendwann stellen sich dann Erkenntnisse heraus, die schwer oder nicht zu widerlegen sind. Und das kommt gelegentlich auch bei den Geisteswissenschaften vor. Hier müsste der Vergleich, wenn man sich schon auf ihn einlässt, auf einem anderen Niveau stattfinden: Man produziere eine Anzahl von Geisteswissenschaften aller Fächer, die denen der Naturwissenschaften entspricht, errichte ähnlich gut eingerichtete Forschungslaboratorien, sorge dafür, dass nicht hundert, sondern tausend hoch qualifizierte Wissenschaftler sich mit der Bedeutung von Ännchen von Tharau beschäftigen: Man würde zu einer evidenten Beschreibung des Sachverhaltes kommen und bräuchte nicht zu zwei oder drei Hermeneutikern Zuflucht zu nehmen, deren wesentliche geistige Leistung in ihrer gegenseitigen Konkurrenz begründet ist.

In dem vorläufig noch geltenden Gegensatz der schismatischen Parteien stehen sich zwei gravierende Ausuferungsmöglichkeiten gegenüber. Geisteswissenschaftler tendieren zur Belletristik; die Grenze zwischen wissenschaftlicher Arbeit und den ein weiteres Publikum interessierenden Sprachspielen ist schwer zu definieren. Aber sie lässt sich feststellen. Es handelt sich um zwei unterschiedliche Rollen. Wer wollte einen Einwand dagegen erheben, dass ein Mensch, der ohnehin andere verschiedenartige, sich ergänzende oder ausschließende Rollen spielt, sich auch diese beiden – als verschiedene! – zu eigen macht? Naturwissenschaftler tendieren dazu, gerade wenn sie an die größeren Zusammenhänge der immer noch unerforschten Realität denken, Allgemeinaussagen zu machen, die sie (noch) nicht vertreten können. Ein Genetiker trifft Allaussagen, die vielleicht noch nicht gerechtfertigt sind (s. die Gegenüberstellung zweier Genetiker in der Zeitschrift DIE ZEIT) und angesichts des äußerst eingeschränkten Realitätsbereichs, für den er kompetent ist, überschreitet der Naturwissenschaftler nicht selten die Grenzen seines Fachs. Z. B. äußert sich ein medizinischer Physiologe zu psychischen Sachverhalten, von denen er ex offizio nichts verstehen kann. Was ist dagegen einzuwenden, dass ein Fachwissenschaftler, der sich über sein Fach hinaus – hoffentlich – Gedanken macht, diese Gedanken auch öffentlich äußert? Nichts. Nur ist der dann, was leider übersehen wird, in einer anderen Rolle.

Wer einmal die Präzision und Bescheidenheit hervorragender Naturwissenschaftler wie Geisteswissenschaftler kennen gelernt hat, der weiß, dass das Posieren der Gegnerschaft ein politisches Ja-Nein-Spiel, also eine Verdummungskampagne, ist, und zwar größten Ausmaßes. Das wäre ein Beobachtungsfeld für die Sozialpsychologie von Wissenschaftlern oder für die Marktforschung von wissenschaftlichen Ergebnissen. Wer das Maskenspiel der Gegner durchschaut hat, weiß, dass, wenn man einmal bis drei gezählt hat, man auch getrost weiterzählen kann: Dann haben wir die Republik der Wissenschaften – in der viele sich nur noch drastischer maskieren lassen müssten, sollten sie sich am bösen Spiel beteiligen. Der unendlichen Vielfalt der Realität, die der menschlich begrenzte Verstand nur in Ausschnitten wahrnehmen und beschreiben kann, steht nur eine kleine Vielfalt der Wissenschaften gegenüber. Und weil es eine Vielfalt ist, besteht guter Grund, diese auf eine Einheit zu beziehen: die Einheit unserer Sinne und unseres Verstandes. Und bis es im Jahre 2084 – 1984 waren wir ja noch nicht so weit – gelingt, Menschen mit verschiedenen Gehirnen, die einen für den Geist, die anderen für die Natur geeignet, zu züchten, bleibt es dabei: Wer das Schisma beibehält, unterschreibt die Abstumpfung unserer Erkenntnis.

Wahn

Dem Wahn gegenüber verstummt die Vernunft. Wenn sie nicht ausweichen kann, verleugnet sie sich selbst und greift zur Gewalt – der Strategie des Wahns. Der Wahn ist der Vernunft gegenüber immun. Besser: Er kennt sie nicht.

Aber lässt sich der Wahn nicht wenigstens begreifen? Er ist eine besondere Domäne des Wähnens, der Vorstellungen der gedanklichen und empfindungsvollen Welt, ohne die wir Menschen nicht leben. Wir wähnen, der andere sei uns freundlich gesinnt, wir stellen uns vor, dass der Mensch, der gesagt hat, er würde uns morgen besuchen, auch wirklich kommt. Wir hoffen auf besseres Wetter. Wir erwarten von der Steuerreform nichts Gutes. Was ist all dieses Wähnen? Es ist die Dimension zwischen Wissen und Nicht-Wissen, eine Dimension, die uns zu Eroberern des Wissens machen kann oder aber uns als schreckhafte Wesen in die Nische des Vertrauten zurückziehen lässt. Oder wir füllen sie aus mit Phantasien.

Die Vernunft weiß, dass es sich um Phantasien handelt. Der Wahn weiß dies nicht mehr. Er verfälscht die Phantasie zum Wissen. Es gibt etwas, das uns den Schwebezustand zwischen Wissen und Nicht-Wissen nicht aushalten lässt:

Menschen haben Ängste, kleine und furchtbare, deren untersten Grund wir nicht ausloten können. Sicher ist nur, dass tief unten die Todesangst lauert. Und diese Angst ist nicht begründbar. Sie ist da. Man kann viele Spuren der Angst verfolgen: reale, die innersten Vorstellungen und Gefühle bedrohende Erlebnisse, die sich einnisten und anwachsen. Von Individuum zu Individuum unterschiedlich, nicht kommensurabel. Wir können schon verstehen, warum dieses oder jenes Erlebnis einem Menschen Angst gemacht hat. Aber warum bei dem einen und bei dem anderen nicht? (Der Hinweis, Angst sei 'irrational' führt nicht weiter, er sichert uns selbst nur den Platz auf der Seite der Vernunft.)

Von der Tiefendimension der Angst ist auszugehen, um das am Wahn zu begreifen, was noch zu begreifen ist. Denn die Angst ist der Ursprung des Wahns: Wird sie unerträglich bedrohlich, verkehrt sie sich in Wahn, der vielleicht noch die Schatten der Angst zeigt, oft auch nicht einmal dies. Einem Menschen in Angst sehen wir die Angst 'im Gesicht stehen'. Seine Augen machen die Angst unübersehbar, dazu noch die Gesichtszüge. Aber im Wahn ist die Angst verdeckt: Mit welcher Sicherheit, mit welchem forschen Blick tritt der Wahnhafte auf! Aber dieser Blick ist leblos, und das Gesicht ist ausdruckslos – bis sich auch hier die Gewalt zeigt – die Gewalt, in deren Gewissheit der Wahn lebt.

Der Wahnhafte hat seine Bedrohtheit in Bedrohung verkehrt. Und er muss der Vernunft gegenüber resistent sein, denn sie könnte seine unerträglichen Ängste aufdecken.

Und der Wahnhafte ist für seine Mitwelt ansteckend: für all diejenigen, deren Bedrohtheit noch nicht die entsprechende Stärke angenommen hat, oder in denen die Fähigkeit, die Angst in Wahn umzuwandeln abgeht. Wie auch immer: Wem es gelingt, seine Wahn-Gewissheit darzustellen, der wirkt wie ein Magnet, der alle umgebenden Ängste an sich zieht. Ausgenommen nur diejenigen, die das Glück haben, von solchen Ängsten frei zu sein.

Wir wissen, wie sich solche Wahn-Gewissheit als Gewalt ausbreitet. Und wir müssten es eigentlich wissen, werden aber immer wieder von neuem belehrt, dass sich Wahn-Gewissheit nicht einschüchtern lässt, weil sie sich eben gegen Vernunft immunisieren musste. Individuelle Gewalttäter des gesellschaftlichen Alltags lassen sich durch Strafprävention eben nicht abschrecken, gewaltbereite Wahn-Gruppen ebenso wenig, und ebenso wahngewisse Politiker. Wer dem Wahn Einhalt gebieten will, dem nützt das Drohen nichts. Er muss der Wahn-Gewalt mit kontrollierter Gewalt begegnen.

Dieser Zusammenhang zwischen Angst und Wahn in seiner Verbindung von höchst individuellem Erleben und politischer Demonstration gilt auch 'innenpolitisch'. Hooligans, wild gewordene Autonome und besessene Neonazis sind nicht 'zur Vernunft zu bringen' – es sei denn, sie sind am Ende ihrer Kräfte und können wenigstens dies noch wahrnehmen. Der Versuch, ein Verständnis dadurch aufzubringen, indem man die 'Ursachen der Gewalt' erforscht, muss an der Unberechenbarkeit des Auftretens scheitern. Denn es gibt ebenso friedliche Fußball-Fans wie es freundliche Autonome und anpassungsbereite Jugendliche gibt. Selbst wenn es Gewaltfördernde Milieus zu geben scheint, muss die Erklärung, warum der eine zu Ausschreitungen bereit ist und der andere nicht, offen bleiben. Denn der Untergrund der Angst ist überall gegeben.

Hilft die Milieubestimmung im konkreten Fall nicht weiter, so lohnt es sich doch, sich die allgemeinen Umstände deutlich zu machen, in deren Feld sich Wahn-Gewalt bildet. Es gibt eine Voraussetzung der Verängstigung bei Menschen: die *Verunsicherung*.

Sie kommt von außen und trifft den Menschen innen als Bedrohung: So scheint es zunächst. Aber Verunsicherung ist nur möglich, wenn das Innen bereits an das Außen gebunden ist. Kurz: Alles, was den Menschen an das Außen binden kann, löst dann Verunsicherung aus, wenn die jeweilige Bindung gestört oder zerstört wird – vom Treuebruch eines anderen Menschen bis zur Gotteslästerung. Es lässt sich generell nicht voraussehen, wann ein solcher Bindungs-Bruch als lebensbedrohlich erfahren wird; nur im Nachhinein lässt es sich konstatieren. Immerhin: am gefährlichsten sind diejenigen Bedrohungen, denen gegenüber wir uns als absolut machtlos erfahren. Und sie sind es, die Rettung im Wahn suchen lassen.

Also sind die Phänomene der Wahn-Gewalt unserer Zeiten plausibel. Denn jedermann weiß, welche fundamentalen Erschütterungen unsere Gesellschaften seit dem letzten Jahrhundert erfahren haben. Was seit den ökonomisch-technischen

Umwälzungen an Bindungen der Menschen – in Vorstellung und Erfahrung – Risse bekommen hat, ist bekannt. Nur wurde es kaschiert: Erschütterungen in Folge des absehbaren Fortschritts der Menschheit konnten kein Anzeichen von Unvernünftigem sein. Die Beseitigung materiellen Elends konnte nichts Gefährdendes in sich bergen. Aber genau dies ist geschehen – zum Beispiel hat schon Karl Polanyi aufgezeigt, wie sehr auftauchende Nationalismen, die sich dann zu schlimmster Wahn-Gewalt ausgeweitet haben, die moderne Ökonomisierung begleiten. Und selbst die unreflektierten jugendlichen Neonazis sind Menschen, die ihre subjektive Bedrohtheit nicht anders als in Wahn-Gewalt ausagieren können.

Eines der deutlichsten Beispiele für den Verbund von Bedrohtheit und Wahn-Gewalt ist der islamisch-fundamentalistische Terror. Man will es hierzulande nicht wahrhaben, dass die Segnungen moderner Technik, moderner Medien, moderner Demokratie für andere ein nicht geringes Schreckenspotential bergen. Und diejenigen, die sich den Fortschritt gefallen lassen – beginnend mit der homöopathischen Dosis des Transistorradios – ahnen die 'Folgekosten' nicht. Es ist nicht 'der Islam', der auf die veränderte Weltkonstellation reagiert, sondern es sind Menschen im Islam. Vermutlich sind es oft diejenigen, die in der Ausübung ihrer religiösen Pflichten besonders ernsthaft sind, um dem Willen des unerforschlichen Allahs bis zum Letzten zu gefallen: für sie bedeutet Modernisierung Bedrohung und Angst, – die in Wahn-Gewalt umgesetzt wird.

Die konkreten Hinweise genügen. Das Ausmaß der Erschütterungen unserer – ja aller je betroffenen Menschen – tieferen Bindungen sind unterschiedlich auf der Welt verteilt. Aber sie können nicht geleugnet werden. Eindämmung und Bestrafung müssen wir ausüben, weil wir uns anders nicht erwehren können. Aber angesichts dieser Situation genügt es nicht, der Wahn-Gewalt Einhalt zu bieten. Was geschehen müsste ist, sich wenigstens Gedanken darüber zu machen, ob nicht die vielgepriesene Dynamisierung (als Nähr-Grund von Wahn-Gewalt) entschärft werden könnte. Dafür aber fehlen alle Anzeichen.

Zitieren als wissenschaftssoziologisches Phänomen

Ja, ich schreibe gern, aber ich finde es lästig, dass ich anschließend in die Bücherregale greifen muss, um festzustellen, wer etwas vorher schon geschrieben hat.

Hans Paul Bahrdt, in einem Gespräch

Einen wissenschaftlichen Text unterscheidet man auf den ersten Blick von einem nichtwissenschaftlichen durch die Feststellung, ob es Fußnoten, Verweise oder Zitate gibt. Das ist gewiss nicht das einzige Unterscheidungskriterium, aber ein bemerkens- und bedenkenswertes. Die zu untersuchende Fragen anhand dieses Befundes lauten: Was tut der Wissenschaftler, indem er so verfährt? Was bedeutet es? Und was hat es für Folgen?

Wissenschaftler haben immer schon das Wissen anderer sich angeeignet, das heißt, es zu ihrem eigenen Wissen gemacht. Es sollte davon ausgegangen werden, dass sie dieses angeeignete Wissen auch begründen könnten, wenn sie es ohne Außenlenkung gefunden hätten. Warum also verweisen sie darauf, dass andere vor ihnen dieses Wissen formuliert haben? Von einem streng rationalen Verfahren aus müsste es doch in sich, ohne Fremdanleihe begründet sein! Aber so einfach scheint es mit der Wissenschaft nicht zu sein.

Als allererstes bedient sich der Wissenschaftler der Sprache und der Ausdrücke, die vor ihm da waren, ohne deren Aneignung er keine Erkenntnisse, schon gar keine Erkenntnisfortschritte machen könnte. Das heißt aber, dass er ohne Vertrauen in etwas, das er selbst nicht geprüft hat, seine Arbeit nicht betreiben könnte. So gibt es in jedem Fach eine Summe von Selbstverständlichkeiten, die 'man' übernimmt, von denen 'man' ausgeht. Und es spricht nichts dagegen, dass 'Wissen', die Terminologien einbegriffen, auf solche Weise weiter genutzt wird. Darauf kann man sich verlassen. Das gilt insbesondere für all diejenigen, die dabei sind, Wissenschaft zu lernen, zu studieren. Es ist unmöglich – einmal von den Alltagseinsichten in einer Gesellschaft abgesehen –, dass Sie ab ovo alles, was zum derzeitigen Bestand einer Wissenschaft zu rechnen ist, zu begreifen lernen. Haben sie sich erst einmal darin bewährt, mit dem Bewährten angemessen umzugehen (der Sinn von Examina), bauen sie also auf einem Fundament weiter, das sie nicht begründet haben.

Am Anfang des Erlernens von Wissenschaft steht also ein hohes Maß von *Vertrauen,* das zur *Gläubigkeit* nicht nur führen kann, sondern oft genug führt, ein *blindes* Vertrauen auf die Wissenschaftlichkeit von Wissenschaft. Wenn nicht im Prozess des Erlernens von Wissenschaft wenigstens an wichtigsten Stellen das Verfahren der Begründung geübt wird, indem der *Zweifel zu* seinem Recht kommt, hat am Ende Wissenschaft ihren besonderen Rang eingebüßt. Die in ihrem Namen geäußerten Einsichten unterscheiden sich in nichts von irgendwie zustande gekommenen, ungeprüften Meinungen.

In einem ersten Anlauf zur Beantwortung der oben gestellten Fragen kann man davon ausgehen, dass – gerade im Blick auf Anfänger – der Verweis auf andere Autoren, vielleicht sogar auf eine Vielzahl von ihnen einem Akt der *Legitimation* gleichkommt. Eine geäußerte These, derer sich ein Autor gewiss ist, wird dadurch der erweiterten Begründung enthoben, dass auf andere verwiesen wird, die diese These bereits vertreten haben. Das aber macht nur dann Sinn, wenn der Bestand des Bewährten unübersichtlich geworden ist. Denn, wäre das Bewährte bereits allen bekannt, dann erübrigte sich eine solche Legitimation. Die erste Begründung des 'Verweisens' ist also im Umfang möglicher Einsichten einer Wissenschaft zu sehen, mit anderen Worten in einer konstitutiven Unübersichtlichkeit, die sich ohne Zweifel mehrt, je vielfältiger in den Wissenschaften erforscht ist oder wird – angesichts der Begrenztheit menschlicher Gehirne.

Die Vielfalt einer Wissenschaft ist aber nicht nur (quasi-) *räumlicher* Natur, gemessen an den Metern oder Kilometern von Bänden entsprechender Publikationen (der entsprechend dann die Fußnoten dazu tendieren, den Text an den oberen Rand zu verdrängen). Sie wird gewichtiger durch die *zeitliche* Dimension des Prozesses einer jeweiligen Wissenschaft. Zu unserem Verständnis von Wissenschaft gehört nicht vor allen Dingen der Bestand des *Bewährten,* sondern der Erwerb des *Neuen.* Neue Erkenntnisse entstehen irgendwo, gewonnen durch einen einsamen Gelehrten, der als Autor gelten kann, oder ein Team von Wissenschaftlern bei dem ein bestimmter Autor nicht zu isolieren ist. Es gehört zu unserem Selbstverständnis als Wissenschaftler, den Autoren (Singular oder Plural) einen *Vorrang* einzuräumen. Das ist gewissermaßen ein moralischer Akt: Erkenntnisse anderer in der Weise eines Eigentums zu respektieren, was sich in dem Urteil des Plagiats drastisch äußert. (Eine solche Kritik würde auch dann gelten, wenn derjenige, der sie sich hat zu Schulden kommen lassen, dieselbe Einsicht auch ohne die bekannten Autoren gewonnen hätte.) In dieser Hinsicht sind bemerkenswerte Vorfälle in jüngster Zeit zu verzeichnen.

Da der Prozess der Erkenntnisgewinnung in der Wissenschaft mit der Anerkennung von besonderen Erkenntnisleistungen verbunden ist, konstituiert sich im Verfahren des Verweisens und Zitierens etwas, das über den Wahrheitsgehalt bzw. den Geltungsanspruch von Wissenschaft hinaus geht, und das in dem Terminus der *scientific community* seinen Ausdruck findet. Ginge es nur um den Wahrheitsgehalt, dann wäre die Hervorhebung persönlicher Erkenntnisleistung überflüssig, wie es im Laufe der Geschichte überflüssig geworden ist zu wissen, wer herausgefunden hat, dass Kamillentee bei bestimmten Erkrankungen heilsam wirkt. In der community gilt der Autor als *auctor,* als zu respektierende Autorität.

Der Erwerb einer solchen Autorität ist mit einer Besonderheit neuzeitlicher Wissenschaft verbunden, die sich in der scientific community von selbst verstehen müsste, aber keinesfalls, auch dann, wenn man sich in der Wissenschaft dessen bewusst ist, immer in das Bewusstsein der Öffentlichkeit dringt. Die Besonderheit ist in folgendem Sachverhalt zu sehen: Die Suche nach neuen Erkenntnissen beginnt mit der Aufstellung von *Vermutungen,* aus denen dann nach entsprechendem Zweifel und Begründungsversuchen *Hypothesen* entstehen. So genannte 'große' wissenschaftliche Leistungen stellen oft nicht mehr, aber auch nicht weniger dar als Erklärungsversuche. So plausibel sie den beteiligten Wissenschaftlern und auch denen, die sich – entgegen früheren Annahmen – solche Erklärungen zu Eigen gemacht haben, erscheinen mögen: Sie gelten potentiell als Widerruf. Wird nicht auch heute noch immer wieder gefragt, in welchem Sinn die große DARWINsche Erklärung nach 150 Jahren gültig ist? Wie steht es mit der noch älteren von SMITHs 'Wealth of the Nations'? Und: Was haben wir hinsichtlich der MARXschen Theorie vom Klassenkampf erlebt? Mit anderen Worten: Alle drei Theorien, unabhängig von weltanschaulichen belastenden Zusätzen, bedurften langer Diskurse und intensiver Erprobungen, bis man sie als gesichert ansehen konnte oder verwerfen musste.

Der Charakter des Hypothetischen gilt aber nicht nur hinsichtlich großer Theorien, es gilt ebenso für die hunderte von Entdeckungen, etwa der Wirkung von Medikamenten. Eine erste Entdeckung, empirisch getestet, besagt noch nicht viel. (Und es ist geradezu gefährlich, in welcher Weise dem Laien immer wieder in der Presse einen Durchbruch verkündet wird.) Der erfahrene Arzt weiß, wie viel klinische und praktische Erfahrung nötig ist, bis aus einer hypothetischen Erkenntnis eine bewährte – im Sinne des Wissens – wird. Es ist diese Eigenart wissenschaftlicher Erkenntnisgewinnung, die geradezu dazu auffordert, zu verweisen und zu zitieren. Man kann sich darauf berufen, dass andere bereits an dem Problem gearbeitet haben, dass sich ihre Erkenntnis bestätigt, oder aber, dass die zutreffende Erkenntnis bei denen, die zitiert werden, noch nicht gefunden wurde und man eventuell jetzt ,einen Schritt weiter' ist.

Diese Notwendigkeit des Verweisens zieht nun aber einen Schritt nach sich, der von der Ebene der wissenschaftlichen Erkenntnis auf die der Wissenschaftler selbst führt. Wenn es immer ungesicherte Erkenntnis, in jeder Wissenschaft, gibt, dann ist es menschlich-sozial verständlich, die publizierten Ergebnisse der Forschung nicht gleichgewichtig zu sehen. Unter den vielen *Auctoren* gibt es wenige *Autoritäten.* Damit soll folgendes ausgedrückt werden: Es ist nicht das Sensationelle, auf das man sich beruft wie etwa bei einem Künstler, sondern es ist die Qualität des bereits Bewährten, welches Vertrauen fördert. Ein angesehener Wissenschaftler ist derjenige, dessen frühere Erkenntnisse sich derart als gültig erwiesen haben, dass seine unerwarteten neuen Erkenntnisse unter einem Vertrauensvorsprung aufgenommen werden. (In dieser Hinsicht hat es auch Enttäuschungen gegeben.)

Aus eben diesem Grunde werden auch manche Erkenntnisse, die sich später als wichtig durchsetzen, dann skeptisch angesehen, wenn sie von einem Nobody vorgestellt werden. (Was nun auch zu Verkennungen geführt hat.)

Die scientific community strebt zwar der Sache nach dazu, Erkenntnisse unabhängig von der Person des Autors gelten zu lassen – anders wäre die Wertschätzung von Wissenschaft gegenüber anderen Wahrheitsansprüchen unsinnig –, als gesellschaftliche Realität aber lebt sie mit einem Rang-Gefälle von großen, angesehenen und kleinen, durchschnittlichen Wissenschaftlern. Dies ist ein Widerspruch, der im positiven Sinn zugunsten des Ersteren gelöst wird, im negativen Sinn bis zur Erkenntnisblockade durch die Autoritäten führen kann. (Für das Letztere sind eher Beispiele bekannt.)

Was nun in dem relativ strengen Rahmen des naturwissenschaftlichen Prozedere gerade dann durchschaubar ist, wenn aus den Erkenntnissen Anwendungen folgen, wenn man eben Gold nicht auf alchimistische Weise herstellen, aber aufgrund tausendfacher Einsichten einen Satelliten in die Erdumlaufbahn schicken kann, wird überaus problematisch im Bereich derjenigen Wissenschaften, die man als Geisteswissenschaften bezeichnet, die man aber im Blick auf deren Methodik besser *hermeneutische Wissenschaften* nennen sollte. (Als Geisteswissenschaften sollten nur diejenigen gelten, deren Beschäftigungsfeld der Geist ist: Mathematik, Logik und Erkenntnistheorie.) In ihnen wartet keine Anwendung, um den notwendigen Zweifel angesichts des Hypothetischen ausräumen zu können. Hier gibt es nicht einmal die Möglichkeit des Experiments, das von jeher in den *exakten* Wissenschaften als Basis für Einsichten wirkte, die über das Experiment hinausgehen. Kriege kann man nicht durch selbst-induzierte Experimente erklären, man kann bestenfalls aus der Geschichte lernen. Das Experiment von Gruppenkonflikten kann begrenzte Einsichten vermitteln, die dem *Verstehen* kriegerischer Konflikte dienlich sind, mehr aber nicht. Und längst verstorbene Autoren kann man nicht interviewen, um zu fragen, ob das, was sie geschrieben haben, so gemeint ist, wie wir es verstehen. Geschichtliche Zusammenhänge, um deren Einsicht sich Historiker bemühen, sind erstens derart komplex, dass bereits eine Vorentscheidung, die nicht unbedingt in der Sache begründet ist, notwendig ist, um die Komplexität auf ein *verstehbares* Maß zu reduzieren. Zweitens wird das Terrain der Erkenntnis umso unsicherer, je weiter die Epoche zeitlich entfernt ist. Die größten, respektablen Bemühungen etwa der Archäologen führen im besten Fall zu einem hohen Grad an Evidenz. Aber der Versuch, sich mit den exakten Wissenschaften zu messen, muss prinzipiell vergeblich bleiben. Nimmt man nun die Philosophie und die Theologie mit in dieses Spektrum der hermeneutischen Wissenschaften, so ist nur zu offensichtlich, unter welchen erschwerten Bedingungen wissenschaftliche Arbeit zu leisten ist. Da handelt es sich nicht um ‚Fiktives', wie im Roman, dem Drama oder der Poesie, deren Verständnis nie völlig gesichert werden kann, sondern es handelt sich um Texte mit einem umfassenden Wahrheitsverständnis, das es (hermeneutisch) zu verstehen gilt.

Wissenschaft, gerade innerhalb der Textwissenschaften, hat es aus soziologischer Sicht nicht mit einem Verhältnis von Menschen (Wissenschaftlern) zu *außermenschlichen* Objekten zu tun, sondern mit einem Verhältnis von Menschen zu *menschlichen* Objekten, eben mit Texten, die von Menschen geschrieben worden sind. Die Menschen aber, die solche Texte verfasst haben, sind a priori *besondere* Menschen. Wissenschaftler in ihrem Alltag sind weder Künstler noch große Geister. Niemand, der sich mit Rodin beschäftigt, hält sich für ebenbürtig. Und niemand, der sich um Hegel bemüht, hält sich selbst nicht einmal für einen kleinen Hegel. So ist es verständlich, dass es sich bei den Objekten nicht um irgendwelche 'Bürger von Calais' handelt, sondern um diejenigen, die Rodin uns hinterlassen hat und nicht um irgendeine Phänomenologie des Geistes, sondern um die, welche Hegel der Nachwelt anvertraut hat. Immer handelt es sich bei diesen menschlichen Objekten um besondere, die aus der Fülle von Opera über Zeiten hin einen derartigen Eindruck hinterlassen haben, dass man sie immer wieder zu ergründen versucht.

In der Beschäftigung mit den Objekten, die immer zugleich *Autoren und Werke* betreffen, geht das Zitieren und das Verweisen in eine neue Beziehungs-Qualität über: das *Verehren,* eine Haltung, die einerseits vertieften Zugang gewährt, andererseits aber möglicherweise mit der wissenschaftlichen Beschäftigung in Kollision gerät. Dies aber gibt wiederum Anlass, weiter zu forschen, zu erweitern und zu korrigieren – wie es in allen Wissenschaften mit dem Anspruch auf Erkenntnisfortschritt der Fall ist.

Von dieser säkularen Verehrung ist es nur ein kleiner Schritt zu Traditionen in der Religion, von denen man annehmen kann, dass sie den Anfang des Zitierens darstellen. Heilige Texte (eben schon im Rahmen der Textwissenschaften erwähnt) werden studiert und fordern zur Mühe heraus, sie nicht nur zu würdigen, sondern auch zu verstehen. Und es sind diese heiligen Texte, bestimmte Schriftstellen in ihnen, auf die man *sich beruft.* Man verschafft sich unter Menschen Geltung, indem man auf die Geltung der Schrift verweist. Das bekannteste geschichtliche Beispiel in unserer Kultur ist Martin Luther. Hat aber eine herausragende Person sich durch die Berufung auf einen heiligen Text selbst Geltung verschafft, folgen ihm – wie in den säkularen Beispielen – diejenigen, die sich wiederum auf Martin Luther berufen.

Es sollte noch ein weiterer Wissenschaftsbereich erwähnt werden, der innerhalb der hermeneutischen Wissenschaften eine besondere Stellung einnimmt, in dem aber das Zitieren eine hervorragende, unerlässliche Bedeutung hat, die Jurisprudenz. Hier geht es immer um Auslegung von Gesetzen *unter Berufung auf* andere Gesetze und auf Entscheidungen, die innerhalb einer Rangordnung von Instanzen gefällt worden sind, die wiederum in einem Kreis von Begründungen angesiedelt werden. Die Auslegung eines Obersten Gerichtes hat anderes Gewicht als die eines untergeordneten. Führen alle Beschäftigung mit geltungsschwangeren Texten zu Kommentaren, die bestimmte Verständnisse sicherzustellen versuchen, ist doch die Jurisprudenz vermutlich das größte Kommentaren-Arsenal. Mit diesen Verweisen geht aber noch ein anderes soziologisches Phänomen Hand in Hand: Nicht nur lässt man Anerkanntes gelten, sondern man schafft sich auf diesem Wege auch Anerkennung. (Dies ist noch näher zu erörtern, s. u.)

Zitieren, Verweisen und Sich Berufen haben also – bei allen Unterschieden der verschiedenen Wissenschaften – eine soziologische Bedeutung gemeinsam:

Im weiten Feld zum Teil gesicherter, weithin aber ungesicherter Erkenntnisse wird *Gemeinsamkeit* vorausgesetzt, geschaffen und verstärkt. Es hat keinen Sinn, sich auf Autoren zu berufen, die niemand kennt. Man beruft sich immer *innerhalb* einer 'community', in der geltende Ansichten vorherrschen, und indem man so vorgeht, verstärkt man das Selbstbewusstsein innerhalb der community. Indem nun aber der einzelne Forscher Erkenntnisse vorlegt, die erst auf Anerkennung warten, setzt er die community gewissermaßen unter Druck. Gelingt der Anerkennungsprozess zu seinen Gunsten, so hat er sich möglicherweise einen besonderen Anerkennungsplatz gesichert – und wird nun wiederum zitiert, eventuell mit einem besonderen Rang *im quotations Index*. Gelingt dieser Anerkennungsprozess nicht, ist er bald vergessen, oder aber – angesichts vieler Unwägbarkeiten wissenschaftlicher Einsichten – schafft er sich begrenzte Anerkennung und bewirkt eine Abspaltung innerhalb der community, was wiederum, ganz menschlich und nicht notwendig wissenschaftlich zu erheblichen Auseinandersetzungen führt. Diese Auseinandersetzungen, sofern sie immer noch nicht abgleiten in rein persönliche Machtkämpfe, führen dann zu weiteren Umbildungen eben der community.

Indem ein Wissenschaftler zitiert erweist er sich deutlich als soziales Wesen: Einmal erkennt er die geltenden Autoritäten an, in denen sich eine community verbunden weiß. Er drückt damit aus: „Ich gehöre dazu!" und gewinnt auf diese Weise diejenige Sicherheit, die mit Zugehörigkeit verbunden ist. Gleichzeitig, in dem er neue Einsichten mit einer Autorität verbindet, unternimmt er den Versuch, sich selbst Geltung zu verschaffen, die seine neue Einsicht allein vielleicht nicht so schnell erringen würde. Schließlich kann er auch seine Einsichten in Auseinandersetzung mit einer Autorität – was ja deren Anerkennung zur Voraussetzung hat – diese 'vom Thron stürzen'. Gelingt ihm dies, kann er sicher sein, von nun an selbst als Autorität zu gelten.

Psychologisch hat das Zitieren für den Wissenschaftler selbst eine Bedeutung, von der heutzutage ungern gesprochen wird: Wer sich beruft, verweist von sich weg. Er sagt: „Nicht ich, sondern A.A." Er kann auf diese Weise die Möglichkeit des Eigenwertes mindern. Man hört dann, wenn überhaupt, nicht auf ihn, sondern auf den, zu dessen 'Sprachrohr' er sich macht. Dieser Vorgang ist in der religiösen Tradition geradezu notwendig. Luther wollte, obwohl andere Folgen zu vermerken sind, nur als Exeget des Wortes verstanden wissen und nur durch die höhere Autorität der Schrift widerlegt werden. Wer Goethe zitiert, verweist auch von sich weg: Er will nur Goethe zur Geltung bringen. So ist es auch im Blick auf die erwähnten großen Philosophen. Aber was tut derjenige Wissenschaftler, der auf diese Weise von sich selbst ablenkt? Er könnte das notwendige Maß der Selbständigkeit verlieren und wird im schlimmsten Fall zum 'autoritären Charakter', der sich im Gefecht um die Geltung von Werten und Aussagen immer nur berufen kann und unter Menschen eben zum Sprachrohr wird, während die anderen von ihm eigene Erkenntnis hören wollen.

Besonders problematisch wird aber das Zitieren, im wissenschaftlichen wie im außenwissenschaftlichen Alltag dann, wenn die Community, innerhalb derer allein Autoritäten sind, was sie sind – ob es sich um Marx oder Freud handelt – ihre Verbindlichkeit verloren hat, m. a. W. wenn derjenige, der zitiert, wie wir alle unter Menschen lebt, die in verschiedene, einander fremde Diskursgemeinschaften aufgeteilt sind. Die tägliche Genetik-Debatte zeigt allzu deutlich, dass es wenig bewirkt, wenn der eine sich auf Autoritäten beruft, die für den anderen diese Qualität nicht besitzen. Da kann man lange diskutieren. Schließlich zählen dann nur noch auf einer fundamentaleren Ebene Argumente. Das ist eine außerordentlich schwierige Situation, in der eine vernünftige Auseinandersetzung nur noch möglich ist, wenn es wenigstens ein unterschwelliges Einvernehmen über das gibt, was als vernünftig anzusehen ist. Wie weit wir normalen Menschen einer solchen herrschaftsfreien Rede fähig sind, ist fraglich. Es ist eher zu vermuten, dass wir, sofern wir immer auch in unserem Urteilen unsicher sind, nach neuen Autoritäten suchen. Auch das selbstbestimmte Individuum sucht sich bei ungewisser Witterung immer noch ein Dach.

Was ist ein guter Hochschullehrer?

Vorbemerkung: Die folgenden Gedanken sind ein verallgemeinertes Ergebnis einer empirischen Studie von Studierenden zweier unterschiedlicher Lehr- und Lernsituationen desselben Faches an zwei deutschen Universitäten

1.

Vor 50 Jahren, als die heute 70jährigen studierten, war damals die gute alte Universität, die man alma mater nannte, noch in Ordnung? Man könnte schlicht feststellen: sie funktionierte. Und wenn man weiter fragt: Wie stand es mit der Lehre? Auf jeden Fall gab es keine öffentliche Diskussion. Die Studierenden erfuhren, dass es Professoren gab, zu deren Lehrveranstaltungen sie gern gingen, andere, deren Veranstaltungen sie eher mieden, wenn es irgend möglich war. Unter Kommilitonen wurden Empfehlungen wie Warnungen weitergegeben. Man nahm das Ganze hin. Schließlich kam es nicht darauf an, wie wohl man sich fühlte, sondern, dereinst ein Examen zu bestehen. Und die Zeit war knapp, das Studium dauerte durchschnittlich 8 Semester; das Examen bedeutete, wenn alles gut ging, keine deutliche Verlängerung der Studienzeit. (Ein 'älteres Semester' konnte damals dem Anfänger sagen: „Stell Dich drauf ein, wenn es anfängt, Spaß zu machen, steht das Ende schon vor der Tür.") Mit dieser ‚Zielvorgabe' hieß es zu studieren. Man erwarb sich seine Kenntnisse und Fähigkeiten mit oder ohne Lehrveranstaltungen. Und da es Vorlesungsgebühren und noch kein Bafög gab, versuchten diejenigen, die knapp bei Kasse waren, mit möglichst wenigen Semesterwochenstunden auszukommen.

Wie weit nun die Hochschullehrer ‚gute Lehrer' waren? Darüber kann man keine prozentualen Angaben machen. Es gab – wahrscheinlich selten – hinreißende Vorlesungen, zu denen man ging, ohne danach zu fragen, ob man dabei viel lernte. Es gab pedantische Lehrer, denen man sich nicht entziehen konnte, mit denen aber der Lernerfolg gesichert war, und andere, die nicht so leicht einzuordnen sind. Kritik an der Lehrfähigkeit hat es immer schon gegeben: Fichte hatte eine Spezialausbildung gefordert. Um die Jahrhundertwende wurde eine neue Art der Pädagogik entworfen, die so genannte Hodegetik, besonders für die Einführung von Anfängern. Später entstand die Hochschulpädagogik, die dann, dem Zeitgeist folgend in Hochschuldidaktik umbenannt wurde. Das heißt: Kritik an der Lehrfähigkeit der zu diesem Zweck bestallten Wissenschaftler begleitet die Geschichte der Universität, – aber sie wurde nicht zum Politikum.

Das geschah in den 60er Jahren: Die Bundesassistentenkonferenz und der VDS forderten mit Nachdruck nicht nur eine 'bessere Lehre', sondern auch eine andere Lehre. Das zielte nicht nur auf neue Lehrformen, sondern auch auf neue Inhalte, ja auf ein neues Verständnis von Wissenschaft: Diese sollte 'kritisch' sein. Die Bemühungen um Hochschuldidaktik und deren Ausbreitung, die anfangs weitgehend begrüßt wurden, mussten im Zuge der Zeit die neuen Inhalte aus dem Programm streichen. Was übrig blieb war die Konzentration auf Formen der Lehrveranstaltungen und des daran anschließenden Lernens.

Ob die Professoren zur Lehre befähigt waren, wurde seit eh und je in der Habilitation festgestellt. Schließlich wurde damit die 'venia legendi' erteilt. Im Rückblick wird besonders auffällig, dass in den früheren Zeiten fast ausschließlich die Habilitierten das Lehrangebot bestritten. Nicht-Habilitierte spielten eine untergeordnete Rolle. Wenn Sie denn im Auftrag des Ordinarius (Prof. NN., vertreten durch...) Proseminare veranstalteten – Vorlesungen waren nach alter Tradition den Habilitierten vorbehalten – blieb die Verantwortung für die Lehre bei dem Auftraggeber. So konnte sich der akademische Nachwuchs gewissermaßen im Lehren üben. Es gab aber weder Anleitung noch Kontrolle.

2.

Nun sind die Verhältnisse dabei, sich drastisch zu verändern. Ganz offiziell von den Kultusministerien gewünscht oder angeordnet, werden die Lehrenden von Studierenden beurteilt, unabhängig davon, wie hoch sie auf der Stufe der akademischen Karriere stehen: Evaluation der Lehre, aus den USA geborgt, wird zum Programm. Und bei dem Antrag auf Habilitation wie bei Bewerbungen um Stellen wird didaktische Qualifikation gefordert, mit unterschiedlichen Bestätigungsverfahren (die noch im Einzelnen zu untersuchen wären). Wer gründlich vorgeht, nimmt das noch relativ seltene Programm hochschuldidaktischer Fortbildung wahr.

Diese Veränderung steht nicht allein. Mehr in Atem gehalten werden die Beteiligten derzeit von der Ökonomisierung der Universitäten. Und der Vergleich der Leistungen (das Ranking) könnte auch hinsichtlich der Lehre einiges in Bewegung bringen. Aber bei gründlicher Beobachtung muss man feststellen, dass eher mit einem Joker als mit einem Ass gespielt wird. Was bedeutet denn Lehre, besonders 'gute Lehre'? In technischen und betriebswirtschaftlichen Zusammenhängen gibt es den TÜV und das Quality Assessment, jeweils nach eindeutig festgelegten Kriterien. Auch Mitarbeiter in Betrieben und Organisationen werden nach Leistung bewertet. Aber hier fängt es bereits an, kritisch zu werden: denn die Kriterien lassen sich nicht so eindeutig festlegen und ermitteln.

Die Qualität guter Lehrveranstaltungen lässt sich nur anhand von groben Kriterien definieren. Lässt sie sich aber auch in einer aussagekräftigen Weise ermitteln? Was für den einen Studierenden schon fast 'zu leicht' erscheint, kann für den anderen 'zu schwer' sein, was für den einen 'zu schnell' ist, ist für den anderen 'zu langsam'. Bei der Fragebogen-Evaluation hängt alles davon ab, wie die Zusammensetzung der Studierenden ist. Was ermittelt wird ist ein viel zu grober Durchschnitt, der auch ohne sorgfältige Statistik zu erreichen wäre. (Einzig Extremwerte, bei einem besonders unfähigen oder besonders hochkarätigen Lehrenden, könnten stichhaltig sein.) Wie auch immer man darüber urteilt: Der Fehler liegt darin, dass auf dem Wege über die Lehrveranstaltungen die Qualität der Lehrenden beurteilt wird.

Erst gälte es, sich ein 'Profil' dessen zu erarbeiten, was den Beruf des Hochschullehrers bestimmt. Davon sind wir weit entfernt. Wenn man die Unterrichtsfähigkeit in einem einigermaßen formalisierenden Verfahren – neben der Forschungsqualifikation, die hier nicht zur Debatte steht – zum hervorragenden Kriterium macht, könnte das mit der Diskussion über den Benzinverbrauch von PKWs verglichen werden. Selbstverständlich gibt es erheblich wichtigere Kriterien für den Kauf und die Nutzung eines PKW als den Benzinverbrauch. Nur sind die anderen Kriterien technisch so ausgearbeitet und standardisiert, dass es darüber keiner Diskussion bedarf. (Sicherheit der Lenkung, der Bremsen etc.) Hinsichtlich der Lehrenden dreht sich das Verhältnis um: die anderen Kriterien, die man nicht in die Waagschale wirft, die weder standardisiert noch ausgearbeitet sind. Sie werden einzig nicht erwähnt. Deswegen könnte es sich lohnen, erst einmal nach den verschwiegenen Kriterien zu fragen.

3.

Universitätslehrer vertreten Machtpositionen, was durch die antiautoritäre Welle verdrängt wurde. Jedes Studium wird durch Examina abgeschlossen. Und über die Qualität der Examina bestimmen Hochschullehrer. (Nur in wenigen hochstandardisierten Verfahren ist deren Einwirkung begrenzt.) Diese Bestimmungsmacht erstreckt sich nicht nur auf die Anlage und Durchführung der Prüfungen, sondern hat zum Zentrum die Bestimmung dessen, was von den Kandidaten zu verlangen ist. Ob dies nun unter Fachkolleginnen und -kollegen konsensual ist oder nicht: Der je einzelne Prüfer trägt die Verantwortung für die Bestimmung der Kenntnisse und Fähigkeiten, die zum Erfolg der Prüfungen führen. (Die Tendenz in einigen Disziplinen, die Bedeutung von Prüfungen herunterzuspielen oder sie letztlich eher als irrationale Akte anzusehen, war und ist eine Täuschung.) Wenn nach hochschuldidaktischer Qualifikation gefragt wird, taucht die Fähigkeit zu prüfen nicht auf, weil sie jenseits der Lehrveranstaltungen liegt. Aber wie wichtig diese Fähigkeit ist, auf faire Weise ihre Macht auszuüben, könnte die Erfahrung von Studierenden zeigen, die allerdings nach dem Examen nicht mehr zur Population der Evaluierten gehören. Und wie sich die Anforderungen an Studierende, letztlich als Kandidaten, gewandelt haben bzw. von den Lehrenden verändert worden sind, darüber scheint es keine Studien zu geben. Es gibt höchstens das Gerücht, dass in einigen Fächern vor 50 Jahren mehr, in anderen weniger verlangt wurde. Es gibt manche Disziplinen, in denen das Maß der erforderlichen Fähigkeiten und Kenntnisse nicht zweifelsfrei festgelegt ist. Verschiedentlich ist von 'Entrümpelung' die Rede, oft von Anpassung an die Berufserfordernisse. Wenn man sowohl die 'Wissensexplosion' und den Fortschritt wissenschaftlicher Erkenntnisse berücksichtigt als auch einen vernünftigen und akzeptablen Zeitrahmen (der zu veranschlagenden Semesterzahlen) bedenkt, so gehört es zu den wichtigsten Aufgaben der Lehrenden, den entsprechenden Kanon ständig zu revidieren. Dies wurde vielfach vernachlässigt, wenn man die schleichende Verlängerung der Studienzeiten bedenkt. Die an dieser Stelle zu fordernde Verantwortung der Lehrenden sollte nicht zu gering eingeschätzt werden. (Dabei ist vielleicht ein eher psychologischer Prestige-Gesichtspunkt zu berücksichtigen: Wie viel wäre denn das Studium eines Faches wert, das man mit 7 Semestern absolvieren könnte, wenn in anderen Fächern zwölf als unabdingbar erscheinen?)

4.

Von diesem Endpunkt aus geht die Bestimmungsmacht der Lehrenden ,rückwärts' zum Lehrangebot, einmal inhaltlich, zum anderen methodisch. Wenn ein als notwendig erachteter Kanon festgelegt wäre, müsste das Lehrangebot inhaltlich so ausgerichtet sein, dass die Studierenden nicht zu viel und nicht zu wenig lernen. Hier gibt es, aus der Tradition heraus, Problematisches. Schon Kant verwarf das „Lernen um zu vergessen". Was bedeutet es, wenn von Studierenden Kenntnisse während des Studiums abverlangt werden, an die sie am Ende des Studiums sich nicht mehr erinnern, und auch offensichtlich nicht zu erinnern brauchen? Ist das nicht Mühe- und Zeitverschwendung? Man müsste erhebliche lernpsychologische Kenntnisse zur Verfügung haben, um diese Frage zu entproblematisieren. Als psychologischer Laie könnte an die Fälle denken, in denen es heißt: „Daran kann ich mich dunkel erinnern." Und daraus dann die Konsequenzen für die Lehr-Anforderungen ziehen, d.h. die systematischen Kenntnisse vor die Faktenkenntnisse setzen. Dann stände das Suchenkönnen vor dem Wissen.

Die methodischen Aufgaben, die sich vom Examen her ,rückwärts' ergeben, gehen von der Frage aus: Welches wären die optimalen Wege des Studierens, um die gewünschten Ziele unter den gegebenen Zeitbedingungen zu erreichen. Die Beobachtung über längere Zeiten hin legt nahe, dass die Lehrenden als erstes die Semesterwochenstunden für die Studierenden hochgeschraubt haben. Waren es vor 50 Jahren vielleicht zwölf oder vierzehn, sind es heute oft mehr als zwanzig. Für alle Disziplinen gilt zudem eine formale Gesamt-Semesterwochenstunden-Zahl (in vielen Magister- Diplom oder Lehramtsstudiengängen beträgt die Summe 120!). Man kann angesichts dieser hochgeschraubten Forderung froh sein, dass hier viel 'Scheinstudium' vorliegt, d.h. dass Lehrveranstaltung nicht oder nur oberflächlich besucht werden, um das Soll zu erfüllen. Längst hat sich herumgesprochen, dass Vorlesungen nur in sehr begrenztem Fall und unter besonderen Bedingungen lernförderlich sind. Und es ist eben eine methodische Frage, mit wie viel Teilnehmern herkömmliche Seminare und Übungen lernförderlich sind, von den pädagogisch/didaktischen Fähigkeiten der Leitenden einmal abgesehen. Auch hier sind die Lehrenden für die Gestaltung verantwortlich. Es genügt eben nicht, zu ermitteln, ob die Lehrveranstaltungen von den Studierenden positiv bewertet werden, die nur über begrenzte Vergleichsmöglichkeiten verfügen. Zwar haben sich in einigen Fächern sinnvollere Veranstaltungsformen ergeben, wie etwa 'Projektseminare'. Deren Gestaltung scheint aber die Einsichtsfähigkeit so mancher akademischer Lehrer zu überschreiten.

Methodisch – gerade im Blick auf die Menge der Lehrveranstaltungen, die das Lehrdeputat ausfüllen helfen – muss aber heute, da die 'Effektivität' an vielen Stellen so hoch im Kurs steht, erneut die Reflexion über studentisches Lernen verstärkt werden. Gibt es doch Lernwege, die mit einem Minimum von Lehrveranstaltungen auskommen und der individuellen Lernverantwortung der Studierenden größeres Gewicht einräumen: Eine gute Didaktik könnte geradezu einem Verzicht auf didaktische Optimierung herkömmlicher Lehrveranstaltungen gleichkommen. Dann könnten die akademischen Lehrer aber nicht mehr ihr Deputat von 8 Stunden ausfüllen, oder man müsste 'Beratungen' als Lehrveranstaltungen deklarieren. Dann müsste aber auch die SemesterWochenstunden-Zahl der Studierenden erheblich revidiert werden.

5.

Mit dem hier vorgeschlagenen Weg kommt man also nicht von der Unterrichtsdidaktik zum Studienabschluss, sondern umgekehrt, von der Bestimmungsmacht der Prüfer zu ihrer Verantwortung als Lehr-Gestalter. Im Blick auf die eingangs gestellt Frage fehlt aber noch ein wesentliches Kriterium, das auf einer anderen Ebene anzusetzen ist. Es kommt einem fast banal vor, darauf hinzuweisen, dass Lehren eine *zwischenmenschliche* Angelegenheit ist: So lange nicht alle Lernprozesse über den Computer mediatisiert worden sind, besteht Lehren darin, dass Lehrende Lernenden begegnen. Wie aber begegnen die Lehrenden den Lernenden? Aus Interviews und Beobachtungen lässt sich unschwer entnehmen, dass diese Begegnungen sich durchaus nicht immer förderlich vollziehen – förderlich für die Möglichkeit der Kommunikation, für Vertrauen. Dies zielt nicht auf die zeitweilig in Mode gekommene Verbrüderung, die sich doch nicht halten ließ. Dies zielt auch nicht auf das fürsorgliche Engagement mancher Lehrender, die es für ihre Aufgabe hielten, die Prüfungen möglichst leicht zu gestalten, um die Prüfungsangst zu nehmen. Gemeint ist die primäre *Qualität der Begegnung.* Und diese Qualität ist nur sekundär bestimmbar durch Verhaltensweisen, die man auch erlernen kann. Die in vielen Management-Trainings anempfohlenen und geübten Methoden der 'Präsentation' sind dafür ebenso ungeeignet wie die Einübung jener Tugenden, die ein Verkäufer erwerben muss, um bei den Kunden 'anzukommen'. Sie ist bestimmt durch das Verhältnis, das der Lehrende zu seiner Tätigkeit als Lehrer hat. Man mag jede sachliche Aufgabe eines Berufes mit Widerwillen durchaus ordentlich erledigen. Als erstes gilt: dass dies beim Lehren unmöglich ist. *Wer nicht gern lehrt, kann kein guter Lehrer sein.* (Alltägliche Störungen dieses Selbstverhältnisses sind davon nicht betroffen.) Mit dieser Grundvoraussetzung ist noch nicht behauptet, dass, wer gern lehrt auch gut lehrt. Aber der erste Zugang zu einer 'produktiven' Begegnung zwischen Lehrenden und Lernenden kann nur mit dieser Einstellung begründet werden. Studierende erfahren oft genug, dass ihre Dozenten nicht besonders geschickt sind und sind bereit, dies zu akzeptieren. Spürbare Unlust der Lehrenden und Unfähigkeit oder Unwilligkeit, den Studierenden persönlich zu begegnen akzeptieren sie dagegen nicht. Zur persönlichen Qualität des Lehrenden gehört zweitens, dass er von der Sache, die er vertritt und in die er die Studierenden vermittelt, derart persönlich überzeugt ist, dass er die Studierenden nicht mit dieser Überzeugung einschüchtert, sondern sie dafür auf argumentative Weise gewinnt.

Wenn der verbreitete Mangel an didaktischer Kompetenz beklagt und kritisiert wird, taucht vielfach als Argument auf, von den Nachwuchswissenschaftlern werde wissenschaftlich hervorragende Leistung erwartet, um Lehr-Kompetenz kümmere man sich zu wenig (z.B. bei der Habilitation). Diese Feststellung ist nicht grundsätzlich zu bestreiten. Aber es sind Zweifel in zweierlei Hinsicht anzumelden, Zweifel daran, ob diejenigen, die eine solche Kompetenz bestätigen, in jedem Fall 'gute Lehrer' sind. (Denn in der Geschichte der Universität, auch der jüngeren, waren für eine Professur solche Kriterien ja nicht besonders maßgeblich.) Und Zweifel daran, ob mit der üblichen didaktischen Fortbildung diese Mängel behoben werden können. Damit ist aber das alte Postulat der ,Einheit von Forschung und Lehre' von der Seite der Persönlichkeit her betroffen. Wenn es nicht als selbstverständlich angenommen werden kann, dass ein guter Forscher auch ein guter Lehrer ist, dann ist dies nicht an den methodischen Kompetenzen beider Funktionen abzulesen, sondern an der Einstellung der Beteiligten. Es gibt hervorragende Wissenschaftler, die mit Leidenschaft lehren und andere, denen diese Leidenschaft abgeht. Diese Leidenschaft zu 'testen' wäre sicherlich nicht besonders ertragreich. Wie in allen ähnlichen Fällen auf anderen Gebieten kann nur das soziale Umfeld, sprich: die Kolleginnen und Kollegen, die Studentinnen und Studenten darüber verlässliche Feststellungen machen. Das Dilemma für den Berufsweg junger Wissenschaftler an unseren Universitäten ist, dass Forschung und Lehre vielfach notwendig miteinander verknüpft sind. In all denjenigen Gebieten, in denen es von der Lehre unabhängige Forschung nicht gibt, sind begabte junge Wissenschaftler, wenn sie denn ,weitermachen' wollen – und zwar mit einer einigermaßen zutreffenden Zukunftsperspektive – gezwungen, sich in der Lehre zu betätigen, ob ihnen diese liegt oder nicht, ob irgend ein Fünkchen von Leidenschaft in ihnen wenigstens glimmt, das auch entflammen könnte.

6.

Mit einer umfassenden Methodik des Lehrens könnte es sich so verhalten wie mit der Wissenschaftstheorie: Einige Wissenschaftstheoretiker entwerfen gründliche Theorien darüber, wie denn vernünftig Wissenschaft getrieben werden könnte – und sollte, aber die Mehrzahl der Wissenschaftler betreibt ihren Forschungsalltag davon unbekümmert. Die Methodik des Lehrens als Ermittlung dessen, worüber die Lehrenden verfügen müssten, ist wenig gefragt und die Aussicht, dass mit einigen der üblichen Postulate sich vieles verbessern würde, ist nicht sonderlich ermutigend. Da ist es vielleicht sinnvoll, an den Titel eines amerikanischen Buches – und dessen wesentlichen Inhalt – zu erinnern: „Turning Professors into Teachers". Die Lehrenden sind zwar Professoren, aber damit ist nicht gesichert, dass sie Lehrende sind. Dies Buch berichtet von einem Department, in dem man sich *gemeinsam* über diesen Mangel einig war und ebenso im kollegialen Verhältnis das Mögliche tat, um den 'turning point' zu erreichen. Das wäre auch bei uns wünschenswert.

VIII. Bibliografie

Bibliografie der im Buch abgedruckten Texte

Aufsätze und Schriften
(der in diesem Buch abgedruckten Texte)

1.* *Aspekte der Arbeitsteilung,* in: Schmollers Jahrbuch für Wirtschafts- und Sozialwissenschaften, 1968, S. 3-16.

2.* *Zwischen Ruhe und Taumel,* 1987
(Erstveröffentlichung in diesem Band)

3.* *Zur Soziologie des Katastrophalen,* in: Crisis, International Journal of Suicide and Crisis-Studies, Heft 2, Nr. 2, S. 130-151, Toronto 1981

4.* *Jenseits der Aufklärung?* in: Pechriggl, A./Reitter, K.(Hg.), Die Institution des Imaginären, Zur Philosophie von Cornelius Castoriadis, Turia & Kant, Wien Berlin, 1991, S. 129-142

5.* *Fortschritt wohin? Modernisierung wofür?,* in: Gebauer, K./Hüther, G. (Hg.) Kinder suchen Orientierung, Walter, Olten 2002, S. 43-49

6.* *Wenn die Ordnung nicht mehr greift,* in: Baethge, M./Essbach W. (Hg.), Soziologie: Entdeckungen im Alltäglichen. Campus, Frankfurt/N.Y, 1983, S. 196-206

7.* *Zur Verteidigung des Handwerks – Oder: das Verhältnis von allgemeiner Erkenntnis und konkretem Wissen,* in: Themenzentrierte Interaktion, 4. Jg., Heft 1 / 1990 S. 3-13

8.* *Anthropologie und Soziologie der Sinne – Plessner und Simmel,*
in: Friedrich. J./ Westermann, B., Unter offenem Horizont. Anthropologie nach Helmuth Plessner, Peter Lang, Frankfurt/Main, 1995, S. 128-13

9.* *Das Soziale in einer Gesellschaft und seine Auswirkungen in Familie, Beruf, Freundschaft und Freizeit. Über die wechselseitigen Einflüsse und Bedingungen von Politik, Wirtschaft und Kultur,* in: Korte, N. C. (Hg.), Akademietexte, PfalzAkademie, Lambrecht, 1997

10.* *Die unsichtbare Objektivität der Grenze,* in: Banse, Christian/Stobbe, Holk, (Hg.) Nationale Grenzen in Europa, Peter Lang, Frankfurt/M. 2004, S. 53-64

11.* *Mimetisches Handeln Eine vergessene Kategorie und ihre Bedeutung für die soziologische Theoriebildung,* in: Sociologia Internationalis Nr. 32/2, 1994, S.191-206

12.* *Ritual und Vergessen. Zu René Girards Theorem der Méconnaissance,* in: Schäfer, A./Wimmer, M. (Hg.), Rituale und Ritualisierungen, Leske und Budrich, Opladen, 1998, S. 109-115

13.* *Ein anderes Verständnis von Gewalt: Der gesellschaftskritische Beitrag des Literaturwissenschaftlers René Girard,* in: Preyer, G., Protosociology Vol.15, On a Sociology of Borderlines, 2001, S. 311-328

14.* *Die Amerikaner, 1985*
(Erstveröffentlichung in diesem Band)

15.* *Vermittelte Einsicht, 1977*
(Erstveröffentlichung in diesem Band)

16.* *Das Ethnische und das Staatliche,* in: Preyer, G., Protosoziologie Heft 7, Strukturelle Evolution, 1995, S. 170-180

17.* *Gesellschaftliche Strömungen, 1995*
(Erstveröffentlichung in diesem Band)

18.* *Anmaßende Bescheidung,* in: Dane, G. (Hg.), Anschlüsse: Versuche nach Michel Foucault, edition diskord, Tübingen, 1985, S. 181-184

19.* *Wider das alte Schisma,* in: Cramer, F. (Hg.), Erkennen als geistiger und molekularer Prozeß, VCH, Weinheim etc., 1991, S. 73-78

20.* *Wahn, 2001*
(Erstveröffentlichung in diesem Band)

21.* *Zitieren als wissenschaftssoziologisches Phänomen,* 1998
(Erstveröffentlichung in diesem Band)

22.* *Was ist ein guter Hochschullehrer?* 1997
(Erstveröffentlichung in diesem Band)

Gesamtbibliografie (1964-2004)

Bücher, Aufsätze und Schriften
(die in diesem Buch aufgenommenen Texte sind mit einem * versehen.)

1964   1. *Zur Situation des Arbeiters heute,* in: Werkhefte, 18. Jg., Heft 12, 1964,
S. 383-391

2. *Die betriebliche Situation der Arbeiter,* Enke, Stuttgart, 1964

3. *Mobilität als Voraussetzung für Soziale Sicherheit,* in: Frankfurter Hefte,
19. Jg., Heft 3, 1964, S. 173-180

4. *Max Weber und die Soziologie heute. Rückblick auf einen Kongreß,*
Bahrdt, Hans P.; Bubser, Eberhard; Dreitzel, Hans P.; Thomas, Konrad,
in: Kölner Zeitschrift für Soziologie und Sozialpsychologie, 17. Jg., 1964,
S. 791-813

1965   5. *Des Christen Zukunft oder Wir überholen die Moderne,*
von Eugen Rosenstock-Huessy (Neue Bearbeitung der amerikanischen
Übersetzung von Christoph v. d. Bussche und Konrad Thomas),
Siebenstern, München, 1965

1967   6. *Kennzeichen industrieller Arbeit,* in: Gewerkschaftliche Monatshefte,
18. Jg., 1967, Heft 7, S. 392-398

1968   7.* *Aspekte der Arbeitsteilung,* in: Schmollers Jahrbuch für Wirtschafts- und
Sozialwissenschaften, 1968, S. 3-16.

1969   8. *Analyse der Arbeit,* Enke, Stuttgart, 1969

9. *Schichten in der modernen Gesellschaft,* Schriften der Niedersächsischen Landeszentrale für Politische Bildung. Gesellschaft und Politik 1, Hannover, 1969

10. *Einige Notizen zur Theoriebildung in der „Soziologie der Entwicklungsländer",* in: Kölner Zeitschrift für Soziologie und Sozialpsychologie, 21. Jg., 1969, S. 814-816

11. *Probleme schneller Industrialisierung in Entwicklungsländern aus soziologischer Sicht,* Verl. d. SSIP-Schriften, Breitenbach (Saarbrücken), 1976, Sozialökonomische Schriften zur Agrarentwicklung. Bd. 21

1977   12.* *Vermittelte Einsicht,* 1977
(Erstveröffentlichung in diesem Band)

1978   13. *Wem nützt Entwicklungstheorie,* in: Die Dritte Welt 6, Nr.1, 1978, S. 5-25

14. *Ein Soziologe blickt auf die Medizinische Psychologie,* in: Medizin Mensch Gesellschaft 3, 1978, S. 215-22

15. *Universität, eine Institution, die von den Problemen der Gewalt und des Fanatismus nicht verschont bleibt,* in: Liberal, 20.Jg., Heft 12, 1978, S. 942-953

1979   16. *Einstellungen zum landwirtschaftlichen Arbeitsplatz – heute,* in: Der Beitrag der Landwirtschaft und der Agrarpolitik zur Entwicklung ländlicher Räume, Schriftenreihe für ländliche Sozialfragen, M. & H. Schaper, Hannover 1979, S. 15-23

17. *Indische Soziologie zwischen zwei Paradigmen. Die „All India Sociological Conference vom 22.-25. 11. 1969 in Delhi,* in: Internationales Asienforum 1. Jg., Heft 2, 1979, S. 178-181

1980   18. *Die empirische Erfassung des Einzelfalls im Beziehungsfeld von Normalität und Norm,* in: Göppinger, H./Bresser, H.P. (Hg.), Tötungsdelikte, Kriminologische Gegenwartsfragen 14, Enke, Stuttgart 1980, S. 169-182

19. *Three Lectures on Social Stratifikation,* in: Guru Nanak Journal of Sociology, Vol.1, Nos.1-2, Amritsar (India), 1980, S. 67-94

1981   20. *Stellungnahme zu den Rahmenrichtlinien für den Unterricht „Werte und Normen" des niedersächsischen Kultusministers 1980,* in: Pohlmann, D./Wolf, J.   Moralerziehung in der Schule, Göttingen, 1981

21.* *Zur Soziologie des Katastrophalen,* in: Crisis, International Journal of Suicide and Crisis-Studies, Heft 2, Nr. 2, S. 130-151, Toronto, 1981

1982   22. *Das Dorf als menschlicher Lebensraum,* in: Das erhaltenswerte Dorf – Beiträge zum Leben im Dorf, ASG Kleine Reihe Nr.26, Göttingen, 1982

23. *Gruppenboom und politische Verantwortung,* in: Gruppendynamik 13. Jg., 1982, S. 31-44

1983   24. *Von der Imitation zur Mimesis,* Der vergessene Gabriel Tarde und der zu entdeckende René Girard, in: Kasseler Philosophische Schriften Bd. 9, 1983, S. 61-74

25.* *Wenn die Ordnung nicht mehr greift,* in: Baethge, M./Essbach W. (Hg.), Soziologie: Entdeckungen im Alltäglichen, Campus, Frankfurt/N.Y, 1983, S. 196-206

1985   26.* *Anmaßende Bescheidung,* in: Dane, G. (Hg.), Anschlüsse: Versuche nach Michel Foucault, edition diskord, Tübingen, 1985, S. 181-184

27.* *Die Amerikaner, 1985*
(Erstveröffentlichung in diesem Band)

1986   28. *On Law, Religion, and Custom,* in: Stanford French Review, 1986, S. 177-190

1987   29. *Gruppenprozesse: mimetisch oder authentisch?* in: Themenzentrierte Interaktion 1. Jg., Heft 1/1987, S. 14-24

30.* *Zwischen Ruhe und Taumel,* 1987
(Erstveröffentlichung in diesem Band)

1988   31. *TZI an der Hochschule,* Mann, R. / Thomas, K., in: Themenzentrierte Interaktion 2. Jg., Heft 1/1988, S. 46-52

1990   32. *Rivalität – Variationen über ein altes Thema,* Peter Lang, Frankfurt/M., 1990

33. *Schuld: Zusammenhänge und Hintergründe, (Herausgeber)* Peter Lang, Frankfurt/M., 1990, S. 258, Europäische Hochschulschriften, Reihe 20: Philosophie Bd. 305,

34. *Wenn kein Verantwortlicher zu finden ist: Der Sündenbock-Mechanismus,* in: K. Thomas (Hg.): Schuld: Zusammenhänge und Hintergründe, 1990, S. 165-183

35.* *Zur Verteidigung des Handwerks – Oder: das Verhältnis von allgemeiner Erkenntnis und konkretem Wissen,* in: Themenzentrierte Interaktion, 4. Jg., Heft 1/1990 S. 3-13

1991   36.* *Wider das alte Schisma,* in: Cramer, F. (Hg.), Erkennen als geistiger und molekularer Prozeß, VCH, Weinheim etc., 1991, S. 73-78

37. *Erwartungen und Chancen des Individuums in einer Welt der abstrakten Großorganisationen,* in: Wo bleibe ich? Schriftenreihe „Praktische Psychologie Bd. XIV, Hg. Harald Petri, Universiätsverlag Dr. N. Brockmeyer, Bochum, 1991

38.* *Jenseits der Aufklärung?,* in: Pechriggl, A./Reitter, K.(Hg.), Die Institution des Imaginären, Zur Philosophie von Cornelius Castoriadis, Turia & Kant, Wien Berlin, 1991, S. 129-142

39. *Für eine anthropologische Soziologie,* in: Nippert, R.P./Pöhler, W., Slesina, W. (Hg.), Kritik und Engagement, R. Oldenbourg Verlag, München, 1991, S. 59-65

40. *Dürfen wir vielleicht doch aggressiv sein?,* in: Themenzentrierte Interaktion, 5. Jg., Heft 1/1991, S. 57-63

1993   41. *Rettet die Universität. Nur ein neues Konzept kann den Niedergang der alten Idee gutmachen,* in: Liberal 35. Jg., Heft 1/1993

1994   42.* *Mimetisches Handeln Eine vergessene Kategorie und ihre Bedeutung für die soziologische Theoriebildung,* in: Sociologia Internationalis Nr.32/2, 1994, S.191-206

1995   43.* *Anthropologie und Soziologie der Sinne – Plessner und Simmel,* in: Friedrich. J. / Westermann, B., Unter offenem Horizont. Anthropologie nach Helmuth Plessner, Peter Lang, Frankfurt/M., 1995, S. 128-132

44. *Fast unmerklich. TZI in (soziologischen) Hochschulseminaren,* in: Themenzentrierte Interaktion, 9. Jg., Heft 1/1995, S. 127-132

45.* *Das Ethnische und das Staatliche,* in: Preyer, G., Protosoziologie Heft 7, Strukturelle Evolution, 1995, S. 170-180

46.* *Gesellschaftliche Strömungen, 1995*
(Erstveröffentlichung in diesem Band)

1996   47. *Spontan? Authentisch? oder Diplomatisch?,* in: Themenzentrierte Interaktion, 10. Jg., Heft 2/1996, S. 40-48

1997   48. *Wo die Erkenntnisse Freuds bestritten oder verharmlost werden, ist Abwehr von Ärgerlichem am Werk,* in: Korte, N. C. (Hg.), Lebendiges Schreiben, Matthias Grünewald, Mainz 1997, S. 159-176

49.* *Was ist ein guter Hochschullehrer?* 1997
(Erstveröffentlichung in diesem Band)

50. *Zugehörigkeit und Abgrenzung,* Syndikat, Meisenheim am Glan, 1997

51. *Unser Arbeitsauftrag in der beruflichen und privaten Bildung angesichts der Individualisierungsdiskussion in allen gesellschaftlichen Bereichen,* in: Themenzentrierte Interaktion 11. Jg., Heft 2/1997, S. 13-22

52.* *Das Soziale in einer Gesellschaft und seine Auswirkungen in Familie, Beruf, Freundschaft und Freizeit. Über die wechselseitigen Einflüsse und Bedingungen von Politik, Wirtschaft und Kultur,* in: Korte, N. C. (Hg.), Akademietexte, PfalzAkademie, Lambrecht, 1997

1998   53.* *Ritual und Vergessen. Zu René Girards Theorem der Méconnaissance,* in: Schäfer, A./ Wimmer, M. (Hg.), Rituale und Ritualisierungen, Leske und Budrich, Opladen, 1998, S. 109-115

54.* *Zitieren als wissenschaftssoziologisches Phänomen,* 1998
(Erstveröffentlichung in diesem Band)

55. *Forschen – Lernen – Pauken.* Anmerkungen zu Ludwig Hubers „Forschendes Lehren und Lernen – eine aktuelle Notwendigkeit" (HSW 1998/1 : 3-10). In: Das Hochschulwesen (1998), Nr. 3, S. 147-152.

56. *Utopie und Realitätssinn – wie geht das zusammen?*, in: Themenzentrierte Interaktion, 12. Jg., Heft 2/1998, S. 6-16

1999   57. *Das Medizinstudium aus der Sicht von Studierenden. Eine vergleichende Evaluationsstudie an den Universitäten Witten/Herdecke und Göttingen,* in: Medizinische Ausbildung, 16. Jg., Heft 1/ 1999, S. 3-5

2000   58. *Die problematische Radikalität der TZI,* in: Themenzentrierte Interaktion, 14. Jg., Heft 1/2000, S. 9-11

2001   59.* *Ein anderes Verständnis von Gewalt: Der gesellschaftskritische Beitrag des Literaturwissenschaftlers René Girard,* in: Preyer, G., Protosociology Vol.15, On a Sociology of Borderlines, 2001, S. 311-328

60. *René Girards Beitrag zur Entstehung kultureller Institutionen,* in: Psychoanalyse im Widerspruch, 25/2001, S. 11-20

61.* *Wahn,* 2001
(Erstveröffentlichung in diesem Band)

2002   62.* *Fortschritt wohin? Modernisierung wofür?*, in: Gebauer, K./Hüther, G. (Hg.) Kinder suchen Orientierung, Walter, Olten 2002, S. 43-49

2004   63. *Soziologie nach Plessner. Eine Skizze,* in: Fischer, Joachim/ Joas, Hans (Hg.), Kunst, Macht und Institution: Studien zur philosophischen Anthropologie, soziologischen Theorie und Kultursoziologie der Moderne; Festschrift für Karl-Siegbert Rehberg, Campus, Frankfurt/M. 2004, S. 103-110

64.* *Die unsichtbare Objektivität der Grenze,* in: Banse, Christian/Stobbe, Holk, (Hg.) Nationale Grenzen in Europa, Peter Lang, Frankfurt/M. 2004, S. 53-64

Zur Person

Vita

1930	geboren
1950-55	Studium evangelische Theologie, Abschluss Fakultätsexamen
1955-59	angelernter Arbeiter in der Metallindustrie
1958	Heirat – Zwei Söhne 1960 und 1965 geboren
1959-62	Promotionsstipendium
1962	Assistent am Soziologischen Seminar Göttingen
	(Hans Paul Bahrdt)
1964	Promotion zum Dr. theol.(Sozialethik), Marburg
1968	Habilitation (Soziologie), Göttingen, apl. Professor,
1969-71	Gastprofessur an der Osmania Univ., Hyderabad, Indien
1972	Professor am Soziologischen Seminar der Universität Göttingen
	Forschungsschwerpunkt: Theoretische Aspekte der Kultursoziologie
1975-79	Gruppendynamische Fortbildung (TZI)
1995	Emeritierung
2004	Beendigung der Vorlesungstätigkeit
2010	gestorben

VS Forschung | VS Research
Neu im Programm Soziologie

VS Forschung | VS Research
Neu im Programm Politik